TERRA, TRABALHO E EDUCAÇÃO
DIMENSÕES PARA UMA FORMAÇÃO INTEGRAL E POLITÉCNICA

Editora Appris Ltda.
1.ª Edição - Copyright© 2024 da autora
Direitos de Edição Reservados à Editora Appris Ltda.

Nenhuma parte desta obra poderá ser utilizada indevidamente, sem estar de acordo com a Lei nº 9.610/98. Se incorreções forem encontradas, serão de exclusiva responsabilidade de seus organizadores. Foi realizado o Depósito Legal na Fundação Biblioteca Nacional, de acordo com as Leis nºs 10.994, de 14/12/2004, e 12.192, de 14/01/2010.

Catalogação na Fonte
Elaborado por: Josefina A. S. Guedes
Bibliotecária CRB 9/870

S586t 2024	Silva, Rose Márcia da 　　Terra, trabalho e educação: dimensões para uma formação integral e politécnica / Rose Márcia da Silva. – 1. ed. – Curitiba: Appris, 2024. 　　363 p. ; 23 cm. – (Educação, tecnologias e transdisciplinaridade). 　　Inclui referências 　　ISBN 978-65-250-5495-7 　　1. Escolas técnicas. 2. Ensino médio. 3. Ensino Agrícola. 4. Educação para o trabalho. I. Título. II. Série. 　　　　　　　　　　　　　　　　　　　　　　　　　CDD - 371.425

Livro de acordo com a normalização técnica da ABNT

A pesquisa foi realizada com apoio da Fundação Carlos Chagas Filho de Amparo à Pesquisa do Estado do Rio de Janeiro (Faperj) e o presente livro foi financiado com recursos do Instituto Federal de Educação, Ciência e Tecnologia de Mato Grosso (IFMT), Edital 91/2023 - Apoio à publicação de livros.

Printed in Brazil
Impresso no Brasil

Rose Márcia da Silva

TERRA, TRABALHO E EDUCAÇÃO
DIMENSÕES PARA UMA FORMAÇÃO INTEGRAL E POLITÉCNICA

FICHA TÉCNICA

EDITORIAL	Augusto Coelho
	Sara C. de Andrade Coelho
COMITÊ EDITORIAL	Marli Caetano
	Andréa Barbosa Gouveia - UFPR
	Edmeire C. Pereira - UFPR
	Iraneide da Silva - UFC
	Jacques de Lima Ferreira - UP
SUPERVISOR DA PRODUÇÃO	Renata Cristina Lopes Miccelli
ASSESSORIA EDITORIAL	William Rodrigues
REVISÃO	Bruna Fernanda Martins
PRODUÇÃO EDITORIAL	William Rodrigues
DIAGRAMAÇÃO	Andrezza Libel
CAPA	Julie Lopes
REVISÃO DE PROVA	Stephanie Ferreira Lima

COMITÊ CIENTÍFICO DA COLEÇÃO EDUCAÇÃO, TECNOLOGIAS E TRANSDISCIPLINARIDADE

DIREÇÃO CIENTÍFICA
Dr.ª Marilda A. Behrens (PUCPR)
Dr.ª Patrícia L. Torres (PUCPR)

CONSULTORES
Dr.ª Ademilde Silveira Sartori (Udesc)
Dr.ª Iara Cordeiro de Melo Franco (PUC Minas)
Dr. Ángel H. Facundo (Univ. Externado de Colômbia)
Dr. João Augusto Mattar Neto (PUC-SP)
Dr.ª Ariana Maria de Almeida Matos Cosme (Universidade do Porto/Portugal)
Dr. José Manuel Moran Costas (Universidade Anhembi Morumbi)
Dr. Artieres Estevão Romeiro (Universidade Técnica Particular de Loja-Equador)
Dr.ª Lúcia Amante (Univ. Aberta-Portugal)
Dr. Bento Duarte da Silva (Universidade do Minho/Portugal)
Dr.ª Lucia Maria Martins Giraffa (PUCRS)
Dr. Claudio Rama (Univ. de la Empresa-Uruguai)
Dr. Marco Antonio da Silva (Uerj)
Dr.ª Cristiane de Oliveira Busato Smith (Arizona State University /EUA)
Dr.ª Maria Altina da Silva Ramos (Universidade do Minho-Portugal)
Dr.ª Dulce Márcia Cruz (Ufsc)
Dr.ª Maria Joana Mader Joaquim (HC-UFPR)
Dr.ª Edméa Santos (Uerj)
Dr. Reginaldo Rodrigues da Costa (PUCPR)
Dr.ª Eliane Schlemmer (Unisinos)
Dr. Ricardo Antunes de Sá (UFPR)
Dr.ª Ercilia Maria Angeli Teixeira de Paula (UEM)
Dr.ª Romilda Teodora Ens (PUCPR)
Dr.ª Evelise Maria Labatut Portilho (PUCPR)
Dr. Rui Trindade (Univ. do Porto-Portugal)
Dr.ª Evelyn de Almeida Orlando (PUCPR)
Dr.ª Sonia Ana Charchut Leszczynski (UTFPR)
Dr. Francisco Antonio Pereira Fialho (Ufsc)
Dr.ª Vani Moreira Kenski (USP)
Dr.ª Fabiane Oliveira (PUCPR)

Aos "meus".

Àquelas e àqueles que sua presença física já não é mais possível, mas que muito contribuíram na construção histórica do que sou hoje.

Àquelas e àqueles que, caminhando ao meu lado, me percebem, me encorajam, lutam, sofrem e comemoram comigo.

Às mulheres que vieram antes e abriram caminho, às que vieram depois de mim e demonstram tanta garra em continuar a luta e às que ainda estão por vir e são a esperança de tempos melhores e mais justos para todas nós.

AGRADECIMENTOS

À grande família: companheiro, filha e filho, mãe e pai, irmãs e irmão, sobrinhas e sobrinhos... que, às vezes, pela distância, não compreendiam, mas aceitaram minhas escolhas e me apoiaram.

Ao grande professor e amigo doutor Gaudêncio Frigotto, minha referência de educação, de vida e de "ser humano"; e à professora doutora Marise Nogueira Ramos, que dividiu com o professor Gaudêncio a missão de orientar meu caminho de pesquisa, de maneira sensível, científica e profissional.

Agradeço às políticas públicas que me possibilitaram uma formação educacional, com disponibilização de tempo, recurso, universidade pública e gratuita, para que eu conseguisse o título de doutora e pudesse agora publicar este livro.

À Universidade do Estado do Rio de Janeiro (Uerj), especialmente ao Programa de Pós-Graduação em Políticas Públicas e Formação Humana, que acolheu e direcionou minhas inquietações na construção do conhecimento.

À Fundação Carlos Chagas Filho de Amparo à Pesquisa do Estado do Rio de Janeiro (Faperj), pelo apoio fundamental nesta caminhada.

Ao IFMT, pelo apoio na formação e no financiamento do livro; e às educadoras e aos educadores dos Campi São Vicente, Sorriso e Campus Avançado Guarantã do Norte, que contribuíram na pesquisa.

Aos mestres inspiradores, às muitas lutadoras, pesquisadoras, e aos muitos lutadores, pesquisadores, que abriram caminho para que eu pudesse continuar e realizar um sonho que parecia distante e difícil de se sonhar, pois contraria a lógica que reserva a ciência para uma pequena parcela da população, deixando à margem estudantes como eu, filhas e filhos da classe trabalhadora.

A luta continua!

PREFÁCIO

A relevância do livro de Rose Márcia da Silva situa-se na relação orgânica dos termos do título – *Terra, Trabalho e Educação* – e na defesa da concepção da escola unitária e o ensino integrado como travessia para a formação humana politécnica num contexto de ataque frontal. Com efeito, a contrarreforma do ensino médio, elaborada e aprovada célere e antidemocrática nos primeiros meses do Golpe de Estado de 2016 a torna num dos polos da dominação da classe detentora do capital no Brasil. Dominação que busca manter o projeto de sociedade marcado pela concentração absurda da terra, desigualdade abismal entre os ganhos do capital e os salários dos trabalhadores, 16 milhões de favelados, desemprego estrutural e o aumento crescente das mais diversas formas de informalidade com trabalho degradante.

O espaço geográfico e político da análise que o livro condensa e a instituição e área de conhecimento do curso em que a autora atua lhes dão importância singular para entender a disputa da concepção e prática da educação não apenas da região, mas na sociedade brasileira. Florestan Fernandes, grande defensor da educação pública que permite a autoemancipação das filhas e filhos da classe trabalhadora, a situa como o maior dilema nacional. Isso porque, para ele, a sua negação tem a mesma gravidade, ou até mais, da miséria e da fome, pois, sem o conhecimento, os miseráveis e os famintos não poderão entender as razões de sua dominação, miséria e fome e ter os elementos para se organizarem e lutar para alterar a sua situação.

Mato Grosso é um dos espaços mais representativos da concentração da propriedade da terra e um dos centros mais representativos da cadeia de grãos e de produção de carnes, produção turbinada por uso de venenos cada vez mais potentes e que contaminam o solo, a água, o ar, os alimentos e, consequentemente, a degradação da saúde pública. Mas a maior parte da produção é vendida para o mercado externo, onde podem auferir maior lucro e não para erradicar a iniquidade de 30 milhões pessoas com fome endêmica e 70 milhões com insuficiência alimentar. Porém isso não é apenas inerente ao Mato Grosso, mas ao agronegócio no Brasil.

Os grandes produtores do agronegócio e seus representantes políticos são, ainda que não todos, os que compõem as forças políticas ultraconservadoras e que se opõem ferrenhamente à escola pública defendida pela autora neste livro. Escola que ensina e educa na perspectiva do ensino integrado como travessia para uma formação por inteiro da juventude e que lhes faculte cidadania política e qualificação para inserir-se no processo produtivo sob a atual base tecnológica. Travessia, portanto, para a educação omnilateral, ou seja, que desenvolva todas as dimensões do ser humano e politécnica, que forneça as bases do conhecimento tecnológico que estão implicadas em todas as esferas da produção humana.

O campo empírico no qual a autora fundamenta a sua análise é o Instituto Federal de Educação, Ciência e Tecnologia do Matogrosso (IFMT) que compõe a mais ampla e bem-sucedida política de educação pública pelas suas bases materiais — quadro de pessoal qualificado, estrutura de laboratórios, biblioteca, espaços para exporte, lazer, cultura e arte. O ponto nodal em disputa, todavia, centra-se, justamente, na concepção e prática educativa. O desafio da Rede é avançar na compreensão e na prática do ensino médio integrado. E o fundamento do integrado situa-se na própria realidade humana. Somos parte da natureza e nos constituímos em seres sociais. Daí decorre que um processo educativo que busque formar pessoas e trabalhadores qualificados necessita de um currículo com um justo equilíbrio entre as disciplinas que permitem entender as leis da natureza e as leis que regem os seres humanos em sociedade. O que une a natureza e o ser humano é a atividade vital do trabalho. E essa atividade é que em todas as sociedades, ainda que de forma diversa ao longo da história, produz os bens materiais necessários ao metabolismo humano que nos mantêm vivos. Trabalho que não se confunde, portanto, com emprego ou compra e venda de força de trabalho.

Por fim, trata-se de uma obra que interpela para um claro posicionamento do conjunto de profissionais e dirigentes da Rede Federal de Educação Profissional, Científica e Tecnológica frente às mudanças regressivas da atual contrarreforma do ensino médio, a qual o anula como educação básica integrada. Cabe sublinhar que as mudanças propostas pelo Ministério da Educação, após longo processo de discussão para uma lei substitutiva, não alteram nuclearmente seu caráter, pelo contrário, o mantém de forma dissimulada. Se a Rede Federal de Educação Profissional e Tecnológica não se unir para resistir a esta investida, no médio prazo tenderá a se converter num sistema S estatal, mas não púbico. Isso representará uma derrota não só à Rede Federal, mas à educação brasileira.

Gaudêncio Frigotto
Doutor em Educação. Professor titular emérito aposentado na Universidade Federal Fluminense e professor associado aposentado na Universidade do Estado do Rio de Janeiro

APRESENTAÇÃO

Este livro é fruto da tese de doutorado em Políticas Públicas e Formação Humana — Uerj — e tem duplo caráter formativo de: 1) buscar respostas sobre a relação conflituosa e dual de trabalhar e prosseguir nos estudos, que constitui a história de vida de milhões de jovens da classe trabalhadora, e 2) contribuir com educadores da área agrotécnica e da educação profissional integrada à educação básica, buscando apreender as disputas por hegemonia e contradições na concepção de trabalho e educação, pautados em princípios político-filosóficos divergentes, historicamente construídos e que trazem em seu bojo diferentes expectativas a respeito da inter-relação entre educação geral e educação profissional.

O objeto de estudo é o curso Técnico em Agropecuária Integrado ao Nível Médio do Instituto Federal de Educação, Ciência e Tecnologia de Mato Grosso (IFMT), devido às contradições enfrentadas numa região predominantemente do agronegócio, num contexto local conflitante entre o processo de ocupação, de distribuição de terra e renda, e de condições de trabalho.

É interesse discutir e analisar como esse contexto está presente nos Projetos Pedagógicos de Curso do Ensino Médio Integrado ao Técnico em Agropecuária no IFMT, quais são as mediações, as contradições e as possibilidades de "travessia" para uma formação omnilateral, politécnica e unitária, diante das disputas e contradições na relação Terra, Trabalho e Educação e da disputa por hegemonia entre a concepção socialista defendida pelos Movimentos Sociais do Campo e a concepção tecnicista e utilitarista defendida por setores do agronegócio.

O livro está estruturado sob três dimensões: Terra, Trabalho e Educação, em uma relação de totalidade e particularidade, em que a particularidade do Ensino Médio Integrado ao Técnico em Agropecuária do IFMT só faz sentido na análise da relação Trabalho-Educação e do contexto social real de posse e uso da terra, das contradições, da disputa por hegemonia, da luta de classes e da materialidade do Estado nessa luta.

O capítulo 1 apresenta um debate em torno da questão agrária[1], da luta pela terra e por trabalho, por modelos divergentes de uso, produção e reprodução da vida, defendidos pelos setores do agronegócio e dos movimentos sociais.

---
[1] O conceito "questão agrária" aqui trabalhado é de acordo com Stédile (2012, p. 17-18), que diz que é um "conjunto de interpretações e análises da realidade agrária que procura explicar como se organiza a posse, a propriedade, o uso e a utilização das terras na sociedade brasileira".

No Capítulo 2, a partir da relação do Estado com a divisão social do trabalho, com a divisão da sociedade em classes e a divisão da educação conforme as classes, e da luta de classes presente na formulação das políticas educacionais, são apresentadas as categorias de conteúdo necessárias para o entendimento e a análise do real a ser pesquisado, como: pedagogia socialista, educação politécnica ou tecnológicas, formação omnilateral, escola unitária e Ensino Médio Integrado.

O último capítulo trata, mais especificamente, da investigação no campo empírico, trazendo a contextualização do objeto de pesquisa em suas condições históricas, econômicas e sociais, assim como o tratamento dos dados analisados em conformidade com os objetivos propostos.

A título de conclusão, confirma-se a hipótese de que a proposta em construção no Ensino Médio Integrado ao Técnico em Agropecuária do IFMT é produto das contradições, da disputa por hegemonia entre a concepção socialista defendida pelos Movimentos Sociais do Campo e a concepção tecnicista e utilitarista defendida por setores do agronegócio.

LISTA DE ABREVIATURAS E SIGLAS

Abag	Associação Brasileira do Agronegócio
Anped	Associação Nacional de Pós-Graduação e Pesquisa em Educação
BNCC	Base Nacional Comum Curricular
CEBs	Comunidades Eclesiais de Base
Cefapro	Centro de Formação e Atualização dos Profissionais da Educação Básica
Cefet	Centros Federais de Educação Tecnológica
CLT	Consolidação das Leis de Trabalho
Coagri	Coordenadoria Nacional do Ensino Agrícola
Conape	Conferência Nacional Popular de Educação
CNE	Conselho Nacional de Educação
Conif	Conselho Nacional das Instituições da Rede Federal de Educação Profissional, Científica e Tecnológica
CPT	Comissão Pastoral da Terra
CRQs	Comunidades Remanescentes de Quilombos
CVT	Centro Vocacional Tecnológico de Agroecologia e Produção Orgânica do Cerrado
DCN	Diretrizes Curriculares Nacionais
DCNEM	Diretrizes Curriculares Nacionais para Ensino Médio
DCNEPT	Diretrizes Curriculares Nacionais para Educação Profissional e Tecnológica
EaD	Educação a Distância
EAFs	Escolas Agrotécnicas Federais
ECA	Estatuto da Criança e do Adolescente
EEAMT	Escola de Aprendizes Artífices de Mato Grosso
EIFMT	Escola Industrial Federal de Mato Grosso

Embrapa	Empresa Brasileira de Pesquisa Agropecuária
EMI	Ensino Médio Integrado
Emater	Empresa de Assistência Técnica e Extensão Rural de Mato Grosso
Empaer	Empresa Mato Grossense de Pesquisa, Assistência e Extensão Rural
Enem	Exame Nacional do Ensino Médio
EPT	Educação Profissional e Tecnológica
ETF	Escola Técnica Federal
Famato	Federação da Agricultura e Pecuária do Estado de Mato Grosso
FDE	Fórum de Dirigentes de Ensino
FHC	Fernando Henrique Cardoso
FIC	Formação Inicial e Continuada
FNE	Fórum Nacional de Educação
FNPE	Fórum Nacional Popular de Educação
Fonec	Fórum Nacional de Educação do Campo
Funai	Fundação Nacional do Índio
Fundef	Fundo de Manutenção e Desenvolvimento do Ensino Fundamental e de Valorização do Magistério
Fundeb	Fundo de Manutenção e Desenvolvimento da Educação Básica e de Valorização dos Profissionais da Educação
IBGE	Instituto Brasileiro de Geografia e Estatística
IDH	Índice de Desenvolvimento Humano
IDHM	Índice de Desenvolvimento Humano Municipal
Ifets	Institutos Federais de Educação Tecnológica
IFMT	Instituto Federal de Educação, Ciência e Tecnologia de Mato Grosso
IFs	Institutos Federais
Imea	Instituto Mato-grossense de Economia Agropecuária
Inep	Instituto Nacional de Estudos e Pesquisas Educacionais Anísio Teixeira

JIFs	Jogos dos Institutos Federais
Jura	Jornada Universitária em defesa da Reforma Agrária
LDBEN	Lei de Diretrizes e Bases da Educação Nacional
Libras	Língua Brasileira de Sinais
Limt	Liceu Industrial de Mato Grosso
MAB	Movimento dos Atingidos pelas Barragens
MAF	Movimento da Agricultura Familiar
Master	Movimento dos Agricultores Sem Terra
MEC	Ministério da Educação
MST	Movimento dos Trabalhadores Rurais Sem Terra
MT	Mato Grosso
ONGs	Organizações Não Governamentais
PA	Pará
PAC	Plano de Aceleração do Crescimento
PCNs	Parâmetros Curriculares Nacionais
PDE	Plano Decenal de Educação
PDI	Plano de Desenvolvimento Institucional
PIB	Produto Interno Bruto
Pipmo	Programa Intensivo de Formação de Mão de Obra
PNE	Plano Nacional de Educação
PPC	Projeto Pedagógico de Curso
PPA	Plano Plurianual
PPI	Plano Pedagógico Institucional
Premem	Programa de Expansão e Melhoria do Ensino Técnico Profissionalizante
Proeja	Programa Nacional de Integração da Educação Básica com a Educação Profissional na Modalidade de Educação de Jovens e Adultos
Pronaf	Programa Nacional de Fortalecimento da Agricultura Familiar

Pronacampo	Programa de Apoio à Formação Superior em Licenciatura em Educação do Campo
Pronatec	Programa Nacional de Acesso ao Ensino Técnico e Emprego
Pronera	Programa Nacional de Educação na Reforma Agrária
Saeb	Sistema de Avaliação da Educação Básica
SAFs	Sistemas Agroflorestais
Secad	Secretaria de Educação Continuada, Alfabetização e Diversidade
Senar	Serviço Nacional de Aprendizagem Rural
Setec	Secretaria de Educação Profissional e Tecnológica
SIS	Síntese de Indicadores Sociais
Uerj	Universidade do Estado do Rio de Janeiro
UFMT	Universidade Federal de Mato Grosso
Unemat	Universidade do Estado de Mato Grosso
UTFPR	Universidade Tecnológica Federal do Paraná
WorkIF	Workshop de Ensino, Pesquisa, Extensão e Inovação do Instituto Federal
ZEE	Zoneamento Ecológico-Econômico

SUMÁRIO

INTRODUÇÃO 19

1
O ESTADO E A QUESTÃO AGRÁRIA: TERRA DE LUCRAR, TERRA DE LUTAR E TERRA DE VIVER 25
   1.1 A separação cidade e campo e a acumulação primitiva 26
   1.2 A origem agrária do Estado brasileiro..36
      1.2.1 Modos desiguais de acesso à terra em Mato Grosso........................45
   1.3 Agronegócio e Agroecologia: modos de produção e reprodução 49
      1.3.1 Agronegócio 49
      1.3.2 Agroecologia 53
   1.4 A questão agrária e a luta pela terra..57
      1.4.1 Campesinato: um outro modo de ser e de viver 60
      1.4.2 Movimentos Sociais: alternativa de produção e reprodução da existência...64

2
RELAÇÃO ESTADO, TRABALHO E EDUCAÇÃO: ALGUMAS CATEGORIAS NECESSÁRIAS AO DEBATE.................................71
   2.1 Elementos fundamentais da concepção de estado e de política pública..........73
   2.2 A divisão da educação conforme a divisão social do trabalho e a divisão de classes..76
   2.3 A relação Trabalho-Educação no Brasil: da subordinação ao capital à luta por perspectivas dos trabalhadores do/no campo 81
      2.3.1 Contradições acirradas: a luta da história presente no pós-Golpe de 2016.106
   2.4 Pressupostos teórico-metodológicos da relação trabalho-educação 122
      2.4.1 Educação Politécnica ou Tecnológica..127
      2.4.2 Formação omnilateral...132
      2.4.3 Escola unitária 136
      2.4.4 Pedagogia socialista 137
   2.5 Ensino Médio Integrado: fundamentos..143

3
ENSINO MÉDIO INTEGRADO AO TÉCNICO EM AGROPECUÁRIA NO IFMT: POSSIBILIDADES DE "TRAVESSIA" PARA A FORMAÇÃO POLITÉCNICA, OMNILATERAL E UNITÁRIA?............................149
   3.1 Histórico da criação e transformações da Rede Federal de Educação de Mato Grosso: dos Arsenais de Guerra aos Institutos Federais de Educação 151

3.1.1 Início da educação profissional em Mato Grosso..........................153
    3.1.1.1 Arsenal de Guerra: 1832-1899 153
    3.1.1.2 Liceu Salesiano de Artes e Ofícios São Gonçalo: 1896-1909 154
3.1.2 Transformações da Rede Federal de EPT em Mato Grosso: das Escolas de Aprendizes Artífices ao Instituto Federal de Educação e Tecnologia.............155
    3.1.2.1 De Escola de Aprendizes Artífices de Mato Grosso a Escola Técnica e Agrotécnica: 1909 a 1978..155
    3.1.2.2 Centro Federal de Educação Tecnológica (Cefet)...........................158
    3.1.2.3 Instituto Federal de Educação, Ciência e Tecnologia: a partir de 2008 159
3.2 Contexto socioeconômico do locus da pesquisa.................................161
    3.2.2 As macrorregiões e os arranjos socioprodutivos locais e regionais 168
3.3 Os campi da pesquisa..181
    3.3.1 IFMT campus São Vicente 181
    3.3.2 IFMT campus Sorriso..191
    3.3.3 IFMT campus Avançado Guarantã do Norte..............................196
3.4 Demandas formativas de trabalhadores do campo e a relação com a proposta educativa do IFMT...199
3.5 Elementos integradores: terra, trabalho, ciência e cultura 204
    3.5.1 Terra 205
    3.5.2 Trabalho..232
        3.5.2.1 Atividades práticas como princípio educativo do trabalho....................238
        3.5.2.2 Estágio Supervisionado: aprofundamento da teoria e prática por meio da vivência no mundo do trabalho 242
    3.5.3 Educação, Ciência e Cultura 252
        3.5.3.1 A indissociabilidade ensino-pesquisa-extensão..............................254
        3.5.3.1 A cultura, a arte e o esporte..266
3.6 Princípios da formação omnilateral e politécnica presentes na proposta político-pedagógica e na prática do Ensino Médio Integrado ao Técnico em Agropecuária do IFMT 270
3.7 Escola unitária: desafios e possibilidades......................................292

CONSIDERAÇÕES FINAIS 327

REFERÊNCIAS 339

INTRODUÇÃO

Na tradição intelectual marxista, o trabalho é central na constituição da especificidade humana, atividade ontocriativa, na qual o ser humano se constitui historicamente na relação com a natureza e na relação com outros seres humanos, produzindo e reproduzindo sua existência, em todas as dimensões da vida humana. Para Lukács (2013, p. 134), a divisão entre trabalho intelectual e trabalho braçal e a divisão entre cidade e campo se entrecruzam com o surgimento de classes e antagonismos de classes, e "o processo social de separação entre trabalho braçal e trabalho intelectual é intensificado ainda mais pela simples existência da cidade". Os trabalhadores rurais, expropriados de seus recursos sociais de produção, são captados por um perverso processo de urbanização, que divide os indivíduos em classes, assim como cinde o trabalho conforme as classes.

Desse modo, historicamente, com a divisão social do trabalho e da sociedade em classes, e com o desenvolvimento do modo de produção capitalista, o trabalho tem sido reduzido a compra e venda da força de trabalho entre forças desiguais: quem detém capital e quem detém apenas sua força de trabalho, expropriados dos meios de produção, como trabalho assalariado, trabalho alienado, produto e produtor de mais valia. A educação escolar tem se constituído, em todas as sociedades capitalistas, ainda que de modo diverso, dependendo das relações de forças internas a cada sociedade, em instrumento dominante de reprodução da relação assimétrica entre as classes fundamentais e, portanto, com a função de manutenção da divisão social do trabalho.

A dualidade educacional, e dentro dela a diversificação, tem sido mais aguda em países de capitalismo dependente de desenvolvimento desigual e combinado. Ou seja, países concentram a propriedade e a riqueza na mão de poucos e, por isso, ampliam a miséria e a desigualdade[2]. O Brasil, no cenário mundial, em particular em relação à propriedade da terra, expressa essa concentração de forma significativa.

O objeto deste livro é o ensino médio e a transição de um modelo de formação tecnicista para um modelo de formação politécnica, omnilateral e unitária. Com efeito, para uma burguesia associada aos centros hegemônicos do capital, como veremos adiante, não há interesse numa educação de qua-

---
[2] Sobre a conceituação de capitalismo dependente na América Latina ver: Fernandes (1975) e Marini (1992).

lidade para todos. Assim, a histórica problemática da dualidade formativa do ensino médio e do ensino agrotécnico tem suas raízes na história da educação profissional, estruturada e reestruturada a cada época conforme as necessidades do sistema de produção, na agricultura, na manufatura, nas fábricas e indústrias, ora preparando técnicos para preencher as funções requeridas, ora preparando a elite condutora para prosseguir nos estudos em nível superior.

A proposta dos educadores do campo histórico-crítico busca romper com essa concepção de educação para o capital, indicando como "travessia" a escola unitária, que garante a todos o direito ao conhecimento; a educação politécnica, que possibilita o acesso à cultura, à ciência e ao trabalho, por meio de uma educação básica e profissional, a partir da integração entre trabalho, ciência, cultura e tecnologia. Nesse sentido, segundo Caldart (2015), o projeto de educação forjado pelos movimentos sociais busca superar o projeto pensado pela classe que vive da exploração do trabalho de outros seres humanos.

A proposta de Ensino Médio Integrado (EMI) nos Institutos Federais de Educação tem como objetivo superar a histórica dualidade da educação escolar, em que ou se formava para o trabalho ou para prosseguir nos estudos. Para que isso aconteça é necessária uma formação que cumpra os princípios estabelecidos na Constituição Federal de 1988, na LDBEN n.º 9.395/96 alterada pelo Decreto n.º 5.154/2004, em contraposição à dualidade entre formação para o trabalho e formação propedêutica, retomada com a Lei 13.415/2017, e vá além da articulação entre Educação Profissional e Educação Básica, resgatando fundamentos filosóficos, epistemológicos e pedagógicos da concepção de educação politécnica e omnilateral e de escola unitária, com base em Marx, Engels e Gramsci (RAMOS, 2011). Trata-se de uma proposta de educação que dê conta de preparar para o trabalho, para prosseguir nos estudos e para o exercício da cidadania, tendo como dimensões indissociáveis o trabalho, a ciência e a cultura.

Apesar da recente implantação do EMI, algumas experiências já têm sido registradas, o que permite uma leitura do processo em construção. No entanto, essas construções teóricas ainda não são suficientemente exploradas e poucas são relacionadas ao ensino agrotécnico e à disputa hegemônica e contra-hegemônica pela concepção de educação profissional e de educação básica, por setores dominantes do capital e movimentos sociais, assim como não há análises suficientes de que transformações vêm sendo concretizadas em espaços locais e em experiências distintas. A maioria das pesquisas abordam questões práticas, como a efetivação das propostas nas disciplinas, o processo de implantação e implementação nas instituições, a organização do currículo e a interdisciplinaridade. Mas aspectos ligados à política pública e à concepção de Ensino Médio Integrado também se fazem presentes, com relação à questão do trabalho, da politecnia e da integração.

O livro trata de pesquisa realizada no curso Técnico em Agropecuária Integrado ao Nível Médio do Instituto Federal de Educação, Ciência e Tecnologia de Mato Grosso (IFMT), localizado em um estado predominantemente agropecuário, com um contexto conflitante entre o processo de ocupação, de distribuição de terra e renda, e de condições de trabalho, em que se destaca o progresso e desenvolvimento científico e tecnológico no agronegócio, mas com crescente desenvolvimento da agricultura familiar em assentamentos da reforma agrária e produtores tradicionais, como alternativa e resistência à hegemonia do capital.

Mato Grosso tem uma extensão territorial de 903.357 km², com os três biomas diferentes (pantanal, floresta amazônica e cerrado) e o curso de Ensino Médio Integrado ao Técnico em Agropecuária é ofertado em oito *campi* do IFMT. Participaram da pesquisa três *campi*, de macrorregiões e contextos socioeconômicos distintos: IFMT *campus* São Vicente: maior e mais antigo *campus* agropecuário do IFMT, antiga Escola Agrotécnica; criado em 1943, localiza-se na macrorregião Centro-Sul, que contempla o cerrado e pantanal mato-grossense; numa região com maior número de comunidades quilombolas; IFMT *campus* Sorriso: na cidade considerada a Capital do Agronegócio pela Lei Federal n.º 12.724/2012, localizado na macrorregião do Médio Norte, no planalto mato-grossense e bioma da Amazônia, polo regional de produção de grãos do estado; e IFMT *campus* Avançado Guarantã do Norte: localizado na macrorregião Norte, bioma da Amazônia, *campus* com maior número de famílias em assentamentos da reforma agrária; polo de produtores de pequenas propriedades.

Os entraves e as disputas no EMI no IFMT são semelhantes aos da maioria dos Institutos Federais do país e situam-se na defesa de uma escola que supere a tradição de formação técnica e de ensino tecnicista em direção uma nova realidade, com uma nova concepção, com uma prática ainda a ser construída, sem ter um modelo, um caminho a ser seguido, em que tudo precisa ser experimentado e construído. Um dos principais desafios é como efetivar uma formação integral que supere a dualidade constituída historicamente pela divisão social do trabalho, integrando trabalho, conhecimento, cultura e tecnologia e, ainda, permita aos jovens da classe trabalhadora, além de uma formação que lhes possibilite melhores oportunidades para viver do seu trabalho e condições de não abandonar o sonho do ensino superior.

É interesse deste livro discutir e analisar como esse contexto está presente nos Projetos Pedagógicos de Curso do Ensino Médio Integrado ao Técnico em Agropecuária no IFMT, quais as mediações, as contradições e as possibilidades de "travessia" para uma formação omnilateral, politécnica e unitária, diante das disputas e contradições na relação Terra, Trabalho e Educação e da disputa por hegemonia entre a concepção socialista defendida pelos Movimentos Sociais do Campo, e a concepção tecnicista e utilitarista defendida por setores do agronegócio.

Foram consultados e analisados documentos institucionais do IFMT, como o Plano de Desenvolvimento Institucional (PDI) do IFMT – 2019/2023 –, no qual está inserido o Projeto Pedagógico Institucional (PPI), Relatório de Gestão do IFMT/2019, Relatório de Autoavaliação Institucional do IFMT/2019 e os Projetos Pedagógicos de Curso (PPC) do EMI ao Técnico em Agropecuária. Segundo Gil (2010, p. 121), "a consulta a fontes documentais é imprescindível em qualquer estudo", pois pode orientar as entrevistas e a observação.

Para a pesquisa de campo foi adotada a estratégia de grupo focal (GATTI, 2012) com um grupo de docentes do EMI ao Técnico em Agropecuária e equipe pedagógica por *campi*, a partir de questionamentos sobre as dimensões Terra, Trabalho e Educação. A escolha dessa estratégia se deu pela necessidade de conhecer e compreender as múltiplas relações que permeiam a totalidade. Também, possibilita a interação, diferentes pontos de vista, reposicionamento, repensar, diálogo e análise da realidade pelos próprios sujeitos da pesquisa, o que pode "promover a transformação social em benefício dos participantes" (DEMO, 2008, p. 98).

As citações referentes aos Projetos Pedagógicos de Curso são identificadas da seguinte forma: PPC-SVC, PPC-SRS e PPC-GTA dos respectivos *campi*: *campus* São Vicente, *campus* Sorriso e *campus* Avançado Guarantã do Norte. Para preservação do anonimato não há referência ao participante individual, sendo identificados somente os grupos focais como Grupo Focal 1, Grupo Focal 2, Grupo Focal 3, respectivamente, para o grupo focal do *campus* São Vicente, *campus* Sorriso e *campus* Avançado Guarantã do Norte.

Foram eleitas algumas categorias de análise do real pesquisado, que se constituíram em temas mais evidentes/relevantes no decorrer da pesquisa:

a. Considerando-se as contradições e disputa hegemônica e contra-hegemônica no campo da relação Trabalho-Educação, é explorada a categoria política de análise hegemonia. Em Gramsci (2012), hegemonia se refere à influência intelectual, um conjunto de "relações de forças" sociais, políticas ou militares, entendido como graus de desenvolvimento, sendo as forças sociais ligadas às forças materiais de produção e os agrupamentos sociais dela resultantes; forças políticas, relacionadas ao grau de homogeneidade e consciência alcançados pelos grupos sociais; e forças militares, esquemático, decisivo e oscilante entre os demais níveis de força. Ou seja, uma concepção de mundo, que supõe unidade entre teoria e prática. Wood (2011, p. 96) reitera que, para Thompson, "hegemonia não quer dizer dominação por uma classe e submissão por outra, ao contrário, ela incorpora a luta de classes e traz a marca das classes subordinadas, sua atividade e sua resistência".

Nesse mesmo sentido, Mészáros (2008, p. 56) define o processo de construção da contra-hegemonia como "uma atividade de contrainternalização, coerente e sustentada, que não se esgote na negação", mas que envolva as massas populares numa autolibertação e tomada de consciência pelos oprimidos de seu estado de opressão. Desse modo, a destruição da hegemonia do capital se dá por um projeto contra-hegemônico de formação para e com os trabalhadores, que garanta condições econômicas e possibilite a reflexão sobre o modo de produção e das condições políticas. Para tal é necessário identificar as estratégias pedagógicas que ocorrem no interior do aparelho produtivo, as formas de distribuição e controle do poder e do saber em suas manifestações contraditórias (KUENZER, 2011).

b. Na dimensão Terra as categorias: agronegócio, agricultura familiar e camponesa, agroecologia e movimentos sociais, apresentadas no capítulo 1.

c. Nas dimensões Trabalho e Educação as categorias: educação politécnica, formação omnilateral e escola unitária, pedagogia socialista e Ensino Médio Integrado, que serão aprofundadas nos Capítulos 2 e 3.

Espera-se que este livro colabore, se for o caso, com o rever, o repensar, a construção/reconstrução de posturas e práticas frente à relação trabalho e educação, na perspectiva de uma formação unitária, omnilateral e politécnica, que tem o trabalho como princípio educativo. Pretende-se, ainda, que contribua com avanços em termos teórico-práticos na Rede Federal de Educação Profissional e Tecnológica e demais redes de Educação Básica e Profissional.

A oposição ao capitalismo neoliberal atual tem crescido como força de resistência ao modelo de submissão das mais básicas condições de vida, as exigências mais básicas de reprodução social aos ditames do capital e à lei do mercado. Movimentos sociais do campo, da cidade, da floresta, como: Movimento dos Trabalhos sem Terra, Movimentos dos Trabalhadores sem Teto, Movimento Indígena, Ribeirinhos e Quilombolas têm se organizado e reivindicado a inclusão de pautas essenciais para a sobrevivência da classe trabalhadora no campo das políticas públicas, redistribuição de terra e renda, demarcação de terras dos povos tradicionais, saúde, educação, assistência social e um outro modo de vida.

Vale ressaltar que o estudo trata das lutas e contradições que vivenciadas nos períodos anteriores e que estavam em curso até o ano 2021, portanto todos os dados aqui tratados e análises dos participantes se referem ao período vivido até então. Período esse de transgressões, retrocessos e autoritarismo. As pressões pela adesão dos IFs à contrarreforma e à BNCC representavam uma tentativa de pôr fim a uma política educacional que se mostra cada vez mais sólida, e por isso, também, uma ameaça à hegemonia do empresariamento da educação.

A partir de 2022 o cenário de disputa política e social se intensifica no campo da educação e das políticas públicas e em 2023, com a pressão social, algumas mudanças começam a ser percebidas, mas que não serão tratadas neste livro, pois carecem e merecem novos estudos e análises das possíveis rupturas e/ou continuidade, disputas e contradições, que podem ter seus resultados alterados no curso da luta de classes.

1

O ESTADO E A QUESTÃO AGRÁRIA: TERRA DE LUCRAR, TERRA DE LUTAR E TERRA DE VIVER

*Por onde passei,
plantei a cerca farpada,
plantei a queimada.
Por onde passei,
plantei a morte matada.
Por onde passei,
matei a tribo calada,
a roça suada,
a terra esperada...
Por onde passei,
tendo tudo em lei,
eu plantei o nada.
(Dom Pedro Casaldáliga)*

Iniciamos este capítulo a partir da reflexão sobre a poesia de Dom Pedro Casaldáliga, Bispo Emérito da Prelazia de São Félix do Araguaia/MT, que além de poeta era um dos maiores defensores dos direitos humanos e dos povos indígenas, ribeirinhos e camponeses na Amazônia, no Brasil e no mundo, que guiava sua luta em defesa dos mais pobres, ameaçados pelo latifúndio e oprimidos pelo Estado a partir da frase emblemática "Na dúvida, fique ao lado dos pobres". A poesia "Confissão do Latifúndio" retrata a realidade da posse ilegal de terra, "grilagem", e sua regulamentação pelo Estado; da derrubada e queimada da floresta e da exterminação de povos tradicionais e camponeses. Para Dom Pedro, "A terra e toda a sua problemática vão definir em boa parte os desafios da alimentação, do emprego, do alívio das cidades, da gradativa correção das desigualdades sociais", por isso denunciava o latifúndio como inimigo número um dos pobres, pois segundo ele "Em realidades assim, só os covardes não se posicionam"[3].

---

[3] Artigo de opinião em homenagem a Dom Pedro Casaldáliga em virtude da sua morte, da antropóloga Maria Júlia Gomes Andrade, publicado no jornal *Brasil de Fato*, em 10 de agosto de 2020. Disponível em: https://www.brasildefato.com.br/2020/08/10/artigo-dom-pedro-casaldaliga-do-araguaia. Acesso em: 20 fev. 2021. A luta de Dom Pedro se transformou em livro, de autoria do escritor Francesc Escribano, que deu origem ao filme de Ed Wilson Araújo *Descalço sobre a terra vermelha*, baseado em fatos reais no auge da Ditadura, em 1968, em que Dom Pedro Casaldáliga enfrentava latifundiários, grileiros e jagunços que exterminavam lavradores e índios no Mato Grosso, numa terra sem lei nem justiça, onde a força bruta e a bala imperavam, com apoio do próprio sistema de segurança oficial.

Dentre as muitas causas em favor dos mais necessitados, Dom Pedro Casaldáliga também se engajou na luta por educação de qualidade, sendo responsável por arregimentar professores, na década de 1970, para a criação da primeira instituição de ensino do então Baixo Araguaia, o Ginásio Estadual do Araguaia (GEA), e depois travar uma luta pela implantação de um *campus* do IFMT em Confresa, em 2009. Consta na página do IFMT que Dom Pedro "teria ligado para o então presidente, Luiz Inácio Lula da Silva, e questionado o fato de o maior assentamento da reforma agrária brasileira ficar de fora do projeto de expansão das escolas técnicas federais" e isso foi decisivo na escolha de Confresa em detrimento do município de Sinop, o quarto mais populoso do estado de Mato Grosso (IFMT, 2020). Em virtude de sua luta, como uma das metas de extensão constantes do Plano de Gestão do reitor eleito do IFMT 2021-2025, a Política de Relações Interinstitucionais e Comunitárias Populares contará com o "Programa Dom Pedro Casaldáliga de parceria e oferta de Formação Inicial e Continuada — FIC a comunidades tradicionais, assentamentos da reforma agrária, ribeirinhos, indígenas, quilombolas e catadores" (SANTOS, 2020, p. 6).

O presente capítulo trata da separação cidade-campo como a base da divisão da sociedade em classes e da divisão social do trabalho, em que o campo passa a ser considerado atrasado, culturalmente inferior e com trabalho manual desvinculado do intelectual e, em contraposição, a cidade como desenvolvida, científica e culturalmente dominante, que necessita de trabalho intelectual, limites esses reduzidos com o desenvolvimento do capitalismo, marcado pela expropriação da terra, da cultura, dos meios de trabalho e, consequentemente, pela exploração da força de trabalho. Trazemos à discussão a formação agrária do Estado brasileiro, com base na dominação/dependência colonizatória, com acessos desiguais à terra, à riqueza, à educação e ao trabalho, com modos de produção e reprodução da vida distintos e em disputa, mas com avanço a hegemonia do agronegócio avançando em contraposição a outras alternativas, como a agricultura familiar, agricultura camponesa e agroecologia, que têm nos movimentos sociais do campo o principal instrumento de luta. Por fim, fazemos um retrospecto da educação, de interesse do capital, no contexto agrário, do Ensino agrícola, da Educação Rural até a concepção de Educação do Campo, resultado dos movimentos sociais do campo.

1.1 A separação cidade e campo e a acumulação primitiva

A história da humanidade tem sido construída sob um processo de dominação de um ser humano sobre outro, de um grupo sobre outro, de uma nação sobre outra. Quijano (2000) afirma que os processos históricos convergiram para o estabelecimento do padrão de poder, inicialmente entre conquistadores e conquistados, numa relação de inferioridade e dominação da cultura, sendo que "Na América, a ideia de raça foi um modo de outorgar legitimidade nas relações de dominação impostas pelos conquistadores", assim como as relações de gênero (QUIJANO, 2000, p. 284, tradução nossa). Mas por outro lado, segundo o autor, articulando todas as formas históricas de controle do trabalho, dos meios de produção, dos produtos do trabalho e do capital. Para tal, foram expropriadas as terras, os meios de produção e a cultura dos povos tradicionais, e esses foram submetidos ao trabalho não pago, à violência, a trabalhar até a morte e ao genocídio. Processo esse acirrado com o desenvolvimento capitalista.

Os limites campo-cidade, considerados nítidos na antiguidade, após a Revolução Industrial, tornaram-se menos acentuados, com a mesma intensificação das atividades e nas relações capitalistas de produção. Há algum tempo teríamos a visão de algumas cidades industrializadas compactas, cercadas de uma grande área agrícola com produção de arroz, vegetais, pecuária, piscicultura, autossuficientes para o consumo, pequenas cidades e vilas. Hoje é comum não reconhecermos essas paisagens, transformadas pelo capital em grandes centros urbanos, com falta de emprego, condições de saúde, educação e moradia, e uma vasta área de monocultura industrializada ou terras improdutivas, alterando os modos de produção, as relações com a natureza, as relações sociais e os modos de vida.

> O chamado "ambiente natural" é objeto de transformação pela atividade humana. Os campos são preparados para a agricultura; os pântanos, drenados; as cidades, estradas e pontes, construídas; as plantas e os animais são domesticados e criados; os habitats, transformados; as florestas, cortadas; as terras, irrigadas; os rios, represados; as paisagens, devastadas (servindo de alimento para ovinos e caprinos); os climas, alterados. Montanhas inteiras são cortadas ao meio à medida que minerais são extraídos, criando cicatrizes de pedreiras nas paisagens, com fluxos de resíduos em córregos, rios e oceanos; a agricultura devasta o solo e, por centenas de quilômetros quadrados, florestas e matos são erradicados acidentalmente como resultado da ação humana, enquanto a queima das florestas na Amazônia, consequência da ação voraz e ilegal de pecuaristas e produtores de soja, leva a erosão da terra (HARVEY, 2011, p. 151).

Se na Idade Média a indústria mantinha traços característicos da propriedade rural, dependendo ou imitando a organização do campo na cidade, segundo Marx e Engels (2008, p. 266), na sociedade burguesa "a agricultura transforma-se mais e mais em simples ramos da indústria e é dominada completamente pelo capital". Desse modo, o capital domina tudo, da relação com a natureza à renda territorial produzida historicamente.

Começando em 1940, a Revolução Verde duplicou a produtividade com a justificativa de produzir mais alimentos para acabar com fome no mundo, mas "só o fez com todo o tipo de consequências negativas em nível ambiental e social" (HARVEY, 2011, p. 152). Segundo o autor, a prática da monocultura exigiu investimentos pesados em fertilizantes, pesticidas e organismos geneticamente modificados, consolidou uma classe de produtores ricos e reduziu a situação dos pequenos agricultores a camponeses sem-terra, sem meios de produção e sem proteção.

Porém, a expropriação primária, original dos povos do campo expulsos de suas terras ou atraídos para a cidade em busca de condições de sobrevivência e incapacitados de manter sua reprodução plena, iniciada com a divisão cidade-campo e, consequentemente, do trabalho manual-trabalho intelectual, nunca foi interrompida, permanece e se aprofunda no capitalismo atual (FONTES, 2010).

Para Marx e Engels (1998, p. 53), "a oposição entre a cidade e o campo surge com a passagem da barbárie para a civilização, da organização tribal para o Estado, provincialismo para a nação e persiste através de toda a história da civilização até nossos dias". Tal oposição desencadeia a divisão da população em duas grandes classes, ligadas à divisão social do trabalho e dos instrumentos de produção, pois à medida que a produção passa de subsistência para mercado, o trabalho passa de autônomo e independente a assalariado e dependente e, sob controle do capital e da separação entre trabalho manual e trabalho intelectual, manifesta-se, dividindo também os homens em classes. A expropriação da terra e do trabalho transformou vastas zonas de terras e culturas em pastagens e monocultura, colocando a produção e reprodução a serviço do capital.

Com a dissolução da estrutura feudal teve início o processo de acumulação primitiva; a subjugação do trabalhador deu origem tanto ao trabalhador assalariado como ao capitalista. O trabalhador, produtor direto, deixou de ser servo e converteu-se em livre vendedor de sua força de trabalho, transformando a exploração feudal em exploração capitalista. E assim:

> Na história da acumulação primitiva [...] grandes massas humanas são despojadas súbita e violentamente de seus meios de subsistência e lançadas no mercado de trabalho como proletários absolutamente livres. A expropriação da terra que antes pertencia ao produtor rural, ao camponês, constituiu a base de todo o processo. Sua história assume tonalidades distintas nos diversos países e percorre as várias fases em sucessão diversa e em diferentes épocas históricas (MARX, 2013, p. 787).

Os trabalhadores, servos, ao acreditarem conquistar a liberdade dos senhores feudais e mestres-artesãos corporativos, da exploração do ser humano pelo ser humano, tornam-se trabalhadores "nus", livres de vínculos pessoais, estatutários, territoriais e de classe. Precisavam vender sua força de trabalho em qualquer lugar onde houvesse mercado para ela, tornando-se trabalhadores assalariados subjugados à exploração do capitalista. Assim, houve a emancipação do servo sem ter garantido qualquer direito à terra, encontrando nas cidades novos senhores.

Um exemplo da forma clássica do processo de acumulação primitiva, segundo Marx (2013), foi o ocorrido na Inglaterra, com expropriação da terra pertencente à população rural, em etapas assim definidas:

- Inicialmente, "Uma massa de proletários absolutamente livres foi lançada no mercado de trabalho pela dissolução dos séquitos feudais", criando as bases do modo de produção capitalista (MARX, 2013, p. 789). Essa enorme massa popular se viu impossibilitada de sustentar sua família, sendo exigido pelo sistema capitalista uma posição servil e a transformação em trabalhadores mercenários e de seus meios de trabalho em capital (MARX, 2013, p. 792).

- O roubo dos bens da Igreja, no século XVI, foi "Um novo e terrível impulso ao processo de expropriação violenta das massas" (MARX, 2013, p. 792-793). Com a Reforma Protestante, as propriedades da Igreja Católica foram presenteadas ou vendidas a preços irrisórios a especuladoras, que expulsaram os antigos vassalos e camponeses empobrecidos que a Igreja mantinha. Os pobres, sem condição de subsistência, foram mantidos encarcerados e arrendados em lotes, para o trabalho forçado na terra, sendo negado qualquer auxílio aos que se recusassem ao trabalho e ao encarceramento. Passa-se, então, do regime de servidão ao regime de escravidão.

- A "Revolução Gloriosa conduziu ao poder [...] tanto proprietários fundiários como capitalista" (MARX, 2013, p. 795), que aboliram o regime feudal da propriedade da terra, "indenizaram" o Estado e reivindicaram a moderna propriedade privada de bens, por preços irrisórios, ou por meio de usurpação direta, ou seja, praticaram o roubo de domínios estatais, com o objetivo de tornar a terra mercadoria, ampliar a exploração agrícola, aumentar a demanda de trabalhadores livres e, com isso, aumentar a manufatura e as finanças. A própria lei torna-se veículo para o roubo de terras do povo, com expropriações por decreto, em que "proprietários fundiários presenteiam a si mesmos, como propriedade privada, com terras do povo" (MARX, 2013, p. 795) e dando início aos latifúndios e, assim, a contradição riqueza nacional e pobreza do povo. Com a terra caindo em mãos de alguns poucos, aqueles que a cultivavam e que viviam em terras comunais do cultivo e criação de animais se veem obrigados a buscar sua subsistência trabalhando para outrem e ir ao mercado para obter tudo o que precisam.

- E finalmente, "O último grande processo de expropriação que privou os lavradores da terra foi a assim chamada *clearing of estates* (clareamento das propriedades rurais, o que significa, na verdade, varrê-las de seres humanos)" (MARX, 2013, p. 800). Após a expulsão dos camponeses independentes passou-se a varrer os trabalhadores agrícolas de suas moradias e dos solos cultivados por eles. Teve início a grande massa de trabalhadores sem terra e sem teto, e ao mesmo tempo a resistência, com o levante, entre 1745-1746 na Escócia, refletindo os protestos das massas populares contra sua exploração e pela expulsão massiva dos pequenos lavradores. O que resultou em deportações para colônias, fuga de camponeses para montanhas e ilhas distantes devido a perseguição da polícia e proibição de emigração dos expulsos da sua terra, assim como destruição dos vilarejos e extermínio de nativos, transformando campos em pastagens. Aos nativos, jogados à orla marítima, restou-lhes procurar viver da pesca, sendo novamente expulsos pelos grandes comerciantes de peixes, que logo farejaram algo lucrativo. Parte das pastagens das ovelhas logo foi convertida em florestas de caça e ao comércio da caça com vistas ao lucro, levando os nativos a uma miséria ainda mais massacrante. "Roubou-se do povo uma liberdade atrás da outra" (SOMERS, 1847 *apud* MARX, 2013, p. 803).

Assim,

> O roubo dos bens da Igreja, a alienação fraudulenta dos domínios estatais, o furto da propriedade comunal, a transformação usurpatória, realizada com inescrupuloso terrorismo, da propriedade feudal e clânica em propriedade privada moderna, foram outros tantos métodos idílicos da acumulação primitiva. Tais métodos conquistaram o campo para a agricultura capitalista, incorporaram o solo ao capital e criaram para a indústria urbana a oferta necessária de um proletariado inteiramente livre (MARX, 2013, p. 804).

Desse modo, a acumulação primitiva "não é resultado do modo de produção capitalista, mas seu ponto de partida", pois "a acumulação do capital pressupõe o mais-valor, a produção capitalista, e esta, por sua vez, a existência de massas relativamente grandes de capital de força de trabalho nas mãos de produtores de mercadorias" (MARX, 2013, p. 785).

Na economia política,

> [...] é preciso que duas espécies bem diferentes de possuidores de mercadorias se defrontem e estabeleçam contato; de um lado, possuidores de dinheiro, meios de produção e meios de subsistência, que buscam valorizar a quantia de valor de que dispõem por meio da compra de força de trabalho alheia; de outro, trabalhadores livres, vendedores da própria força de trabalho e, por conseguinte, vendedores de trabalho. [...] Com essa polarização do mercado estão dadas as condições fundamentais da produção capitalista. [...] O processo que cria a relação capitalista não pode ser senão o processo de separação entre o trabalhador e a propriedade das condições de realização de seu trabalho (MARX, 2013, p. 786).

Ao não conseguirem ser absorvidos pela manufatura emergente com a mesma rapidez com que foram expulsos, camponeses, nativos, trabalhadores rurais, foram classificados como vagabundos e lhes restava escolher entre mendigar ou roubar, serem enforcados com amparo da lei ou serem devolvidos aos seus lugares de origem na condição de escravos.

A legislação sobre o trabalho, desde sua origem em 1349, na Inglaterra, sempre foi cunhada, de forma hostil, para a exploração do trabalhador. Inicialmente, considerando como delinquentes voluntários todos aqueles, vagabundos e pobres, que não conseguiam trabalho, esses deviam ser amarrados a um carro e açoitados até sangrarem e jurarem voltar para onde veio. Em caso de reincidência cortavam-lhes a orelha e numa nova prisão eram considerados criminosos, inimigos da comunidade e eram executados. Quem se recusava a trabalhar era condenado a se tornar escravo do denunciante, que poderia submetê-lo a trabalhos forçados sob o açoite e o agrilhoamento; se fugissem eram marcados a ferro na testa e condenados a escravidão perpétua. Os filhos dos vagabundos podiam ser mantidos como aprendizes, se fugissem tornavam-se escravos dos mestres, que poderiam acorrentá-los e açoitá-los. Os vagabundos velhos e incapazes recebiam uma licença para mendicância, e os que não possuíam licença eram severamente açoitados e até executados sem misericórdia, por serem considerados traidores do Estado.

> Assim, a população rural, depois de ter sua terra violentamente expropriada, sendo dela expulsa e entregue à vagabundagem, viu-se obrigada a se submeter, por meio de leis grotescas e terroristas, e por força de açoites, ferros em brasa e torturas, a uma disciplina necessária ao sistema de trabalho assalariado (MARX, 2013, p. 808).

Essa violência extra continua ocorrendo veladamente até os dias atuais, para o curso normal das "leis naturais de produção". O Estado é usado pela burguesia "para 'regular' o salário, isto é, para comprimi-lo dentro dos limites favoráveis à produção de mais-valor, a fim de prolongar a jornada de trabalho e manter o próprio trabalhador num grau normal de dependência" (MARX, 2013, p. 809).

O processo de acumulação primitiva deu origem a um novo tipo de trabalhador, o trabalhador assalariado e, segundo Marx (2013), a expropriação da população rural fez surgir os grandes proprietários fundiários, dando origem ao, então, capitalista. Esse processo aconteceu gradativamente: de capataz, que trabalhava em troca de sementes, gado e instrumentos agrícolas fornecidos pelos senhores da terra, a trabalhador assalariado e meeiro, dividindo partes do capital com o dono da terra por meio de contrato; arrendatários, propriamente ditos, como trabalhador assalariado, com pagamento ao senhor da terra com parte do mais produto, em dinheiro ou *in natura*; e depois o meeiro, ou meio arrendatário, investindo uma parte do capital agrícola e o dono a outra, repartindo o produto global entre si, conforme estabelecido em contrato, o que devido à Revolução Agrícola, ocorrida entre os séculos XV e XVI, do mesmo modo e com a mesma rapidez que empobreceu ainda mais a população rural devido à queda dos salários dos trabalhadores, o tornou mais rico, devido ao aumento dos preços dos produtos agrícolas e à fixação do preço do pagamento da terra por 99 anos, aumentando criação de gado, quase sem custos, e dessa forma, tornaram-se "homens de negócios", ascendendo à posição de capitalista.

A intermitente e sempre renovada expropriação e expulsão da população rural forneceu à indústria, além de uma massa de trabalhadores, consumidores, pois "O camponês deixado ao léu tem de adquirir de seu novo senhor, o capitalista industrial, e sob forma de salário, o valor desses meios alimentares", convertendo matéria-prima agrícola em elemento do capital constante, ou seja, mercado interno (MARX, 2013, p. 816).

A produção que antes era repartida entre os produtores, que cultivavam e fiavam com suas famílias, passou a se concentrar nas mãos de um capitalista, que coloca outros para produzirem para ele. O trabalho extra, como fiar e tecer, que antes resultava em receita complementar para os produtores, passou a formar o lucro dos capitalistas, por meio do trabalho não pago. São tempos de grandes arrendamentos e de centros de produção.

Desse modo, a expropriação e a separação dos camponeses de seus meios de produção destroem a indústria de subsistência dando lugar ao mercado interno de produção capitalista e à indústria. Países como a Inglaterra tornam-se industriais e buscam converter suas colônias em produtores agrícolas. A partir daí o capitalista industrial passou a ter em suas mãos uma massa de trabalhadores assalariados para explorarem, além do controle de toda a riqueza social da sociedade, desde o pagamento dos proprietários da terra, aos salários dos trabalhadores, os impostos e o dízimo.

Todos os momentos da acumulação primitiva basearam-se na mais brutal violência e lançaram mão do poder do Estado para abreviar a transição da produção feudal para capitalista. O sistema colonial foi marcado por um quadro insuperável de traição, suborno, massacre, infâmia, espoliação e sequestros de jovens, captura de nativos como animais, aprisionados e vendidos como escravos. O saqueio, monopólio da exploração e comercialização de riquezas naturais de terras conquistadas fizeram brotar grandes fortunas e alavancaram o desenvolvimento capitalista, com aumento considerável de capital e empobrecimento das massas populares brutalmente oprimidas.

Na Inglaterra, segundo Thompson (1998), os fazendeiros passaram a manipular o comércio, evitando o mercado e a negociando em casa, desabastecendo, segurando os produtos para alta de preços, o que gerou fome e revolta. Passaram a burlar a lei da economia moral, em que o mercado era controlado, de modo que não se podia vender os grãos antes da colheita e nem os reter, aguardando preços mais elevados; o comércio devia ser direto do produtor ao consumidor, em praça pública, dando prioridade aos pobres. Surgem grandes revoltas populares, motins da fome, transfigurando uma ação de protesto reativa à fome em uma ação popular disciplinada e organizada, com objetivos claros, identificados na multidão, na defesa do bem-estar comum.

A dissolução do regime feudal, a expropriação e expulsão da população rural derrubaram as barreiras que impediam o avanço do capital monetário, fazendo com que a nova manufatura se instaurasse nos portos marítimos exportadores e em postos do campo. Fato esse intensificado com "A descoberta das terras auríferas e argentíferas na América, o extermínio, a escravidão e o soterramento da população nativa nas minas" (MARX, 2013, p. 821).

Nesse sentido, ao passo que se consumava o processo da acumulação primitiva na Europa, tendo submetido toda a produção nacional ao regime capitalista e mantendo sob controle as camadas sociais, nas colônias o entrave é o produtor, possuidor de suas próprias condições de trabalho, enriquecendo a si mesmo com o seu trabalho e não o capitalista. Os capitalistas usavam todo o poder da metrópole para eliminar à força esse modo de produção, pois assim como o sistema protecionista visava à fabricação de capitalistas na metrópole, a teoria da colonização visava à fabricação de trabalhadores assalariados nas colônias (MARX, 2013, p. 836). Pois

> [...] a propriedade de dinheiro, meios de subsistência, máquinas e outros meios de produção não confere a ninguém a condição de capitalista se lhe falta o complemento: o trabalhador assalariado, o outro homem, forçado a vender a si mesmo voluntariamente [...] o capital não é uma coisa, mas uma relação social [...] os meios de produção e de subsistência, como propriedades do produtor direto, não são capital. Eles só se tornam capital em condições sob as quais servem simultaneamente como meios de exploração e de dominação do trabalhador (MARX, 2013, p. 836-837).

Assim, "a expropriação da massa do povo, que é despojada de sua terra, constitui a base do modo de produção capitalista" (MARX, 2013, p. 838), pois, numa terra de homens livres, que possuem sua terra, seus meios de produção e de subsistência, em que "ainda não existe a separação entre o trabalhador e suas condições de trabalho, entre ele e sua raiz, a terra, [...] como também não existe a cisão entre a agricultura e a indústria, nem a destruição da indústria doméstica rural" (MARX, 2013, p. 838), o trabalho assalariado não vinga.

Desse modo, a dependência do trabalhador assalariado em relação ao capitalista, natural do regime capitalista, nas colônias precisa ser criada por meios artificiais, por meio da colonização sistemática, em que:

> O governo deve conferir à terra virgem, por decreto, um preço artificial, independente da lei da oferta e da demanda, que obrigue o imigrante a trabalhar como assalariado por um período maior, antes que este possa ganhar dinheiro suficiente para comprar a terra e transformar-se num camponês independente. O fundo resultante da venda das terras a um preço relativamente proibitivo para o assalariado, isto é, esse fundo de dinheiro extorquido do salário mediante a violação da sagrada lei da oferta e da demanda, deve ser usado pelo governo, por outro lado, para importar – numa quantidade proporcional ao crescimento do próprio fundo – pobres-diabos da Europa para as colônias e, assim, manter o mercado de trabalho assalariado sempre abastecido para o senhor capitalista (MARX, 2013, p. 842).

Marx ainda complementa que o Estado impõe um preço da terra tão alto que impede a compra da terra pelos trabalhadores e impossibilitando, dessa forma, que se tornem camponeses independentes.

Após a Revolução Francesa, sob o lema "Liberdade, Igualdade, Fraternidade", na formação da identidade liberal, de acordo com Losurdo (2006), o trabalho escravo se tornou algo inaceitável em solo europeu, sob o discurso contraditório de que todos os seres humanos nascem iguais e que, então, a escravidão não é natural. No entanto, tal discurso só era válido na Europa, uma terra livre, permanecendo a ideia de que em certos países a escravidão era fundada numa razão natural, em virtude do meio físico, assim como o clima e os "costumes", sendo por isso justificável a deportação, captura e exportação de escravos para terras colonizadas ameríndias. "Entre a força de trabalho imposta chamada a assegurar o desenvolvimento das colônias havia também crianças de condição pobre, atraídas enganosamente com doces, raptadas e deportadas para o outro lado do Atlântico" sob a forma de orfanatos para menores desvalidos e casas de trabalho. De modo que "A sociedade pode dispor completamente dos filhos dos pobres" (LOSURDO, 2006, p. 96) e submetê-los ao trabalho o mais cedo possível, tornando-os mais dóceis, disciplinados e rentáveis (p. 95-96).

É incompreensível, injustificável e inaceitável que para haver transformação do sistema manufatureiro para empresa fabril e do estabelecimento da devida proporção entre capital e força de trabalho tenha sido preciso saquear camponeses e trabalhadores rurais em busca de crianças pobres e desvalidas, colocando-as em condições de trabalho degradantes, ou sob a condição de aprendiz, sob a supervisão de feitores de escravos, submetidas à tortura, com requintes de crueldade; à fome e à morte, esta por suicídio ou excesso de trabalho. Longe do olhar do público, os lucros dos fabricantes capitalistas eram enormes.

1.2 A origem agrária do Estado brasileiro

Não existia, no continente americano, segundo Stédile (2011), propriedade privada. A terra era tratada como bem comum pelos habitantes primitivos. Para expansão do capitalismo comercial, invadiram, dominaram e controlaram a apropriação da terra e das riquezas naturais. No caso brasileiro, assim como no conjunto dos demais países semicoloniais dependentes, segundo apontamentos de Prado Jr. (2014), não se pode legitimar que o desenvolvimento capitalista resultou de uma etapa feudal, como na Europa, mesmo que com algumas vagas e aparentes semelhanças nos fatos econômicos e sociais, pois seus níveis de desenvolvimento econômico, bem como suas posições de subordinação, os colocavam em posições impossíveis de assimilação de desenvolvimento de países com economia capitalista madura.

A gênese do Estado brasileiro, assim como de outros países da América, conforme descreve Francisco de Oliveira em *Brasil: uma biografia não autorizada* (2018), foi o cruel processo de colonização, marcado pela expropriação e extermínio da população indígena, de sua língua, de sua cultura e de seu território e apagamento de sua história, seguido de aportamento de africanos na condição de escravos e imigração de europeus empobrecidos na condição de trabalho explorado. Oliveira (2017) sintetiza a colonização como uma mescla de "propagação da fé cristã, comércio e exploração de riquezas comerciais", reforçada com a concentração fundiária.

Nesse mesmo sentido, Quijano (2000) afirma que esse processo histórico convergiu para o estabelecimento do padrão de poder, inicialmente entre conquistadores e conquistados, numa relação de inferioridade e dominação da cultura, com forte controle do trabalho, de seus recursos e seus produtos em torno do capital e do mercado mundial, tornando-se dependente por fundação. O que Fernandes (2006) amplia como um processo de desenvolvimento de um capitalismo dependente, em que o Brasil, como país periférico, não rompe com a dominação burguesa internacional, absorvendo e repetindo os traços estruturais e dinâmicos essenciais de uma economia mercantil, competitiva e monopolista. Em *O ornitorrinco*, Oliveira (2003, p. 126) diz que essa forma de desenvolvimento capitalista nas ex-colônias, transformadas em periferias, ocorre com a função de "fornecer elementos para a acumulação de capital no centro", combinando acumulação interna e externa do capital, expropriação de terras, dos meios de produção, de trabalho e de direitos, concentração da riqueza e dependência do capital internacional.

Assim, a história da questão agrária no Brasil foi delineada pela forte presença do Estado, na formulação de leis e iniciativas que possibilitaram o surgimento das grandes propriedades, sendo que, segundo Stédile (2011): "A concentração da propriedade da terra é uma das principais fontes de injustiças sociais no Brasil, pois mantém as riquezas naturais, a agricultura e o poder político nas mãos de uma minoria".

> Desde os primórdios da colonização do Brasil, a forma como a terra foi distribuída e utilizada resultou em um grave problema agrário. O aumento da produção agropecuária não se constituiu em fator de progresso econômico, com distribuição de renda e justiça social. Ou seja, desde 1500 o uso da terra no Brasil beneficiou uma minoria da sociedade —, impedindo que a maioria da população tivesse acesso à posse e ao usufruto desse bem da natureza (STÉDILE, 2011, p. 13).

As capitanias, estabelecidas em 1530 pela Coroa Portuguesa (que mantinha o domínio e a posse de terras brasileiras), distribuíram a posse de grandes extensões de terra a donatários, membros da nobreza de confiança para exploração, produção e desenvolvimento capitalista em troca de favores e tributos à Coroa portuguesa. Diferentemente da Europa, em que a divisão de terras se dava dos senhores feudais e camponeses em propriedade privadas de tamanhos variados, no Brasil a terra empossada pela Coroa era distribuída aos amigos do rei com capital para investimento.

De acordo com Welch (2012), essa distribuição proliferou uma série de sesmarias, área extensas sublocadas a terceiros, a fim de desenvolver o cultivo de cereais para abastecimento de Portugal, dando início aos latifúndios, ao cultivo para fins de exportação, cultivando produtos agrícolas trazidos da China e da África, no sistema de *plantation*[4] e exportando para a Europa. "Essa situação explica a opção pelo latifúndio monocultor, que caracterizou a economia e a sociedade brasileira por vários séculos, sustentada pela mão de obra escrava indígena e africana" (STÉDILE, 2011, p. 14).

---

[4] Sistema caracterizado pelo monocultivo em grandes extensões de terra, de forma especializada, técnicas modernas de produção, exportação e mão de obra escrava.

Sob pena de terem que devolver a terra, caso não produzissem nela por um prazo determinado, tem início também a concepção de "terras devolutas" como terras improdutivas. Para não perderem o direito da posse da terra, os arrendatários as alugavam para pequenos agricultores. No entanto, devido a precárias condições de fiscalização, o não cultivo não resultou na devolução da terra e o significado de "terras devolutas" passou a ser apenas terras ainda não doadas (WELCH, 2012).

De acordo com Prado Jr. (2014, p. 46), a grande propriedade rural brasileira "se constitui na base da exploração comercial em larga escala, isto é, não parcelária, e é realizada com o braço escravo introduzido conjuntamente com essa exploração, e por ela e para ela", formando desde a origem da exploração brasileira um todo integrado entre grande propriedade fundiária e trabalhador escravo. A mais valia não se deu a partir do investimento em tecnologia, como nos países europeus, mas pela exploração de mão de obra escrava, e pelo monopólio dos meios de produção, de fontes de matéria-prima, de capital produtivo e financeiro e de trabalhadores.

Com o esgotamento do escravismo, das barreiras internacionais de tráfico de mão de obra escrava e da inevitabilidade do trabalho livre, decidiu-se pelo "fim da escravidão", optando-se pela imigração de trabalhadores livres e pobres europeus (MARTINS, 2013), e "para impedir que, com a futura abolição, os então trabalhadores ex-escravos se apossassem das terras, promulga, em 1850, a primeira lei de terras do país" (STÉDILE, 2013, p. 24), que instituiu o regime de propriedade privada no Brasil, estabelecendo no artigo primeiro a proibição de aquisição de terras devolutas por outro título que não fosse o de compra, o que estabeleceu também como condição para a posse da terra "não apenas a condição de homem livre, mas também de pecúlio para a compra da terra, ainda que ao próprio Estado" (MARTINS, 2013, p. 9). Desse modo:

> Como ex-escravos, pobres, literalmente despossuídos de qualquer bem, resta-lhes a única alternativa de buscar sua sobrevivência nas cidades portuárias, onde pelo menos havia trabalho que exigia apenas força física: carregar e descarregar navios. E, pela mesma lei de terras, eles foram impedidos de se apossarem de terrenos e, assim, de construírem suas moradias: os melhores terrenos nas cidades já eram propriedade privada dos capitalistas, dos comerciantes etc. Esses trabalhadores negros foram, então, à busca do resto, dos piores terrenos, nas regiões íngremes, nos morros, ou nos manguezais, que não interessavam ao

capitalista. Assim, tiveram início as favelas. A lei de terras é também a "mãe" das favelas nas cidades brasileiras (STÉDILE, 2012, p. 26).

A importação de camponeses pobres e excluídos, italianos, alemães e europeus foi a saída encontrada para substituir a mão de obra no campo, condição essa necessária para o avanço do capitalismo. Atraídos pela promessa da posse da terra, os trabalhadores receberam as terras, muitas vezes, com lavouras anteriormente preparadas pelos escravos, que tinham direito à moradia e à criação de pequenos animais. Seu trabalho era pago com parte da venda do que era colhido, sendo estipulado um prazo para pagamento das terras por eles ocupadas.

A abolição da escravidão substituiu as relações servis de trabalho por relação de emprego ou locação de serviços, muitas vezes com pagamento *in natura*, sem ligação efetiva do trabalhador com a terra, como um camponês, permanecendo, tanto quanto antes,

> [...] inteiramente submetido na sua atividade produtiva à direção do proprietário, que é o verdadeiro e único ocupante propriamente da terra e empresário da produção, na qual o trabalho não figura senão como força de trabalho a serviço do proprietário, e não se liga a ela senão por esse esforço que cede a seu empregador (PRADO JR., 2014, p. 47).

Marini (2012) contesta a tese de Caio Prado Júnior de que a luta desse trabalhador, antes escravo, hoje assalariado, não é a luta do camponês livre da Europa pela exploração da terra que ocupa e necessita para sua manutenção, de que esse trabalhador, mantido remunerado, luta essencialmente para "melhorar quantitativamente e qualitativamente sua remuneração e os recebimentos que percebe a título de empregado" (PRADO JR., 2014, p. 48). A crítica de Marini (2012, p. 106) é pelo fato de Prado Jr. desprezar o papel do campesinato, como força revolucionária, a existência de uma burguesia nacional dependente de uma burguesia internacional, a limitar as lutas da classe trabalhadora, a reivindicações de salário e emprego, desconsiderando a abertura do caminho pelos trabalhadores rurais na ruptura radical com o sistema capitalista vigente. Para Marini (2012), a inadequada vinculação da estrutura de produção às necessidades de emprego e salário das massas trabalhadoras, "como consequência da sobrevivência de reminiscências coloniais", e não "pela própria dinâmica do crescimento econômico em uma economia capitalista periférica", invalida as concepções reformistas de Prado Jr.

Nessa mesma perspectiva, Ianni (2009) infere que a busca, por se compreender o campo a partir da cidade, leva a equívocos, reproduzindo-se a pirâmide social em situação política local, dificultando sua análise em contextos políticos mais amplos, ou predominando a visão externa, "na qual sobressaem aspectos econômicos e políticos". Isso leva a considerar ora numa visão generalista agrícola, como aplicação da lei laboral agrária, mas desconsiderando as características locais, ora somente a luta local pela terra, como um problema político isolado, considerando, assim, as dimensões sociais e culturais que determinam as formas de vida e trabalho, divergentes das criadas pelo capitalismo.

A partir da redemocratização com a Constituição Federal de 1988, a terra é considerada um direito constitucional, que elenca entre os direitos fundamentais o direito à propriedade. No Art. 5.º, item "XXII – é garantido o direito de propriedade" e atrelando esse direito ao dever de atender a sua função social, definida no Art. 170, de modo que "A ordem econômica, fundada na valorização do trabalho humano e na livre iniciativa, tem por fim assegurar a todos existência digna, conforme os ditames da justiça social" (BRASIL, 1988), de modo que atribui o poder de desapropriação, de acordo com o Art. 184, por "interesse social, para fins de reforma agrária, o imóvel rural que não esteja cumprindo sua função social, mediante prévia e justa indenização em títulos da dívida agrária...". A Carta Magna ainda estabelece, no Art. 185, que pequenas e médias propriedades que propriedade única do cidadão, e as propriedades produtivas que estejam cumprindo sua função social são insuscetíveis de desapropriação para fins de reforma agrária. Para definir se a propriedade cumpre sua função social, são definidos alguns requisitos:

> *I – aproveitamento racional e adequado;*
> *II – utilização adequada dos recursos naturais disponíveis e preservação do meio ambiente;*
> *III – observância das disposições que regulam as relações de trabalho;*
> *IV – exploração que favoreça o bem-estar dos proprietários e dos trabalhadores* (BRASIL, 1988).

A proposta de assentar 1,5 milhões de famílias no governo Sarney, mesmo após a promulgação da Constituição de 1988, que criava mecanismos jurídicos para realizar a reforma agrária, mal saiu do papel.

> *Assim, diante da paralisia estatal, os movimentos sociais organizados foram à luta, e frente ao cenário conservador a violência no campo explodiu. Centenas de trabalhadores sem-terra perderam suas*

> *vidas nessas lutas. O clima de violência passou a ser claramente atribuído ao movimento dos trabalhadores sem terras, e muitas mortes de camponeses ficaram sem elucidação* (LINHARES; SILVA, 1999, p. 95-96).

O meio político ruralista se organizou para impedir qualquer alteração estrutural da sociedade brasileira. Proprietários de terras que se sentiam ameaçados pela possiblidade de reforma agrária e de um levante dos trabalhadores rurais organizaram:

> *[...] marchas e carreatas pedindo o "fim da baderna" e a punição criminal dos "cabeças das arruaças", anunciando inclusive a criação de milícias e a invasão de escritórios do movimento sem-terra, em ações claramente contrárias à reforma agrária. Somados a isso o próprio ministro da agricultura em 1997, declarou achar legítima a ação dos produtores rurais, defendendo inclusive a mobilização do setor patronal, frente as "invasões" dos sem-terra, fato que foi noticiado no meio jornalístico* (LINHARES; SILVA, 1999, p. 202-203).

De modo que as normas estabelecidas constitucionalmente não foram suficientes para frear o movimento expansivo do latifúndio improdutivo no Brasil. E, segundo Ritter-Pimenta (2019, p. 27),

> *Mesmo depois de anos de legislação, os últimos dados do Sistema Nacional de Cadastro Rural do Incra de 2014 revelam que existem 130 mil grandes imóveis que juntos concentram 47,23% das terras cadastradas no INCRA (dos quais 66 mil são improdutivos), ao passo que 3,75 milhões de minifúndio equivalem a 10,2% da área registrada no mesmo órgão* (MDA, 2017 apud RITTER-PIMENTA, 2019, p. 27).

O Brasil atualmente se destaca como um dos maiores produtores de alimento e de matérias-primas do mundo e como um grande exportador de *commodities*. De acordo com Ritter-Pimenta (2019, p. 27):

> *As consequências políticas e econômicas desta estratégia do agronegócio são evidentes, e caminham para a desestruturação da reforma agrária, dos direitos constitucionais de indígenas, quilombolas e ainda da preservação do meio ambiente, fomentando a multiplicação dos conflitos agrários pela posse e uso da terra.*

A modernização conservadora da agricultura assume patamares ainda mais estruturados por meio da propagação do pensamento hegemônico pelas mídias, educação e política, de modo a avançar, sem fronteiras, aumentando não só em números de produção, mas em área de concentração de terras, pois ao compararmos "Na década de 1950, os estabelecimentos rurais maiores de 200 hectares eram considerados grandes propriedades, atualmente as propriedades entre 100 e 1000 ha. estão inseridas na categoria média, enquanto as grandes ocupam mais de mil hectares" (RITTER-PIMENTA, 2019, p. 31).

Assim, a realidade agrária brasileira se estabeleceu a partir da contradição na ocupação e uso da terra, colocando em pontos opostos o projeto do capital, do latifúndio, do agronegócio — com forte concentração fundiária, grilagem e a apropriação de terras devolutas, formalizando a desigualdade social e territorial —; e o projeto camponês, dos produtores de pequenas propriedades, dos assentamentos, da agricultura familiar — com base na agroecologia e no trabalho de indivíduos associados.

Segundo Stédile (2013), o desenvolvimento do modo de produção capitalista passou pela fase mercantil no século XV, em que a luta pela terra se combinava com a luta pela liberdade, da qual o Brasil saiu da escravidão sem democratizar a terra; à fase industrial nos séculos XVIII e XIX, em que as burguesias pediam pela reforma agrária como forma de transformar camponeses em produtores e consumidores de mercadorias, sendo apresentadas reformas agrárias clássicas pelos movimentos sociais da época; à fase monopolista e imperialista no século XX, de reafirmação de países agroexportadores e consumidores de tecnologias.

No século XXI estamos passando por uma nova fase, dominada pelo capital financeiro e por empresas transnacionais em aliança com os grandes proprietários de terras, que gerou mudanças estruturais na agricultura brasileira, com domínio sobre a produção das mercadorias agrícolas, preços e mercado e ampliou a "concentração da propriedade da terra, dos meios de produção, dos bens da natureza (água, florestas, minérios etc.) e das sementes" (ESTEVAM; STÉDILE, 2013, p. 13). O índice Gini[5], que mede a concentração de terra, no ano de 2006, segundo Stédile (2013, p. 28), "estava em 0,854, que é maior do que em 1920, quando havíamos acabado de sair da escravidão".

Para Teixeira (2013), os limites regulatórios e os estímulos creditícios fiscais e tributários atraíram capital estrangeiro para investimento em terras

---

[5] O Índice de Gini é um instrumento para medir o grau de concentração de renda e aponta a diferença entre os rendimentos dos mais pobres e dos mais ricos. O valor varia de zero a um, sendo que zero representa a situação de igualdade, ou seja, todos têm a mesma renda, e um está no extremo oposto, isto é, uma só pessoa detém toda a riqueza (Disponível em: https://www.ipea.gov.br/desafios/index.php?option=com_content&id=2048:catid=28. Acesso em: 29 jul. 2021).

e bens ambientais, principalmente na região amazônica, onde há grande desenvolvimento na exportação de *commodities*, principalmente de culturas como soja, milho e algodão. O agronegócio na região Centro-Oeste, segundo Stédile (2013), "enfrenta alguns empecilhos jurídicos para sua expansão, como o Código Florestal, que impõe uma reserva nativa, em cada propriedade, de 80% para o bioma da Amazônia e de 40% para o cerrado", assim como o reconhecimento de áreas quilombolas e demarcação de áreas indígenas.

Nesse sentido, o controle da agricultura por empresas transnacionais e pelo capital financeiro dita a concentração e padronização de toda a cadeia produtiva e hegemonia sobre o conhecimento científico, a pesquisa e a tecnologia para obterem mais taxa de lucro. "Este modelo é apresentado como sendo a única, melhor e mais barata forma de produzir na agricultura, ignorando as técnicas milenares do saber popular e da agroecologia" (STÉDILE, 2013, p. 24). Nesse processo, estabelece-se uma parceria ideológica de classe entre o agronegócio com os meios de comunicação da burguesia, em especial televisão, revistas e jornais, que fazem sua defesa e propaganda permanente, e o poder econômico.

O agronegócio é imposto pelo mercado imperialista como modelo de alta produtividade, tecnologia moderna e promessa de desenvolvimento econômico. É o setor mais importante da economia brasileira, detentor do poder e controle político, econômico, social e ideológico. E o Estado, criado por e para manutenção de uma classe social no poder, como entendido por Poulantzas (1980), cumpre seu papel no processo histórico de violência: na colonização, dizimando a população indígena; no período colonial, legalizando e perseguindo escravos; contra os povos tradicionais do campo e da floresta, que lutam pela terra como meio de reprodução da vida e questionam a propriedade privada de mais terra do que se pode trabalhar. O Estado se materializa como perpetuador da hegemonia de uma classe sobre a outra, não só como possuidora da propriedade privada, mas de exploradora dos não possuidores, por meio de seus aparelhos ideológicos, jurídicos e repressores.

No entanto, como produto da sociedade, o Estado carrega em si a correlação de forças entre as classes. E mesmo a classe dominante exercendo grande força nos aparelhos ideológicos do Estado, uma parcela constituidora e constituinte dessa estrutura provém da classe dominada, por meio de suas lutas, resistências e pressões, movimentos populares de luta pela terra que buscam construir uma perspectiva contra-hegemônica ao modelo do agronegócio e ao projeto dominante de um modo geral.

Assim sendo, entendemos as políticas públicas como resultantes dessa correlação de forças, que ora determina e ora é determinada por uma classe ou outra, como é o caso, segundo Feliciano (2015, p.138), da "brecha conquistada pelos camponeses, que pelo embate da luta de classes, fez o Estado constituir uma política de assentamento rurais".

Campello e Gentili (2017, p. 10) afirmam que no período entre 2002-2015 o Brasil vivenciou "uma inédita e sistemática queda da desigualdade", com redução do percentual de pobres crônicos, de 9,3% em 2002 para 1% em 2015. Na população do campo, a pobreza crônica atingia quase um terço dos moradores e caiu para 5% em 2015, tendo elementos significativos, segundo Campello (2017): políticas de compras públicas e do Programa Nacional de Fortalecimento da Agricultura Familiar (Pronaf) e Programa de Aquisição de Alimentos da Agricultura Familiar para redes públicas de educação e de saúde; Bolsa Família; Minha Casa Minha Vida; Programa Luz para Todos, que levou luz elétrica a regiões de difícil acesso; Programa Mais Médicos, com acesso primário à saúde da população em situação de pobreza, atingindo elevada cobertura em comunidades indígenas, quilombolas e assentamentos; Programa Nacional de Apoio à Captação de Água de Chuva e outras Tecnologias Sociais (Programa Cisternas), transformado em política pública com o objetivo de universalizar o acesso à agua para consumo no semiárido brasileiro; Programas de fomento (Bolsa Verde, Fomento Mulher, Crédito Instalação).

No entanto, não conseguiram realizar reformas estruturais de distribuição de renda, redistribuição da propriedade privada e da riqueza. E, mesmo sob a forma de "concessões" impostas pela luta de classes, as ações do Estado podem ser positivas do ponto de vista da classe dominada. No entendimento de Feliciano (2015), "o papel do Estado é fundamental para controlar o poder adquirido historicamente por uma classe social que, sob a ideologia do direito à propriedade privada da terra, mantém-se imune", mas para poder abalar e desconstruir a estrutura é preciso mais que concessões, "assim como a terra, Estado também deve ser disputado" (FELICIANO, 2015, p. 150).

A disputa do poder político do Estado, segundo Gramsci (1991), acontece em todos os espaços coletivos, e vai além do Estado disputado nas eleições. Nesse sentido, os governos do Partido do Trabalhadores (PT) foram o que mais tiveram a presença dos movimentos sociais. No entanto colocaram em risco o apoio quanto, ao buscar a governabilidade, buscaram conciliar interesses de uma pequena parcela da sociedade, da classe dominante, com concessões nas políticas públicas assistenciais, de trabalho e renda, de educação e de saúde, destinadas à maioria da população.

As lutas dos movimentos sociais dos povos do campo, da floresta, remanescentes de quilombos, ribeirinhos, sem-terra, para que a terra tenha valor de uso social, para que possam nela entrar ou retornar, permanecer, trabalhar, produzir e reproduzir a vida, têm papel fundamental, pois se contrapõem, limitam ou até mesmo sobrepõem aos interesses capitalistas, e podem possibilitar o desenvolvimento de estratégias políticas de transformação e tomada do poder do Estado pela classe trabalhadora.

1.2.1 Modos desiguais de acesso à terra em Mato Grosso

A política de colonização e ocupação de terras em cada macrorregião aconteceu em momentos históricos diversos e de formas diversas, constituindo-se um grande ciclo de negócios, com base na ideologia de ocupação dos vazios demográficos que deveriam ser incorporados ao mercado capitalista, desconsiderando-se a existência de povos tradicionais extrativistas, pescadores, quilombolas e ribeirinhos, além de garimpeiros e posseiros.

Segundo Lord (2011), o processo de ocupação do território mato-grossense ocorreu em três etapas: a primeira dos grupos indígenas locais; a segunda de grupos mestiços e brancos antes da política de colonização do regime militar, com intuito de ocupação e expulsão de grupos sociais já residentes na região; e a terceira, chamada de colonização, tinha por objetivo a "formação de uma sociedade nova, em completa desvinculação com a história anterior do local [...]" (LORD, 2011, p. 177), que significava àquelas famílias vindas de outras regiões do país a fuga da pobreza e da miséria, mais que uma promessa de riqueza.

Como em outros Estados, a legislação fundiária de Mato Grosso teve por base a Lei de Terras de 1850 e o Regulamento de 1854, que davam pleno direito de apropriação de terras devolutas mediante título oneroso, regularizadas as posses com a nova Lei de Terras do Estado de 1892 e Regulamento de 1893, que mesmo assegurando o direito de preferência para compra a quem ocupava, excluía pequenos posseiros que não podiam pagar pela terra ocupada. Desse modo, desde 1892, as terras públicas passaram para o domínio privado por força dos governos, favorecendo latifundiários, capitalistas individuais, grupos econômicos e empresas agropecuárias e de colonização. Muitas vezes, as ocupações ocorriam com processo de invasão, expropriação de pequenos posseiros e povos tradicionais, forçando uma regularização descontrolada e com áreas incorporadas acima do permitido por lei. Tais ações criminosas eram legitimadas pelos governadores, fazendo prosperar processos ilegais de venda ou regularização de terras sob a justificativa de aumentar receitas. Enquanto grandes extensões fronteiriças eram concedidas gratuitamente como forma de demarcação de território, pequenos posseiros tinham que efetuar o pagamento em até cinco anos ou eram considerados invasores (MORENO, 1999).

Na prática, toda a política fundiária do Estado esteve voltada à expansão da grande propriedade e cerceava o direito a pequena propriedade. Até mesmo a constituição de núcleos coloniais foi entregue a colonizadores e grandes empresas de colonização que usavam a terra para fins de especulação imobiliária. Com intuito de ampliar a posse de terra, muitos grileiros invadiam e entravam em conflito com pequenos posseiros.

Assim, "o reordenamento fundiário no Estado, no período de 1950 a 1964, teve como marca a venda indiscriminada de terras devolutas e sua utilização nas disputas eleitorais, servindo como premiação ou pagamento de favores políticos" (MORENO, 1999, p. 79), tanto que o Estado perdeu o controle do processo de acesso à terra, o que favoreceu a especulação e negociata de documentos frios, com venda simultânea da mesma terra a diferentes pessoas.

Nos anos 1970-1980, período da Ditadura Militar, com o objetivo de ocupar os espaços vazios e diminuir as tensões e os conflitos no campo, foram implantados projetos de colonização empresariais, voltados ao desenvolvimento da agropecuária, projetos particulares, projetos oficiais e projetos de assentamentos, com a finalidade de regularizar áreas ocupadas, em grande parte por sua condição de área de fronteira e incorporação ao processo produtivo nacional. Os projetos de colonização idealizados pelo governo militar tinham por função despolitizar as lutas com doações de terras em lugares onde as disputas eram mais problemáticas e desmobilizar conflitos que colocassem em risco a propriedade privada.

> A colonização oficial não conseguiu acompanhar o volume e a pressão dos fluxos migratórios, menos ainda a demanda por terra imposta pela colonização espontânea decorrente da

frente de expansão. Os projetos oficiais não levaram a cabo nem mesmo as exigências da instalação de infraestrutura, tais como estradas, escolas, hospitais, acompanhamento técnico, financiamento da produção etc. Vários projetos foram abandonados devido à precariedade das condições de vida encontradas pelos colonos e as dificuldades para extrair da terra a subsistência e reprodução do grupo familiar (FERREIRA, 1986 *apud* CARVALHO, 2005, p. 152).

O projeto de colonização dirigida nos anos 1970, no estado de Mato Grosso, realizado por empresas particulares, visava grandes áreas de terras devolutas, destacando-se os projetos implantados na região do Araguaia, em Canarana, em Sinop e Sorriso, ao longo da rodovia Cuiabá-Santarém, e em Alta Floresta, no Vale do Teles Pires, com estabelecimento de agricultores vindos da região sul do Brasil, reproduzindo em território mato-grossense padrão sulista de colonização baseado na fundação de cidades, divisão e venda de lotes rurais e urbanos e seleção de colonos, que deveriam dispor de uma reserva de capital para participar do empreendimento. Foram implantados 87 projetos voltados a atividades econômicas como agropecuária e agroindústrias.

Como solução para os conflitos entre os agricultores e a população indígena no Rio Grande do Sul, destacam-se os projetos de colonização oficiais, implantados pelo Incra em parceria com cooperativas privadas, em Terra Nova do Norte, Lucas do Rio Verde e Guarantã.

Os processos de colonização públicos e privados aumentaram consideravelmente o número de posseiros e sem terras (mais de 40% da população rural), intensificando os conflitos, a expropriação sistemática de trabalhadores rurais e a criação de um exército de mão de obra barata. A ação do Estado decorre de uma ação posterior à posse de terra, transformando as áreas de posse em áreas de interesse social, com caráter de regularização agrária e nunca de reforma agrária (CARVALHO, 2005).

Desse modo, como afirma Moreno (1999, p. 82), "O Estado, para evitar reformas estruturais no campo cria as condições necessárias para a reprodução do trabalhador livre em regiões de fronteira, através da colonização oficial ou particular", reprodução essa que se perpetua com a expansão capitalista neoliberal, com a intensificação da concentração fundiária, exploração do trabalho e extração e contaminação indiscriminada dos recursos naturais.

Carvalho (2005, p. 125) define o estado de Mato Grosso como "Muito além da presença da grande exploração capitalista e do agronegócio nos pantanais, cerrados e florestas [...], o meio rural é um espaço de sociodiversidade e o campesinato é uma dimensão dessa realidade". Nesse sentido, ressalta a particularidade do campesinato como um importante segmento presente no processo de ocupação das terras mato-grossenses.

Segundo Carvalho (2005, p. 155),

> [...] os assentamentos são, em grande medida, resultado da ação das próprias famílias de posseiros, agregados, pequenos arrendatários, trabalhadores sem-terra, que, em muitos casos, lutaram para permanecer ou entrar na terra, tendo muitos deles, sido assassinados em decorrência dessa luta.

O movimento de luta pela terra, liderado pelo MST, nos anos 1995-1996, construiu uma nova identidade para o campesinato mato-grossense, por meio da organização de acampamentos, ocupações e assentamentos.

Em Mato Grosso coexistem várias categorias de camponeses: o campesinato tradicional remanescente das sesmarias, quilombos, seringueiros, camponeses indígenas e antigos posseiros; ocupantes de terras públicas e privadas, vítimas da violência de pistoleiros de fazendeiros e da polícia no conflito pela posse da terra e colonos, trabalhadores provenientes da proposta desenvolvimentista e ocupação das fronteiras da Ditadura Militar em busca de terra e movidos pelo sonho da terra prometida, ocasionando uma corrida da iniciativa privada pela apropriação de grandes extensões de terras para especulação; e os novos camponeses, assentados da reforma agrária, sem-terra, assentados do MST, considerados pelo Estado como beneficiários, objeto de políticas públicas, e não como sujeitos.

A violência rural foi e é comum em todo o estado, provocada pelas tensões entre camponeses e latifundiários, grandes fazendeiros, empresas agropecuárias e grileiros, e o Estado cumpre seu papel de conformação se posicionando em favor dos grupos dominantes, com seu poder policial e ideológico, sob a justificativa da necessidade de modernização do "agro" mato-grossense. E em pleno século XXI, movimentos sociais continuam a luta pela Reforma Agrária, em resposta à barbárie, à luta armada, ao extermínio, à exclusão dos povos e comunidades tradicionais, à exploração e à perpetuação da miséria com que agem as elites concentradoras de terras. A lei é questionada, tem lado. Fecha os olhos para a barbárie. Reintegra posse à elite sem título, deixa em liberdade quem mata ou manda matar, enquanto os que lutam pelo direito garantido na constituição são condenados.

1.3 Agronegócio e Agroecologia: modos de produção e reprodução

Em Mato Grosso, a dualidade educacional vem acompanhada da desigualdade no acesso à terra. A contradição latifúndio e minifúndio, há tempos vivida no Brasil, transformou-se no que hoje entendemos por agronegócio e agroecologia, numa disputa não só por espaço geográfico, mas por território, tornando-se uma disputa ideológica. A educação, como aparelho ideológico do Estado, transforma-se em lugar de embates entre a hegemonia do pacote tecnológico do agronegócio e a disputa contra-hegemônica dos conceitos da produção agroecológica.

1.3.1 Agronegócio

Partimos do processo de modernização e industrialização da agricultura para compreendermos a generalização e formação do conceito de agronegócio[6] no Brasil, num movimento marcado pela dicotomia, pela contraposição. A perspectiva dicotômica do termo é descrita por Leite e Medeiros (2012, p. 80) como em transformação, marcada pela contraposição que, nos anos 1950 e 1960, era entre minifúndio e latifúndio; depois, em 1960,

> [...] entre as reformas estruturais e as políticas de modernização; a década de 1970, pelo embate entre produção para a exportação e produção de alimentos; os anos 1980 [...] industrialização da agricultura [...] em oposição àquelas que apontavam o caráter anticíclico do setor.

E atualmente o contraponto a agronegócio vem sendo "o conjunto de situações sociais e atividades que não estariam representadas e/ou legitimadas pelo emprego desse termo: agricultores familiares, assentados da Reforma Agrária, comunidades tradicionais, etc." (LEITE; MEDEIROS, 2012, p. 81).

Para Leite e Medeiros (2012, p. 81), a emergência do termo agronegócio extrapola o crescimento agrícola, produtividade e industrialização, engloba processos sociais, econômicos, políticos e institucionais, vinculados pela materialidade do Estado na formulação e implantação de políticas públicas de financiamento, reforma trabalhista, códigos ambientais, escoamento,

---

[6] *Agrobusiness* – termo cunhado pelos norte-americanos John Davis e Ray Golderberg na década de 1950 e recentemente usado no Brasil, expressa "as relações econômicas (mercantis, financeiras e tecnológicas) entre o setor agropecuário e aqueles situados na esfera industrial (tanto de produtos destinados à agricultura quanto de processamento daqueles com origem no setor), comercial de serviços". A tradução para o português refere--se "ao conjunto de atividades que envolver a produção e a distribuição de produtos agropecuários" (LEITE; MEDEIROS, 2012, p. 79).

"ou mesmo promovem a produção do conhecimento técnico necessário ao aumento da sua produtividade física nas diferentes regiões do país".

> Em resumo, pode-se dizer que o capital e seus proprietários capitalistas, representados pelos grandes proprietários de terra, bancos, empresas nacionais e transnacionais, está aplicando em todo o mundo o chamado modelo de produção do agronegócio (agrobusiness), que se caracteriza sucintamente por: organização da produção agrícola na forma de monocultivo (um só produto) em escalas de áreas cada vez maiores; uso intensivo de máquinas agrícolas, também em escala cada vez mais ampla, expulsando a mão de obra do campo; a prática de uma agricultura sem agricultores; uso intensivo de venenos agrícolas, os agrotóxicos, que destroem a fertilidade natural dos solos e seus micro-organismos, contaminam as águas dos lençóis freáticos e inclusive a atmosfera, ao adotarem desfolhantes e secantes que evaporam e regressam com as chuvas e, sobretudo, contaminam os alimentos produzidos, trazendo consequências gravíssimas para a saúde da população; uso cada vez maior de sementes transgênicas, padronizadas, e a agressão ao meio ambiente com técnicas de produção que buscam apenas a maior taxa de lucro em melhor tempo (STÉDILE, 2013, p. 33).

A dinâmica de desenvolvimento do agronegócio é marcada pela concentração e verticalização, no controle e propriedade de extensas áreas de terra e das sementes, da produção, armazenamento e beneficiamento dos grãos, dos meios de produção, do trabalho, da técnica e do conhecimento, principalmente por grandes grupos internacionais.

O pacote tecnológico do capital para a agricultura, no Brasil, é imposto pelo mercado ou dependência imperialista, unindo insumos e um modo de produção não vinculado à satisfação das necessidades humanas, mas ao lucro, numa lógica de produção e consumo destrutiva, que degrada a terra, o meio ambiente, a cultura, a vida. Apropria-se indevidamente do conhecimento tradicional, assim como da terra, comparando-o a mercadoria, e torna o trabalho no campo cada vez mais precarizado, gerando dependência em razão de sementes transgênicas, maquinários, agrotóxicos, fertilizantes e defensivos, absorção e transferência dos pacotes tecnológicos de produção e assistência técnica e pelo financiamento/rentismo e especulação imobiliária. A terra é símbolo de status e poder.

> No Brasil, cerca de setenta variedades de seis espécies de sementes transgênicas estão liberadas para plantio e consumo

– entre elas o feijão nosso de cada dia. O país é hoje o maior consumidor de agrotóxicos do mundo. O desmatamento não cessou. Temos um elevado número de casos de câncer e de problemas ambientais associados ao uso de transgênicos e venenos, só para citar algumas das contradições do modelo (CHÃ, 2018, p. 17).

Desse modo a lógica do agronegócio se sustenta em um desenvolvimento sob a égide do capital em que confluem o latifúndio, a monocultura, a exploração da força de trabalho e a produção para suprir a demanda de países de capitalismo avançado. Sob o argumento de saciar a fome no mundo, assim como no período da "Revolução Verde", a expansão do agronegócio, sob a visão hegemônica atual, é de ser o melhor caminho para o desenvolvimento econômico, grande parcela constitutiva do Produto Interno Bruto (PIB) e aumento da produtividade, por meio de grande investimento em tecnologia, biotecnologia, nanotecnologia, engenharia genética, máquinas modernas, sementes transgênicas.

Em Mato Grosso a tecnologia usada na produção difere um pouco de outras regiões do país que cultivam o café, a cana-de-açúcar e outros produtos que exigem abundante mão de obra. O processo de produção de grãos e algodão, do plantio à colheita, é mecanizado, com a utilização de insumos químicos e biotecnologia, com baixa capacidade de geração direta de empregos e renda para os trabalhadores. Mesmo assim, a exploração da mão de obra está longe de desaparecer, exigindo uma segmentação dos trabalhadores: por um lado, necessita de um trabalhador braçal para realizar tarefas que as máquinas não realizam na semeadura, adubamento, pulverização e colheita, como recolher restos deixados pelas máquinas, e na criação de animais, correspondendo a trabalhadores que, geralmente, vivem à margem dos direitos trabalhistas assegurados e moram nas periferias das cidades próximas aos polos do agronegócio, como é o caso dos municípios que compõem a macrorregião do Médio Norte mato-grossense.

Por outro lado, o avanço tecnológico exige o emprego de uma mão de obra qualificada, composta por operadores de máquinas, mecânicos, agrônomos, técnicos agrícolas, entre outros.

Para que o processo de expansão ocorra, Leite e Medeiros (2012) afirmam que se torna necessária a disponibilidade de terra, uma reserva de área para crescimento da produção, o que provoca a especulação e a disputa por novas terras, justificando o avanço sobre as reservas legais, florestas, áreas indígenas e comunidades tradicionais. Como, também, há a necessidade de firmar a categoria associada mais ao desempenho econômico e menos às relações sociais. Para fins de reconhecimento de sua importância, busca construir uma imagem perante a opinião pública, produzindo a percepção do grande produtor de divisas e sustentáculo do desenvolvimento do país, rompendo estigmas de atraso tecnológico (atribuído ao campo), improdutividade e exploração do trabalho, a fim de ampliar o acesso aos recursos públicos. Desse modo, englobam processos sociais por meio de governo, sindicatos, associações, centros de pesquisa e experimentação e entidades de fomento e assistência técnica. Destacamos a Associação Brasileira do Agronegócio (Abag), que agrega mais de 80 instituições e empresas associadas, entre elas: Rede Globo, Embrapa, instituições bancárias e os maiores fabricantes de agrotóxicos do mundo (Monsanto, Basf, Bayer e Sygenta).

O agronegócio possui um pacote tecnológico, ideológico e político que conforma o modelo capitalista no campo, fabricando e mantendo sua hegemonia por meio de aparelhos ideológicos como as escolas e o marketing cultural, cumprindo um papel de desmobilização e perda de identidade de comunidades camponesas e tradicionais com a vida no campo e "criando no senso comum a imagem de que é hoje o setor mais importante da economia brasileira, consagrando, assim, a histórica "vocação agrícola" do país perante a sociedade e o mundo" (CHÃ, 2018, p. 19).

Assim, o pensamento hegemônico do agronegócio tem aberto espaço com uma forte bancada ruralista na política nacional, sendo que:

> Nos últimos anos, a classe dominante agrária se organizou e fortaleceu um novo segmento patronal rural, que atua, entre outras coisas, para fazer pressão sobre o governo e mesmo ditar as regras do jogo da política. Tem como uma das suas principais missões consolidar uma imagem positiva do agronegócio para a sociedade, ocultando suas contradições (CHÃ, 2018, p. 57).

Essa bancada tem atuado barrando mudanças progressistas para o campo, propondo e alterando legislações como Código Florestal, liberação de transgênicos e agrotóxicos, criminalização dos movimentos sociais, liberação do porte de arma para proprietários de terra, extinção de instituições e órgãos protetivos do meio ambiente e das comunidades camponesas e tradicionais.

As universidades e centros de pesquisa também são importantes aparelhos privados de hegemonia, "espaços onde o agronegócio tem apostado para difundir a sua ideologia promovendo programas de educação em todos os níveis, do básico até o ensino tecnológico, de graduação e pós-graduação em agronegócio" (CHÃ, 2018, p. 61). Igualmente, as empresas têm "aumentado a sua presença na escola pública — obrigatória para milhares de jovens, em especial na área rural e nas cidades cujo entorno se caracteriza fundamentalmente pela produção agrícola" (CHÃ, 2018, p. 62).

Dentre os pacotes hegemônicos ditados pelo Banco Mundial e Agência de Desenvolvimento Internacional dos Estados Unidos (Usaid), destaca-se a implantação de um modelo escolar do ensino primário ao universitário, que envolve formação de professores, material didático e "investimento no ensino técnico para a população do campo (orientação vocacional e treinamento de técnicas rurais) com fins de formação de mão de obra, doutrinação ideológica e geração de dependência técnica" (CHÃ, 2018, p. 26).

No modo de produção capitalista, afirma Hirano (2001), com base em Marx, o conhecimento científico desempenha papel determinante na transformação do processo simples de trabalho num processo científico, a produção da ciência corresponde ao processo de produção, a criação da riqueza efetiva resulta da utilização do conhecimento científico tecnológico na produção capitalista, subsumindo o trabalho científico ao capital.

No entanto, ao mesmo tempo, desperta nas forças sociais em disputa novas apropriações possíveis, numa luta contra o latifúndio, mas também contra o modelo produtivo do agronegócio — matriz tecnológica, patenteamento dos organismos vivos, transgenia, biotecnologia, nanotecnologia, engenharia genética, maquinários modernos, uso abusivo de agrotóxicos e monocultura; pautando-se na construção de um outro modelo.

1.3.2 Agroecologia

Em contraposição ao modelo produtivo do agronegócio, os Movimentos Sociais do Campo e da Floresta têm buscado, além da luta pela terra e da resistência para permanecer na terra, a construção de um outro modo de produção e reprodução da vida, "o modelo agroecológico, pautado na valorização da agricultura camponesa e nos princípios da policultura, dos cuidados ambientais e do controle dos agricultores sobre a produção de suas sementes" (LEITE; MEDEIROS, 2012, p. 85).

A agroecologia é um termo recente no Brasil, surgido como oposição à Revolução Verde, em 1970, como denúncia dos malefícios dos agrotóxicos e com a crítica a utilização de tecnologias importadas. Popularizou-se a partir dos anos 1980, com a agricultura alternativa, e ganhou força a partir dos anos 2000, com os movimentos populares do campo, em especial aqueles vinculados à Via Campesina que passaram a incorporar a agroecologia no debate e estratégia política.

A definição de agroecologia da escola europeia é de:

> [...] gestão ecológica dos recursos naturais através de formas de ação social coletiva que apresentam alternativas à atual crise civilizatória. E isso através de propostas participativas, dos campos de produção e da circulação alternativa de seus produtos, buscando estabelecer formas de produção e consumo que contribuam no enfrentamento à deterioração ecológica e social gerada pelo atual neoliberalismo (SEVILLA GUZMÁN, 2006, p. 4, tradução nossa).

As variáveis sociais, como a dependência dos agricultores na atual política e economia, a matriz comunitária, a identidade local e as relações sociais ocupam papel relevante nessa definição, pois compreendem a agroecologia como uma evolução conjunta, direcionada pelos sujeitos do campo, dos sistemas naturais e sociais, ambiente e cultura, sem "desconsiderar a hegemonia das relações capitalistas no campo" (GUHUR; TONÁ, 2012, p. 62). O reconhecimento dos saberes dos povos do campo e da floresta precisa ser considerado e respeitado, em diálogo com a ciência e tecnologia, um diálogo técnico, mas também ético e moral, "que se materialize em ações sociais coletivas" (GUHUR; TONÁ, 2012, p. 62).

As formas de trabalho, nessa abordagem, buscam superar a divisão do trabalho imposta pelo modelo produtivo do agronegócio, de separação entre o planejar e executar, de modo que o trabalhador do campo assuma "uma posição ativa, de pesquisador das especificidades de seu agrossistema, para desenvolver tecnologias apropriadas não só às condições locais de solo, relevo, clima e vegetação, mas também às interações ecológicas, sociais, econômicas e culturais", numa integração entre o conhecer e o agir, ou seja, entre a produção do conhecimento e sua aplicação (GUHUR; TONÁ, 2012, p. 63).

Essa concepção tem como referência a construção de um outro projeto de campo e de relações de produção e reprodução da existência, incompatível com o sistema capitalista, que com a separação cidade e campo separou, também, o ser humano e a Terra. Restaurar esse sistema

> [...] exige uma ordem social qualitativamente orientada, que só pode ser alcançada na sociedade dos indivíduos livremente

associados, que, como sujeitos históricos autônomos, estejam no pleno controle do processo produtivo, esse conscientemente subordinado à satisfação das necessidades humanas, e não a uma riqueza fetichizada (GUHUR; TONÁ, 2012, p. 63).

A prática dos movimentos sociais populares do campo tem contribuído na ampliação desse conceito, adotando, segundo Guhur e Toná (2012, p. 63), a agroecologia como "estratégia de luta e enfrentamento ao agronegócio e ao sistema capitalista de exploração dos trabalhadores e da depredação da natureza", incluindo, na definição da agroecologia, o cuidado e a defesa da vida, a produção de alimentos e a consciência política.

A exemplo disso, em maio de 2019, a Universidade Federal de Mato Grosso (UFMT) realizou a II Jornada Universitária em defesa da Reforma Agrária (Jura), conjuntamente com o MST, Movimento dos Atingidos pelas Barragens (MAB), Movimento da Agricultura Familiar (MAF), Movimento Quilombola, Movimento Indígena, Comissão Pastoral da Terra (CPT), Comunidades Eclesiais de Base (CEBs) e Sindicatos dos Trabalhadores Rurais. A agroecologia foi o tema central nas diversas mesas de debates. Dona Miraci Pereira da Silva, uma senhora de 74 anos, camponesa do Assentamento Roseli Nunes, localizado em Mirassol d'Oeste/MT e integrante do MST, na reflexão de sua experiência enquanto agricultora, sobre agroecologia, afirmou que:

> *Agroecologia é o cuidado com a terra e com a vida. Por isso, temos que lutar pela terra, porque ela não pode ficar concentrada nas mãos de grandes latifundiários. A terra tem que ser partilhada, tem que ser dividida, tem que estar nas mãos de quem trabalha. [...] não é somente plantar sem veneno. São as boas relações entre os seres humanos, entre o ser humano e a natureza, sem preconceito, sem brigas, sem racismo, sem essa preocupação em acumular riquezas... [...] são as mulheres serem valorizadas, saberem seu papel importante em qualquer espaço que elas estiverem, seja no campo, seja na cidade, seja em qualquer setor da sociedade... [...] não é praticada apenas no campo e na roça, mas em todos os espaços – na família, na universidade, no trabalho, no banco... [...] Os venenos estão fora do projeto da vida, por isso, devemos denunciá-los, inclusive, esse sistema que valoriza mais o capital do que o ser humano.[...] A luta pela terra existe porque ela é a base de toda existência humana e de seres vivos, por isso é preciso lutar para defender o patrimônio natural – a terra, a água, as plantas...* (informação verbal).

Dona Miraci demonstrou um conhecimento que é da experiência, mas que muito tinha da participação na militância política do MST e na troca com pesquisadores da UFMT e da Universidade do Estado de Mato Grosso (Unemat), no diálogo *"do conhecimento popular com o conhecimento científico com o intuito de melhorar a produção, bem como a consciência política"*. Enquanto posicionamento político e ideológico, a camponesa provocou os participantes: "*A ideologia do capital de dominar e de explorar não é ideologia? [...] Os seres humanos nasceram para ser livres. O maior sentimento humano é a liberdade, ninguém quer ser escravo de ninguém e de nada. Mas, vivemos como escravos...*", por isso "É preciso ter consciência de classe", participar da política, porque *"todas as decisões existentes envolvem política"*.

Caldart (2019), em fala no VIII Encontro Estadual de Educadoras e Educadores de Assentamentos de Reforma Agrária do MST, ressalta a importância da agroecologia como um "modo de produzir que desenha a função social da terra em uma forma de relação metabólica do ser humano *com* a natureza e não contra ela." Por isso "É preciso que esse 'sopro de vida' chegue a cada vez mais comunidades, que elas se apropriem do acúmulo prático e científico da Agroecologia e tomem a decisão de iniciar processos de *transição*, entrelaçando formas de produzir, de lutar, de viver" (CALDART, 2019, p. 3).

Do mesmo modo, essa prática "não pode ser ignorada pelas escolas comprometidas com o projeto educativo emancipatório de nosso tempo. E isso vale para as escolas do campo e da cidade." (CALDART, 2019, p. 4). A autora e militante alerta que não é uma tarefa fácil:

> [...] trabalhar a sério com a Agroecologia na educação básica exige um esforço grande de estudo dos educadores, das educadoras e a abertura coletiva a novas práticas, novas relações. Mas esse esforço pode ser visto tal como o esforço, a disciplina, mesmo o sacrifício de fazer uma reeducação alimentar para voltar a ter saúde ou fazer exercícios de fisioterapia para tirar a dor... *Reaprender a respirar também exige esforço...* Estudar sobre questões tão fortes e determinantes da vida exige um esforço e uma disciplina compensados pelo resultado: desasfixia e restabelece a energia vital! Só pode fazer bem às educadoras, aos educadores, às comunidades e, muito especialmente, às crianças e aos jovens que participem dessa construção (CALDART, 2019, p. 7).

O estudo da agroecologia na educação escolar se estabelece como um outro modo de ensinar e aprender, um outro projeto de educação e de sociedade, que contempla um outro modo de produzir e de viver, que contrapõe a lógica capitalista de produção de *comodities* para exportação, sem compromisso com a conservação e preservação de todas as formas de vida, ao qual as escolas não podem se furtar, principalmente as escolas do campo e cursos ligados à agropecuária.

1.4 A questão agrária e a luta pela terra

A dicotomia entre cidade e campo só pode existir no quadro da propriedade privada. Considerados nítidos na antiguidade, os limites campo-cidade, após a Revolução Industrial, tornaram-se menos acentuados, com a mesma intensificação das atividades e nas relações capitalistas de produção. Marx (2008) atribui à burguesia a submissão do campo à cidade devido à criação dos grandes centros urbanos, aglomerando a população nas cidades, arrancando a terra dos camponeses, concentrando/centralizando cada vez mais os meios de produção e a propriedade privada nas mãos de poucos. A propriedade privada possibilitou que o uso comum da terra, da água e dos recursos naturais se tornasse privilégio de uma minoria, mas isso não se fez sem resistência.

Para Ianni (2009), as revoluções consideradas como burguesas são também revoluções agrárias ocorridas, inicialmente, na formação da nação burguesa, organizando a sociedade nacional de acordo com seus interesses e ideais e, depois, na formação da nação socialista, a partir da revolução popular, operário-camponesa, criando e recriando, segundo seus interesses a sociedade herdada pela burguesia. Pois,

> Toda revolução burguesa, na medida em que expressa também o desenvolvimento das relações capitalistas de produção, implica a revolução agrária. A acumulação originária, o desenvolvimento extensivo e intensivo do capitalismo no campo, a monopolização da propriedade e exploração da terra, o desenvolvimento desigual e combinado, esses são processos estruturais ocorrendo simultaneamente com a revolução. São a expressão e o produto da marcha da revolução (IANNI, 2009, p. 137).

As revoluções transformaram/transformam toda a sociedade, cidade e campo, sociedade civil e Estado, afetando as formas de vida e trabalho, as instituições e a cultura e todas as relações humanas. No entanto, isso não ocorreu/ocorre abruptamente, decorreu/decorre em meio às forças contraditórias e contrarrevolucionárias, e o movimento social camponês é, frequentemente, ingrediente básico, decisivo da revolução.

Para o Thompson (2012, p. 78-79), "os protestos no meio rural sempre giravam em torno do direito à terra", e mesmo quando os trabalhadores eram obrigados a migrar para as cidades, como forma de resistência às condições de exploração do trabalho no campo, a ânsia pela terra passou a vir acompanhada pelo sonho de independência, pois "A terra carrega sempre outras conotações – de status, segurança e direitos – mais profundas do que o simples valor da colheita".

Thompson (1998, p. 150) descreve que, antes da Revolução Francesa, as intromissões populares eram consideradas como uma visão espasmódica em "períodos de repentina perturbação social", ou mesmo reações ocasionais e compulsivas. Considera os motins ou, especialmente, os motins da fome ocorridos na Inglaterra, no século XVIII, como reações conscientes e autoativadas, movimentos de multidão auto-organizados e disciplinados, com claro propósito, "Uma resposta racional, que não acontece entre indefesos ou sem esperança, mas entre aqueles grupos que se sentem com um pouco de poder para tomar os víveres de que precisam..." (THOMPSON, 1998, p. 207).

Mesmo para os que conseguem seu pedaço de terra, a conquista do lote não garante a sobrevivência no campo, pois faltam-lhes: ferramentas, equipamentos, sementes, adubo e políticas públicas que possibilitem o mínimo de estrutura para que o trabalhador possa produzir a subsistência. Esse processo histórico de separação do trabalhador rural dos meios de produção, segundo Marx (2006), está inscrito nos anais da humanidade em letras de sangue e fogo e o capital vem ao mundo transbordando de sangue e de sujeira por todos os poros, da cabeça aos pés.

Para sua ampliação, o capital expropria do camponês a terra, o trabalho, a cultura, a história e o território. E para uma nova reestruturação territorial, a terra, ocupada por povos tradicionais, segundo Rosset (2009), é declarada como reserva biológica e comunidades são acusadas de invasores e de destruidores do meio ambiente, descaracteriza-se os movimentos sociais enquanto classe e criminaliza-os, expulsando-os da terra para um processo de expansão da plantação monocultiva e implantação de megaprojetos agroindustriais. Assim, a restruturação do território ocorre a partir dos interesses do capital, adequando-o ao novo ciclo de acumulação, convertendo a terra em mercadoria, tornando inviável a agricultura campesina.

Os capitalistas e seus agentes se envolveram na produção de uma segunda natureza, a produção ativa de sua geografia, da mesma maneira como produzem todo o resto: como um empreendimento especulativo, muitas vezes com a conivência e a cumplicidade, se não ativa colaboração, do aparelho do Estado (HARVEY, 2011, p. 154). O Estado, comparando ao estado de exceção, de Agambem (2015), suspende a validade da lei e "assinala o ponto de indistinção entre violência e direito, a operação da polícia não tem, portanto, nada de tranquilizadora". Todavia, "são as lutas, campo primeiro das relações de poder, que sempre detêm a primazia sobre o Estado" (POULANTZAS, 1980, p. 52), sejam elas econômicas, políticas ou ideológicas.

Desde a colonização até a atualidade, todas as transformações políticas e econômicas, ocorridas no Brasil, não foram capazes de afrontar a perversa concentração fundiária; também não foram capazes de conter lutas e resistências populares camponesas. A expropriação da terra e dos recursos naturais socioprodutivos e culturais transformaram o trabalhador rural em força de trabalho intensamente explorada.

A expansão capitalista, com forte concentração fundiária, e do capital, intensifica a exploração da força de trabalho, a expropriação da terra e dos recursos sociais de produção e reprodução da existência. Das cinco milhões de pessoas que trabalham no campo, cerca de 4,8 milhões são trabalhadores e trabalhadoras rurais assalariados. Desses assalariados e assalariadas rurais, cerca de 3,2 milhões trabalham em situação de informalidade, representando um índice de 64,9% (IBGE, 2009). Em 2017 foram autuados 131 empregadores por submeter trabalhadores a condições análogas ao trabalho escravo, sendo MT um dos três estados com maior incidência, e as atividades rurais se destacam entre as mais recorrentes, com 31% dos casos na agricultura e 25% na criação de animais (PRAGMATISMO POLÍTICO, 2017).

De acordo com dados do MST, em 2017 os assassinatos no campo chegaram a 70 execuções, com crescimento de 15% em relação a 2016, mais 10 mortes de indígenas, ainda não confirmadas, pelo Ministério Público Federal, e o retorno dos massacres (seis contabilizados), sendo os estados com maior ocorrência: Pará, Rondônia, Bahia e Mato Grosso (MANSUR, 2018). Entre os mortos computados pela Comissão Pastoral da Terra (CPT), estão trabalhadores rurais sem-terra, indígenas, quilombolas, posseiros, pescadores e assentados da reforma agrária.

Em 19 de abril de 2017, nove trabalhadores rurais foram brutalmente assassinados em Colniza, no Projeto de Assentamento Taquaruçu do Norte. Segundo a Pastoral, "Muitos foram surpreendidos enquanto trabalhavam na terra ou dentro de seus barracos. Foram mortos a tiros e por golpes de facão. De acordo com a perícia houve tortura. Vários corpos estavam amarrados e dois foram degolados". A mortalidade se explica pela questão fundiária local, com conflitos entre posseiros, indígenas, garimpeiros, madeireiros, seringueiros e agentes do poder público. Apenas 20% das terras são regularizadas na região, segundo dados da prefeitura.

O aumento dos assassinatos é avaliado pela CPT como uma ofensiva empresarial por terras no Brasil, como uma nova expansão do capital, em busca de garantia de reserva de valor, como madeira, água, minério e possibilidade de agronegócio. Esse aumento é atribuído à ausência do Estado, pois desde 1985 apenas 8% dos casos de conflito no campo foram julgados e nenhum mandante foi preso até o momento.

Esses números aumentaram ainda mais nos anos de 2019 e 2020. Em 2020 o número de conflitos fundiários bateu recorde no país, com 2.054 ocorrências, 8% a mais que o ano 2019. Desse total, 1.576 ocorrências envolveram disputa por terras, aumento de 25% na mesma comparação, sendo quase metade deles relacionados a povos indígenas (656 ocorrências). A CPT aponta como fatores que ajudaram nesse aumento os esforços governamentais para alteração das leis de regularização fundiária (GLOBO, 2021).

A luta para esses povos significa "uma resistência de vida ou morte entre todos esses setores, e se presencia o nascimento e renascimento de toda uma nova geração de movimentos rurais de novo estilo" (ROSSET, 2009, p. 5, tradução minha).

1.4.1 Campesinato: um outro modo de ser e de viver

O campesinato, para Carvalho (2005), é tido como uma especificidade de racionalidade econômica, social e ecológica frente à empresa capitalista, com uma multiplicidade de modos de apropriação da natureza e dos saberes, movida não pelo lucro, mas pela melhoria das condições de vida e de trabalho da família, desenvolvendo hábitos de consumo e de trabalho que lhe são próprios.

Seu surgimento se deu, segundo Stédile (2012), em duas vertentes: a imigração de milhões de camponeses pobres da Europa e as populações mestiças (negros, brancos e índios), e seus descendentes, submetidos ao trabalho escravo, que impedidos de se transformar em produtores de pequenas propriedades pela Lei de Terras, passaram a migrar para regiões interioranas em busca de produzir sua existência de forma individual ou coletiva.

Para Carvalho (2005, p. 160):

> As expressões agricultura familiar, pequeno produtor rural e pequenos agricultores adquiriram desde o início da década de 1990 conotações ideológicas [...] porque foram disseminadas no interior de um discurso teórico e político que afirmava a diferenciação e fim do campesinato.

Tais expressões foram sendo transformadas em empresas capitalistas pelo desenvolvimento das forças produtivas e proletarização e dependência das políticas públicas.

O conceito de campesinato ressurge no sentido de comunidade, como contraponto ao modelo capitalista de formação econômica e social de empresa familiar condicionada à renda capitalizada da terra, à exploração da força de trabalho e ao trabalho alienado. E mesmo na forma de exploração capitalista da produção familiar, encontra importante forma de organização social e política de melhoria da qualidade de vida e luta pela terra.

Carvalho (2005, p. 171) identifica como camponeses, como resultado das histórias de vida e contextos,

> [...] desde os camponeses proprietários privados de terras, aos posseiros de terras públicas e privadas; desde os camponeses que usufruem dos recursos naturais públicos como os povos das florestas, os agroextrativistas, a recursagem os ribeirinhos, os pescadores artesanais, lavradores, os catadores de caranguejos e lavradores, os castanheiros, as quebradeiras de coco babaçu, os açaizeiros, os que usufruem dos fundos de pastos, até os arrendatários não capitalistas, os foreiros e os que usufruem da terra por cessão; desde camponeses quilombolas a parcelas dos povos indígenas já camponeizados; os serranos, os caboclos e os colonizadores, assim como os povos das fronteiras no sul do país.

E os novos camponeses resultantes dos assentamentos de Reforma Agrária.

O fato de o campesinato se constituir em um modo de ser e de viver, uma comunidade, é que faz dele uma força relevante, apontando uma outra forma de organizar a vida e o trabalho, um outro tipo de sociedade. O campesinato, na concepção de Carvalho (2005), representa uma outra forma de organizar a vida, viver e trabalhar em comunidade, numa totalidade social, política, econômica e cultural, assumindo um caráter radical na luta contra a expansão capitalista e o monopólio da terra, com a afirmação do valor de uso sobre o valor de troca, da vida e do trabalho em comunidade. De modo que:

> [...] o campesinato não é simplesmente uma categoria econômica ou simplesmente uma categoria política ou político-econômica. O campesinato, na verdade, pode ser visto como uma proposta que é, ao mesmo tempo social e cultural. E que o camponês, devido a sua longa história, devido a sedimentação de suas formas de vida e trabalho, devido ao desenvolvimento de sua língua ou dialeto, às vezes, religião, frequentemente tradições, histórias, façanhas etc., o campesinato tem um patrimônio cultural e uma forma de organizar a produção e reprodução, a distribuição do produto do trabalho que podem ser sugestões sobre a maneira pela qual a sociedade do futuro poderia organizar (CARVALHO, 2005, p. 163).

Carvalho (2005, p. 169) afirma que o campesinato "é revolucionário não pela sua consciência, pela sua consciência para si. Nada disso. Ele é revolucionário, ele é radical, pelo que ele defende na sua incoerência". Ideia que coaduna com o que afirma Ianni (2009), de que o caráter revolucionário não está em ser oposição ao latifúndio, ao agronegócio, mas na sua afirmação e reafirmação enquanto comunidade, na defesa de suas condições de vida e de trabalho; suas revoltas não são contra uma classe, mas contra uma sociedade de classes.

A luta camponesa é da ordem material de produção e reprodução da vida, sua preocupação é com a terra, com as condições de trabalho, com a conquista, reconquista e preservação do seu meio básico de trabalho e vida, e isso é o de mais revolucionário em sua luta (IANNI, 2009; CARVALHO, 2005). Segundo Ianni (2009, p. 142), o camponês resiste à proletarização e à monopolização da terra pelo capital, e "mais que isso, pode-se dizer que a luta pela terra é sempre, ao mesmo tempo, uma luta pela preservação, conquista e reconquista de um modo de vida e trabalho", que incluem a cultura, a religião, a língua ou o dialeto, a etnia ou raça, todo um conjunto de valores culturais do seu modo de ser e de viver.

O Estado tem desempenhado papel decisivo de conformação e tentativa de transformação e de esvaziamento da história de resistência, orientando estratégias para tornar o camponês eficiente, na perspectiva da indústria e das necessidades dos setores urbanos, criando a dependência perante diversas frações do capital, conforme apontam Costa e Carvalho (2012), buscando recriar a imagem do agronegócio em todos os ambientes rurais, transformando produtores de pequenas propriedades em pequenos burgueses agrários, e pequenas propriedades em reprodução hegemônica como "agronegocinho".

> O capitalismo pode revolucionar de modo amplo o mundo agrário, o que em geral destrói muitas bases das condições de vida e trabalho do camponês. O desenvolvimento extensivo e intensivo do capitalismo no campo – compreendendo a acumulação originária, a monopolização da propriedade e da exploração da terra etc. – destrói bastante a comunidade rural. Provoca a proletarização de muitos. Joga largos contingentes no exército industrial de reserva. E o campesinato que subsiste, ou se recria, já não será o mesmo, não será um fermento social de maior envergadura. [...] Entretanto, na medida em que a revolução burguesa não provoca maiores transformações no mundo agrário, preserva ou recria um campesinato descontente. Aí está uma condição básica da força social que ele pode representar, em âmbito local, regional ou nacional (IANNI, 2009, p. 140).

Nesse sentido, Costa e Carvalho (2012, p. 119) nos invocam à necessidade de transformação da identidade de resistência para uma identidade de projeto do movimento camponês, redefinindo sua posição na sociedade, com poder de transformação social para além do nível individual, como "ator social coletivo cuja direção principal das ações está orientada para a superação das relações de dominação e subalternidade a que ele se encontra submetido".

1.4.2 Movimentos Sociais: alternativa de produção e reprodução da existência

A constituição de um movimento social aglutina pessoas com interesses comuns, uma identificação e aproximação em torno de uma causa, pensamento, espaço, raça, gênero, condições de trabalho, idade, seja pela luta por necessidade ou por liberdade, movimentos reativos ou criativos, sistêmicos ou antissistêmicos. Os Movimentos Sociais, segundo Vakaloulis (2005), existem porque há lutas sociais, porque os sujeitos se identificam nessas lutas e porque são portadores da "mensagem" da multidão. Assim, funcionam como "conjunto mutável de relações sociais de protesto que emergem no seio do capitalismo contemporâneo",

> *Em um espaço social em que predomina a precarização da vida cotidiana, a degradação das situações de trabalho e a perda das garantias coletivas, a duradoura crise das relações políticas e o enfraquecimento dos "grandes relatos" de emancipação social, os indivíduos veem a capacidade de controle de seus próprios destinos se reduzir cada vez mais, ao mesmo tempo em que aumentam seus desejos de intervir no curso da realidade mundial* (VAKALOULIS, 2005, p. 126).

O conflito social contemporâneo, segundo Vakaloulis (2005), ultrapassa a esfera reivindicativa do trabalho, demanda de movimentos tradicionais de décadas anteriores, abrangendo um conjunto de realidades transformadas pela política neoliberal, como preservação de direitos coletivos e políticos, defesa de direito à moradia, do meio ambiente ecologicamente sustentável e da democracia, lutas das mulheres e contra a discriminação sexual e mobilizações antifascistas e antirracistas.

E embora a atual conjuntura capitalista não favoreça, há importantes forças em oposição, há resistência, há luta, há um processo de disputa, em que:

> Movimentos sociais urbanos estão por toda parte. Às vezes, esses movimentos têm uma base estreita – um movimento contra a gentrificação por aqui e um movimento em defesa da moradia popular por lá. Mas em outros casos tais movimentos podem começar a unir-se em torno de reivindicações mais amplas, em torno, por exemplo, do que os brasileiros chamam de "o direito à moradia" ou o que outras pessoas chamam de "o direito à cidade" – o direito de fazer uma nova geografia urbana mais de acordo com princípios da justiça social e o respeito ao meio ambiente (HARVEY, 2011, p. 147).

Harvey, em *O enigma do capital*, afirma que a resistência tem sido construída num terreno de organização política diferente dos tradicionais partidos políticos e organizações de trabalhadores nas fábricas. Traz como exemplos de lutas: as Organizações Não Governamentais (ONGs), dedicadas a questões isoladas, geralmente neoliberais, abstendo-se das questões políticas; grupos de oposição anarquistas, autonomistas e organizações de base (a exemplo das "comunidades de base da Igreja Católica" na América Latina), com formação de redes horizontais de organização, chamadas "economias solidárias" baseadas em trocas, sistemas coletivos e de produção local são sua forma político-econômica preferida sindicatos e partidos políticos de esquerda, ainda significantes em sua aquisição de aspectos do poder do Estado, como no caso do Partido dos Trabalhadores do Brasil ou do movimento bolivariano na Venezuela, tiveram um claro impacto no pensamento de esquerda, não apenas na América Latina; movimentos sociais que não sejam guiados por alguma filosofia política ou inclinação em especial, junção de tais movimentos sociais pela terra "(como o Movimento dos Sem Terra no Brasil ou a mobilização de camponeses contra a tomada de terra e recursos por corporações capitalistas na Índia), ou em contextos urbanos (os movimentos de direito à cidade no Brasil e agora nos Estados Unidos)" (HARVEY, 2011, p. 207); e Movimentos emancipatórios das mulheres, crianças, homossexuais, minorias raciais, étnicas, religiosas e ambientais, que não são explicitamente anticapitalistas, mas que reivindicam a emancipação, divididos em termos de necessidades e aspirações.

A figura do líder, do intelectual orgânico, na concepção da Gramsci (1982), engajado ativamente na vida prática, como construtor, organizador, "persuasor permanente", elevando a técnica do trabalho à técnica da ciência e à concepção humanista histórica, segundo Harvey (2011), é muito significativa no seio dos movimentos, e precisa ser ouvida, nas escolas, na formação da juventude, para formular a compreensão do capitalismo e:

> Ouvir as falas de líderes camponeses do MST no Brasil ou dos líderes do movimento contra a tomada de terras por corporações na Índia é um privilégio educacional. Nesse caso, a tarefa dos excluídos e descontentes educados é ampliar a voz subalterna, para que se possa prestar atenção à situação de exploração e repressão, assim como às respostas que podem ser pensadas para um programa anticapitalista (HARVEY, 2011, p. 207).

Para Fischer e Vendramini (2019, p. 7),

> *O ser, o estar e o agir humanos são condicionados pelas circunstâncias históricas, mas não as determinam. Ao mesmo tempo que são por elas formadas, as (trans)formam. É disso que se trata quando buscamos apreender relações entre trabalho, movimentos sociais e educação. Somos instigados a compreender os processos sociais nos quais diversos coletivos, na luta organizada estão se aprendendo como sujeitos sociais, éticos, culturais e políticos.*

Experiências de educação emancipatórias, segundo Fischer e Vendramini (2019, p. 7), estão acontecendo na latino-americana, algumas práticas educativas radicais que, "vinculadas às lutas sociais, se erguem contra todas as formas de opressão econômico-culturais". Esses movimentos sociais "de natureza anticapitalista formam sujeitos capazes de compreender as raízes das relações sociais capitalistas com o concomitante desenvolvimento de ações individuais e coletivas orientadas para aboli-las" (FISCHER; VENDRAMINI, 2019, p. 7). A educação ocupa lugar de destaque, como nos "movimentos camponeses que, no caso do Brasil, tem feito uma longa luta por instituir um projeto de Educação do Campo" (FISCHER; VENDRAMINI, 2019, p. 7).

Desse modo, como afirma Ribeiro (2013), os movimentos populares são portadores do novo, do projeto popular de sociedade. Ao longo de cinco séculos o Brasil viveu transformações políticas e econômicas capitalistas que não afrontaram a concentração de terras, mas que também não foram capazes de conter lutas e resistências populares camponesas. Os movimentos sociais populares do campo marcaram e marcam a formação social brasileira, a exemplo da Cabanagem, da Balaiada, do Bloco Operário e Camponês, do Sindicato dos Trabalhadores Rurais, do Movimento do Contestado e da Liga Camponesa da Galileia.

As primeiras ligas camponesas, segundo Ribeiro (2013), surgiram no período de redemocratização — em 1945 —, ligadas à aliança operário-camponesa e ao Partido Comunista Brasileiro (PVB), numa clara massificação da luta pela reforma agrária radical. A Lei de Terras, de 1850, consolidou a perversa concentração fundiária, a grilagem de terras e a apropriação de terras devolutas, formalizando a desigualdade social e territorial. A fim de obter consenso para levar adiante os propósitos do Golpe Militar de 1964 e combater a reforma agrária radical, propugnada pelas Ligas camponesas e comunistas, a classe dominante cede em alguns aspectos, um deles foi o Estatuto da Terra (BRASIL, 1964), considerado uma lei avançada, em termos de reforma agrária no Brasil, registrando a função social da propriedade da terra, mas que não saiu do papel (RIBEIRO, 2013).

Os movimentos sociais populares retomam e fortalecem sua organização no final da década de 1970, período marcado pela efervescência de vários movimentos sociais que levantavam bandeiras reivindicatórias sobre diversas questões da vida coletiva, passando de uma luta pela questão salarial para um enfrentamento político em defesa da democracia, com forte presença das "Pastorais da Igreja, parlamentares da oposição, Ordem dos Advogados, sindicatos, artistas, estudantes, professores" (SADER, 1995, p. 27).

As ocupações de terra se tornaram ferramenta de expressão da luta camponesa e de contestação ao autoritarismo, em 1981, ainda em período de Ditadura Militar, na Encruzilhada Natalino, no estado do Rio Grande do Sul. Nesse contexto, houve a intensificação do movimento de resistência, com o surgimento do Movimento dos Agricultores Sem Terra (Master), que posteriormente inspirou a criação do Movimento dos Trabalhadores Sem Terra (MST). A função social da terra foi retomada com a Constituição Federal de 1988, conferindo poderes à União de desapropriar por interesse social, para fins de reforma agrária. Contudo, logo a seguir, nas primeiras eleições diretas, o neoliberalismo se alastrou dominou no país, com a eleição de Fernando Collor de Melo, governo caracterizado por uma forte repressão contra a luta dos Sem Terra, exigindo forte organização e disciplina nas estratégias de resistência e mobilização do movimento.

Fundado em 1984, a partir dos movimentos de ocupação do final da década de 1970 e início da década de 1980, o MST está organizado em 24 estados, nas cinco regiões do país, com cerca de 350 mil famílias assentadas. Seus principais objetivos são: lutar pela terra, lutar pela reforma agrária e lutar por mudanças sociais no país, com a união de posseiros, atingidos por barragens, migrantes, meeiros, parceiros, pequenos agricultores, trabalhadores desprovidos do seu direito de produzir alimentos (MST, s.d.), ligados a outros movimentos, como Movimento dos Atingidos pelas Barragens (MAB), Movimento da Agricultura Familiar (MAF), Movimento Quilombola, Movimento Indígena, Comissão Pastoral da Terra (CPT), Comunidades Eclesiais de Base (CEBs) e Sindicatos dos Trabalhadores Rurais.

O MST pode ser considerado um movimento de multidão, como os motins da fome no século XVIII, que Thompson (1998, p. 152) difere de uma reação espasmódica, ou reflexo/resposta a uma necessidade imediata, em que a ação popular de homens e mulheres estão "imbuídos da crença de que estavam defendendo direitos da multidão tradicionais; e de que, em geral, tinham o apoio do consenso mais amplo da comunidade", consenso esse "tão forte a ponto de passar por cima das causas do medo ou da deferência". A organização e a ação do movimento, assim como no motim, apresentam-se como "uma forma altamente complexa de ação popular direta, disciplinada e com objetivos claros", determinados a partir da identificação dos objetivos da própria multidão.

Os movimentos sociais do campo estiveram, no século XVIII, amotinados em torno da questão da fome e contra os preços abusivos dos cereais; no século XIX os conflitos se concentraram na questão do trabalho e dos salários e no século XXI, os trabalhadores e trabalhadoras do campo, considerando a luta do MST, mobilizam-se para reivindicar um país socialmente justo, democrático, com igualdade e numa relação de respeito com a natureza, com base no lema "Sem Reforma Agrária não há democracia".

Faz parte do histórico do MST a luta anticapitalista pela reforma agrária popular, por um novo modelo de produção e reprodução da vida, o qual vem ocupando papel preponderante na mobilização de outros movimentos sociais populares que unem pessoas e famílias sem condições mínimas de subsistência em torno da luta pela terra, na construção de alternativas de vida, de produção coletiva e agroecológica, como instrumento de saúde e de uma economia solidária, contra a agriculta industrializada e sua problemática do uso de agrotóxicos e sementes transgênicas.

Para o MST (2013, p. 149-150), a proposta de reforma agrária popular:

> [...] reflete parte dos anseios da classe trabalhadora brasileira para construir uma nova sociedade igualitária, solidária, humanista e ecologicamente sustentável. Desta forma, as propostas de medidas necessárias devem fazer parte de um amplo processo de mudanças na sociedade e, fundamentalmente, da alteração da atual estrutura de organização da produção e da relação do ser humano com a natureza, de modo que todo o processo de organização e desenvolvimento da produção no campo aponte para a superação da exploração, da dominação política, da alienação ideológica e da destruição da natureza. Isso significa valorizar e garantir trabalho a todas as pessoas como condição à emancipação humana e à construção da dignidade e da igualdade entre todos e no estabelecimento de relações harmônicas do ser humano com a natureza.

Entre os objetivos da reforma agrária popular o MST (2013) destaca a eliminação da pobreza, o combate à desigualdade social, a soberania alimentar de todos os brasileiros, a participação igualitária das mulheres em todas as atividades, em especial de produção e gestão, e a garantia de melhoria de vida com oportunidades iguais de trabalho, renda, educação moradia e lazer.

A organização do movimento, segundo Rosset (2009), tem se fortalecido com as alianças: campo-cidade — em que apresenta uma nova forma de trabalho, livremente associado, cooperado, num modelo econômico alternativo; campo-campo — com a criação e o fortalecimento da via campesina e formação de quadros e militantes, sendo a educação o instrumento-chave de contraideologia; com sindicatos e movimentos urbanos; e também tem buscado intercâmbio internacional com o Movimento dos Povos Sem Terra (LPM) da África do Sul e com outras experiências campesinas. Na batalha uns aprendem em relação com os outros, na luta local, nacional e internacional e na construção conjunta de alternativas de enfrentamento.

O MST (s.d.) compreendeu, ao longo do tempo, que a luta e a conquista da terra não são suficientes, pois:

> *Se a terra representava a possibilidade de trabalhar, produzir e viver dignamente, faltava-lhes um instrumento fundamental para a comunidade de luta. A continuidade da luta exigia conhecimentos tanto para lidar com assuntos práticos, como para entender a conjuntura política econômica e social. Arma de duplo alcance para os Sem Terra, a educação tornou-se prioridade do Movimento.*

Sob a concepção de que "só o conhecimento liberta verdadeiramente as pessoas", o movimento investe na formação de um novo tipo de intelectuais orgânicos, na concepção da Gramsci (1982), engajados ativamente na vida prática, como construtores, organizadores, "persuasores permanente", elevando a técnica do trabalho à técnica da ciência e à concepção humanista histórica. O diálogo sobre direitos acontece desde a infância, partindo do princípio de que as crianças são sujeitos de direito, por isso, podem e devem opinar sobre sua realidade e participar das decisões. Os espaços dos acampamentos e assentamentos são tomados por debate político, econômico e contra ideológico, em assembleias, em grupos de militantes mulheres, juventude e mistos, nas escolas, nas parcerias com universidades públicas por todo o país e em convênios no exterior, assim como na própria escola de formação, a Escola Nacional Florestan Fernandes, que é referência na formação política do MST e de movimentos sociais do Brasil e de todo o mundo.

2

RELAÇÃO ESTADO, TRABALHO E EDUCAÇÃO: ALGUMAS CATEGORIAS NECESSÁRIAS AO DEBATE

> [...] *Era ele que erguia casas*
> *Onde antes só' havia chão.*
> *Como um pássaro sem asas*
> *Ele subia com as asas*
> *Que lhe brotavam da mão.*
> *Mas tudo desconhecia*
> *De sua grande missão:*
> *Não sabia por exemplo*
> *Que a casa de um homem é um templo*
> *Um templo sem religião*
> *Como tampouco sabia*
> *Que a casa que ele fazia*
> *Sendo a sua liberdade*
> *Era a sua escravidão.*
> *De fato, como podia*
> *Um operário em construção*
> *Compreender porque um tijolo*
> *Valia mais do que um pão? [...]*
> *O que o operário dizia*
> *Outro operário escutava*
> *E foi assim que o operário*
> *Do edifício em construção*
> *Que sempre dizia "sim"*
> *Começou a dizer "não [...]*
> *E o operário ouviu a voz*
> *De todos os seus irmãos*
> *Os seus irmãos que morreram*
> *Por outros que viverão*
> *Uma esperança sincera*
> *Cresceu no seu coração*
> *E dentro da tarde mansa*
> *Agigantou-se a razão*
> *De um pobre e esquecido*

> *Razão que fizera*
> *Em operário construído*
> *O operário em construção.*
> *(Vinícius de Moraes)*

O poema escrito por Vinícius de Moraes, em 1956, traz o trabalho como base da vida humana, a alienação, o processo de tomada de consciência e o reconhecimento da constituição histórica do ser humano pelo trabalho, da exploração do trabalho à luta por todos os outros que vivem do trabalho e ainda estão por vir.

Neste capítulo buscamos recuperar elementos fundamentais da concepção de Estado para entendimento das Políticas Públicas, especialmente da Educação, no campo da relação trabalho-educação, em suas dinâmicas e contradições. Visto que:

> [...] o trabalho nas sociedades de classes é dominantemente alienador, e que degrada e mutila a vida humana, mas ainda assim não é pura negatividade pelo fato de que nenhuma relação de exploração até o presente conseguiu anular a capacidade humana de criar e de buscar a superação da exploração. Porém o trabalho não é necessariamente educativo. Isso dependerá das condições de sua realização, dos fins a que se destina, de quem se apropria do produto do trabalho e do conhecimento que gera (CIAVATTA, 2009, p. 413).

Partindo da defesa de que as relações de produção determinam a forma do Estado e sua ação na divisão do trabalho e da sociedade em classes e de que a luta de classes é levada para a esfera da luta pelo poder, pelo controle do Estado, porque é pelo Estado que se impõe o poder sobre a sociedade, é pela correlação de forças que a classe dominante é, também, a força dominante, incorporando, vez ou outra, demandas dos dominados para manter o equilíbrio da luta de classes.

Busco situar o Estado brasileiro no processo de desenvolvimento capitalista a partir de uma cultura de dependência gerada desde o processo de colonização, imperialismo, e fundação da república, mantidos os traços patrimonialista, de expropriação e concentração de riquezas, de poder e de saber. A compreensão sobre tais fenômenos é essencial para se construir alternativas para alargamento de brechas abertas nas crises do capital.

Como reflexo desse movimento, o Estado se materializa na organização e divisão social do trabalho, na divisão de classes e na divisão da educação, conforme a divisão de classe. Diante do contexto histórico de disputa e resistência, sob uma específica correlação de forças entre as classes, a relação Trabalho-Educação é permeada de avanços e retrocessos em atendimento às demandas capitalistas de produção, incluindo ou excluindo a educação básica na formação de trabalhadores, de acordo com os interesses da classe dominante.

A luta das classes populares, no sentido de resistência e contraposição, pode ser um importante fermento para a transformação do Estado, da sociedade e da Educação, de superação do projeto capitalista, e estruturação de uma sociedade de perspectiva socialista, igualitária e emancipatória.

2.1 Elementos fundamentais da concepção de estado e de política pública

Marx se distancia do pensamento de Hegel, que via no Estado a realização da vontade livre e no povo a base da constituição do Estado, sendo o Estado a unidade entre poder econômico e a sociedade civil. Na concepção marxista as transformações do Estado estão ligadas às transformações das relações de produção capitalista, induzem a transformação da separação do Estado e da economia, determinando a forma do Estado e sua ação na divisão do trabalho e da sociedade em classes. Desse modo, a luta de classes é levada à esfera da luta pelo poder, pelo controle do Estado, porque é pelo Estado que se impõe o poder sobre a sociedade.

Assim, segundo Lenin (2010), o Estado não é uma força externa à sociedade, é produto da sociedade. A classe dominante necessitou de uma força que se colocasse acima da sociedade para atenuar os conflitos. O Estado "aparece onde os antagonismos de classes não podem ser conciliados", cumprindo seu papel de "dominação de classe, um órgão de submissão de uma classe por outra; é a criação de uma 'ordem' que legalize e consolide essa submissão amortecendo a colisão das classes" (LENIN, 2010, p. 27). Para tanto, cumpre funções de consenso espontâneo, "o Estado tem e pede o consenso, mas também 'educa' este consenso" (GRAMSCI, 1991, p. 145) por meio da escola, da religião, da mídia, ou de coerção legalizada aos grupos que não consentem nem ativa nem passivamente, por meio do aparato estatal das forças armadas, tribunais e prisões (GRAMSCI, 1982).

Gramsci (1991) incorpora à ideia de Estado marxista o conceito de Estado ampliado. Numa sociedade capitalista a luta pelo poder se revela em todos os espaços coletivos, portanto, onde houver um coletivo social há luta de classes, há luta pelo poder político. O poder, que se revela maior do que o Estado disputado nas eleições, pois "não pode existir igualdade política completa e perfeita sem igualdade econômica" (1991, p. 144), e esta não se faz sem conquistar o poder político.

Já Poulantzas (1980) entende o Estado como relação de forças entre as classes que, embora seja determinado pela classe dominante, incorpora frações da classe dominada, a fim de equilibrar a luta de classes. No entanto, "a existência das classes populares não se materializa no seio do Estado da mesma maneira que as classes e frações dominantes", pois as frações dominantes presentes nos setores do Estado "não deixam cristalizar um poder próprio dessas classes e frações" (POULANTZAS, 1980, p. 164).

> Mesmo no caso de uma mudança da relação de forças e da modificação do poder de Estado em favor das classes populares, o Estado tende, a curto ou longo prazo, a restabelecer sob nova forma algumas vezes, a relação de forças em favor da burguesia. E o remédio para isso não seria, como se diz, frequentemente, a "tomada" dos aparelhos de Estado pelas massas populares [...] A ação das massas populares no seio do Estado é a condição necessária para sua transformação, mas não é o bastante (POULANTZAS, 1980, p. 164-165).

Considerando o Estado como o Estado da classe mais poderosa, economicamente e politicamente dominante, de acordo com Lenin (2010), ele utiliza de seu poder para oprimir e explorar a classe dominada. Desse modo, para Lenin (2010, p. 28), "é claro que a libertação da classe oprimida só é possível por meio de uma revolução violenta e da supressão do aparelho governamental criado pela classe dominante e que, pela sua própria existência, 'se afasta' da sociedade". Lenin defende que, a partir da tomada do Estado burguês, é preciso se fazer a substituição para o Estado proletário, e "quando o Estado se torna, finalmente, representante efetivo da sociedade inteira, então torna-se supérfluo" (ENGELS apud LENIN, 2010, p. 36) e necessária a "abolição do Estado proletário, isto é, a abolição de todo e qualquer Estado", por meio de seu "definhamento" (LENIN, 2010, p. 41).

Gramsci (1991), na obra *Maquiavel, a política e o Estado Moderno*, relaciona o Estado à figura do príncipe, partido político que desperta e organiza a vontade coletiva, educa politicamente o povo e "a reconhecer como necessários determinados meios, mesmo que próprios dos tiranos" para alcançar os fins da classe revolucionária, o povo, a nação. Assim, o príncipe, partido político, seria o elemento equilibrador de diversos interesses em luta contra o interesse predominante. Com a tomada do poder de fato, exerceria a função hegemônica, para afirmar o objetivo do Estado "o seu próprio fim, o seu desaparecimento, a reabsorção da sociedade pela sociedade civil" (GRAMSCI, 1991, p. 102), e aí desapareceria também a figura do príncipe, dando lugar à comunidade.

Ou seja, para Gramsci (1991), a luta e tomada de poder se dariam pela guerra de posição, guerra de movimento e guerra subterrânea, no sentido de que, se compararmos com os objetivos da luta política com da guerra militar, teríamos "o exército vitorioso ocupa ou se propõe ocupar permanentemente todo ou uma parte do território conquistado. Então o exército vencido é desarmado e dissolvido, mas a luta continua no terreno político e da 'preparação militar" (GRAMSCI, 1991, p. 62), é preciso a destruição do exército inimigo, a dissolução de seus laços (relações jurídicas e econômicas/de produção), como massa orgânica. Ou em outro momento, Gramsci (1991) ainda defende a revolução permanente, pois mesmo após a tomada do poder, as forças sociais e políticas continuam em oposição, e nenhuma formação social desaparece enquanto forças produtivas que nela se desenvolveram encontrarem um lugar para se movimentar, e revolução passiva, um equilíbrio das forças sociais, políticas e militares, a fim de criar condições para o desaparecimento do Estado.

Desse modo, a missão educativa/formativa do Estado seria criar novos tipos de civilização, em que pese a necessidade da existência real de governados e governantes, dirigentes e dirigidos, divisão essa, como afirma Gramsci (1991), criada pela divisão do trabalho. Para Gramsci (1991, p. 19), a formação deve basear-se na premissa de que

> Pretende-se que existam governantes ou pretende-se criar as condições em que a necessidade dessa divisão desapareça? Isto é, parte-se da premissa da divisão perpétua do gênero humano, ou crê-se que ela é apenas um fato histórico, correspondente a certas condições?

Para Wood (2011, p. 96), o capitalismo fragmenta as lutas de classes, nas unidades de produção, para assim domesticá-las, mas a hegemonia "incorpora a luta de classes e traz a marca das classes subordinadas, sua atividade e sua resistência". Sendo assim, "a luta de classes tem um potencial claro como força de transformação, porque quaisquer que sejam as motivações imediatas de qualquer conflito de classes, o terreno de luta está estrategicamente situado no coração da existência social" (WOOD, 2011, p. 100).

Criado a partir de um violento processo de colonização, o Estado brasileiro, nas palavras de Oliveira (2018), desde o início foi marcado pela dependência e dominação de seus colonizadores, num processo de exploração e relações de poder verticalizadas, externa — da metrópole para a colônia; e internamente — dos grandes centros para as regiões periféricas, com expropriação de terras de povos tradicionais, forte concentração fundiária, escravidão e exploração do trabalho de imigrantes empobrecidos.

O desenvolvimento do Estado brasileiro ocorreu mediado pelos interesses do grande capital internacional, passando de uma dimensão política imperialista à republicana, mantendo os traços patrimonialistas. E mesmo com governos considerados da classe trabalhadora, que realizaram progressos relativos nas condições de vida, melhorando os indicativos sociais de crescimento da economia, ampliação do gasto social, recuperação do mercado de trabalho, potencialização da redistribuição da seguridade social e combate à pobreza, não conseguiram vencer as fragilidades da baixa intensidade da mudança do conflito na distribuição de renda e quase inexistência na redistribuição da propriedade privada, ou seja, "a inclusão social não foi acompanhada por reformas estruturais requeridas pela pretendida 'ruptura necessária' como a doutrina liberal" (CALIXTRE; FAGNANI, 2017, p. 1).

Nesse contexto, as políticas públicas são exaradas, como expressão de um Estado classista, de acordo com as posses dos cidadãos e para proteção dos que possuem os meios de produção e reprodução em detrimento dos que vivem do trabalho. A política educacional, nesse sentido, tem seguido os moldes do banco mundial, em atendimento aos interesses do mercado, sob a base de que para os pobres basta uma educação pobre. Porém, isso não tem ocorrido sem resistência da classe dominada, sendo marcada por disputas, avanços e retrocessos.

2.2 A divisão da educação conforme a divisão social do trabalho e a divisão de classes

A luta de classe está circunscrita na história como história de dominação de uns seres humanos sobre outros. Nesse sentido, Marx e Engels (2010, p. 40) afirmam que:

> *A história de todas as sociedades até hoje existentes é a história das lutas de classes. Homem livre e escravo, patrício e plebeu, senhor feudal e servo, mestre de corporação e companheiro têm vivido uma guerra ininterrupta, ora franca, ora disfarçada;*

> *uma guerra que terminou sempre ou por uma transformação revolucionária da sociedade inteira, ou pela destruição das duas classes em conflito.*

Para Poulantzas (1980), o Estado tem papel constitutivo na existência e reprodução dos poderes de classe, e em especial na luta de classes, o que explica sua presença nas relações de produção e reprodução, no domínio/ na subordinação política e ideológica, presentes nas relações econômicas e, consequentemente, na divisão social do trabalho. Segundo o autor, a história da luta de classes não existe sem Estado, quando existe divisão de classes há luta e poder de classe, há a presença do poder político institucionalizado do Estado. Assim, o Estado baliza:

> [...] o campo de lutas, aí incluídas as relações de produção; organiza o mercado e as relações de propriedade; institui o domínio político e instaura a classe politicamente dominante; marca e codifica todas as formas de divisão social do trabalho, todo o real no quadro referencial de uma sociedade dividida em classes (POULANTZAS, 1980, p. 45).

Mesmo assim, segundo Poulantzas (1980, p. 130), o Estado não é o sujeito da história real, pois "a história é o processo da luta de classes". O Estado cumpre o papel de organizar a historicidade, dominando e unificando o tempo, constituindo-o como instrumento de poder, apagando diferenças, segmentando momentos para orientá-los, homogeneizando-os, apagando o passado da classe dominada, constituindo a burguesia como classe dominante. A classe dominada mantém uma relação de dominação ideológica de seu espaço e de sua história numa capa de silêncio que, por vezes, é irrompida por meio de suas lutas e resistência. Assim, "O Estado operário como meio e objetivo das lutas operárias, é também reapropriação pela classe operária de sua própria história. O que certamente não pode ser feito sem a transformação do Estado", numa transição para o socialismo (POULANTZAS, 1980, p. 137).

Nesse sentido, a ação do Estado, enquanto reprodução social, segundo Gurgel e Souza Filho (2016, p. 38), objetiva manter a "ordem social, política, jurídica, ideológica e cultural que permita a continuidade da dinâmica de exploração, através, inclusive, da aceitação dos explorados à sua condição de exploração". Poulantzas (1980) atribui ao Estado a função de separação específica das massas: trabalho intelectual (saber e poder) e trabalho manual (excluídos de funções organizacionais), por meio de seus aparelhos ideológicos e repressivos, efetivando o domínio do saber e da ideologia dominante e subjugando as massas populares ao trabalho manual, separando radicalmente o trabalhador dos meios de produção.

A relação do Estado com a divisão social do trabalho, atendendo às demandas da produção capitalista, estabelece uma forte relação do Estado com a luta de classes, pois representa o poder da burguesia, destinando a formação para o trabalho intelectual aos intelectuais orgânicos da classe dominante, mantendo a hegemonia burguesa. Nesse sentido, para Marx e Gramsci, é a classe dominante, por meio do Estado, que domina e regula a produção e distribuição econômica e, também, das ideias. O Estado cumpre, então, seu papel organizacional em relação às classes dominantes e de regulação da formação social, dividindo a formação conforme as classes. A materialidade do Estado, por seus aparelhos ideológicos e repressivos, implica a efetivação e domínio do saber e da ideologia dominante, subjugando as massas populares ao trabalho manual. De modo que:

> [...] o Estado não é o simples resultado da divisão trabalho intelectual e trabalho manual fundamentada nas relações de produção. Ele trabalha ativamente para a reprodução desta divisão no próprio seio do processo de produção e, para além disso, no conjunto da sociedade, ao mesmo tempo por aparelhos especiais que intervêm na qualificação-formação da força de trabalho (escola, família, redes diversas de formação profissional) e pelo conjunto de seus aparelhos (partidos políticos burgueses e pequeno-burgueses, sistema parlamentar, aparelhos culturais, imprensa, mídias) (POULANTZAS, 1980, p. 68).

A organização escolar, no mundo moderno, segundo Gramsci (1982, p. 9), assume então o importante papel de aprofundar e ampliar a intelectualidade, multiplicando as especializações e aperfeiçoando-as técnica e cientificamente, elaborando intelectuais de diversos níveis, pois "quanto mais extensa for a 'área' escolar e quanto mais numerosos forem os 'graus' 'verticais' da escola, tão mais complexo será o mundo cultural, a civilização, de um determinado Estado".

Essa elaboração não ocorre num terreno democrático, mas de acordo com um processo histórico, em que tradicionalmente são destinadas às camadas da burguesia das cidades as escolas de formação "humanista", que buscam desenvolver em cada indivíduo a cultura geral, e às classes subalternas escolas de formação de ramos profissionais, demandados pelo setor produtivo capitalista.

Para Braverman (1987, p. 244), "com a rápida urbanização da sociedade e o aceleramento do ritmo da vida econômica e social, a necessidade de outros serviços governamentais aumentou e o número e variedade destes por isso mesmo multiplicou-se". A educação assumiu um papel ampliado entre os serviços, provendo as necessidades ocupacionais da sociedade capitalista. Independentemente do conteúdo do currículo, a tarefa da escola é que a criança e o adolescente aprendam aquilo que vão ser chamados a fazer quando adultos, conforme a divisão social do trabalho.

Assim, a divisão trabalho intelectual e trabalho manual "não pode ser concebida de maneira empírica naturalista, como cisão entre os que trabalham com suas mãos e os que trabalham com sua cabeça: ela remete diretamente às relações político-ideológicas, tais como ocorrem com as relações de produção" (POULANTZAS, 1980, p. 61). Essa divisão está ligada à espoliação completa do trabalhador direto de seus meios de trabalho, pela separação dos elementos intelectuais e do trabalho realizado pelo trabalhador direto; pela separação da ciência e do trabalho manual, a serviço do capital; por relações particulares entre ciência-saber, marcada pela ideologia dominante e pela legitimação do poder decorrente de uma prática racional; por relações orgânicas entre trabalho intelectual (separado do manual) e relações de dominação política (saber e poder).

Poulantzas (1980, p. 64) pontua que "a relação saber-poder não é apenas de ordem da legitimação ideológica: a separação capitalista do trabalho intelectual e do trabalho manual concerne também à ciência", que, apropriada pelo capital e pelo Estado, torna-se mecanismo de poder. Desse modo, a relação do Estado com a divisão do trabalho, fundamentada na relação de produção capitalista, representa o poder da burguesia na formação de seus intelectuais orgânicos, a fim de organização e manutenção de sua hegemonia, estabelecendo, assim, uma relação com as classes e com a luta de classes.

Para Marx (2013), a união entre trabalho e educação tem início com a proposta de educação protagonizada por Robert Owen, ao afirmar que no próprio sistema fabril:

> [...] brota o germe da educação do futuro, que há de conjugar, para todas as crianças a partir de certa idade, o trabalho produtivo com o ensino e a ginástica, não só como forma de incrementar a produção social, mas como único método para a produção de seres humanos desenvolvidos em suas múltiplas dimensões (MARX, 2013, p. 554).

Na sociedade socialista, segundo Marx e Engels (2004, p. 101), "o trabalho e educação estão interligados e assim se assegurará uma cultura técnica múltipla, bem como uma base prática para a educação científica". Marx (2013) afirma que a união entre produção intelectual, exercícios corporais e formação politécnica pode elevar os filhos da classe trabalhadora para além da classe burguesa e aristocrática. Assim, torna-se uma questão de vida ou morte da classe trabalhadora substituir o ser humano parcial/fragmentado pelo indivíduo completo. Para tal finalidade sugere:

> *As escolas politécnicas e agronômicas são fatores desse processo de transformação que se desenvolveram espontaneamente na base da indústria moderna; constituem também fatores dessa metamorfose as escolas de ensino profissional onde os filhos dos operários recebem algum ensino tecnológico e são iniciados no manejo prático dos diferentes instrumentos de produção (MARX; ENGELS, 2004, p. 78).*

Segundo os autores, "não há dúvida de que a conquista inevitável do poder político pela classe trabalhadora trará a adoção do ensino tecnológico, teórico e prático nas escolas dos trabalhadores", mas não há dúvida também que a forma capitalista de produção e as condições econômicas dos trabalhadores se opõem a esses fermentos de transformação, e "o desenvolvimento das contradições de uma forma histórica de produção é o único caminho de sua dissolução e do estabelecimento de uma nova forma" (MARX; ENGELS, 2004, p. 78) de organização que supere a sociedade do capital.

Marx e Engels (1998, p. 33) propõem ainda o fim da divisão de classes com o fim da divisão do trabalho e o fim do trabalho alienado, que no contexto da sociedade capitalista se caracteriza pelo trabalho assalariado. Trabalho esse entendido por "trabalho forçado, conforme o impunha aos homens a divisão obrigatória do trabalho" e a formação do ser humano total "capaz de transitar livremente de uma tarefa a outra, de ser pescador, caçador, pastor e crítico. De exercer, sem coações, as tarefas do trabalho manual e do trabalho intelectual".

Enquanto ainda não é possível a tomada do poder político pela classe trabalhadora, é necessário que alguns gérmens sejam plantados, pois o poder do Estado, na educação, se materializa em Leis, normatização, regulamentação e políticas, que podem avançar ou retroceder em atendimento às demandas capitalistas de produção, incluindo ou excluindo a educação básica na formação de trabalhadores, de acordo com os interesses da classe dominante, no sentido de dominação e consenso, e/ou com inclusão de pautas reivindicatórias das classes populares, no sentido de resistência e contraposição. É importante o reconhecimento da necessária disputa pela política educacional em termos normativos e éticos.

Nesse sentido, a contextualização histórica da materialidade da legislação educacional na relação trabalho-educação é permeada de disputas políticas, econômicas e ideológicas, com base em dois projetos societários: um de reprodução e perpetuação da ordem capitalista posta, e outro de superação do projeto capitalista e estruturação de uma sociedade de perspectiva socialista, igualitária e emancipatória.

2.3 A relação Trabalho-Educação no Brasil: da subordinação ao capital à luta por perspectivas dos trabalhadores do/no campo

Este subtítulo aborda as disputas na relação trabalho-educação no Brasil, a partir da dinâmica da educação básica, relacionadas à educação da população do campo, da integração à Educação Profissional, tendo como particularidade sua aplicação no Ensino Agrícola.

No Brasil, a educação "tem acompanhado a divisão social do trabalho que separa os que pensam dos que executam, atribuindo a cada classe de trabalhadores remuneração e lugares sociais diferentes" (CIAVATTA, 2007, p. 14), desde o período jesuítico, quando a intenção era a de formar os indígenas e colonos para o trabalho agrícola, entre os anos de 1549 e 1759. Segundo Saviani (2013, p. 27), o objetivo era de "tomar conta das crianças, cuidar delas, discipliná-las, ensinar-lhes comportamentos, conhecimentos e modos de operar". A instrução intelectual priorizava o domínio dos aspectos formal-instrumentais (ler, escrever, contar) e o aspecto concreto da aprendizagem de um ofício. Nessa mesma linha de pensamento, Ribeiro (2011, p. 11) afirma que a intenção era a formação dos indígenas para o trabalho agrícola, assim como de colonos. "Não tinha, inicialmente, de modo explícito, a intenção de fazer com que o ensino profissional atendesse à população 'branca' exclusivamente", mas já contava com currículos diferenciados.

> Começando pelo aprendizado do português, incluía o ensino da doutrina cristã, a escola de ler e escrever. Daí em diante, continua, em caráter opcional, o ensino de canto orfeônico e de música instrumental, e uma bifurcação tendo em um dos lados o aprendizado profissional e agrícola e, de outro, aula de gramática e viagem de estudos à Europa (RIBEIRO, 2011, p. 11).

Assim como a educação rural nunca esteve entre as prioridades das políticas públicas de Estado, o colonial ensino agrícola era colocado numa segunda linha de aprendizado profissional, no Brasil, voltado principalmente aos filhos de colonos e aos povos indígenas. Segundo Saviani (2013, p. 40), o ensino para os que viviam no campo era ministrado "em regime de internatos, como verdadeiras escolas que ensinavam, além da doutrina, a lavrar a terra e outros pequenos ofícios", com a finalidade de manter os colégios com criação de gado e cultivo de alimentos como mandioca, milho, arroz, além de produção de açúcar, panos e vestimentas. Tudo isso aconteceu, talvez, pelo fato de que até 1888 o Brasil estava sob o regime de trabalho escravo, pois os saberes necessários para atender as demandas rurais e as necessidades de produção nas áreas urbanas eram socializados entre os trabalhadores; logo, os mais experientes ensinavam a prática para as(os) iniciantes.

Mais tarde, com a necessidade de aprimorar o ensino das classes superiores cria-se um conjunto de regras destinadas ao ensino, denominado *Ratio Studiorum*, em que se destacavam as regras para professores das classes superiores e das classes inferiores, impulsionadas pelo surgimento da manufatura e divisão do trabalho e de classes, produzindo "trabalhadores especializados" nas classes inferiores e lideranças para classes superiores. Manfredi (2002, p. 74) afirma que "a expulsão da Companhia, 1759, durante certo período, desorganizou o sistema de educação escolar existente, e o Estado foi obrigado a montar outro aparato escolar para substituí-lo; contudo, isso levou algum tempo", iniciando pelo ensino superior e delegando ao ensino primário e secundário a missão de preparatório para a universidade.

O ensino agrícola no período imperial esteve ligado às demandas econômicas produtivas. Inicialmente a extração e contrabando de madeira e depois com produção da cana-de-açúcar.

> Durante muito tempo essa atividade foi extremamente rentável, já que a produção era realizada através do uso de mão de obra escrava e em grandes extensões de terra, por isso mesmo não existia, de modo geral, grandes preocupações em aplicação de técnicas que visassem o aumento de produtividade e melhores condições de trabalho, serão essas características que posteriormente contribuirão para o declínio econômico da produção de cana de açúcar no Brasil (FEITOSA, 2006, p. 40).

Porém, de acordo com Feitosa (2006), com a crise da produção açucareira a elite agrária mobilizou-se no sentido de buscar novas técnicas de cultivo, processos e máquinas industriais, e D. João VI cria o Curso de Agricultura na Cidade da Bahia em 1812, constando entre as recomendações a necessidade de estudos para melhorar e diversificar a produção, por meio do franqueamento aos vassalos de conhecimentos diversos dos bons princípios de agricultura ensinados por instituição pública.

Para Manfredi (2002, p. 79), a aceleração dos processos de industrialização e urbanização exigiram modernização tecnológica, "novas necessidades de qualificação profissional e novas iniciativas, no campo da instrução básica e profissional popular". Assim, as mudanças no mundo do trabalho, nos textos oficiais, segundo Silva (2008, p. 18), restringiram-se às inovações tecnológicas e organizacionais, ignorando "o trabalho como uma prática humana que assume, nessa formação econômica, a condição de trabalho alienado, de mercadoria".

Segundo Cunha (2005a, p. 109), "No processo de constituição do Estado Nacional, a herança colonial fez-se presente na persistência em arsenais militares, tanto do Exército quanto da Marinha". Os estabelecimentos militares foram "os primeiros a explicitarem a utilização no Brasil, a partir da segunda década do século XIX, de menores órfãos, pobres ou desvalidos, como matéria-prima humana para a formação sistemática da força de trabalho para seus arsenais", articulando a aprendizagem das primeiras letras à de um ofício (CUNHA, 2005a, p. 112). Sob as vantagens da filantropia passava-se a imagem de prosperidade do Brasil, coexistindo no mesmo local o trabalho assalariado, o trabalho escravo, o trabalho compulsório de prisioneiros civis e militares, aprendizes de operários especialistas, especialmente, funileiros, latoeiros, tanoeiros e torneiros.

Com a necessidade de instalação do governo português em território colonial, segundo Ribeiro (2011), surge também a necessidade de transformar a antiga colônia numa comunidade nacional e autônoma, o que exige medidas de formação intelectual com preparo mais diversificado, como: imprensa, artes, engenharia, medicina, militares, economia, agricultura e indústria.

É criada, então, em 1820, a Academia de Belas Artes, mantida pelo Estado. Era uma instituição de ensino de ofícios, mas sem o aspecto assistencialista, com processo de seleção de seus alunos, dividindo-os em artistas que se dedicariam às belas artes e artífices, que professariam as artes mecânicas; havia cobrança de taxa de matrícula e os cursos eram ministrados apenas no período diurno, o que dificultava a frequência e obtenção de diploma de mestre, além de impedir que muitos artífices trabalhassem (CUNHA, 2005a). Os Liceus de Artes e Ofícios foram criados e mantidos com doações de benfeitores, da classe dominante, membros da burocracia do Estado, nobres, fazendeiros e comerciantes, mas, principalmente, com subsídios do Estado e com doações da própria força de trabalho, como era o caso dos professores, todos eles lecionando gratuitamente. A diferença central entre a Academia de Belas Artes e o Liceu de Artes e Ofício, de acordo com Cunha (2005a, p. 162), era que a primeira era "a alta escola da aristocracia do talento" e a segunda "modesta oficina de vulgaridade da inteligência", com ensino gratuito e ministrado no período noturno, para facilitar o acesso dos trabalhadores, ou seja, uma escola para operários, que produziam materialmente, e outra para produtores, que pensavam a produção simbólica.

Em 1827 foi fundada a Sociedade Auxiliadora da Indústria Nacional devido à necessidade de se promover a formação sistemática da força de trabalho, pois "A utilização de máquinas era vista como um fator de dispensa de força de trabalho (escrava, principalmente) e de aumento da produtividade" (CUNHA, 2005a, p. 136). Para Cunha (2005a, p. 137), "A criação de escolas de agricultura, em fazendas experimentais, onde se ensinasse o uso de máquinas, foi um objetivo sempre perseguido", servindo de aparelho político-ideológico para disciplinamento das classes inferiores, como também de instrução, atendendo à necessidade de modernização devido ao desenvolvimento da agricultura, passando de uma sociedade exportadora-rural-agrícola para uma exportadora-urbano-comercial, como afirma Ribeiro (2011).

Entre 1840 e 1865, época em que ocorre "a passagem de uma sociedade exportadora com base rural-agrícola para urbano-agrícola-comercial" (RIBEIRO, 2011, p. 37), houve uma separação na educação profissional. Segundo Manfredi (2002, p. 79), a aceleração dos processos de industrialização e urbanização exigiu modernização tecnológica, "novas necessidades de qualificação profissional e novas iniciativas, no campo da instrução básica e profissional popular". Os liceus deram lugar à rede nacional de escolas profissionais, que culminou mais tarde na criação das escolas técnicas federais e, posteriormente, dos Cefets, Ifets e IFs, preservando características de "prédios próprios, currículos e metodologia próprios, passando sua destinação de pobres e desvalidos a futuros trabalhadores assalariados".

A Escola Industrial teve início em 1873 recebendo alunos concluintes das Escolas Noturnas, submetidos a exames de admissão, funcionando também à noite. O desinteresse dos alunos desencadeou um declínio nas matrículas e aumento na idade de procura dessa modalidade. Em virtude da não procura pelos trabalhadores e aprendizes dessas escolas de formação profissional, foram tomadas medidas que obrigavam operários que não soubessem ler a frequentar a escola noturna da entidade, proibiam no trabalho industrial o emprego de escravos e obrigavam empresas com aprendizes a enviá-los às escolas.

A abolição dos escravos, assim como educá-los, era uma necessidade para se prevenir as lutas de classes, numa função político-ideológica de evitar a anarquia, e para a formação da consciência dos trabalhadores, livres e libertos, para aceitarem as condições de exploração capitalista.

> A questão da educação do povo, do ponto de vista dos intelectuais do Império brasileiro, não pode ser entendida separadamente da questão da escravidão. Isso porque as questões surgiram como expressão de outra: como fazer os trabalhadores trabalharem? Enquanto a força de trabalho era toda ou quase toda escrava, a questão não admitia dúvidas: a coerção física era a resposta pronta. [...] Os milhões de brancos, mulatos e caboclos dispersos pelo território brasileiro – formalmente livres – não se comportariam como assalariados num país com abundância de terras. Eles precisaram ser *educados* para verem o trabalho como um dever (CUNHA, 2005a, p. 145).

A formação para o trabalho foi incluída pela primeira vez no Ensino Básico brasileiro pelo Decreto n.º 7.427/1879, com escolas para dar instrução de interesse da indústria e escolas de ensino prático para atender as necessidades locais. A instrução primária era considerada muito importante para o operariado, assim como incluía no ensino de 1.º grau a formação para o trabalho no currículo, dando prosseguimento em nível de 2.º grau. O referido decreto foi revogado acusado de ser socialista.

Em 1882, a Reforma de Rui Barbosa tratou dos cursos do Colégio Pedro II, deu visibilidade à Educação Profissional, com curso de cultura geral e cursos profissionais, a fim de superar o atraso com relação a países mais adiantados. Segundo Cunha (2005a, p. 171), a Educação Profissional era tão importante quanto a Educação Clássica, considerando essa educação exercitada nos laboratórios, nas oficinas, nas fábricas, a que mais contribui para a felicidade humana.

A proposição do Ensino Industrial em 1887 se deu como medida de prevenção da "questão operária", incorporando as categorias "ordem e progresso". Segundo Cunha (2005a, p. 176-179), para Souza Filho, a escola socialista fomentava a desordem, armava operários contra patrões. Nesse sentido, o currículo obrigatório deveria contemplar a disciplina de trabalhos manuais, além do ensino da economia política, pois considerava-se que a ciência econômica atuaria adversária do socialismo. E mesmo admitindo o temor de que a elevação do nível intelectual da classe trabalhadora representasse um perigo de surgimento de "revolucionários e anarquistas", acreditava que o único meio de controlar e manter a ordem seria a união entre a instrução e a educação profissional, aliando o saber à ideologia. A solução seria promover educação para os trabalhadores e seus filhos, oscilando entre a "educação geral, carregada de doutrinas religiosas morais e cívicas" e a "educação profissional, simultânea ou posterior àquela", com objetivo de formar operários antes mesmo que tivessem idade para ingressar no mundo do trabalho. As escolas profissionais salesianas, como afirma Manfredi (2002, p. 90), incumbiam-se dessa tarefa: "formar trabalhadores, visando neutralizar a influência dos ideais comunistas".

Desde o século o século XIX, os trabalhadores organizados no movimento operário-sindical, segundo Manfredi (2002, p. 91), já reivindicavam um outro projeto de educação profissional, considerada como "veículo de conscientização, de formação de 'novas mentalidades e ideais revolucionários'". Esse projeto educativo combinava práticas de educação questionadoras das formas de opressão e de cerceamento da liberdade, como também formação profissional sistemática, à medida que "as demandas técnicas foram se tornando mais prementes". Porém, a institucionalização do sindicato oficial abortou as experiências, modificando a natureza e o conteúdo dos cursos. Seguida da criação do Ministério da Agricultura, Indústria e Comércio, vinculando-se a ele o ensino agrícola, em 1906, segundo Feitosa (2006, p. 77).

Em 1909 é criada a Rede Federal de Educação Profissional e Tecnológica por meio do Decreto n.º 7.566, instituindo um conjunto de "Escolas de Aprendizes e Artífices", destinadas ao ensino profissional primário. As Escolas de Aprendizes e Artífices foram resultado da implantação da primeira política de educação profissional brasileira do regime republicano. Para manter ocupada a população de desvalidos, segundo Kunze (2009, p. 22), coube às escolas da rede federal difundirem "os hábitos do trabalho e da obediência às regras e uma formação profissional, uma profissão, um ofício, que a transformasse em operários frutíferos à nação, trabalhadores ordeiros e qualificados".

A primeira modificação na estrutura do ensino agrícola ocorreu após o Decreto 8.319/1910, no governo Nilo Peçanha, com "um amplo planejamento para este ramo do ensino — criando novos cursos, graus de ensino, e trazendo a proposta de vinculação de uma fazenda experimental às escolas médias e às escolas superiores".

Referindo-se à regulamentação e à estrutura dada ao ensino agrícola no Brasil pelo decreto citado, Sobral (2009) assim delineia os cursos e níveis propostos:

> Ensino Agrícola Superior, Ensino Agrícola Médio, Aprendizes Agrícolas e Ensino Primário Agrícola. Esse Decreto apresenta como finalidade precípua "a instrução técnica profissional relativa à agricultura e às indústrias correlatas, compreendendo: Ensino Agrícola, Ensino de Zootecnia, Ensino de Indústrias Rurais e Ensino de Medicina Veterinária" (SOBRAL, 2009, p. 82).

A preocupação com a formação dos sujeitos que iriam atuar na agricultura brasileira não se deu da mesma maneira para a elite agrária e para os trabalhadores rurais. Nesse sentido, segundo Feitosa (2006, p. 78), foram criados os patronatos agrícolas, "que tinham por objetivo principal o aproveitamento de menores abandonados ou sem meio de subsistência, aos quais seriam dados o curso primário e o profissional".

Segundo Romanelli (2010, p. 136), "até o final da década de 1920 [...] imperava o sistema de preparatórios de exames parcelados para ingresso no ensino superior", o que, para Ribeiro (2011, p. 29), reafirma a função do ensino médio como instrumento de formação da elite colonial. Em relação a essa questão, Manfredi (2002, p. 75) afirma que:

> Paralelamente à construção do sistema escolar público, o Estado procurava desenvolver um tipo de ensino apartado do secundário e do superior, com o objetivo específico de promover a formação da força de trabalho diretamente ligada à produção: os artífices para as oficinas, fábricas e arsenais.

Até os anos de 1930, praticamente inexistiam escolas para os sujeitos do campo, e quando existiam tinham uma programação totalmente voltada às demandas da população urbana industrial do Brasil e do exterior. Um dos primeiros registros que fazem referência jurídica à educação rural é a Constituição de 1934, artigo 156, parágrafo único, que afirma que "Para a realização do ensino rural, a união reservará no mínimo, vinte por cento das cotas destinadas à educação no respectivo orçamento anual" (BRASIL, 1934). Proposta essa que durou pouco tempo, pois na Constituição Federal de 1946, a responsabilidade de proporcionar educação à população rural deixa de ser do Estado e passa a ser das empresas privadas em que essas populações trabalhavam, como trata o inciso III do Art. 168:

> *[...] III – as empresas industriais, comerciais e agrícolas, em que trabalhem mais de cem pessoas, são obrigadas a manter ensino primário gratuito para os seus servidores e os filhos destes; IV – as empresas indústrias e comerciais são obrigadas a ministrar, em cooperação, aprendizagem aos seus trabalhadores menores, pela forma que a lei estabelecer, respeitados os direitos dos professores [...]* (BRASIL, 1946).

A primeira reforma do ensino secundário ocorreu em 1931, com o Decreto 19.890, consolidada pelo Decreto 21.241/1932, que resultou, segundo Romanelli (2010), na organização do ensino secundário enciclopédico das elites deixando marginalizado o ensino profissional, o que desmantelou as iniciativas dos trabalhadores e favoreceu a construção de um sistema paralelo ao sistema público, gerido pelos sindicatos patronais, o "Sistema S"[7].

A primeira tentativa de superação da reprodução escolar da separação entre trabalho manual e trabalho intelectual ocorreu com as reivindicações do Manifesto dos Pioneiros da Educação Nova, que trouxeram em seu bojo a luta para "que a educação se convertesse, de uma vez por todas, num direito", segundo Romanelli (2010, p. 149), e para concretizar-se como tal devia estar acima de interesses de classe. A criação de Plano Nacional de Educação (PNE), a partir do Manifesto dos Pioneiros da Educação Nova/1934 e da fixação da educação como direito de todos e dever dos poderes públicos, além da gratuidade do ensino, representou a vitória do movimento renovador na reconstrução educacional. No entanto, a fixação do PNE na Constituição de 1934 não logrou êxito, caindo no esquecimento, com reformas parciais,

---

[7] O Sistema S – Sistema Nacional constituído por instituições que, com base na Constituição Federal (Art. 149, Inciso III), recebem contribuições de interesses das categorias profissionais ou econômicas, tais como: Serviço Nacional de Aprendizagem Industrial (Senai), Serviço Nacional de Aprendizagem Comercial (Senac), Serviço Nacional de Aprendizagem Rural (Senar), Serviço Nacional de Aprendizagem do Transporte (Senat), Serviço Brasileiro de Apoio às Micro e Pequenas Empresas (Sebrae), Serviço Nacional de Aprendizagem do Cooperativismo (Sescoop).

e acabou sendo reforçado o ensino dual na Constituição de 1937, ferindo os princípios democráticos e "instituindo oficialmente a discriminação social, através da escola", quando passou a destinar às classes menos favorecidas o ensino profissional (ROMANELLI, 2010, p. 156).

Entre 1942 e 1946, final da ditadura Vargas, um conjunto de Leis Orgânicas do Ensino, conhecidas como Reforma Capanema, configurou-se em avanços e retrocessos. Evidenciou a importância da educação, com leis específicas para a formação profissional em cada ramo da economia (primário, secundário, industrial, normal, agrícola, comercial) e para a formação de professores em nível médio. Porém, dividiu o ensino secundário e ensino técnico profissional e instituiu a falta de flexibilidade entre os ensinos e para acesso ao ensino superior.

O ensino secundário regulado pelo Decreto 4.244/42 trazia em seu bojo o caráter específico da sua função de "formar nos adolescentes uma sólida cultura geral e, bem assim, de neles acentuar e elevar a consciência patriótica e a consciência humanística" (ROMANELLI, 2010, p. 160).

> Essa lógica dualista, calcada na diferenciação e na distinção de classes sociais, sobreviveu após a queda do Estado Novo, resistindo por 16 anos às lutas de amplas correntes de opinião, favoráveis a uma escola secundária unificada, que não institucionalizasse a separação entre o trabalho manual e o intelectual (MANFREDI, 2002, p. 101-102).

O Decreto n.º 9.613/46, denominado de "Lei Orgânica do Ensino Agrícola", fez parte desse conjunto de decretos-leis, e o ensino agrícola de nível médio teve sua primeira regulamentação, que estabeleceu sua organização e regime até o segundo grau. O Ensino era "destinado essencialmente a preparação profissional dos trabalhadores da agricultura", e tinha como função conter os conflitos no campo, determinando valores como: "sentimentos de camaradagem e sociabilidade, hábitos econômicos, espírito de iniciativa, e de amor à profissão", impondo aos estabelecimentos de ensino agrícola a missão de "cuidado especial e constante com a educação moral e cívica de seus alunos, com elevada dignidade e fervor patriótico", além de estender às propriedades agrícolas circunvizinhas os ensinamentos dos trabalhos agrícolas, da economia rural doméstica (SOBRAL, 2009, p. 83).

Nesse período ocorreu o violento processo de ocupação da região do Norte Mato-grossense, com a "Marcha para o Oeste", visando demarcar as fronteiras e incentivar a produção de matérias-primas para a crescente indústria do Sudeste, com expropriação de terra e extermínio de povos originários com sua cultura, trabalho e história. O capital se apropriou do local para formação do grande latifúndio, passando do estágio de extração e comercialização da floresta, queimadas e abertura de terras para a pecuária e a agricultura, com mão de obra de baixo custo, graças ao aliciamento de famílias operárias e campesinas de outras regiões do país, em fuga da pobreza e da miséria.

Mesmo garantindo maior flexibilidade na passagem entre o ensino profissionalizante e secundário, segundo Manfredi (2002), a Lei de Diretrizes e Bases da Educação Nacional de 1961 não deu fim à dualidade. Com a Nova República, em um novo contexto, o governo Figueiredo propõe o Programa Intensivo de Formação de Mão de obra (Pipmo), como forma de capacitação rápida e imediata de trabalhadores, fortalecendo o "Sistema S" e empresas privadas, com incentivos fiscais e dedução de impostos.

A partir de 1964, afirma Sobral (2009), auge da modernização do país e da ênfase em sua participação na economia internacional, o ensino agrícola é transferido do Ministério da Agricultura para o Ministério da Educação e Cultura. Com o ensino agrotécnico é implantada a nova filosofia, com base na metodologia do sistema "escola-fazenda". Em Mato Grosso, essa metodologia se efetivou na rede federal de educação, com o objetivo de aumentar "a efetividade do processo ensino/produção, bem como patrocinar a vivência da realidade social e econômica da comunidade rural, fazendo do trabalho um elemento integrante do processo ensino-aprendizagem, visando conciliar educação-trabalho e produção" (SOBRAL, 2009, p. 85).

Em atendimento à demanda de formação técnica e superior especializada e moderna nas áreas da agricultura e veterinária, o governo ditador Costa e Silva homologou a primeira lei de cotas do Brasil, a Lei n.º 5.465/1968, mais conhecida como "Lei do boi", revogada somente 17 anos depois. A referida lei, embora reservasse 50% das vagas para filhos de agricultores proprietários e não proprietários de terra, beneficiou a elite rural, tendo em vista que as condições de produção dos trabalhadores da agricultura exigiam trabalho árduo de todos os membros da família para garantir a sobrevivência, e esse tipo de ensino era ofertado, na maioria das vezes, em período integral e distante dos locais de origem. De modo que o Estado brasileiro omitiu-se na formulação de diretrizes políticas e pedagógicas específicas que possibilitassem a institucionalização e manutenção de uma escola no e para os que vivem no campo. Assim, sem acesso à educação ofertada pelo Estado, o índice de analfabetismo no campo, até 1970, era muito mais alto que nas cidades.

Com a Lei n.º 5.692/71, o ensino agrotécnico permanece centrado na formação técnica. Há clara expansão das Escolas Técnicas Federais, com ampliação do número de matrículas e implantação de novos cursos técnicos. Porém, conforme afirma Sobral (2009, p. 87), prevalece na formulação da lei a concepção de capital humano de Schultz, a qual assegura que "a modernização da agricultura dispensaria a reforma agrária como instrumento para o desenvolvimento agrícola. A adoção das novas tecnologias permitiria a elevação da renda dos agricultores, através, principalmente, do aumento da produtividade". Nesse período, décadas de 1960 e 1970, ganha expressão no Brasil a "Revolução Verde", já adotada em inúmeros países periféricos, sob discurso de aumentar a produção de alimentos para saciar a fome no mundo, provocando mudanças significativas nos arranjos de emprego no campo, decorrentes das inovações científicas e tecnológicas, que permitiriam a elevação da renda e dispensa da reforma agrária (SOBRAL, 2009, p. 87).

Em 1973 é criada a Coordenadoria Nacional do Ensino Agrícola (Coagri), pelo Decreto n.º 72.434, marco na história das Escolas Agrícolas, que possibilitou uma revitalização do ensino, proporcionando profundas transformações, tanto na estrutura física de prédios, materiais, laboratórios, bibliotecas e quadras de esporte, quanto na implementação e consolidação do sistema escola-fazenda, cooperativas-escola; formação, aperfeiçoamento e concursos públicos para quadro docente e servidores técnicos e administrativos (SOBRAL, 2009).

De acordo com Sobral (2009), as escolas agrícolas passaram a ter a denominação de escolas agrotécnicas federais a partir do Decreto n.º 83.935/1979 e a Lei n.º 8.948/1994, que instituiu do Sistema Nacional de Educação Tecnológica, determinou a transformação, gradativamente, das Escolas Técnicas Federais e das Escolas Agrotécnicas Federais em Centros Federais de Educação Tecnológica (Cefets), autarquias federais com a autonomia administrativa, patrimonial, financeira, didático-pedagógica e disciplinar.

A partir de 1986 a Coagri é extinta, e o ensino agrotécnico de 2.º grau fica diretamente subordinado à Secretaria de Ensino de 2.º grau (Sesg). Segundo Feitosa (2006, p. 106), "a extinção da COAGRI [...] é a expressão de um processo de transformação na própria estrutura do capital", fortalecida com transformação de Escolas Agrotécnicas Federais em Centros Federais de Ensino (Cefets).

Esse período compreendido como globalização da economia representou a modernização da agricultura, industrialização da agricultura e formação de complexos agroindustriais derivando, daí, as expressões "atrasado" e "moderno" para se reportar ao trabalhador do campo. "Inovações biotecnológicas, microeletrônicas e nas áreas de informação e organização de sistemas, originaram mudanças profundas nos processos de produção agropecuária" (FEITOSA, 2006, p. 122), sendo na agricultura o cruzamento genético, o desenvolvimento de novas espécies (transgênicos) e plantio de precisão e, na pecuária, a transferência de embriões e a fertilização *in vitro*.

Ao passo que a luta por escolas do/no campo e a construção de um projeto de educação que considere os princípios e as especificidades dos povos e comunidades tradicionais surgem a partir de trabalhadores que se organizam em diferentes movimentos sociais e reivindicam seus direitos à educação, Reforma Agrária e justiça social, no início dos anos 1980.

Nem a Lei 5.692/71 nem tampouco a Lei 7.044/82 tiveram condições objetivas de transformar o ensino médio, de acordo com a perspectiva de articulação entre educação geral e formação profissional, e acabaram adaptando-se ao modelo produtivista em desenvolvimento, centrando-se na pedagogia tecnicista, com o taylorismo e fordismo (1969-1980). Em ambas ficou mantida a oferta de habilitações profissionais no ensino de 2.º grau, apartadas no núcleo comum, que podem ser realizadas em regime de cooperação com empresas e outras entidades públicas.

A Constituição Federal de 1988 veio a garantir o direito à educação de qualidade ofertada pelo Estado a todos, direito esse estendido à população do campo, como dever do Estado. Em plena efervescência dos movimentos sociais, a educação do campo é gestada como espaço de formações social, política e também como espaço de socialização, de reelaboração de produção de saberes e também como um espaço de luta e resistência. Nessa esteira, a escola surge "[...] Não para fechar-lhes horizontes, mas para abri-los ao mundo desde o campo, ou desde o chão em que pisam. Desde suas vivências, sua identidade, valores e culturas, abrir-se ao que há de mais humano e avançado no mundo" (ARROYO; CALDART; MOLINA, 2011, p. 14).

A partir daí começa a haver alguns ensaios contra-hegemônicos com a "educação popular", pedagogias da prática, pedagogia crítico-social dos conteúdos e pedagogia histórico-crítica (1980-1991). Retrocedendo entre 1991 e 2001, implementando a política neoliberal, desenvolvendo a pedagogia experiencial das competências e da qualidade total e promovendo a adaptação dos indivíduos à instabilidade da vida, fazendo frente a uma nova demanda do setor produtivo, com a internacionalização da economia. Esse modelo, segundo Silva (2008), culminou no Plano Decenal de Educação 1993-2003 (PDE), que tinha como prioridade na agenda política, seja dos poderes públicos, seja das elites, das famílias e dos vários segmentos sociais, sanar obstáculos, como a baixa produtividade do sistema escolar, atribuindo o insucesso escolar à incapacidade da escola, os modestos índices de desempenho escolar, práticas de avaliação do desempenho escolar inadequados e a falta de políticas educacionais de desenvolvimento de competências (BRASIL, 1993). Nesse sentido, tem-se início, a partir de 1998, um aparelhamento do que se deveria ser ensinado com as avalições externas, articulando o Sistema de Avaliação da Educação Básica (Saeb) e, posteriormente, o Exame Nacional do Ensino Médio (Enem), com os Parâmetros Curriculares Nacionais (PCNs) e as Diretrizes Curriculares Nacionais (DCNs).

As mudanças no mundo do trabalho, nos textos oficiais, segundo Silva (2008, p. 18), restringiram-se às inovações tecnológica e organizacionais, ignorando "o trabalho como uma prática humana que assume, nessa formação econômica, a condição de trabalho alienado, de mercadoria". A formação humana nessa sociedade capitalista, altamente industrializada, "tem sido remetida predominantemente à formação para o trabalho, e este, na sua forma mercadoria, circunscreve processos que conduzem a uma semiformação cultural, uma vez que impõe limites à condução do homem para a autorreflexão crítica" (SILVA, 2008, p. 24-25).

Durante um processo histórico de avanço do neoliberalismo e disputas político-ideológicas foi implantada a reforma do ensino médio e profissional, entre 1994 e 2002, passando o ensino agrotécnico a ser subordinado à Secretaria Nacional de Educação Tecnológica (Senete) (MANFREDI, 2002, p. 114-116).

Segundo Cunha (2005b, p. 244), "desde a promulgação da Constituição de 1988 (e até mesmo antes), a discussão em torno do ensino médio e da educação profissional ocupou um lugar importante nos conflitos que atravessaram o campo educacional". A reforma do ensino médio e profissional implantada nas duas últimas gestões do governo FHC (1994-2002) foi fruto de um processo histórico de disputas político-ideológicas empreendidas no âmbito da sociedade brasileira (MANFREDI, 2002, p. 114-116).

A luta de classes se fez presente na construção e aprovação da Lei de Diretrizes e Bases da Educação Nacional (LDBEN), Lei n.º 9.394/1996. Segundo Sobral (2009), diferentes projetos de reestruturação do ensino médio e profissional, que representavam aspirações de diferentes grupos sociais, foram debatidos. De um lado: o projeto do Ministério do Trabalho era voltado aos trabalhadores, com propostas formativas de educação continuada visando a superação e treinamento, "a negação da dicotomia entre Educação Básica e Educação Profissional e da sobreposição ou substituição da segunda pela primeira" (KUENZER, 1997, p. 40), essa proposta deveria ser sustentada e articulada com políticas de emprego, trabalho e renda. Outro projeto era defendido por educadores e organizações populares e sindicais que "propunha a criação da escola básica unitária", de formação politécnica, num sistema de educação integrado que propiciasse a integração trabalho, ciência, tecnologia e cultura" (MANFREDI, 2002, p. 120). Do outro lado: o Ministério da Educação propunha discutir "uma sólida educação geral tecnológica, voltada para a preparação de profissionais capazes de absorver, desenvolver e gerar tecnologia" (KUENZER, 1997, p. 40), seria ofertada pelas escolas técnicas da rede pública e particular, separando a formação acadêmica da educação profissional e "aproximando-se muito mais dos interesses imediatos dos empresários e das recomendações dos órgãos internacionais do que das perspectivas democratizantes inerentes aos projetos defendidos pelas entidades da sociedade civil" (MANFREDI, 2002, p. 119).

Para Manfredi (2002, p. 135-136), essa política desmembrou o ensino novamente em preparatórios para a universidade e atendimento à lógica do mercado, sendo que "a formação mais generalista funcionaria, também, como um freio para o ingresso no mercado de trabalho, atuando como um mecanismo 'compensatório' e regulador de tensões sociais". A dualidade permaneceu nas redes e no currículo, já que o custo do aluno do ensino profissional é muito mais alto que do ensino médio regular, e a universalização do ensino médio em sua forma integrada, consequentemente, exigiria do governo maior investimento governamental, não recomendado pelo Banco Mundial.

O problema, segundo Cunha (2005b, p. 249-250), intensificava-se pelo fato de que se acreditava que era ministrado um "ensino caríssimo a quem nada mais quer do que passar no vestibular", sendo que a vaga poderia ser mais bem aproveitada por alguém que assumisse diretamente uma ocupação técnica. A solução então seria eliminar a parte geral "acadêmica" do currículo das escolas técnicas, a separação da certificação da educação geral e da formação profissional.

Desse modo, o Decreto Federal n.º 2.208/97 repõe a dualidade estrutural do ensino médio (separando ensino médio do profissional), impossibilitando a construção do currículo integrado e da proposta da formação politécnica, centrando o ensino na preparação de mão de obra para o mercado de trabalho.

Como contraponto a esse projeto permanece a luta de educadores do campo histórico-crítico por um projeto de ensino médio que integra formação técnica à formação geral. A luta de educadores e movimentos sociais populares organizados situa-se nesse campo de disputa, em que:

> Os processos de participação política abriram brechas, possibilidades de disputa da hegemonia, tanto no interior do próprio aparelho do Estado, como no âmbito da sociedade civil. Tais disputas favoreceram a constituição de mecanismos de representação, negociação e de elaboração de estratégias de ação, empurrando a oferta da educação e seu consumo para além das necessidades do sistema produtivo (MANFREDI, 2002, p. 59).

A gênese da expressão "Ensino Médio Integrado" se deu a partir da mobilização de educadores do campo histórico-crítico, setores educacionais vinculados ao campo da educação profissional e movimentos sociais e de intensa disputa e resistência, principalmente no âmbito dos sindicatos e dos pesquisadores da área "trabalho-educação", manifestando grande efervescência nos debates referentes à relação entre ensino médio e educação profissional, foi retomada a discussão sobre a educação politécnica, educação unitária e universal, destinada à superação da dualidade entre cultura geral e cultura técnica[8].

A Lei n.º 10.172/2001, que instituiu o PNE 2001-2011, cumpriu a exigência da Constituição Federal de 1988 e da nova Lei de Diretrizes e Bases da Educação Nacional de 1996 (SAVIANI, 2014). Porém, ainda, com divergências e controvérsias no que diz respeito a objetivos e metas, principalmente às ligadas direta ou indiretamente ao problema do financiamento da educação. Saviani (2014, p. 96-97) assinala que houve avanços como:

> [...] a ampliação da cobertura educacional com a expansão de vagas nas escolas de educação infantil, no ensino fundamental e médio, destacando-se no plano federal a criação de novas

---

[8] Destaca-se a contribuição de Frigotto, Ciavatta e Ramos (2005) com o livro *EMI: concepções e contradições*.

unidades tanto no nível médio como no nível superior com a expressiva expansão dos Institutos Federais de Educação Profissional e Tecnológica.

Nesse período houve outras mudanças significativas que não têm relação propriamente com a vigência do PNE, como: a substituição do Fundo de Manutenção e Desenvolvimento do Ensino Fundamental e de Valorização do Magistério (Fundef) pelo Fundo de Manutenção e Desenvolvimento da Educação Básica e de Valorização dos Profissionais da Educação (Fundeb), ampliando o âmbito de financiamento da educação pública e a instituição do Plano de Desenvolvimento da Educação (PDE), a partir do Plano de Aceleração do Crescimento (PAC), que tinha como título do seu plano de metas "Plano de Metas Compromisso Todos pela Educação", inspirado no movimento empresarial intitulado com a mesma denominação, estabeleceu uma maior participação da União na educação básica.

Para Saviani (2014, p. 97), "Na verdade, o referido PNE não passou de uma carta de intenções e a lei que o instituiu permaneceu letra morta, sem nenhum influxo nas medidas de política educacional e vida das instituições escolares". O autor menciona como explicações para a inoperância do plano a inviabilização das metas devido aos vetos no orçamento, "a excessiva quantidade de metas, o que dificulta o acompanhamento, controle e fiscalização de sua execução" (SAVIANI, 2014, p. 97); e o imediatismo populista e midiático avesso ao planejamento.

Diante desse contexto histórico de disputa e resistência, sob uma específica correlação de forças entre as classes, não foi possível a revogação do Decreto n.º 2.208/97 devido à defesa ideológica e econômico-financeira da articulação entre a educação profissional e a educação básica pelo "Sistema S", que demonstrava ter maior controle no adestramento para o mercado e não arcava com o alto custo da educação básica (a cargo do Estado, que já financia com fundo público a educação profissional).

Forças desenvolvimentistas fizeram com que a partir dos anos 2000 a implementação de políticas públicas contribuísse para a ampliação da educação pela população do campo, com crescimento de 242% no número de pais e mães que completaram o ensino fundamental entre os 20% mais pobres, aumento em quatro vezes entre os mais jovens pobres no ensino médio na idade certa, aumento em 23 vezes da chance de ingresso dos 20% mais pobres na universidade. Destacam-se: a fusão do Bolsa-Escola aos programas Auxílio-Gás, Bolsa-Alimentação e Cartão Alimentação, resultando no Programa Bolsa Família em 2003; a conquista do Programa Nacional de Educação na Reforma Agrária (Pronera)[9] — fruto da luta incansável dos movimentos sociais do campo —, com o objetivo de ampliar os níveis de escolarização formal dos trabalhadores rurais assentados na Reforma Agrária, deu-se em 1998,

> [...] no contexto de acirramento da luta pela terra, na transição dos mandatos de Fernando Henrique Cardoso, após o Massacre de Eldorado do Carajás (abril de 1996), a Marcha Nacional pela Reforma Agrária (abril de 1997) e a realização do I Encontro Nacional dos Educadores e Educadoras da Reforma Agrária (Enera) (julho 1998) – enfim, após um conjunto de fatores que geraram uma maior sensibilização, mobilização e envolvimento da classe trabalhadora na defesa de seus direitos na luta pelas suas reivindicações, um acuamento do governo perante a sociedade e uma necessidade de dar respostas políticas ao impacto da truculência do Estado no trato da questão agrária, tal como fora a ação policial em Carajás (TAFFAREL; MOLINA, 2012, p. 574).

As Diretrizes Operacionais para a Educação Básica nas Escolas do Campo instituídas pela Resolução CNE/CEB n.º 1/2002 representaram uma outra importante conquista dos movimentos sociais do campo para a elaboração de propostas pedagógicas que contemplasse a realidade de quem vive no campo.

Após a posse do governo do Partido dos Trabalhadores em 2003, há um avanço nas políticas educacionais para a população do campo e para os trabalhadores e filhos de trabalhadores. Em 2004 é criada a Secretaria de Educação Continuada, Alfabetização e Diversidade (Secad), no âmbito do Ministério da Educação, com uma Coordenação Geral da Educação do Campo; o Pronera passa a integrar o Plano Plurianual (PPA) do governo federal, assegurando recursos para execução, uma vez que prefeitos e governadores reputavam ao Instituto Nacional de Colonização e da Reforma Agrária (Incra) a responsabilidade pelas políticas voltadas aos assentados.

A partir da luta de movimentos sociais, organizações sindicais, forças políticas e organizações científicas e culturais para recuperar as concepções de educação politécnica, educação omnilateral e escola unitária, conside-

---

[9] O Pronera "é uma política pública do governo federal específica para a educação formal de jovens e adultos assentados da Reforma Agrária e crédito fundiário, e para a formação de educadores que trabalham nas escolas dos assentamentos ou do seu entorno e atendam a população assentada. Os projetos educacionais do Pronera envolvem alfabetização, anos iniciais e finais do ensino fundamental e ensino médio, na modalidade de educação de jovens e adultos (EJA), ensino superior e pós-graduação, incluindo neste nível uma ação denominada Residência Estudantil" (SANTOS, 2012, p. 629).

rando-se também a extrema realidade socioeconômica brasileira, em que o trabalho se apresentava como uma necessidade para os jovens da classe trabalhadora, com a proposição de uma solução transitória de mediação para que o trabalho se incorporasse à educação básica como princípio educativo e como contexto econômico, formando uma unidade com a ciência e a cultura, em 2004 o Decreto n.º 2.208/97 é substituído pelo Decreto 5.154/04. É nesse contexto, mantendo a "flexibilidade" da articulação em atendimento ao empresariado, que é apresentada a possibilidade do EMI, "em sua imperfeição política e conceptual", considerando a realidade socioeconômica brasileira, constituindo-se "numa modalidade e espaço de 'travessia' para aqueles jovens da classe trabalhadora que têm pressa, por necessidade vital, de se integrar dignamente no processo produtivo" (FRIGOTTO, 2018a, p. 58).

Também figuraram importantes conquistas para a educação dos trabalhadores e filhos de trabalhadores do campo: a criação do programa de Transporte Escolar, em 2004, que foi complementado pelo programa Caminhos da Escola, em 2007, que visava assegurar o acesso de estudantes residentes na área rural à rede pública de ensino, contribuindo para a redução da evasão escolar nessas comunidades; o Parecer CEB n.º 1/2006, que reconhece os Dias Letivos da Alternância; a criação do Programa de Apoio à Formação Superior em Licenciatura em Educação do Campo (Procampo) em 2007, que possibilitou a formação de educadores do campo por meio de cursos regulares de licenciatura em educação do campo nas instituições públicas de ensino superior de todo o país; a aprovação da Resolução n.º 2/2008, que estabeleceu diretrizes complementares, normas, princípios e organização das escolas do/no campo; o Decreto n.º 7.352/2010, que institui a Política Nacional de Educação do Campo, da qual passam a integrar o Pronera, a Residência Agrária e as licenciaturas em Educação do Campo; e em 2013 a criação do Programa Nacional de Educação do Campo (Pronacampo), vinculado ao Ministério da Educação, com atuação em quatro eixos: Gestão e Práticas Pedagógicas, Formação de Professores, Educação de Jovens e Adultos, Educação Profissional e Tecnológica e Eixo Infraestrutura Física e Tecnológica.

Assim, no período 2003-2015 houve um fortalecimento das propostas pedagógicas de educação do campo, das quais o Movimento dos Trabalhadores Rurais Sem Terra (MST) é referência.

Tais políticas públicas de educação do campo, que possibilitaram o crescimento de 33% no número de matrículas na zona rural no período de 2008 a 2019, não conseguiram sanar a dívida histórica com os jovens e adultos do campo, pois o ensino médio não passou de 5% das matrículas totais, assim como a Educação Profissional (INEP, 2008-2019). No entanto, permanece a luta de movimentos sociais e educadores histórico-críticos pela democratização do acesso e pela melhoria nas condições de permanência e conclusão na educação básica, Educação do Campo e EMI.

No ensino agrotécnico, de acordo com Sobral (2009, p. 92), também nesse período começa a ser construído

> [...] um novo e inédito projeto de ensino agrícola no Brasil. [...] Através de Seminários Regionais, com a participação de todas as Escolas Agrotécnicas Federais e Colégios Agrícolas vinculados às Universidades Federais, a proposta de Formação Politécnica foi apontada como necessidade para esse novo cenário.

A partir de 2007 a Setec constituiu um Grupo de Trabalho denominado "GT do Ensino Agrícola", que desenvolveu Seminários Regionais e Nacional para discutir e construir uma proposta para o ensino agrícola da rede federal.

> A proposta da (Re)significação do Ensino Agrícola da Rede Federal de Educação Profissional e Tecnológica originou-se da necessidade de se repensar o modelo predominante nas instituições que atuam no ensino agrícola, levando em consideração as transformações da sociedade e dos processos produtivos (BRASIL, 2009, p. 4).

Partia da necessidade de repensar a formação profissional, representada por uma educação comprometida com as múltiplas necessidades sociais e culturais da população brasileira formando profissionais responsáveis socioambientalmente. De modo que as instituições de ensino agrícola precisam se atentar:

> [...] para os arranjos produtivos e culturais locais, territoriais e regionais, que buscam impulsionar o crescimento econômico com destaque para a elevação das oportunidades e das condições de vida no espaço geográfico, não prescindindo da sustentabilidade sócio-ambiental. Ao mesmo tempo, devem priorizar o segmento da Agricultura Familiar e, como um dos elementos de referência para a dinâmica produtiva, a Agroecologia. Sendo assim, a conservação e preservação ambiental são fundamentais no processo de desenvolvimento territorial, regional e local, estando associados à adaptação

e incorporação de tecnologias que não comprometam o meio ambiente e o manejo sustentável dos recursos naturais, garantindo esse patrimônio às gerações presentes e futuras (BRASIL, 2009, p. 35-36).

O Seminário Nacional do Ensino Agrícola da Rede Federal de Educação Profissional e Tecnológica aconteceu em 2008, com a presença de delegados das Escolas Agrotécnicas Federais (EAF), dos Cefets, da Universidade Tecnológica Federal do Paraná (UTFPR), das Escolas Técnicas Federais (ETF) e das Instituições Vinculadas às Universidades Federais, além de convidados e observadores. A síntese do seminário demonstrou preocupação com o crescimento do agronegócio, ampliando a concentração de terras e a pobreza no campo, "combinada com a dilapidação dos recursos naturais e o comprometimento da qualidade de vida" (BRASIL, 2009, p. 10). Assim, como registra a necessidade de as intuições de ensino agrícola discutirem o "forte movimento na busca de um modelo de produção sustentável" (BRASIL, 2009, p. 13), em que a agroecologia se apresenta como alternativa viável.

Entre as deliberações nos grupos de trabalhos temáticos do seminário algumas foram e estão sendo implantadas, outras ainda carecem de esforço para sua implementação. Destacamos entre as mais direcionadas ao objetivo do seminário, que era discutir sobre o papel do ensino agrícola:

- Eixo Temático 1 – Democratização do ensino:

  > [...] 2. **Encontrar formas que priorizem a seleção de estudantes filhos de agricultores familiares** ou ligados à produção ou aos problemas agrícolas e consultar o MEC sobre a questão legal dessa priorização;
  > 3. **Estabelecer cotas para os povos do campo**;
  > [...] 7. Garantir um processo regular de divulgação e **integração da escola com as comunidades locais** e circunvizinhas, como forma de promover a formação integral e a sensibilização para o comprometimento com os estudantes;
  > [...] 9. Atuar junto às entidades e organizações para que a agricultura familiar seja melhor contemplada como política de estado;
  > 10. Ofertar **cursos de extensão em comunidades** que apresentarem demandas, visando à seleção para a escola;
  > 11. Definir **linhas de pesquisa voltadas para o conhecimento local das comunidades**;
  > 12. Capacitar o corpo docente e técnico administrativo com cursos de **aperfeiçoamento** nas diversas áreas de atuação e cursos de relações humanas, no sentido de **interagir com os povos do campo** e melhorar o relacionamento dentro da Instituição com os próprios funcionários;

[...] 22. **Consolidar o ensino integrado e a formação integral**;
[...] 27. Reestruturar o sistema escola–fazenda com objetivo de **transformar os setores de produção em unidades de experimentação** participativa; (BRASIL, 2009, p. 21-23, grifos nossos).

- Eixo Temático 2 – Currículo e Eixo:

[...] 62. **Incluir nos currículos e programas tecnologias apropriadas para a agricultura familiar** que contemplem o **associativismo, cooperativismo, sindicalismo** e formas de economia solidária;
63. Incluir nos currículos componentes que valorizem e contemplem **tecnologias sociais**, utilizando estratégias didático-pedagógicas nas quais os educandos visualizem a sua aplicabilidade em curto prazo;
66. **Valorizar e conhecer a Natureza e o Homem** a partir de princípios morais e éticos, permitindo o estabelecimento de processos de **desenvolvimento cultural e socioambiental** adequados;
74. Reorganizar os currículos na perspectiva do técnico poder atuar mais competentemente também nos **arranjos produtivos da agricultura familiar e nos movimentos sociais**;
75. **Promover discussão participativa e contínua com movimentos sociais** por meio da criação de programas de inserção dos agricultores familiares, oportunizando à comunidade escolar estágios de vivência em comunidades rurais;
76. Sensibilizar e **capacitar** os professores e técnicos administrativos para **trabalhar com os movimentos sociais e agricultura familiar**;
77. Valorizar atividades que possam **tornar viável a sustentabilidade das propriedades locais**, incorporando o uso da matéria-prima da região, contextualizando os conteúdos para as diferentes realidades da agricultura familiar;
78. **Inserir-se nas comunidades regionais** através da participação em fóruns, comitês, organizações de eventos; projetos de pesquisa e extensão e outros voltados à agricultura familiar;
80. **Trabalhar a agricultura familiar** de acordo com as características e especificidades regionais, **resgatando conhecimentos tradicionais com melhoramentos técnicos**;
81. **Desenvolver pesquisas aplicadas que gerem tecnologias econômicas, energéticas e ambientalmente viáveis para a pequena propriedade**;
88. Utilizar preferencialmente a proposta de **metodologia** de ensino **baseada na politecnia**;

> 89. Criar e/ou incentivar a **cooperativa-escola como ferramenta de aprendizagem**;
> 90. Proporcionar **a formação integral** do estudante;
> 91. Utilizar as **práticas, a pesquisa e a extensão como princípios educativos**;
> 98. Oportunizar ao aluno **estágios de vivência como uma forma de retorno e interação comunidade/escola**;
> 99. Desenvolver **atividades de ensino** que envolva os sujeitos da comunidade acadêmica **em projetos sociais, ambientais e econômicos locais e regionais** (BRASIL, 2009, p. 30-33, grifos nossos).

- Desenvolvimento Local e Financiamento:

> 110. Realizar **diagnósticos** participativos visando identificar as **necessidades e potencialidades locais e territoriais**, bem como entender as dinâmicas locais, **levando em consideração o resgate dos conhecimentos das comunidades tradicionais**, com vistas ao desenvolvimento sustentável;
> [...] 121. Incentivar a **formação dos professores e técnicos administrativos na Agroecologia** e em seus princípios, propiciando a participação em congressos, seminários, encontros para a articulação e troca de experiências;
> 122. **Criar cursos específicos na área de Agroecologia** [...] atendendo assim as demandas da sociedade;
> [...] 123. Promover e **difundir a Agroecologia através da fomentação de pesquisa, extensão e criação de unidades referenciais de produção na instituição**, nos territórios e nas comunidades locais;
> [...] 125. Buscar **parcerias** com autoridades locais, com Organizações não-governamentais – **ONGs** e representantes dos agricultores (**sindicatos, associações, cooperativas** etc.);
> [...] 127. Estabelecer o **financiamento** de projetos de extensão rural e de **comunicação rural, estágio de vivência, residência agrária, estágio em geral** em propriedades da região, visando o envolvimento dos futuros profissionais com o mundo do trabalho, além de contribuir com o desenvolvimento regional;
> [...] 129. Trabalhar na direção do estabelecimento de **linhas de financiamento específicas para a pesquisa e a extensão rural**, sempre cuidando para que a comunicação e a divulgação para a comunidade sejam eficientes;
> [...] 141. Constituir fundo para financiamento de projetos didático-pedagógicos a serem desenvolvidos pelos estudantes com uma visão empreendedora; (BRASIL, 2009, p. 37-39, grifos nossos).

O Seminário do Ensino Agrícola da Região Centro-Oeste foi realizado pelo Cefet — Urutaí/GO — em maio de 2008. Para os participantes do seminário, o contexto de massiva exploração comercial do campo por meio do agronegócio tem impactado socioambiental e economicamente a região e exigido cada vez um profissional muito especializado. De acordo com a sistematização:

> [...] mesmo entendendo que a formação do técnico em agropecuária deva atentar para a agricultura orgânica e familiar basicamente no âmbito da pequena propriedade, deve também prepará-lo para atender as peculiaridades regionais fortemente impactadas pela lógica das grandes commodities, fundamentalmente agrícolas (BRASIL, 2009, p. 66).

O ensino agrícola/agropecuário, nesse contexto, com a luta de educadores do campo histórico-crítico, tem um salto qualitativo na nova concepção de Ensino Médio Integrado, que se redesenha com o objetivo de atender aos arranjos produtivos sociais e culturais locais dos municípios interioranos, necessitando readequar projeto e práticas à formação omnilateral, politécnica e que tem o trabalho como princípio educativo, considerando como ponto de partida e de apoio os diversos movimentos sociais do campo, que historicamente foram excluídos das políticas de ensino agrícola e da educação do/no campo.

Como na época se temia que a proposta de EMI não fosse abraçada pelas redes estaduais, a criação dos IFs pela Lei n.º 11.892/2008, apesar dos desafios e contradições diante da nova estruturação pedagógica e curricular, representou um importante contributo para o avanço na concepção integrada e integradora de educação no país, principalmente por determinar na lei a garantia da destinação de 50% das vagas para essa modalidade.

Segundo Ramos (2015, p. 98-99), esse é um avanço na luta contra a dualidade educacional, pois a oferta da educação profissional, que correspondia a 55% ao setor privado em 2003, conforme dados do Inep (2003), inverteu-se para 53% para a rede pública entre 2011 e 2013 (INEP, 2014). Ao passo que vemos um declínio no número de matrículas no Ensino Médio Regular a partir de 2011, percebemos que no Ensino Médio Integrado as matrículas estiveram em ascensão, conforme podemos observar nos Gráficos 1 e 2:

Gráfico 1 – Evolução das matrículas no Ensino Médio Regular – 2008-2019

Gráfico 2 – Evolução das matrículas no Ensino Médio Integrado – 2008-2019

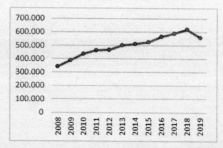

Fonte: elaborado a partir da Sinopse estatística do Censo da Educação Básica – 2008-2019 (INEP, 2008-2019).

Fato esse que não significa uma substituição de uma modalidade pela outra, mas se deve à definição de políticas curriculares que vinham sendo implementadas, no sentido de fortalecimento do ensino médio e da inter-relação educação e trabalho, à adesão e à implantação nas redes estaduais de educação, e a criação, expansão e interiorização da rede federal de educação.

A oferta da Educação Profissional Integrada ao Ensino Médio foi organizada, complementarmente, pelas Diretrizes Curriculares Nacionais Gerais para a Educação Básica (Resolução n.º 4/2010), Diretrizes Curriculares Nacionais para o Ensino Médio (Resolução n.º 2/2012), Diretrizes Curriculares Nacionais para a Educação Profissional Técnica de Nível Médio (Resolução n.º 6/2012) e o PNE 2014-2024. Não há a unicidade de concepção nos documentos, eles divergem em alguns aspectos, mas convergem na defesa da integração trabalho, ciência, tecnologia e cultura como eixo central do currículo do ensino médio.

Entretanto, consta no Documento Base da Educação Profissional Técnica de Nível Médio Integrada ao Ensino Médio:

> [...] as características atuais da sociedade brasileira dificultam a implementação da politecnia ou educação tecnológica em seu sentido pleno, uma vez que, dentre outros aspectos, a extrema desigualdade socioeconômica obriga grande parte dos filhos da classe trabalhadora a buscar a inserção no mundo do trabalho visando complementar o rendimento familiar ou mesmo a autossustentação muito antes dos 18 anos de

idade. Assim, a tentativa de implementar a politecnia de forma universal e unitária não encontraria uma base material concreta de sustentação na sociedade brasileira atual, uma vez que esses jovens não podem "se dar ao luxo" de esperar até os 20 anos ou mais para iniciar a trabalhar (BRASIL, 2007, p. 23-24).

O referido documento ainda faz um alerta de que tal modalidade não substitui a luta por uma educação omnilateral, unitária e politécnica para o jovem trabalhador, frisando que "Essa solução é transitória (de média ou longa duração) porque é fundamental que se avance numa direção em que deixe de ser um luxo o fato de os jovens das classes populares poderem optar por uma profissão após os 18 anos de idade" (BRASIL, 2007, p. 24).

Apesar de ainda não permitir aos jovens da classe trabalhadora adiarem a escolha da profissão para depois da educação básica, depois de terem um domínio do universo do conhecimento científico e da produção, a Educação Profissional Integrada o Ensino Médio, sob uma base unitária de formação geral, é uma condição necessária para se fazer a "travessia" para uma nova realidade, pois "é aquele possível e necessário" na realidade em que a escolha da profissão, para os filhos dos trabalhadores, não pode esperar para posterior ao ensino superior, mas acontece junto ou conflitante aos estudos (FRIGOTTO; CIAVATTA; RAMOS, 2005, p. 43-44).

O Ensino Médio Integrado ao Técnico em Agropecuária nos IFs tem duplo desafio na formação da juventude do campo: efetivar a concepção de EMI, a partir dos eixos trabalho, conhecimento e cultura; como também o compromisso social de incluir em suas propostas pedagógica princípios da Educação do Campo, que tem na práxis, na luta social, sua categoria central, aproximando-se dos princípios do EMI quando elabora sua matriz formativa com base no vínculo essencial entre formação humana e produção material da existência.

A Educação do Campo e o EMI se colocam na luta contra a lógica do capital e se materializam como projeto de formação contra-hegemônico da classe trabalhadora, um projeto de formação humana politécnica e integral aos trabalhadores e aos filhos de trabalhadores que optaram em permanecer no campo. Somente a partir da mobilização de movimentos sociais, IFs e sociedade é possível evitar que conquistas como a Educação do Campo e o EMI sejam história morta, apagada pelas políticas neoliberais.

2.3.1 Contradições acirradas: a luta da história presente no pós-Golpe de 2016

A crise atual brasileira, conforme afirma Iasi (2015) e Boito Jr. (2016), decorre de três crises: econômica — inerente ao capital com destruição das forças produtivas e efeitos sobre os trabalhadores; política — com recuo do governo diante da investida neoliberal, com afastamento da base popular; e a crise do Estado — acirramento da luta de classes, ameaça clara à ordem burguesa. O que resultou, segundo Boito Jr. (2016, p. 1), no Golpe de 2016, por via parlamentar e midiática, balizado juridicamente, num processo com frágil alegação das ditas pedaladas fiscais, realizadas por quase todos os governantes do país e com um julgamento sob a égide da família e da religião e não de provas reais, por centenas de parlamentares citados e em processo de corrupção aberto na justiça.

Os governos do Partido dos Trabalhadores (Lula e Dilma) cometeram, sim, erros que colocaram em risco o apoio dos Movimentos Sociais durante a crise, resultante nas manifestações de 2013 e 2016 e, posteriormente, no Golpe. Mas um dos principais erros foi de não processar as reformas estruturais, e nos termos do sociólogo e eminente constituinte Florestan Fernandes, trazendo à nossa realidade atual por Frigotto (2016b), "Erro este que foi de tentar fundar uma nação e alargar a democracia seguindo junto a uma minoria prepotente com uma maioria desvalida".

O golpe parlamentar que destituiu a Presidenta Dilma Rousseff — eleita de forma legítima — num processo arbitrário, sem provas genuínas e em manifesta parcialidade, segundo Campelo (2017), marcou recrudescimento da ideologia neoliberal e o início de um estado de exceção autoritário e antidemocrático, culminou numa grave instabilidade política, com a prisão política do ex-presidente Luiz Inácio Lula da Silva, e impôs graves retrocessos. De modo que, como parte do golpe,

> A destituição da presidenta Dilma Rousseff deu início a um novo ciclo regressivo, que acarreta perdas de direitos imediatas à população mais pobre e vulnerável e o desmonte da rede de proteção social. O Brasil volta a transitar o caminho do atraso, da impunidade e da reprodução dos privilégios. O resultado será o de sempre: mais pobreza, mais desigualdade, mais injustiça social (CAMPELO, 2017, p. 15).

Após o golpe de 2016, segundo Freitas (2018), retomam a postos-chave no Ministério da Educação membros da equipe do governo do Partido da Social Democracia Brasileira (PSDB) da década de 1990, destaques de uma política neoliberalista. No entanto, os tempos são outros, mais recrudescidos, e é agregado ao liberalismo econômico o autoritarismo social.

> Na América Latina, o esgotamento da primeira onda neoliberal nos anos 1990, seguido da ascensão de governos progressistas ocorrida em seguida, criou a ilusão de que o neoliberalismo havia passado. Produziu também um efeito complementar: chamou nossa atenção para o lado das reformas econômicas e seus impactos, retirando a nossa atenção do lado obscuro do neoliberalismo – sua ligação política com os conservadores, seu significado ideológico e os métodos pelos quais se propaga e resiste. Não levamos a sério o fato de o liberalismo econômico retornar como um movimento de resistência mundial às teses progressistas e não ter compromisso com a democracia, mas apenas com a instauração do livre mercado – o que surpreendeu o "socialismo democrático" e a "social-democracia", que tinham na democracia liberal seu parâmetro constitutivo (FREITAS, 2018, p. 14).

Diante das contradições, os governos neoliberais passam a rejeitar a pressão das massas insatisfeitas como forças políticas, e assumem seu lado mais perverso. O Golpe se materializou e se estendeu com a sórdida aprovação de um pacote de medidas antissociais/antipovo que ameaçam direitos conquistados com a Constituição Federal de 1988, terceirizando ou financeirizando direitos trabalhistas[10], sindicais, da previdência e assistência social[11], da saúde e da educação[12], e impondo o modelo capitalista de controle social e recompondo garantias do processo de acumulação.

> Ao eliminar direitos sociais, transformando-os em "serviços a serem adquiridos", o neoliberalismo derruba a proteção social, que tornou o trabalhador mais exigente (e mais caro) frente ao empre-

---

[10] Reforma Trabalhista – Lei n.º 13.467/2017 – chamada de Lei de modernização trabalhista, altera a Consolidação das Leis de Trabalho (CLT) de 1943, flexibiliza as relações de trabalho, precariza as condições de trabalho, cria o trabalho intermitente, amplia a terceirização, aumenta a jornada de trabalho e reduz as horas de descanso e permite que o trabalhador seja pago com alimentação e moradia, ou seja, retorno à escravidão.

[11] Emenda Constitucional n.º 103/2019 – altera o sistema de previdência social. Aumenta o tempo de contribuição e idade mínima para aposentadoria dos trabalhadores.

[12] Emenda Constitucional n.º 95/2016, chamada de novo regime fiscal, que limita as despesas primárias da União por 20 anos para pagar dívida pública, recaindo sobre os trabalhadores, os servidores e os serviços públicos, especialmente, em áreas essenciais à população brasileira como a saúde, educação e assistência social; Lei n.º 13.415/2017 de Reforma do Ensino Médio; Nova Base Nacional Comum Curricular (BNCC); Resolução n.º 3/2018, que atualiza as Diretrizes Curriculares Nacionais para o Ensino Médio; Resolução CNE/CP n.º 1/2021, que define as Diretrizes Curriculares Nacionais Gerais para a Educação Profissional e Tecnológica; Projeto de Lei do Senado n.º 193/2016, denominado "Escola sem Partido" e o Decreto n.º 10.656/2021, que dispõe sobre o Fundo de Manutenção e Desenvolvimento da Educação Básica e de Valorização dos Profissionais da Educação (Fundeb).

> sário – exatamente por contar com proteção social do Estado (p. ex.: saúde, educação, previdência, leis trabalhistas). Desprotegido, o trabalhador acaba por ser obrigado a aceitar as imposições do mercado (FREITAS, 2018, p. 23).

A custo do dinheiro gerar mais dinheiro, "uma nova servidão do trabalho é imposta", transformando trabalho em trabalho escravo, semiescravo, precarizado, flexibilizado, terceirizado e informalizado. Ao invés de criar empregos, desemprega, e à medida que terceiriza impõe mais trabalho, subtrai salários, produz mais com menor custo. Expõe o trabalhador a condições de risco de acidentes, sem proteção social, sem qualificação ou especialização, "reduzindo a maioria da classe trabalhadora em deserdados dos direitos do trabalho" (ANTUNES, 2015, p. 8-9).

Nesse sentido, segundo Freitas (2018, p. 26):

> [...] a "nova direita" radical avançou para um entendimento que seria considerado, até pouco tempo, desprovido de ética: os fins justificam os meios. E talvez seja exatamente esta a sua característica atual marcante: não importam os meios quando se trata de defender o livre mercado que, segundo eles, funda a liberdade pessoal e social. E se é para tal, a subjetividade neoliberal fica em paz com golpes de Estado e golpes institucionais.

Esse pensamento não é surpresa, segundo Freitas (2018), mas o que surpreende e choca é a defesa explícita dessas teses, por meio jurídico, parlamentar e midiático. A exemplo disso é o Movimento "Escola sem Partido"[13] na educação, como forma de combate a toda forma que consideram ideológica de "esquerdismo" ou "comunismo", entre elas a defesa dos direitos sociais e interesses populares.

No conjunto de contrarreformas golpistas, de ataques, retiradas de direitos, dominação, intensificação das condições de trabalho, expropriação de todas condições de produção e reprodução da existência, de genocídio de povos inteiros, com seu trabalho, sua cultura, sua língua e sua história,

---

[13] O movimento "Escola sem Partido" ou "Lei da mordaça" nada mais é do que uma ferramenta de controle, de opressão e de silenciamento do pensamento crítico. Segundo Algebaile (2017, p. 66), longe de ser um movimento, como se autodenomina, trata-se de "um organismo especializado, internamente centralizado e externamente vinculado, por sua instrumentalidade, a uma vertente político-partidária mais diversificada na sua composição". Sob o viés da neutralidade, e alegando atuarem no monitoramento da doutrinação político-ideológica nas escolas brasileiras, escondem na verdade a faceta de uma organização, como afirma Ramos (2017, p. 82), "totalmente comprometida com a classe dominante, pois impede que os interesses dos dominados sejam abordados na escola". O ideário do "Escola sem Partido" é uma ameaça à escola pública "como espaço de formação humana, de convívio democrático e de direito e respeito à diversidade" e se firma na "criminalização das concepções de conhecimento histórico e de formação humana que interessam à classe trabalhadora" (FRIGOTTO, 2017a, p. 17-18).

claros ataques aos povos do campo e sem-terra são: criminalização dos movimentos sociais; extinção do Ministério do Desenvolvimento Agrário; concessão aos ruralista de alterações feitas na Lei Agrária Nacional, de compra e venda de terras dos latifundiários; atendimento à especulação imobiliária; orçamento praticamente zerado para o programa de reforma agrária; destinação de 25% dos recursos disponibilizados ao Incra para desapropriação de grandes propriedades improdutivas; e Portaria Ministerial, que dificulta a fiscalização para a erradicação do trabalho em condições análogas à escravidão. A intensificação dos ataques tem base no ultraconservadorismo, com medidas ainda mais violentas, como: ampliação do direito de armas, redução da idade penal, pacote anticrime que dá permissão de matar por "surpresa, medo e violenta emoção" e liberação de agrotóxicos altamente tóxicos, proibidos em vários outros países.

No campo das políticas educacionais, os projetos em disputa no Brasil "ganham sentido como constituídos e constituintes da especificidade de projeto de sociedade em disputa pelo capital e pela classe trabalhadora" (FRIGOTTO, 2006, p. 242). A contrarreforma do ensino médio (Lei n.º 13.415/2017) e a nova Base Nacional Comum Curricular (BNCC) se opõem à proposta de "travessia" para uma formação humana, politécnica, omnilateral e unitária, retomando a pedagogia das competências da década de 1990, reforçando o atrelamento da educação com o mercado, e tem encontrado resistência de movimentos sociais, educadores, entidades acadêmicas e/ou político-organizativas.

A Medida Provisória (MP) n.º 746/2016, transformada na Lei n.º 13.415/2017, denominada como Reforma do Ensino Médio, foi a primeira medida do governo Michel Temer, em três semanas de governo após o Golpe de 2016. Após 11 audiências públicas, foi aprovada por lei. Esse processo autoritário de aprovação da medida é eco de um processo de disputas por hegemonia, de quem define a política educacional brasileira.

Desde o fim do segundo mandato do governo Lula, o nível de organização dos empresários em torno da educação já era grande, reforçado desde 2005 quando as organizações empresariais Instituto Gerdau e as Fundações Jacobs e Coleman mobilizaram o empresariado em torno no projeto "Compromisso Todos pela Educação". Desde então, o empresariado nacional tem disputado cada vez mais espaço, e não querem mais ser apenas executores, mas formuladores da política educacional e dos documentos normativos, como a Reforma e a BNCC. Em 25 anos, após aprovação da LDBEN/1996, tivemos um conjunto de ações na política educacional (três Diretrizes Curriculares para o ensino médio, três Diretrizes Curriculares para a Educação Profissional de Nível Médio, duas BNCCs, Pcnem, Decretos, Projetos de Lei, Medida Provisória e dois PNEs), que de algum modo buscavam incidir sobre o ensino médio ou reformulá-lo. Isso devido à elevação da taxa de acesso no ensino médio, que passou de 25% para 70% da faixa etária. Um conjunto de jovens que jamais pensara em concluir o ensino médio passou a adentrar o sistema escolar, o que acabou chamando a atenção para a disputa de poder para definir qual a educação para essa juventude.

Sob a denominação "Todos pela Educação"[14], as forças do capital se unem pelos interesses de classe e "avançam em todos os espaços dos aparelhos do Estado *stricto sensu* e nos aparelhos de hegemonia na sociedade civil, mormente pelas grandes corporações da mídia" na aprovação da "reforma do ensino médio que retroage às leis da equivalência da primeira metade do Século XX", pois, segundo Frigotto (2015, p. 230), "a materialidade do ensino médio integrado, na perspectiva da educação omnilateral e politécnica é algo inaceitável à classe burguesa brasileira e seus intelectuais".

> *Quem são estes protagonistas? O núcleo orgânico é constituído por fundações e institutos PRIVADOS, entre outros: Fundação Lemann, Fundação Roberto Marinho, Fundação SM, Fundação Itaú Social, Fundação Telefônica Vivo, Fundação Victor Civita, Instituto Gerdau, Instituto Natura, Instituto Razão Social, Itaú, BBA,* **Associação Brasileira do Agronegócio (ABAG)***, Instituto Airton Senna. O que é mais perverso é de que seus objetivos são veiculados por dentro do Ministério da Educação, Conselho Federal de Educação, Conselhos Estaduais e Secretarias estaduais e municipais de Educação e apoiados pelo CONSED (Conselho Nacional de Secretários de Educação) e UNDIME (União Nacional dos Dirigentes da Educação)* (FRIGOTTO, 2016a, p. 65, negrito nosso).

Para Freitas (2018), as atuais reformas são totalmente dependentes de uma concepção de educação baseada na defesa do livre mercado, com recomendações de privatização e terceirização para organizações sociais com ou sem fins lucrativos, sob a regulação do livre mercado que fundamenta a reforma empresarial; como empresas geridas por acionistas, substituindo aos poucos o controle público pelo controle de grupos econômicas privados e seus interesses particulares. Unidades podem ser abertas ou fechadas

---

[14] O "Todos pela Educação" se autodefine como "[...] uma organização da sociedade civil [...] Sem fins lucrativos, não governamental e sem ligação com partidos políticos, somos financiados por recursos privados, não recebendo nenhum tipo de verba pública", liderada por empresários de diversos setores. Informação disponível em: https://todospelaeducacao.org.br/. Acesso em: 15 fev. 2021.

a qualquer tempo, cabendo aos "clientes" crianças e seus pais encontrar alternativas disponíveis. Grupos financeiros passam a disputar o controle das escolas em busca de lucro, com risco de subordinação aos interesses de mercado e de desnacionalização da formação da juventude. O financiamento pela transferência de recursos públicos é paulatinamente retirado, passando para contratos terceirizados, assessorias e finalmente pelos *vouchers*.

A dinâmica é a sobrevivência dos mais fortes, o livre mercado, o empreendedorismo, a meritocracia e a competividade, em que "Nenhuma perspectiva de humanização ou transformação social é agregada aos processos educativos, daí seu caráter reacionário e conservador" (FREITAS, 2018, p. 28). A engenharia da reforma empresarial da educação pensa a escola como uma empresa, em que escolas de menor qualidade precisam ser fechadas, estudantes de menor desempenho são barrados em sucessivos testes, e professores, tidos como únicos responsáveis pela aprendizagem, são responsabilizados, sofrendo com demissão no caso de menor "rendimento". As escolas são acompanhadas/controladas e se não conseguirem atingir as metas estipuladas são: "1) fechadas e seus alunos transferidos para outras escolas públicas mais eficazes; 2) terceirizadas para empresas privadas que operam escolas públicas; ou 3) uma combinação entre terceirização e *vouchers*" (FREITAS, 2018, p. 34).

Nesse sentido, a educação é vista como serviço e não mais como direito. Tendo como referência a educação das redes privadas, o ensino público é taxado como mal administrado. O Estado, como mau gestor, precisa ser afastado e entregar à iniciativa privada o controle da educação. O controle e a gestão são disputados pelos lucros, pelos recursos, pelo pagamento de *vouchers*, pela privatização, que tornam pais em clientes de empresas educacionais financiadas pelo poder público.

No campo técnico, a Reforma do Ensino Médio se opõe à proposta de "travessia" para uma formação politécnica, omnilateral e unitária. Alinha a educação às necessidades do mercado; amplia a carga horária, mas sem garantia de alterações nas estruturas físicas das escolas; flexibiliza o currículo, dando ao jovem a falsa sensação de "liberdade de escolha" por uma área do conhecimento ou formação técnica; retira a obrigatoriedade de disciplinas consideradas essenciais para a formação crítica, em complemento ou antecipação ao projeto "Escola sem Partido"; institui o "notório saber" na profissão docente; permite o financiamento de instituições privadas e agências internacionais, com recursos públicos, para ofertar parte da formação e oficializa a oferta do ensino médio por empresas de Educação a Distância (EaD), o que reforça a lógica de atrelamento da educação ao mercado de trabalho.

Representantes de movimentos sociais, entidades acadêmicas e/ou político-organizativas contra-argumentam e apontam a necessidade de se considerar os pontos positivos e avanços na experiência do Ensino Médio Integrado à Educação Profissional, na articulação entre formação geral e formação profissional, sem sonegar o direito à cultura, à arte, à sociologia, a uma formação mais ampla. Ainda alertam sobre a falta de condições de vários municípios brasileiros em implementar o ensino em período integral; sobre a fragmentação do ensino médio em itinerários formativos específicos e de que o enxugamento da formação básica comum à metade do currículo de disciplinas destrói a ideia de ensino médio como última etapa da educação básica (FERRETI; SILVA, 2017, p. 395-396).

Nesse sentido, uma mudança curricular por si só não melhora a condição do ensino médio, apenas desresponsabiliza o Estado quanto à infraestrutura e à valorização dos profissionais da educação, precarizando o trabalho docente, despolitizando o ensino, empobrecendo o currículo e impedindo a efetivação de uma educação integral de qualidade (SILVA, 2017, p. 321).

A nova BNCC traz significativas alterações ao seu texto original, que tentou ser uma construção coletiva e democrática que contemplasse lutas históricas pelos Direitos de Aprendizagem e Desenvolvimento. Retoma a pedagogia de competências e habilidades da década de 90, com vistas à formação para o mercado, em atendimento, segundo Ferreti e Silva (2017), às recomendações do Banco Mundial e do Fundo das Nações Unidas para Infância – Unicef.

Em 2019, a Resolução n.º 3/2018 atualiza as Diretrizes Curriculares Nacionais para o Ensino Médio (DCNEM), adequando-as à nova BNCC e à Reforma do Ensino Médio. E as Diretrizes Curriculares Nacionais Gerais para a Educação Profissional e Tecnológica (DCNEPT) — Resolução CNE/CP n.º 1/2021 — representam a regressão mais coerente com toda a lógica de ataque e de minar uma educação básica e profissional de qualidade. Antes havia diretrizes específicas para Educação Profissional Técnica de Nível Médio e para a Educação Tecnológica. Elas foram revogadas e criadas diretrizes muito mais fortes, de maior impacto. Essas diretrizes são sistêmicas; afetam globalmente todos os tipos de oferta de EPT, suas estruturas e funcionamento. Tratam da Educação Profissional Técnica de Nível Médio, da Educação Tecnológica de nível superior e de pós-graduação, mas tratam também de cursos de qualificação de Formação Inicial e Continuada (FIC), das saídas intermediárias, da EaD, da formação de professores para a EPT. São uma intervenção global[15].

O que marca mais a atualização das DCNEM e o aprofundamento nas DCNEPT é:

- O hibridismo conceitual: que procura conciliar termos de concepções antagônicas, apropriando-se de categorias da formação politécnica e omnilateral em uma concepção neoliberal de educação, como:

  > [...] *"trabalho como princípio educativo", "pesquisa como princípio pedagógico", "formação humana integral", "integração entre trabalho, ciência, tecnologia e cultura como eixos estruturantes da formação humana", "mundo do trabalho", são utilizados juntamente com expressões e conceitos próprios do pensamento neoliberal, como "competências para a laborabilidade", "empreendedorismo", "protagonismo", "competências socioemocionais", "empregabilidade", "mercado de trabalho", dentre outros* (ANPED, 2021).

Unir conceitos antagônicos não contempla práticas diversas, oculta contradições e os verdadeiros interesses, que são: "a privatização, a fragmentação e o barateamento da educação básica e profissional e a desqualificação do ensino público com vistas a seu esvaziamento como direito social e sua transformação à condição de mercadoria" (ANPED, 2021). Pois não há como conciliar "trabalho como princípio educativo" e "pesquisa como princípio pedagógico" ao atrelamento de desenvolvimento de competências profissionais para o mercado de trabalho, assim como não há como se pensar em aliar educação e prática social/transformação com um ensino pautado no desenvolvimento de "projeto de vida" individual.

- Fragmentação e precarização da formação humana: a organização curricular das diretrizes segue a BNCC, que estabelece a formação geral básica e pode não acontecer em todos os anos, assim como o itinerário de formação técnica e profissional pode acontecer após a formação geral básica, como pode ser observado no Quadro 1. O que contraria totalmente a concepção de EMI.

---

[15] Live: Mudanças nas Diretrizes curriculares para a EPTNM e a resistência ao desmonte do Ensino Técnico Integrado. Encontro com a Prof.ª Lucília Machado (UFMG). Canal RETEP – Rede Tecnológica de Extensão Popular, 2021. Disponível em: https://www.youtube.com/watch?v=DseirV2l4R8&t=104s. Acesso em: 25 abr. 2021.

Quadro 1 – Organização curricular nas DCNEM/2018 e DCNEPT/2021

Diretrizes Curriculares Nacionais para a Educação Ensino Médio — Resolução CNE/CEB n.º 3/2018	Diretrizes Curriculares Nacionais para Educação Profissional e Tecnológica — Resolução CNE/CP n.º 1/2021
art. 11. § 3.º A **formação geral básica** deve ter carga horária total máxima de **1.800** (mil e oitocentas) horas [...]. § 7.º [...] a **formação geral básica pode ser contemplada em todos, ou em parte, dos anos** do curso do ensino médio, com exceção dos estudos de língua portuguesa e da matemática, que devem ser incluídos em todos os anos escolares. art. 12. [...] os itinerários formativos devem ser organizados, considerando: V – **formação técnica e profissional: desenvolvimento de programas educacionais** inovadores e atualizados que promovam efetivamente a **qualificação profissional** dos estudantes para o mundo do trabalho, objetivando sua **habilitação profissional** tanto para o desenvolvimento de vida e carreira, quanto para adaptar-se às novas condições ocupacionais e às exigências do mundo do **trabalho contemporâneo** e suas contínuas transformações, em condições de **competitividade, produtividade e inovação**, considerando o contexto local e as possibilidades de oferta pelos sistemas de ensino. art. 15. Na organização do itinerário de formação técnica e profissional **podem ser ofertados tanto a habilitação profissional técnica quanto a qualificação profissional**, incluindo-se o programa de aprendizagem profissional em ambas as ofertas. § 5.º [...] **podem compreender a oferta de um ou mais cursos de qualificação profissional**, desde que articulados entre si (BRASIL, 2018, grifo nosso).	art. 15. A Educação Profissional Técnica de Nível Médio abrange: I – habilitação profissional técnica, relacionada ao curso técnico; II – qualificação profissional técnica, como etapa com terminalidade de curso técnico; [...] § 2.º **A qualificação profissional como parte integrante do itinerário da formação técnica e profissional do Ensino Médio será ofertada por meio de um ou mais cursos de qualificação profissional**, nos termos das Diretrizes Curriculares Nacionais para o Ensino Médio (DCNEM) desde que articulados entre si, que compreendam **saídas intermediárias reconhecidas pelo mercado de trabalho**. art. 26 § 1.º Os cursos de qualificação profissional técnica e os cursos técnicos, na forma articulada, integrada com o Ensino Médio ou com este concomitante [...] terão carga horária que, em conjunto com a de formação geral, totalizará, no mínimo, 3.000 (três mil) horas [...] **garantindo-se carga horária máxima de 1.800 (mil e oitocentas) horas para a BNCC** [...] (BRASIL, 2018, grifo nosso).

Fonte: elaborado pela autora a partir da Resolução CNE/CEB n.º 31/2018 e da Resolução CNE/CP n.º 01/2021

As diretrizes abrem a possibilidade de o itinerário de formação técnica e profissional poder ser por habilitação do curso técnico de nível médio ou pela somatória de cursos de qualificação profissional. Uma formação fragmentada e desarticulada. Combina-se a isso a falta de integração teoria e prática, pois possibilita que a prática profissional seja realizada em contexto não presencial, como autorizado pelas DCNEM:

> art. 16. § 13. **As atividades realizadas pelos estudantes, consideradas parte da carga horária do ensino médio**, podem ser **aulas, cursos, estágios, oficinas, trabalho supervisionado, atividades de extensão, pesquisa de campo, iniciação científica, aprendizagem profissional, participação em trabalhos voluntários e demais atividades** com intencionalidade pedagógica orientadas pelos docentes, assim como **podem ser realizadas na forma presencial** – mediada ou não por tecnologia – **ou a distância**, inclusive mediante regime de parceria com instituições previamente credenciadas pelo sistema de ensino (BRASIL, 2018a).

Assim, a prática profissional perde o seu sentido ontocriativo do trabalho ao permitir que na formação de estudantes não haja uma experiência concreta de trabalho.

- Notório saber: a defesa incondicional da atuação do reconhecimento de competências, o "notório saber", ocorre tanto da formação geral básica quanto dos itinerários formativos, por meio de avaliação, demonstração prática e apresentação de documento de instituição ou empresa.

> *Parágrafo único. No âmbito do itinerário de formação técnica e profissional, as instituições e redes de ensino devem realizar processo de avaliação, reconhecimento e certificação de saberes e competências adquiridos na educação profissional, inclusive no trabalho, para fins de prosseguimento ou conclusão de estudos nos termos do art. 41 da LDB, conferindo aos aprovados um diploma, no caso de habilitação técnica de nível médio, ou certificado idêntico ao de curso correspondente, no caso de curso(s) de qualificação profissional* (BRASIL, 2018a).

Nas DCNEPT, o notório saber se alastra para a profissão docente.

> *[...] art. 29. Profissionais com notório saber reconhecido pelos respectivos sistemas de ensino podem atuar como docentes do ensino médio apenas no itinerário de formação técnica e profissional*

> *para ministrar conteúdos afins à sua formação ou experiência profissional, devidamente comprovadas, conforme inciso IV do art. 61 da LDB.*
>
> *Parágrafo único. A docência nas instituições e redes de ensino que ofertam o itinerário de formação técnica e profissional poderá ser realizada por profissionais com comprovada competência técnica referente ao saber operativo de atividades inerentes à respectiva formação técnica e profissional* (BRASIL, 2021a).

Além de tirar a responsabilidade do Estado na formação dos estudantes, a certificação de "notório saber" na educação básica invalida a conceção de formação integral e integrada. A certificação de competências técnicas em atividades específicas para atuar como professor em itinerário de formação técnica nega, radicalmente, a profissão docente e o próprio conceito de profissão.

- Privatização: as diretrizes têm endereço certo, os IFS. O Decreto n.º 10.656/2021, que dispõe sobre o Fundo de Manutenção e Desenvolvimento da Educação Básica e de Valorização dos Profissionais da Educação (Fundeb), cumpre a função de induzir os IFs à adesão do conjunto da Reforma do Ensino Médio, atrelando o repasse de recursos à oferta de cursos concomitantes de educação profissional técnica de nível médio em convênio ou parceria.

Destacamos também cinco princípios que são o cerne das DCNEPT/2021, no Art. 3.º[16]:

- O inciso "I – **articulação com o setor produtivo** para a construção coerente de itinerários formativos, como de ensino e aprendizagem, na perspectiva de sua integração com a ciência, a cultura e a tecnologia" (BRASIL, 2021a, grifo nosso) aponta para um aprofundamento do alinhamento e enquadramento da EPT aos cânones da articulação com o setor produtivo, numa perspectiva marcadamente economicista. Determina a aproximação entre empresas e as instituições educativas, determinando a educação ao mundo das empresas e não ao mundo do trabalho mais amplo. A partir da aproximação com as empresas são viabilizadas as estratégias de aprendizagem, com inserção dos estudantes nessa realidade.

---

[16] Análise realizada a partir da live: Mudanças nas Diretrizes curriculares para a EPTNM e a resistência ao desmonte do Ensino Técnico Integrado Encontro com a Prof.ª Lucília Machado (UFMG). Canal RETEP – Rede Tecnológica de Extensão Popular, 2021. Disponível em: https://www.youtube.com/watch?v=DseirV2l4R8&t=104s. Acesso em: 25 abr. 2021.

- O inciso "VI – a **tecnologia, enquanto expressão das distintas formas de aplicação das bases científicas**, como fio condutor dos saberes essenciais para o desempenho de diferentes funções no setor produtivo" (BRASIL, 2021a, grifo nosso) revela um sentido muito anacrônico, com um conceito de tecnologia no sentido de aplicação de bases científicas, sendo que tecnologia não é aplicação da ciência, a tecnologia em si é a ciência, hoje entendida de maneira muito ampla, abrangendo outros saberes, além do conhecimento científico, os saberes populares, culturais e tradicionais.

- Apesar do anúncio do respeito ao pluralismo pedagógico, garantido nas leis máximas do país, como a Constituição Federal, o inciso VII faz apologia, prescrição de metodologias ativas de aprendizagem, que ainda precisam ser avaliadas criticamente:

> VII – indissociabilidade entre educação e prática social, bem como entre saberes e fazeres no processo de ensino e aprendizagem, considerando-se a historicidade do conhecimento, valorizando os sujeitos do processo e as **metodologias ativas e inovadoras de aprendizagem** centradas nos estudantes (BRASIL, 2021a, grifo nosso).

O inciso "XV – **autonomia e flexibilidade na construção de itinerários formativos** profissionais diversificados e atualizados, segundo interesses dos sujeitos [...] (BRASIL, 2021a, grifo nosso) tem muitas consequências, principalmente para o desmonte do EMI e para uma fragilização da EPT. A estrutura determinada dos itinerários formativos é conjunto de unidades curriculares, etapas ou módulos, ou seja, fragmentos curriculares que dariam origem às saídas intermediárias e podem conferir a qualificação profissional. Pelo princípio da autonomia na escolha de itinerários formativos, diferentes formas podem ser constituídas, construindo-se uma trajetória independente de curso ou instituição, caindo por terra o princípio da integração, e a perda de unidade dos cursos.

O Art. 6.º das DCNEPT/2021 estabelece que a EPT "pode se desenvolver em articulação a Educação Básica e a Educação Superior", deixando claro que a EPT de nível médio não é a educação básica, e os cursos de graduação tecnológica não se tratam de educação superior. Retomam, portanto, a dualidade, negam pressupostos da LDBEN que entendem a EPT como parte, como componente da educação básica, e os cursos de graduação tecnológica como parte e componente da Educação Superior, e impacta diretamente sobre a educação dos IFs.

Esse impacto foi sentido desde o início da implantação da reforma no interior dos IFs, com ampliação da oferta de cursos de Formação Inicial e Continuada (FIC) a distância e ampliação de polos de Educação a Distância (EaD). O PDI (IFMT, 2019a) deu indícios de aparelhando a essas mudanças estabelecendo entre as metas a ampliação do EaD no âmbito dos cursos e nos *campi*, de modo a consolidar a oferta de EaD, ampliar o percentual de ações do projeto EaD e ampliar o percentual de cursos presenciais que ofertam parte do currículo a distância em EaD. As reformulações dos PPCs deram início contemplando a redução de carga horária e extinção de disciplinas no currículo, acirrando contradições de concepções e práticas, transformando-se em uma colcha de retalhos, buscando conciliar a concepção de educação da lei de criação dos IFs e do EMI, de formação politécnica, com termos como empreendedorismo, desenvolvimento de competências, captação de recursos e parceria público-privado, presentes na normativas atuais.

Nesse mesmo contexto, o projeto de construção coletiva do Plano Nacional de Educação (PNE) começou a passar por retaliações. A supervisão e a orientação das atividades de articulação e coordenação passaram a ser da Secretaria Executiva do Ministério da Educação, e não mais do Fórum Nacional de Educação, como ocorria até então. Ao mesmo tempo que se intensificou a luta e o enfrentamento: foi criado o Fórum Nacional Popular de Educação (FNPE), com a finalidade de pressionar o governo federal e fazer valer a implementação dos planos nacional, estaduais, distrital e municipais de educação e viabilizar a organização da Conferência Nacional Popular de Educação (Conape) e das Conferências municipais e/ou intermunicipais e estaduais, de forma a reafirmar coletivamente o papel da Conferência na construção da democracia participativa no âmbito da educação brasileira e da implementação do PNE.

Embora o Brasil tenha avançado rumo à superação da histórica dualidade da educação escolar, em décadas passadas, o contexto apresentado até o ano de 2021 se apresentava como de visível ameaça a essas conquistas, com muitas contradições e muita luta posta como resistência ao capital. A Reforma, instituída por meio de Medida Provisória, e que vem sendo fortemente combatida por educadores e estudantes, somente teria base como emergencial e se sustentaria se não houvesse um aparato legal, diretrizes e orientações fundamentadas.

No âmbito da rede federal, as Diretrizes Indutoras para a oferta de Cursos Técnicos Integrados ao Ensino Médio na Rede Federal de Educação Profissional, Científica e Tecnológica, elaboradas pelo Fórum de Dirigentes de Ensino do Conselho Nacional das Instituições da Rede Federal de Educação Profissional, Científica e Tecnológica (FDE; CONIF, 2018), foram um documento amplamente discutido em defesa do EMI na Rede Federal de Educação, tendo como base dados da oferta do ensino médio da Plataforma Nilo Peçanha[17] e o Documento-Base para a Promoção da Formação Integral, Fortalecimento do Ensino Médio Integrado e Implementação do Currículo Integrado do CONIF/2016 (FDE; CONIF, 2016). O objetivo dessas Diretrizes era induzir um alinhamento na oferta, bem como constituir uma agenda de fortalecimento do EMI na Rede.

Essas diretrizes definem que a educação profissional "deve estar centrada no compromisso de oferta de uma educação ampla e politécnica" (FDE; CONIF, 2018, p. 9), fundamentando algumas definições conceituais importantes para a formação humana integral, pretendida com os cursos técnicos integrados, dentre as quais:

> ***Ciência como conjunto de conhecimentos sistematizados, produzidos socialmente ao longo da história,*** *na busca da compreensão e transformação da natureza e da sociedade, expressa-se na forma de conceitos representativos das relações de forças determinadas e apreendidas da realidade; ponto de partida para a produção de conhecimentos e de cultura pelos grupos sociais;*
> ***Tecnologia como extensão das capacidades humanas*** *que promove a transformação da ciência em força produtiva, visando à satisfação de necessidades humanas; é a mediação entre conhecimento científico (apreensão e desvelamento do real) e produção (intervenção no real);*
> ***Cultura como resultado do esforço coletivo,*** *tendo em vista conservar a vida humana e consolidar uma organização produtiva da sociedade, do qual resulta a produção de expressões materiais, símbolos, representações e significados que correspondem a valores éticos e estéticos que orientam as normas de conduta de uma sociedade;*

---

[17] A Plataforma Nilo Peçanha (PNP), iniciada em 2018, constitui-se em um banco de dados do Ministério da Educação (MEC), que possibilita consulta às informações qualitativas e quantitativas anuais de: corpo docente e discente, gastos financeiros, número de inscritos por unidade, relações candidatos/vagas, taxas de evasão, entre outras.

> ***Trabalho, no sentido ontológico,*** *como transformação da natureza, realização inerente ao ser humano e mediação no processo de produção da sua existência, ponto de partida para a produção de conhecimentos e de cultura pelos grupos sociais;*
> ***Trabalho como princípio educativo,*** *entendido como a primeira mediação entre o homem e a realidade material e social, ou o ser humano como produtor de sua realidade e, por isso, pode dela se apropriar e transformar;*
> ***Formação integral*** *que possibilita o acesso aos* ***conhecimentos científicos*** *e promove a* ***reflexão crítica*** *sobre os padrões culturais que se constituem em normas de conduta de um grupo social e se manifestam em tempos e espaços históricos, que expressam concepções, problemas, crises e potenciais de uma sociedade* (FDE; CONIF, 2018, p. 09-10, grifo nosso).

Os cursos técnicos integrados, de acordo com as referidas diretrizes:

> *[...] se fundamentam na ideia de Ensino Médio Integrado no sentido da formação humana integral, politécnica e multidimensional. Portanto, não se está falando somente de uma integração da matriz curricular entre os componentes da formação básica e da formação técnica* (FDE; CONIF, 2018, p. 4).

É importante retomarmos a lei de criação dos IFs, Lei n.º 11.892/2008, que confere em seus artigos 7.º e 8.º:

> *[...] art. 7.º – Observadas as finalidades e características definidas no art. 6.º desta Lei, são objetivos dos Institutos Federais:*
> *I – ministrar educação profissional técnica de nível médio, prioritariamente na forma de cursos integrados, para os concluintes do ensino fundamental e para o público da educação de jovens e adultos; [...]*
> *art. 8.º No desenvolvimento da sua ação acadêmica, o Instituto Federal, em cada exercício, deverá garantir o mínimo de 50% (cinquenta por cento) de suas vagas para atender aos objetivos definidos no inciso I do caput do art. 7.º* (BRASIL, 2008).

Sendo assim, não há por que os IFs cederem à implementação da Reforma, da nova BNCC e das Diretrizes Curriculares Nacionais, pois a lei de criação dos IFs não foi revogada, ela continua em vigor. A adesão à reforma pelos IFs significaria sua descaracterização enquanto finalidade de criação e de escola de excelência na oferta de ensino médio, assim como a opção por seguir a BNCC, reformulando e incorporando-a nos PDIs/PPIs e PPCs, é a opção por abrir mão do EMI, enquanto concepção. Com os PPCs se aparelhando à BNCC não há como se pensar em arranjos curriculares integrados, pois não há como se pensar a integração apenas ao final das 1.800 horas iniciais reservadas à base comum e realizar a integração ao final, com o itinerário profissionalizante. Não há projeto integrado nesse modelo. A proposta e a concepção devem acontecer todo dia, desde o primeiro dia.

A luta pela concepção de EMI como última etapa da educação básica se sustenta, segundo Frigotto, Ciavatta e Ramos (2005), a partir da Constituição da República Federativa do Brasil de 1988, que estabeleceu em seu artigo 205, como princípio da educação "o pleno desenvolvimento da pessoa, seu preparo para o exercício da cidadania e sua qualificação para o trabalho", entendendo-se com isso formação em sua plenitude, e no dizer de Gramsci, a preparação para governar ou, no mínimo, com condições para controlar seus governantes. A LDBEN n.º 9.394/1996 reafirma esse direito quando estabelece como finalidade do ensino médio "a consolidação e o aprofundamento dos conhecimentos adquiridos no ensino fundamental" e abre a possibilidade da oferta do ensino de forma integrada, na mesma instituição de ensino, com matrícula única, assim como prevê que a educação profissional "no cumprimento dos objetivos da educação nacional, integra-se aos diferentes níveis e modalidades de educação e às dimensões do trabalho, da ciência e da tecnologia".

Essa é uma luta à qual devem se aliar educadores da educação pública, de movimentos sociais e das classes populares e dos setores de esquerda, a fim de aprofundar a discussão crítica "sobre as forças conservadoras que impedem o direito à educação básica e a submetem cada vez mais aos seus interesses privados", e concomitante a isso mobilização, organização e resistência às contrarreformas que já não se foi possível barrar e em defesa da:

> [...] proposta do ensino médio integrado, tendo como base a ciência, a cultura e o trabalho, no horizonte da formação omnilateral e politécnica e como travessia para a superação da dualidade educacional, talvez indique a necessidade de autocrítica das posturas centradas no dever ser. A luta na construção do direito universal da educação escolar básica desinteressada (fundamental e média) e unitária, nas condições de uma sociedade profundamente desigual não pode pautar-se no dever ser, mas em conquistas que avancem nesta direção na sociedade e na educação (FRIGOTTO, 2016a, p. 69).

Nesse sentido, cabe-nos ressaltar a afirmação de Poulantzas (1980) de que as classes populares estão presentes no Estado devido ao impacto destas nas contradições na luta de classes e de que a validação ou não das leis depende da correlação de forças. Por isso, é premente a ação das massas populares, como condição necessária para a transformação. As contradições e disputas estão postas. É necessário acirrá-las, insistir e resistir à "virulência" dos golpes.

2.4 Pressupostos teórico-metodológicos da relação trabalho-educação

Na luta de todo movimento utópico socialista a educação é aspecto prioritário e urgente, e mecanismo de transformação e emancipação social e humana, em virtude das condições de trabalho da classe operária, pois, segundo Mészáros (2008, p. 10), a educação pode ser instrumento para que povos submetam e dominem outros povos ou instrumento de emancipação, para tornar comum o saber, a ideia, a crença, "aquilo que é comunitário" como bem, como trabalho ou como vida.

Para Machado (1989, p. 132), "a recuperação da ciência e da técnica por parte do trabalhador é uma questão que interessa a ele e faz parte da estratégia mais geral de conquista de uma sociedade mais humana". Sendo assim, "O problema da qualificação e da organização do trabalho é, portanto, um problema de luta de classes".

Considerando que para Marx e Engels:

> A classe que dispõe dos meios de produção material dispõe também dos meios da produção intelectual, de tal modo que o pensamento daqueles aos quais são negados os meios de produção intelectual está submetido também à classe dominante. [...] os indivíduos que constituem a classe dominante possuem entre outras coisas, também uma consciência e consequentemente pensam; na medida em que dominam como classe e determinam uma época (MARX; ENGELS, 1998, p. 48).

Nesse sentido, a consciência de classe é um importante instrumento de emancipação, pois toda classe que aspira abolir a antiga forma de dominação precisa primeiro conquistar o poder político, para apresentar seu interesse próprio, ou seja, o fim da sociedade de classe e da divisão do trabalho (MARX; ENGELS, 1998). Por meio da divisão de classe opera-se também a divisão do trabalho, material e intelectual. Pela divisão do trabalho a atividade intelectual e a atividade material, o gozo e o trabalho, a produção e o consumo, acabam sendo destinados a indivíduos diferentes.

A educação pode atuar como aparelho de manutenção do *status quo* ou como automediadora da atividade humana e como mecanismo para autoemancipação humana, despertando a consciência de que se há modelos de educação distintos é porque há distinção também na sociedade e que o apartamento entre as classes sociais alimenta a dualidade escolar, assim como a dualidade escolar alimenta a divisão de classes. Se há interesse no maior número de trabalhadores para o trabalho simples, sem formação, em escolas de formação de alguns trabalhadores para o maior número possível de atividades técnicas intermediárias e de poucos trabalhadores com qualificação para o trabalho especializado, em oposição a uma formação geral integral para o comando, para as artes, para as ciências e para governar, há que se questionar de quem é o interesse, de que lado está nessa divisão social.

O acesso da classe trabalhadora a uma educação pública de qualidade nunca esteve nas prioridades da classe dominante. Por isso, o interesse em desmantelar o ensino médio de qualidade e em aprofundar uma formação para o trabalho simples, que tende a formar milhões de jovens sem conhecimentos profissionais aprofundados e sem conhecimentos teórico-científicos e tecnológicos necessários para se analisar a sociedade. De modo que, enquanto houver divisão de classe, haverá domínio de uma classe sobre a outra.

O que Marx e Engels propõem é o fim da divisão de classes com o fim da divisão do trabalho e o fim do trabalho alienado, que no contexto da sociedade capitalista se caracteriza pelo trabalho assalariado. Trabalho entendido por "trabalho forçado, conforme o impunha aos homens a divisão obrigatória do trabalho" (MARX; ENGELS, 1998, p. 33). Propõem, ainda, a formação do ser humano total "capaz de transitar livremente de uma tarefa a outra, de ser pescador, caçador, pastor e crítico. De exercer, sem coações, as tarefas do trabalho manual e do trabalho intelectual" (MARX; ENGELS, 1998, p. 34). Pois para Marx e Engels (2004, p. 50), em sua forma histórica — escravidão, servidão e assalariado —, o trabalho não deixa de ser repugnante, porque é trabalho forçado, imposto a partir do exterior e frente ao qual o não trabalho é liberdade e felicidade.

Nesse sentido, defendem que:

> A emancipação dos indivíduos, sua libertação das condições opressoras só poderia se dar quando tal **emancipação alcançasse todos os níveis, e, entre eles, o da consciência**. Somente a educação, a ciência e a extensão do conhecimento,

o desenvolvimento da razão pode conseguir tal objetivo" (MARX; ENGELS, 2004, p. 10, grifo nosso).

Por educação, Marx e Engels (2004, p. 68) deixam claro que se refere a:

> 1) Educação intelectual;
> 2) Educação corporal, tal como a que se consegue com os exercícios de ginástica e militares;
> 3) Educação tecnológica, que recolhe os princípios gerais e de caráter científico de todo o processo de produção e, ao mesmo tempo, inicia as crianças e os adolescentes no manejo de ferramentas elementares dos diversos ramos industriais.

Nessa perspectiva, educação corresponde à integração entre trabalho intelectual e trabalho material, em curso graduado e progressivo para sua educação intelectual, corporal e politécnica. Essa combinação "elevará a classe operária acima dos níveis das classes burguesas e aristocrática" (MARX; ENGELS, 2004, p. 69) "constituindo-se em método de elevar a produção social e de único meio de produzir seres humanos plenamente desenvolvidos" (p. 74). A politecnia é apresentada também por Saviani (1989, p. 13) como forma de "superação da dicotomia entre o trabalho manual e trabalho intelectual, entre instrução profissional e instrução geral", pois um não existe sem o outro e "todo trabalho humano envolve concomitância do exercício dos membros das mãos e do exercício mental, intelectual".

Para Mészáros (2008, p. 49), o conceito que mais se aplica à educação é o adotado por Gramsci, como um ato estruturante de relação com o trabalho e suas possibilidades criativas e emancipatórias, colocando fim à separação *Homo faber* e *Homo sapiens*, pois não há nenhuma atividade humana da qual se possa excluir qualquer intervenção intelectual. A universalização do trabalho (como atividade auto-humana realizadora) e a universalização da educação, segundo Mészáros, só são viáveis em inter-relação, pois o trabalho seria o princípio geral ordenador da sociedade, e sua integração com a educação pode representar um avanço qualitativo.

O trabalho aqui é concebido conforme definido por Marx (2013, p. 255) como "um processo entre o homem e a natureza, processo este em que o homem, por sua própria ação, medeia, regula e controla seu metabolismo com a natureza". Segundo o autor, modificando a natureza, o ser humano modifica a si próprio. Para Marx, o processo de trabalho, como necessidade humana, "é condição necessária do intercâmbio material entre homem e a natureza; é condição natural eterna da vida humana" (MARX, 2013, p. 261).

> Ora, o ato de agir sobre a natureza transformando-a em função das necessidades humanas é o que conhecemos com o nome de trabalho. Podemos, pois, dizer que a essência do homem é o trabalho. A essência humana não é, então, dada ao homem; não é uma dádiva divina ou natural; não é algo que precede a existência do homem. Ao contrário, a essência humana é produzida pelos próprios homens. O que o homem é, é-o pelo trabalho. A essência do homem é um feito humano. É um trabalho que se desenvolve, se aprofunda e se complexifica ao longo do tempo: é um processo histórico (SAVIANI, 2007, p. 3).

Frigotto (2005, p. 12) relaciona a educação ao trabalho, tomando o trabalho no sentido ontológico, como princípio educativo e atividade criadora imprescindível do ser humano. Pela ação consciente do trabalho o ser humano cria e recria a sua própria existência, em suas múltiplas e históricas necessidade, distinguindo-o das formas que assume no capitalismo, "trabalho sob a forma de emprego ou trabalho assalariado".

O trabalho como necessidade e liberdade humana é elemento criador da vida, representa um direito e um dever de todo ser humano, que precisa ser compartilhado desde a infância, e "impedir esse direito ao trabalho, mesmo em sua forma capitalista de trabalho alienado, é uma violência contra a possibilidade de produzir minimamente a própria vida e quando for o caso, a dos filhos" (FRIGOTTO, 2005, p. 15).

Para Saviani (2007, p. 3), sendo a existência humana algo que não é garantido pela natureza, mas produzido pelos próprios homens, produto de seu trabalho, a existência e o trabalho precisam ser aprendidos. "Portanto, a produção do homem é, ao mesmo tempo, a formação do homem, isto é, um processo educativo. A origem da educação coincide, então, com a origem do homem mesmo", numa relação de identidade em construção no/pelo trabalho, lidando com a natureza e relacionando-se com outros homens, educando-se, preservando e transmitindo às novas gerações com interesse de continuidade da espécie.

Marx e Engels (2004, p. 68) defendem que "o setor mais culto da classe operária compreende que o futuro de sua classe e, portanto, da humanidade, depende da formação da classe operária que há de vir". A articulação trabalho e educação representa uma importante ferramenta de atendimento a essa demanda de formação omnilateral[18], unitária e politécnica para a classe trabalhadora. Segundo os autores, torna-se uma questão de vida ou morte da classe trabalhadora substituir o ser humano parcial/fragmentado pelo indivíduo completo.

Assim:

> [...] o socialismo assumiu criticamente todas as instâncias da burguesia progressista, censurando-a por não tê-las aplicado consequentemente; acrescentou-lhes de próprio uma concepção nova da relação instrução-trabalho (o grande tema da pedagogia moderna), que vai além do somatório de uma instrução tradicional mais uma capacidade profissional e tende a propor a formação de um homem onilateral (MANACORDA, 2010, p. 313).

Nesse sentido, Marx faz duas proposições para a educação a curto, médio e a longo prazo. A curto e médio prazos, em *Crítica do Programa da Gotha* (MARX, 2004, p. 103), propõe "Educação popular geral e igual a cargo do Estado. Assistência escolar obrigatória para Instrução gratuita". A longo prazo, Marx e Engels em *Manifesto do Partido Comunista* defendem uma "educação pública e gratuita para todas as crianças; supressão do trabalho fabril de crianças; integração da educação com a produção material" (MARX; ENGELS, 2008, p. 44). Engels, em *Princípios do Comunismo*, define como uma das condições sociais necessárias a "Educação de todas as crianças, a partir do momento em que possam desligar-se dos primeiros cuidados maternos, nas instituições nacionais e a cargo da nação. Educação e trabalho produtivo andarão lado a lado" (MARX; ENGELS, 2004, p. 105).

O ensino precisa ser gratuito, obrigatório e estar sob o controle da comunidade. Para os jovens, os autores (MARX; ENGELS, 2004, p. 109) propõem uma "combinação do trabalho intelectual com o físico, os exercícios físicos com a formação politécnica", a fim de compensar os inconvenientes que se derivam da divisão do trabalho, que impede o alcance do conhecimento profundo.

> Para se educar, os jovens poderão recorrer rapidamente todo o sistema produtivo, a fim de que possam passar sucessivamente pelos diversos ramos da produção segundo as diversas

---

[18] Conforme Manacorda (1991, p. 78): "desenvolvimento total, completo, multilateral em todos os sentidos da faculdade e das forças produtivas, das necessidades e da capacidade de sua satisfação".

necessidades sociais e suas próprias inclinações. Por ele, a educação os libertará do caráter unilateral que imprime a cada indivíduo a atual divisão do trabalho (MARX; ENGELS, 2004, p. 106).

Trata-se, segundo Pistrak (2000, p. 50), de tornar o trabalho e a ciência como partes orgânicas da vida escolar e social dos estudantes, a partir do estudo do trabalho socialmente útil, seu valor social, no qual "se edificam a vida e o desenvolvimento da sociedade". Para o autor, a síntese tão procurada entre o trabalho e ciência é obtida graças à educação no trabalho. A concepção necessária é do trabalho como atividade também interior à escola, como "estudo humano, a participação nesta ou naquela forma de trabalho, e o estudo da participação das crianças no trabalho" (PISTRAK, 2000, p. 51).

2.4.1 Educação Politécnica ou Tecnológica[19]

Para Saviani (1989, p. 7), a noção de politecnia deriva basicamente da problemática do trabalho, este considerado como princípio educativo. Nesse aspecto, a politecnia se apresenta como união entre trabalho manual e trabalho intelectual, educação profissional e educação geral. Segundo o autor, o domínio dos fundamentos científicos das diferentes técnicas que caracterizam o processo de trabalho produtivo deve dar condições para que o jovem desenvolva as diferentes modalidades de trabalho, com compreensão do seu caráter, da sua essência abarcando todos os ângulos da prática produtiva. Assim, o conteúdo da educação politécnica consiste em:

> [...] um sistema global na base do qual está o estudo da técnica nas suas diferentes formas, tomadas em seu desenvolvimento e em todas as suas mediações. Isso implica o estudo das 'tecnologias naturais', como Marx chamava a natureza viva, e a tecnologia dos materiais, bem como o estudo dos meios de produção, os seus mecanismos, o estudo das forças motrizes – energética. Isso inclui o estudo da base geográfica das relações econômicas, o impacto dos processos de extração e processamento nas formas sociais

---

[19] Os termos Educação Politécnica ou Tecnológica são entendidos como um conceito único, como apresentado por Saviani (2013, p. 145), trata-se da "união entre formação intelectual e trabalho produtivo, que, no texto do Manifesto, aparece como 'unificação da instrução com a produção material', nas instruções, como 'instrução politécnica que transmita os fundamentos científicos gerais de todos os processos de produção' e n'O Capital, como 'instrução tecnológica, teórica e prática'".

do trabalho, bem como o impacto destas em toda a ordem social (KRUPSKAYA, 2017, p. 151).

Essa visão coaduna com o pensamento de Marx e Engels (2004, p. 68), que definem politecnia como "Educação tecnológica, que recolhe os princípios gerais e de caráter científico de todo o processo de produção e, ao mesmo tempo, inicia as crianças e os adolescentes no manejo de ferramentas elementares dos diversos ramos industriais", no entanto, somando-se a esse processo educativo para a classe trabalhadora, a atividade intelectual e a atividade física. As escolas politécnicas e profissionais, em que os filhos dos trabalhadores recebem ensino tecnológico e manejo prático dos diferentes instrumentos de produção, seriam o germe da transformação, também chamado por Frigotto, Ciavatta e Ramos (2005) de "travessia", para a formação unitária, omnilateral.

A esse respeito, Machado (1989) afirma que o ensino politécnico, na concepção de Marx, seria aquele:

> [...] capaz de dar conta do movimento dialético de continuidade-ruptura, pois não somente estaria articulado com a tendência histórica de desenvolvimento da sociedade, como a fortaleceria. O ensino politécnico seria, por isso, fermento da transformação: contribuiria para aumentar a produção, fortalecer o desenvolvimento das forças produtivas, e intensificar a contradição principal do capitalismo (entre socialização crescente da produção e mecanismos privados da apropriação). Por outro lado, contribuiria para fortalecer o próprio trabalhador, desenvolvendo suas energias físicas e mentais, abrindo os horizontes da imaginação e habilitando-o a assumir o comando da transformação social (MACHADO, 1989, p. 126-127).

Nessa perspectiva, a produção do ser humano plenamente desenvolvido, segundo Machado (1989), resulta na transformação social e com a transformação social temos o ser humano plenamente desenvolvido.

A organização curricular do ensino médio sob a base da politécnica, segundo Saviani (1989), não seria no sentido de "multiplicar as habilitações ao infinito" para atingir todas as atividades presentes na sociedade, mas sim proporcionar situações de trabalho real, que possibilitem a assimilação teórica e prática dos princípios científicos que estão na base da organização moderna, pois, de acordo com Machado (1989), não basta domínio da técnica, é preciso que esse domínio seja a um nível intelectual. Nessa perspectiva, os conhecimentos teóricos aos quais os estudantes já tiveram acesso no ensino fundamental, como Ciências da Natureza, Ciências Sociais, Linguagem e Matemática, servirão de base para, no ensino médio, compreendê-las em seu funcionamento prático. Assim, com essa formação o estudante adquire "[...] compreensão não apenas teórica, mas também prática do modo como a Ciência é produzida, ele adquire a compreensão do trabalho nessa sociedade e, portanto, qual o sentido das diferentes especialidades em que se divide o trabalho moderno" (SAVIANI, 1989, p. 18).

Saviani (1989, p. 40) conclui que politecnia não significa desenvolver uma habilidade específica, mas fundamentos necessários para:

> [...] garantir o fundamental, de modo que qualquer que seja a atividade específica em função da organização do trabalho atual, qualquer que seja a função específica, que o aluno seja chamado a exercer, ele tem fundamentos, os princípios, os pressupostos para poder exercê-la com uma compreensão plena do lugar que ela ocupa na totalidade do social. Esse é o princípio básico da articulação teoria e prática, que não é uma formação meramente teórica, mas uma formação prática em que a teoria é compreendida como algo que informa a prática.

Desse modo, o trabalho precisa ser tomado como referência em um currículo que vise o caráter politécnico. Os elementos considerados necessários em cada disciplina têm que "se dar enquanto aprofundamento da compreensão do objetivo, ou seja, como se constitui o trabalho na sociedade moderna, quais são suas características, por que ele assume essas características e não outras" (SAVIANI, 1989, p. 21), pois dessa forma se tem a visão do todo e não só das partes que o compõem, sabe-se como as partes interferem na composição do todo e como se articulam, conectam-se para formar o todo.

Mas Saviani (1989, p. 28) faz um alerta sobre:

> [...] como dar esta formação omnilateral, politécnica, se as condições nas quais vivemos, ou seja, a própria forma como está organizada a sociedade, tem como pressuposto, em sua raiz, a divisão entre proprietários de meios e produção e os proprietários da força de trabalho, os expropriados dos meios de produção?

Para Saviani (1989, p. 28), a saída é gestar o socialismo no interior do capitalismo, rompendo os obstáculos criados pelas forças dominantes e construindo uma sociedade em novas bases. Nesse sentido, a formação profissional precisa ser considerada como campo de força progressista de tal forma que esse avanço seja irreversível.

> No plano educacional, insistimos na politecnia como uma utopia sempre em construção, como uma concepção que compreende o trabalhador como sujeito de realizações, de conhecimentos e de cultura, capaz de transformar a realidade dada em realidade para si. O avanço dessa construção pressupõe o rompimento não só com as antigas vertentes tecnicistas e condutivistas da educação, mas também com aquelas mais contemporâneas, sustentadas pela apologia ao novo, em que predomina o controle simbólico sobre os trabalhadores e a "inclusão excludente" de que nos fala Kuenzer. Resgatar preocupações que as tendências neoconservadoras nos quiseram fazer esquecer talvez seja um dos primeiros compromissos a ser assumido em busca de uma outra hegemonia (RAMOS, 2007, p. 555).

Segundo Frigotto (2012, p. 275),

> [...] a educação politécnica resulta, assim no plano contraditório da necessidade do desenvolvimento das forças produtivas das relações capitalistas de produção e da luta consciente da necessidade de romper com os limites intrínsecos e insanáveis destas mesmas relações.

Sendo o terreno próprio para o desenvolvimento da formação "omnilateral (em todas as suas dimensões) do caráter radicalmente educativo do trabalho, dos conhecimentos, da ciência e da tecnologia" e para a superação das relações sociais classistas do capitalismo.

A noção de politecnia diz respeito a desenvolver os fundamentos das diferentes ciências que facultam aos jovens a capacidade analítica tanto dos processos técnicos, que engendram o sistema produtivo, quanto das relações sociais que regulam a quem e a quantos se destina a riqueza produzida. Como lembrava Gramsci, na década de 1920: uma formação que permita o domínio das técnicas, as leis científicas e a serviço de quem e de quantos está a ciência e a técnica. "Trata-se de uma formação humana que rompe com as dicotomias geral e específico, político e técnico, ou educação básica e técnica, herança de uma concepção fragmentária e positivista de realidade humana" (FRIGOTTO, 2005a, p. 74).

Reporto aqui ao sentido que Pistrak (2013) dá a essa relação entre as disciplinas, integrando ciência, trabalho, cultura e tecnologia, quando denomina a isso politecnismo:

> Questões como a geração de energia e a transformação de movimentos são processos tecnológicos básicos que remontam suas raízes a algumas das mais importantes seções da física e da química; os processos de produção agrícola são baseados no conhecimento das ciências naturais; os processos da indústria química de base remontam aos elementos da química. Todos eles, por sua vez, exigem determinados conhecimentos do campo da matemática. Além disso, todos esses fenômenos científicos unificados e reunidos de forma singular pelas ciências sociais que os interpreta, de maneira que o politecnismo não é apenas um complexo tecnológico, mas também um complexo social (PISTRAK, 2015, p. 114).

A demanda do capital é por, cada vez mais, especialistas do tipo que podem se adaptar às mudanças nas condições de produção, ou seja, um trabalhador "polivalente", que difere da concepção de politécnico, com várias habilidades para o trabalho, que executa diferentes tarefas na produção, tentando, assim, apropriar-se da base da formação politécnica para atender às necessidades do mercado. No entanto, essa sutileza do capital não vinga, pois, como afirma Krupskaya (2017, p. 154), "a organização da educação politécnica forma um trabalhador desenvolvido integralmente, o qual o capitalismo não precisa", um trabalhador que tem o domínio das técnicas, mas também tem o domínio do conhecimento científico que embasa a técnica, da organização do trabalho e do seu valor social, conhecimento esse que pode levar a questionar o modo de produção capitalista, unir trabalhadores e provocar a busca pela transformação para um outro modo de trabalho. Nesse sentido, torna-se indispensável situar a politecnia como resultado de um processo histórico com interesses antagônicos.

No campo da educação agrícola, clara oposição se dá entre o agronegócio e a agricultura camponesa e agroecologia. Nesse aspecto, Krupskaya cita entre os princípios apontados pela Seção Escolar do Concelho Científico Estatal à Lenin a compreensão da:

> [...] organização do trabalho em uma economia camponesa individual, a organização do trabalho na economia do senhorio, a organização do trabalho na agricultura capitalista e nas fazendas estatais modernas, nas fazendas soviéticas; em seguida, fundamentos da organização do trabalho nas

> fazendas coletivas; depois é necessário o estudo das forças produtivas da região, da sua economia, a história da organização do trabalho da população, sua cultura e atividade, das áreas circundantes da região e suas ligações, o planejamento em escola regional e, finalmente, o planejamento de toda a vida econômica do país (KRUPSKAYA, 2017, p. 185-186).

Na perspectiva dos movimentos sociais do campo, a politecnia, segundo Frigotto (2012), confronta os métodos pedagógicos fragmentários do conhecimento, vinculando-se à luta por uma nova sociedade e a processos formativos que integram trabalho, ciência e cultura. Nesse sentido, o MST tem se constituído como protagonista de experiências com projeto educacional integrado a um projeto social contra-hegemônico dos trabalhadores, com princípios filosóficos voltados para a transformação social, para o trabalho e cooperação, para as várias dimensões da pessoa humana, com valores humanistas e socialistas, num processo permanente de formação humana e sob princípios pedagógicos que têm por base: a relação teoria e prática, a realidade, a pesquisa, conteúdos formativos socialmente úteis, o trabalho, gestão democrática, auto-organização dos estudantes, coletivos pedagógicos; vínculo entre processos educativos e processos políticos, entre processos educativos e processos econômicos, entre educação e cultura (MST, 1999).

2.4.2 Formação omnilateral[20]

Com base em Gramsci (2011, p. 41), podemos afirmar que a formação plena do ser humano é possível numa organização educativa que integre trabalho acadêmico tradicional com atividades ligadas à vida coletiva, ao mundo da produção e do trabalho, definida pelo autor como "escola única inicial de cultura geral, humanista, formativa, que equilibre de modo justo o desenvolvimento da capacidade de trabalhar manualmente (tecnicamente, industrialmente) e o desenvolvimento das capacidades de trabalho intelectual" (GRAMSCI, 2011, p. 33). Assim,

> O conceito do equilíbrio entre ordem social e ordem natural com base no trabalho, na atividade teórico-prática do homem, cria os primeiros elementos de uma intuição do mundo liberta

---

[20] Omnilateral é um termo que vem do latim e cuja tradução literal significa "todos os lados ou dimensões". Educação omnilateral significa, assim, a concepção de educação ou de formação humana que busca levar em conta todas as dimensões que constituem a especificidade do ser humano e as condições objetivas e subjetivas reais para o seu desenvolvimento histórico. Essas dimensões envolvem a sua vida corpórea material e seu desenvolvimento intelectual, cultural, educacional, psicossocial, afetivo, estético e lúdico (FRIGOTTO, 2012, p. 65).

de toda magia ou bruxaria, e fornece o ponto de partida para o posterior desenvolvimento de uma concepção histórica, dialética, do mundo (GRAMSCI, 2011, p. 43).

A formação omnilateral, conforme afirma Frigotto (2012, p. 266), tem como constituinte "o trabalho como atividade vital e criadora mediante a qual o ser humano produz e reproduz a si mesmo" e abrange a educação e a emancipação humana. Nesse sentido, Frigotto (2012b, p. 266) indica que a formação humana, assim pensada,

> [...] pressupõe o desenvolvimento solidário das condições materiais e sociais e o cuidado coletivo na preservação das bases da vida, ampliando o conhecimento, a ciência e tecnologia, não como forças destrutivas e formas de dominação e expropriação, mas como patrimônio de todos na dilatação dos sentidos e membros humanos.

Para Machado (2009, p. 215), a pedagogia marxista infere que:

> [...] a formação omnilateral implica pensar a educação do sujeito do ponto de vista multidimensional, envolvendo todas as suas potencialidades e capacidades, os aspectos políticos, técnicos e humanos. Opõe-se, nesses termos, à formação unilateral, tradicionalmente configurada na maior parte das organizações escolares do nosso país, que prepara apenas a instrumentalização dos 'indivíduos'. Uma educação fundamentada nos princípios da formação omnilateral impõe como condição uma organização escolar diferenciada em relação aos espaços e tempos de estudo, à gestão escolar, à articulação entre educador-educando-conhecimento, tendo como pressuposto básico a relação educação-trabalho, teoria-prática, superando-se o ensino academicista e distante da realidade.

A pedagogia socialista de cunho marxista é definida por Saviani e Duarte (2012, p. 75) como fundada na perspectiva do "socialismo científico", que "só faz sentido como uma orientação pedagógica em período de transição entre a forma social capitalista com a correspondente pedagogia burguesa e a forma social comunista na qual — e apenas nela — será possível uma pedagógica comunista". Por isso é considerada como uma pedagogia contra-hegemônica, pois não está vinculada a uma situação dominante, ao contrário, contrapõe-se a essa orientação. De modo que não se pode esperar que ela se encarne em políticas públicas educacionais, porque isso suporia que ela já tivesse se tornado hegemônica, já tivesse atingido a hegemonia social e política.

Buscando aproximar uma pedagogia de inspiração marxista, Saviani caminhou na formulação da pedagogia histórico-crítica, que traz elementos do método da economia política de Marx em sua concepção dialética da ciência. O ponto de partida e o ponto de chegada dessa pedagogia seriam a prática social, dando condições para que o aluno possa sintetizá-la e analisá-la sob bases teóricas e práticas dos conhecimentos construídos historicamente pela humanidade, que "são transformados em elementos ativos de transformação social" (SAVIANI, 2012, p. 78).

O currículo pensado e construído pela/para a juventude da classe trabalhadora não pode ser pensado pelo capital, que visa ao desenvolvimento de habilidades de cumprimento de tarefas mecânicas, nos mesmos moldes de adestramento e submissão da classe trabalhadora. Mas um currículo de base humanista, que tem como objetivo a formação omnilateral, unitária e politécnica, a fim de superar a dualidade, a fragmentação e a hierarquização. Um currículo que seja significativo para os jovens da classe trabalhadora e que tenha como base a realidade atual.

Nesse sentido, Frigotto (2012, p. 266) afirma que o desenvolvimento humano omnilateral e da educação omnilateral busca libertar "o trabalho, o conhecimento, a ciência, a tecnologia, a cultura e as relações humanas em seu conjunto dos grilhões da sociedade capitalista" e superar a formação fragmentada, unidimensional, plurifuncional e polivalente tanto básica quanto profissional, que visa atender às necessidades do mercado, reduzindo a dignidade humana à grandeza econômica, estampadas em *"não palavras"* como "sociedade do conhecimento, qualidade total, pedagogia das competências, empregabilidade, empreendedorismo e capital social" (FRIGOTTO, 2012, p. 269).

Marx (2013, p. 558) avalia como único caminho histórico de dissolução das contradições capitalistas da antiga divisão do trabalho a conquista do poder político pela classe trabalhadora, a revolução, a formação plena do ser humano, de tal forma que:

> Uma fase desse processo de revolucionamento, constituída espontaneamente com base na grande indústria, é formada pelas escolas politécnicas e agronômicas, e outra pelas *école d'ensegnement professional* [escolas profissionalizantes], em que filhos de trabalhadores recebem alguma instrução sobre tecnologia e manuseio prático de diversos instrumentos de produção.

Esse processo de formação, para Marx (2013), vai além da conjugação entre ensino e trabalho, arrancada a muito custo com as leis fabris. É inevitável, segundo o autor, a luta dos trabalhadores pela união "ensino teórico e prática da tecnologia" a fim de garantir "a substituição do indivíduo parcial, mero portador de uma função social de detalhe, pelo indivíduo plenamente desenvolvido, para o qual as diversas funções sociais são modos alternantes de atividade" (MARX, 2013, p. 558).

Manacorda (2010, p. 96) afirma que:

> A omnilateralidade é, portanto, a chegada histórica do homem a uma totalidade de capacidades produtivas e, ao mesmo tempo, a uma totalidade de capacidades de consumo e prazeres, em que se deve considerar sobretudo o gozo daqueles bens espirituais, além dos materiais, e dos quais o trabalhador tem estado excluído em consequência da divisão do trabalho.

Segundo Manacorda (2010), essa formação não é possível numa escola unilateral, reprodutiva da divisão do trabalho, que estende uma educação de cultura geral para as classes dominantes e uma para permanência da formação subalterna das classes produtivas. Mas uma escola que reunifique as estruturas da ciência com as da produção, numa concepção de ensino tecnológico capaz de levar à aquisição das bases científicas e tecnológicas da produção moderna, bem como da capacidade de manejar as diversas técnicas subjacentes às diversas profissões.

Apesar de distintos, segundo Frigotto (2012), os conceitos de politecnia e omnilateralidade se complementam, no sentido de que a politecnia diz respeito a um dos aspectos da educação defendida por Marx e Engels, educação intelectual, corporal e politécnica, para o trabalhador, como domínio dos princípios gerais de caráter científico de todo o processo de produção, e a omnilateralidade abrange a formação humana mais ampla, de educação e emancipação.

Para Moura (2013, p. 715),

> [...] a realidade socioeconômica brasileira exige, do ponto de vista teórico e ético-político, conceber e materializar um tipo de ensino médio que garanta uma base unitária para todos, fundamentado na concepção de formação humana integral, omnilateral ou politécnica, tendo como eixo estruturante o trabalho, a ciência, a tecnologia e a cultura.

Segundo o autor (2013, p. 707), Marx e Gramsci "admitem a possibilidade da profissionalização quando associada à educação intelectual, física e tecnológica, compreendendo-a como o germe da educação do futuro".

2.4.3 Escola unitária

Para Gramsci (2011), a educação reproduz cultural e socialmente o papel das estruturas econômicas e políticas. Segundo o autor, "todos os homens são intelectuais, mas nem todos têm na sociedade a função de intelectuais", assim o são em virtude da formação especializada para o exercício da função intelectual. Propõe, então, uma organização escolar que aprofunde e amplie a "intelectualidade" de cada indivíduo, buscando "não multiplicar e hierarquizar os tipos de escola profissional, mas criar um tipo único de escola", que permita o desenvolvimento intelectual e manual e que coloque "o menino em contato, ao mesmo tempo, com a história humana e com a história das 'coisas'" (GRAMSCI, 2011, p. 49-63).

Um ponto importante na organização prática escolar na escola unitária, de formação humanista, de cultura geral, é a inserção dos jovens na atividade social, "depois de tê-los elevado a um certo grau de maturidade e capacidade para a criação intelectual e prática e a uma certa autonomia na orientação e iniciativa" (GRAMSCI, 2011, p. 36).

> Por isso, na escola unitária, a última fase deve ser concebida e organizada como a fase decisiva, na qual se tende a criar valores fundamentais do 'humanismo', a autodisciplina intelectual e a autonomia moral necessárias a uma posterior especialização, seja ela de caráter científico (estudos universitários), seja imediatamente prático-produtivo (indústria, burocracia, comércio etc.) (GRAMSCI, 2011, p. 39).

Para que a escola unitária se efetive precisa "ser uma escola em tempo integral, com dormitórios, refeitórios, bibliotecas especializadas, salas adequadas para o trabalho de seminário etc." (GRAMSCI, 2011, p. 37), que o Estado a torne totalmente pública e gratuita, e que amplie as estruturas dos prédios, do material científico e do corpo docente.

O projeto de escola unitária é construído na perspectiva de formação humana, que o centro seja "os alunos, suas experiências, suas histórias, expectativas, como sujeitos humanos" (ANDRIONI, 2016, p. 32), conduzindo "o jovem até os umbrais da escolha profissional, formando-o durante este meio tempo, como pessoa capaz de pensar, de estudar, de dirigir ou controlar quem dirige" (GRAMSCI, 2011, p. 49).

> O termo 'único' quer fortalecer a ideia que não existem duas escolas ou uma escola com dois caminhos dentro dela, mas

todos transitam por ela segundo suas necessidades e possibilidades e não segundo quanto dinheiro carregam no bolso. É importante ressaltar que o termo único, aqui, não tem nada a ver com uma escola de pensamento único ou de metodologia única (FREITAS, 2012, p. 337).

Para Andrioni (2016, p. 39):

> A escola unitária é um projeto socialista de educação. Projeto que ao contrário da escola burguesa, oportuniza aos alunos conhecimento dos métodos de trabalho, tanto nas oficinas escolares, como nas fazendas escolares, bem como nas fábricas e demais atividades de produção. O objetivo é a conscientização e emancipação do trabalhador por meio de conhecimentos científicos sem eximir-se das experiências.

A escola unitária, segundo Freitas (2012), funciona como instrumento de luta, em que todas as crianças, independentemente de classe social, tenham o direito a uma educação de qualidade, da pré-escola à universidade; que tenham direito a uma escola que atenda aos interesses da classe trabalhadora e permita a construção de uma nova sociedade.

Nosella (2010) defende uma escola unitária, universal, até o ensino médio, que resgate o princípio educativo da "cultura desinteressada", próprio da escola humanista tradicional, e que somente depois disso se inicie a cultura imediatamente produtiva, profissionalizante ou especializada (interessada).

2.4.4 Pedagogia socialista

O objetivo das escolas para os filhos da burguesia, de acordo com Krupskaya (2017), é preparar pessoas capazes de deleitar-se com a vida e governar, estabelecendo nos estudantes bases sólidas de ideologia burguesa e fundamentando-a histórica, ética e filosoficamente, frequentemente em instituições afastadas das contradições e lutas da vida real, sendo que nunca o filho de um operário, cuja família está morrendo pelo desemprego, poderá estar nas mesmas condições.

A Escola Socialista surge na Revolução Russa em contraposição à escola no Estado burguês, em que, para os filhos dos operários, a burguesia reserva a escola pública obrigatória, com alguns conhecimentos elementares, que não lhes possibilita sair da condição de dominação e para incutir a ideologia dominante. Uma escola que é:

> [...] um instrumento de subjugação intelectual de amplas massas nacionais. A finalidade da escola em tal Estado não é determinada pelos interesses dos estudantes, mas pelos interesses da classe dominante, isto é, pela burguesia, e os interesses de uns e de outros frequentemente são essencialmente bem diferentes (KRUPSKAYA, 2017, p. 65).

Para que a educação não continue sendo um privilégio da classe burguesa, segundo a educadora, é preciso romper com o caráter de classe da escola, é preciso fazer com que todos os segmentos tenham acesso a todos os níveis da educação, fundamental, média e superior, num compromisso de:

> [...] formar pessoas desenvolvidas multilateralmente, com predisposições sociais conscientes e organizadas, que tenham uma visão de mundo reflexiva, integral e que claramente entendam tudo o que está acontecendo ao seu redor na natureza e na vida social; pessoas preparadas na teoria e na prática para todos os tipos de trabalho, tanto físico quanto mental; pessoas capazes de construir uma vida social racional, cheia de conteúdo, bonita e alegre. Essas pessoas são necessárias à sociedade socialista, sem elas o socialismo não pode se realizar plenamente (KRUPSKAYA, 2017, p. 70).

Desse modo, a pedagogia socialista:

> [...] não se restringe à educação escolar, mas inclui como tarefa da classe trabalhadora pensar e ir experimentando uma escola que integre os esforços de construção do socialismo. [...] envolve todas as formas e dimensões dos processos de formação humana. Tem em seu horizonte uma educação omnilateral, aquela que busca desenvolver todas as dimensões do ser humano, de modo relacional e tendo como base o princípio educativo do trabalho, que forma e transforma as pessoas. Não é um 'treino para a vida', mas a vida mesma, intencionalizada como formação humana, que vai dando forma à condução do viver de cada um e prepara os sujeitos coletivos da luta e construção social (CARDART; VILLAS BÔAS, 2017, p. 10-11).

A participação no trabalho, segundo Pistrak (2000), aconteceria de forma gradual, em diferentes contextos, idades e dificuldades. Assim, divide em três etapas a graduação da escola do trabalho: 1) etapa de orientação, primeiro contato com a prática real, seria posterior à compreensão de trabalhos domésticos, de higiene, saúde, hábitos, normas e trabalhos coletivos; e trabalhos sociais, junto ao entorno da escola, trabalho prático em oficinas (laboratórios de trabalho), com a supervisão docente para o conhecimento dos materiais, dos instrumentos e dos métodos de trabalho em sua diversidade e trabalho agrícola, a fim de superar a divisão cidade-campo, relacionando-o ao "trabalho análogo realizado em outros lugares", no sentido de se compreender a importância da luta por formas de trabalho aperfeiçoadas; 2) etapa de execução do trabalho no interior da escola ou em empresa, numa fase mais elevada de vivência do trabalho na fábrica ou em instituições pelo estágio, considerando as principais manifestações: força motriz e fonte de energia, matérias-primas, máquina-ferramenta e operários, estabelecendo uma relação entre a atividade prática e a formação básica e técnica; e 3) etapa de iniciativa – elaboração e execução de um projeto com a finalidade de vencer dificuldades de um problema prático de investigação vivenciado na etapa de execução, desenvolvendo habilidade teórica na proposição de soluções cabíveis, e demonstrando o interesse prático do aluno pela especialidade escolhida.

A implantação da pedagogia socialista na Rússia passou pelo embate entre sindicalistas, com a defesa da formação profissional na escola secundária — dos 13 aos 17 anos; e dos defensores de que especialização só deveria ocorrer após os 17 anos, e da educação politécnica, voltada "para a preparação multilateral da juventude e seu envolvimento no trabalho com finalidade pedagógicas, para desenvolver princípios científicos mais gerais da organização do trabalho, tendo como base os ramos da produção" (FREITAS, 2017, p. 12).

O embate logrou um acordo com a profissionalização sendo aceita, em caráter excepcional, a partir dos 15 anos. Em suas teses, Krupskaya defendeu a integração da escola de segundo grau à escola profissional, que Lenin definiu como condição temporária, de transição da educação politécnica geral ao ensino politécnico profissional; a redução da idade de 17 para 15 anos, "como uma necessidade prática, como uma medida temporária, provocada pela 'pobreza e ruína do país", devendo as escolas profissionais serem politecnizadas, sem ser tecnicistas, ou cair no artesanato, preservando os conhecimentos gerais (LENIN *apud* KRUPSKAYA, 2017, p. 177). Debate semelhante ocorreu no Brasil com relação à implantação da politécnica, por se tratar de realidades distintas, pois o caso da Rússia se tratava de uma escola de transição para uma sociedade socialista pós-revolução e no Brasil o debate acontece dentro de uma sociedade capitalista, e acabou tomando rumos diferentes buscando uma alternativa diante da realidade brasileira com a implantação do Ensino Médio Integrado.

As escolas comunas foram as bases de implementação, experimentação e demonstração dos princípios da escola do trabalho. Seu processo organizativo, segundo Freitas (2017, p. 16), contava com uma transformação no processo pedagógico das escolas, "envolvendo a temática dos complexos de estudo, da auto-organização escolar e do trabalho socialmente necessário como parte integrante da formação dos estudantes".

Durante a revolução cultural de 1929, com Shulgin, surge um novo enfoque da escola politécnica, devido à industrialização, passando do método de complexos de estudo, do trabalho como princípio educativo, de Pistrak, para método de projetos, centrada na ciência e na tecnologia, que tem nas grandes fábricas e suas máquinas maravilhosos espaços de aprendizagem. Embora não seja o caso de aprofundarmos o debate acerca dessa mudança, cabe registrar que ela foi polêmica. Nesse novo enfoque dado por Sulgin, a formação politécnica deveria proporcionar ao trabalhador uma visão ampla de seu trabalho; "conhecer o lugar desta produção no sistema de produção do país, do mundo; conhecer os princípios básicos de uma série de indústrias; pode trazer para o trabalho a criatividade, a invenção"; bem como oportunizar ao trabalhador conhecer os princípios e a história da organização dos diferentes setores da produção e dos mais avançados conhecimentos científicos, conhecimentos esses de "física, química etc., que introduz na prática" (SHULGIN, 2013, p. 197-198). Leher (2017, p. 85) alerta sobre o risco em ensinar "um certo modo de produzir, e de estruturar tecnologicamente as máquinas, carregado de valores presentes na sociedade burguesa".

O que Krupskaya, Pistrak e Shulgin têm em comum, segundo Freitas (2017, p. 18), é que deram tônica às mudanças educacionais necessárias, deixando "um legado de ensinamentos teóricos e práticos fundamentais para o avanço da luta mundial dos trabalhadores". E que,

> Embora com diferenças de ênfases, esse grupo compartilhava a ideia de que a educação era fundamental na construção de uma nova sociedade sem classes, propondo, nas palavras de Krupskaya, que o magistério criasse, pela sua prática, uma nova escola destinada a formar lutadores e construtores deste futuro aberto pela revolução russa (FREITAS, 2017, p. 18).

A proposta de educadores do campo histórico-crítico busca romper com a concepção de educação para o capital, indicando como "travessia" para a escola unitária, que garanta a todos o direito ao conhecimento, a educação omnilateral e politécnica, que possibilita o acesso à cultura, à ciência e ao trabalho, por meio de uma educação básica e profissional, a partir da integração entre trabalho, ciência, cultura e tecnologia (RAMOS, 2008).

No dizer de Frigotto (2017b), o projeto da pedagogia socialista tem como base a ontologia materialista de formação do ser humano novo para uma nova sociedade sem classes, em que o trabalho tem papel central, mas o trabalho que vai além da satisfação das necessidades básicas, comer, beber, vestir e morar, o trabalho que tem aspecto revolucionário e de emancipação humana. Nesse sentido, é tarefa da escola desenvolver todas as dimensões do ser humano: intelectuais, físicas e as bases científicas que estão presentes nos processos produtivos de um determinado tempo histórico, ou seja:

> A educação omnilateral — a que produz seres humanos desenvolvidos em todas as dimensões e não seres limitados, fragmentados, idiotizados e unidimensionais para servirem às demandas do capital — e a educação tecnológica e/ou politécnica — a que transmite os princípios gerais de todos os processos de produção e, simultaneamente, inicia a criança e o jovem no uso prático e manejo dos instrumentos elementares de todos os ofícios — constituem-se na tarefa teórica e prática do projeto de pedagogia socialista desde agora (FRIGOTTO, 2017b, p. 207).

O colapso do projeto socialista deflagrado na Revolução Russa não anula a importância da experiência. O socialismo, principalmente na educação, ainda está em debate e na agenda de movimentos sociais populares, pois este prioriza as pessoas, seu modo de produção e reprodução da vida coletivamente. E reiterando Frigotto (2017b, p. 208), "todas as conquistas para barrar a violência destrutiva do capital e, portanto, de direitos que dilatam a vida humana resultaram e resultam das lutas empreendidas ao longo da história por diferentes tendências socialistas".

Assim, a pedagogia socialista reflete a concepção de ser humano, enquanto trabalhador e agente histórico, ativo, provocador, construtor e transformador da realidade e da própria história, sujeito que constrói a teoria e a prática, o pensar e o fazer. Transforma a natureza e se transforma pelo trabalho. A ciência é construída historicamente e a formação humana possibilita conscientização e emancipação do ser humano, meio pelo qual o ser humano conhece a realidade que o envolve, problematizando-a e transformando-a pela luta política, superando o processo burocratizado, ideologizado e atrelado ao desenvolvimento econômico capitalista, que limita, aniquila, degrada.

Portanto, dado as condições:

> Se o homem é formado pelas circunstâncias, será necessário formar as circunstâncias humanamente. Se o homem é social por natureza, desenvolverá sua verdadeira natureza no seio da sociedade e somente ali, razão pela qual devemos medir o poder de sua natureza, não através do poder do indivíduo concreto, mas sim através do poder da sociedade (MARX, 2003 *apud* FRIGOTTO, 2017b, p. 209).

As concepções, os projetos e as políticas de educação escolar e de educação profissional em disputa hoje, no Brasil, ganham sentido como constituídos e constituintes da especificidade de projeto de sociedade em disputa pelo capital e pela classe trabalhadora. A proposta educativa de movimentos sociais do campo, segundo Caldart (2017), aproxima-se da pedagogia socialista russa, apropriando-se dos fundamentos da escola do trabalho e buscando uma formação de lutadores e construtores de novas relações sociais. Essa aproximação, segundo Frigotto (2017b), deve-se a que a proposta dos movimentos sociais tem por base a necessidade de abolição da propriedade privada da terra, assim como dos meios e instrumentos de produção e o fim da exploração de uns seres humanos sobre outros seres humanos, de modo que a superação do modo de produção capitalista e a construção da sociedade socialista e da pedagogia socialista se desenvolvem nas particularidades históricas e sociais, na luta de classe.

Nessa mesma perspectiva, Krupskaya (2017, p. 76-77) afirma que "A escola socialista só é concebível em determinadas condições sociais, pois o que a torna socialista não é o fato de ser liderada por socialistas, mas sim que suas metas correspondam às necessidades da sociedade socialista". Não nega a possibilidade de existirem também na sociedade capitalista, "Mas sob o sistema capitalista, tais escolas poderiam ser apenas fenômenos isolados, pouco vitais", o que dificulta a adaptação do jovem formado nesse tipo de escola numa sociedade baseada na divisão do trabalho manual e intelectual, atrofiando sua capacidade de trabalhar multilateralmente. No Brasil temos como exemplo dessas escolas a Escola Politécnica de Saúde Joaquim Venâncio (EPSJV), Colégio Pedro II, Cefets e IFs, que convivem com as disputas e contradições de uma formação politécnica em uma sociedade capitalista.

2.5 Ensino Médio Integrado: fundamentos

Ciavatta (2005, p. 84) traz à discussão o termo "integrado" "ao seu sentido de completude, de compreensão das partes no seu todo ou da unidade no diverso, de tratar a educação como uma totalidade social, isto é, nas múltiplas mediações históricas que concretizam os processos educativos". De tal modo que:

> A ideia de formação integrada sugere superar o ser humano dividido historicamente pela divisão social do trabalho entre a ação de executar e a ação de pensar, dirigir ou planejar. Trata-se de superar a redução da preparação para o trabalho ao seu aspecto operacional, simplificado, escoimado dos conhecimentos que estão na sua gênese científico-tecnológica e na sua apropriação histórico-social (CIAVATTA, 2005, p. 85).

De modo que, segundo Ciavatta (2005, p. 84), quando nos referimos à concepção de integração entre formação geral e formação técnica,

> [...] queremos que a educação geral se torne parte inseparável da educação profissional em todos os campos onde se dá a preparação para o trabalho: seja nos processos produtivos, seja nos processos educativos como a formação inicial, como o ensino técnico, tecnológico ou superior.

A proposta de Ensino Médio Integrado tem sua origem "na educação socialista que pretendia ser omnilateral no sentido de formar o ser humano na sua integralidade, física, mental, cultural, política, científico-tecnológica" (CIAVATTA, 2005, p. 86), e se insere no compromisso em defesa de uma formação omnilateral do ser humano, defendida por Marx e Engels, como forma de romper a exploração estabelecida pela sociedade capitalista, e da Escola Unitária de Gramsci, de formação completa, que une a formação desinteressada com a formação de caráter técnico, voltada para a produção.

Para Ramos (2005), a proposta de EMI busca a superação da formação para a cidadania ou para o trabalho, de um currículo voltado para a formação humana[21] ou para a ciência e tecnologia, da dicotomia entre conteúdo, como conhecimentos abstratos desprovidos de historicidade e delimitados pela utilidade na resolução de ações práticas, e como "conhecimentos construídos

---

[21] "[...] processo de conhecimento e de realização individual, que se expressa socialmente e que ultrapassa a dimensão do agir unicamente determinado pela necessidade de subsistência" (RAMOS, 2011, p. 26).

historicamente e que se constituem, para o trabalhador, em pressupostos a partir dos quais se podem construir novos conhecimentos no processo de investigação e compreensão do real" (RAMOS, 2007, p. 107).

O objetivo do EMI, conforme consta no Documento Base (2007), é o de formar para o trabalho, não só na perspectiva econômica, produção material para o capital, mas na perspectiva da formação integral, com domínio dos princípios científicos e tecnológicos, históricos, sociopolítico-éticos e econômicos envolvidos. De modo que:

> [...] formar profissionalmente não é preparar exclusivamente para o exercício do trabalho, mas é proporcionar a compreensão das dinâmicas socioprodutivas das sociedades modernas, com as suas conquistas e os seus revezes, e também habilitar as pessoas para o exercício autônomo e crítico de profissões, sem nunca se esgotar a elas (BRASIL, 2007, p. 45).

Nesse sentido, a proposta de integração reforça a compreensão da realidade para além de sua aparência fenomênica, do ser humano como ser histórico-social, tendo o trabalho mediado ontológica e historicamente pela produção do conhecimento e pelo princípio da totalidade da realidade concreta, estruturada e dialética. Na perspectiva dialética:

> [...] a integração de conhecimentos se faz com o objetivo de reconstruir totalidades pela relação entre as partes. Como o currículo não pode compreender o real em sua totalidade, há que selecionar os conceitos que expressam as múltiplas relações que definem o real. Isto implica definir disciplinas, conteúdos, problemas, projetos etc., que organizam o currículo escolar (RAMOS, 2005, p. 119).

O EMI, então, vai além da articulação da oferta de ensino médio com o ensino profissionalizante numa mesma escola, busca integrar/inter-relacionar conhecimentos de formação geral com conhecimento de formação específica, estruturar esses conhecimentos a partir dos eixos trabalho, ciência, cultura e tecnologia, possibilitando aos jovens da classe trabalhadora o prosseguimento nos estudos em nível superior, o ingresso no mundo do trabalho e uma formação cidadã e humanística.

A adoção do trabalho como princípio educativo e da pesquisa como princípio pedagógico é orientada pelo Parecer CNE/CEB n.º 11/2012. Tornar o trabalho como princípio educativo pressupõe considerar articulação teoria-prática, trabalho manual e intelectual e entre escola e realidade atual, compreendendo que "o trabalho é elemento da relação da escola com a realidade atual, e neste nível há fusão completa entre ensino e educação" (PISTRAK, 2000, p. 50). Ainda segundo o autor, dessa forma, é possível superar um tipo de relação mecânica entre o trabalho e a ciência, e "torná-los duas partes orgânicas da vida escolar, isto é, da vida social das crianças" (2002, p. 50), numa concepção ativa de conhecimento, que propicia o entendimento e o posicionamento/intervenção dos sujeitos diante da realidade. Ao estudar o trabalho humano, assegurando a participação das crianças e dos jovens em diversas formas de trabalho, a escola realiza o estudo científico desse trabalho e promove uma formação ampla, de perspectiva omnilateral.

Alguns caminhos foram apresentados pelo documento Formação de Professores do Ensino Médio (BRASIL, 2013b, p. 35) para integração entre os eixos trabalho, ciência, cultura e tecnologia e entre as áreas do conhecimento, tendo o trabalho como princípio educativo e a pesquisa como princípio pedagógico. Essa relação "contribui para a construção da autonomia intelectual do educando e para uma formação orientada pela busca de compreensão e soluções para as questões teóricas e práticas da vida cotidiana dos sujeitos trabalhadores" (BRASIL, 2013b, p. 37).

> A pesquisa como princípio pedagógico é capaz de levar o estudante em direção a uma atitude de curiosidade e de crítica, por meio da qual ele é instigado a buscar de respostas e a não se contentar com pacotes prontos. É capaz de atribuir sentido e significado ao conhecimento escolar, produzir uma relação mais dinâmica com esse conhecimento, resgatar sua dimensão explicativa e potencializadora (BRASIL, 2013a, p. 30).

Embora as Diretrizes Curriculares Nacionais para o Ensino Médio, de 2012, tenham sido revogadas pelas novas Diretrizes Curriculares Nacionais para o Ensino Médio, em 2018, a concepção do Ensino Médio Integrado permanece centrada nas dimensões trabalho, ciência, cultura, bases da educação integral, politécnica e na construção da escola unitária.

Ciência e cultura são definidas por Ramos (2004) a partir da relação com o trabalho, no seu sentido ontológico, como princípio educativo e organizativo da base unitária do ensino médio:

> [...] ciência: conhecimentos produzidos e legitimados socialmente ao longo da histórico, como resultados de um processo empreendido pela humanidade na busca da compreensão dos

> fenômenos naturais e sociais. [...] A formação profissional, por sua vez, é o meio pelo qual o conhecimento científico adquire, para o trabalhador, o sentido de força produtiva, traduzindo-se em técnicas e procedimento, a partir da compreensão de conceitos científicos e tecnológicos básicos.
> [...] cultura que embasa a síntese entre formação geral e formação específica e compreende como as diferentes formas de criação da sociedade, de tal forma que o conhecimento característico de um tempo histórico e de um grupo social traz a marca das razões, dos problemas e das dúvidas que motivaram o avanço do conhecimento numa sociedade (RAMOS, 2004, p. 20).

Segundo Frigotto, Ciavatta e Ramos (2005), a proposta de EMI é posta como "travessia" para a educação politécnica e de formação omnilateral, para além da divisão social do trabalho, de modo que não se pode perder de vista o direito ao desenvolvimento integral. O ensino médio integrado, sob uma base unitária de formação geral, é uma condição necessária para se fazer a "travessia" para uma nova realidade.

A "travessia" é entendida aqui como condição de movimento, de processo de construção de uma sociedade futura, como no sentido definido por Frigotto (2015, p. 229), "o mover-se na luta política no âmbito contraditório do velho e do novo e na perspectiva de superação da sociedade de classe", ao contrário do que postula Nosella, alegando que o termo equaciona o ponto de partida e de chegada, pois para que a "travessia" ocorra tem de existir um ponto de saída e o ponto de chegada "ou, em termos atuais, equacionando a "travessia" da superação da sociedade neoliberal para a sociedade socialista" (NOSELLA, 2015, p. 137). Frigotto (2015) utiliza a metáfora no mesmo sentido de Mézáros (2014), em "montanha a galgar".

> O que aprendemos em Marx é que o ponto de chegada inequívoco, a "travessia" ou montanha a galgar, é a necessária superação da sociedade capitalista e a construção de uma nova sociedade, sem classes e sem exploração, cujo início se dá dentro da velha ordem", ou seja, "superação da sociedade capitalista e a construção de uma nova sociedade, sem classes e sem exploração" (FRIGOTTO, 2015, p. 228-229).

Para tanto, é necessária a destruição da hegemonia do capital e se pensar um projeto de educação contra-hegemônico[22] de formação para e com os trabalhadores. Nesse sentido, Kuenzer (2011, p. 53) argumenta que:

> Compreendida hegemonia como formação da vontade coletiva, e, portanto, reforma econômica, intelectual e moral, a questão que se coloca é a forma de encaminhamento da superação da dominação do trabalho pelo capital, tendo em vista a elaboração de uma contra-hegemonia, que permita ao operário libertar-se do caráter desumano do trabalho capitalista.

A destruição da hegemonia do capital, segundo Kuenzer (2011), deve partir da construção da hegemonia do trabalho, garantidas as condições econômicas do trabalhador, refletindo sobre o modo de produção, as condições políticas, atendendo aos interesses de classe e às condições culturais por meio da elaboração de uma concepção de mundo e de um programa escolar para o trabalhador, desencadeando "um processo pedagógico amplo, pelo qual a classe procura tornar-se dirigente, acionando mecanismos de persuasão e de exercício da força" (KUENZER, 2011, p. 60). Para isso, é preciso identificar, junto aos trabalhadores, as estratégias pedagógicas que ocorrem no interior do aparelho produtivo, as formas de distribuição e controle do poder e do saber em suas manifestações contraditórias, a fim de "resistir a esse disciplinamento, buscando alternativas das quais possam eventualmente emergir novas formas de organização do trabalho", constituindo-se em uma das mediações no processo de luta de classe.

---

[22] Mészáros (2008, p. 56) define o processo de construção da contra-hegemonia como "uma atividade de contrainternalização, coerente e sustentada, que não se esgote na negação", que envolva as massas populares numa "filosofia de libertação" (FREIRE, 1987, p. 51), condição necessária para a autolibertação e tomada de consciência pelos oprimidos de seu estado de opressão.

3

ENSINO MÉDIO INTEGRADO AO TÉCNICO EM AGROPECUÁRIA NO IFMT: POSSIBILIDADES DE "TRAVESSIA" PARA A FORMAÇÃO POLITÉCNICA, OMNILATERAL E UNITÁRIA?

> [...] o fato em si de mais esta trágica transgressão da ética nos adverte de como urge que assumamos o dever de lutar pelos princípios éticos mais fundamentais como do respeito à vida dos seres humanos, à vida dos outros animais, à vida dos pássaros, à vida dos rios e das florestas. [...] A ecologia ganha uma importância fundamental neste fim de século. Ela tem de estar presente em qualquer prática educativa de caráter radical, crítico ou libertador. [...] Se a educação sozinha não transforma a sociedade, sem ela tampouco a sociedade muda. Se a nossa opção é progressista, se estamos a favor da vida e não da morte, da equidade e não da injustiça, do direito e não do arbítrio, da convivência com o diferente e não de sua negação, não temos outro caminho senão viver plenamente a nossa opção.
> (FREIRE, 2000, p. 65-67)

Na "Terceira Carta pedagógica – Do assassinato de Galdino Jesus dos Santos, índio pataxó", Freire fala sobre a relação da educação ecológica e ética e sobre a necessidade de assumir a educação como parte do processo de transformação da sociedade. Em outro momento, Freire sinaliza que a modernização tecnológica impactou a educação, conferindo-lhe o papel de treinamento, memorização mecânica, adestramento tecnológico e que é necessário conferir à formação técnico-científica pensar criticamente a própria técnica. O discurso hegemônico neoliberal afirma o desemprego e a miséria como uma fatalidade; Freire (2000, p. 123), como uma realidade que é assim porque tem que ser, e não "[...] porque interesses fortes de quem tem poder a fazem assim. Reconhecer que o sistema atual não inclui a todos, não basta. É necessário precisamente por causa desse reconhecimento lutar contra ele [...]", pois:

> Se o mundo aspira a algo diferente, como por exemplo, entrega-se à façanha de viver uma província da História menos feia, mais plenamente humana, em que o gosto da vida não seja uma fra-

> se-feita, não há outro caminho, mas a reinvenção de si mesmo que passa pela superação da economia do mercado (FREIRE, 2000, p. 130).

Na educação pragmatista neoliberal é necessário treinar para o uso de técnicas e princípios científicos, despolitizando a educação e reduzindo-a ao treino de destrezas.

> Precisamos, na verdade, de saber técnico real, com o qual respondamos a desafios tecnológicos. Saber que se sabe compondo um universo maior de saberes. Saber que não estranha legítimas perguntas a serem feitas em torno dele: em favor de que ou de quem; contra que ou contra quem é usado. Saber que não se re-conhece indiferente à ética e à política, mas não à ética do mercado ou à política desta ética. O que precisamos é a capacidade de ir mais além de comportamentos esperados, é contar com a curiosidade crítica do sujeito sem a qual a invenção e a reinvenção das coisas se dificultam. O de que necessitamos é o desafio à capacidade criadora e à curiosidade que nos caracterizam como seres humanos e não deixá-las entregues ou quase entregues a si mesma. Pior ainda: dificultar o seu exercício ou atrofiá-las com uma prática educativa que inibe. É neste sentido que o ideal para uma opção político-conservadora é a prática educativa, que "treinando" tanto quanto possível a curiosidade do educando no domínio técnico, engenuíze ao máximo sua consciência quanto à sua forma de estar sendo na pólis. Eficácia técnica, ineficácia cidadã. Eficácia técnica e ineficácia cidadã a serviço da minoria dominante (FREIRE, 2000, p. 123).

Este capítulo busca discutir o Ensino Médio Integrado a partir da realidade concreta, com suas contradições, avanços e desafios, a partir da luta de educadores histórico-críticos e movimentos sociais por um outro projeto de educação e de sociedade, mais humano. Historicamente, o que se tem na Educação profissional é uma disputa hegemônica por:

> [...] grupos sociais, movidos por ideários político-ideológicos distintos, têm sido protagonistas de iniciativas no campo da Educação Profissional. É possível identificar, na teia complexa e heterogênea de espaços que compõem a sociedade civil, a existência tanto de experiências e projetos comprometidos com a orientação dos grupos dominantes e dirigentes como de outros que se propõem ser contra-hegemônicos (MANFREDI, 2002, p. 209).

O que se pretende é uma análise do curso do EMI no IFMT, especificamente no EMI ao Técnico em Agropecuária, sobre a possiblidade de "travessia", uma formação mais ampla, politécnica, omnilateral e unitária.

Portanto, o questionamento que se faz é "O EMI é essa 'travessia' dentro da sociedade capitalista, que busca acirrar as contradições e avançar na construção de outra sociedade?".

Os achados da pesquisa empírica buscam responder aos objetivos específicos, quanto: aos aspectos integradores trabalho-educação, com suas tensões, disputas e contradições no Ensino Médio Integrado ao Técnico em Agropecuária do IFMT; ao contexto socioeconômico do agronegócio, da agroecologia e dos Movimentos Sociais nos *campi* da pesquisa; à relação das demandas de formação dos movimentos sociais populares do campo e da floresta, e dos setores representativos do agronegócio com a proposta educativa dos *campi* do IFMT pesquisados; aos princípios da formação omnilateral e politécnica presentes na proposta político-pedagógica e na prática do Ensino Médio Integrado ao Técnico em Agropecuária do IFMT; aos elementos facilitadores ou dificultadores da "travessia" para a escola unitária de Gramsci, buscando, assim, contemplar o objetivo geral de analisar as contradições que confrontam as possibilidades de "travessia" para a formação omnilaterial, politécnica e unitária no Ensino Médio Integrado ao Técnico em Agropecuária do IFMT, tendo como base o projeto de sociedade dos Movimentos Sociais Camponeses em contraposição ao projeto do capital.

3.1 Histórico da criação e transformações da Rede Federal de Educação de Mato Grosso: dos Arsenais de Guerra aos Institutos Federais de Educação

Para compor o percurso histórico de transformação da instituição e formação da rede federal de educação profissional no Estado de Mato Grosso, embasei-me em estudos anteriores de períodos específicos. Procuro abordar as categorias história e trabalho-educação, pois pela história nos é possível interpelar o passado para compreender o presente e projetar o futuro, ou seja, "O processo de construção da identidade histórica impele para o confronto entre os horrores do passado e as possibilidades do futuro" (CIAVATTA, 2017, p. 7). A construção da identidade de uma escola, segundo Ciavatta e Campello (2006, p. 316), é um processo dinâmico, "fortemente enraizado na cultura do tempo e lugar em que os sujeitos sociais se inserem e na história que se produziu a partir da realidade vivenciada, que constituiu ela mesma "um lugar de memória".

> *Assim, para que a escola seja capaz de construir organicamente seu próprio projeto político-pedagógico e assumir o desafio de uma formação integrada, reafirmando sua identidade, é preciso*

> *que ela conheça e compreenda sua história. Que reconstitua e preserve sua memória, compreenda o que ocorreu consigo [...] e, então, a partir disso, possa decidir coletivamente para onde quer ir, como um movimento permanente de auto-reconhecimento social e institucional. E, então, reconhecer-se como sujeito social coletivo com uma história e uma identidade próprias a serem respeitadas em qualquer processo de mudança* (CIAVATTA; CAMPELLO, 2006, p. 317).

A lógica histórica, "adequada aos fenômenos que estão sempre em movimento, que evidenciam — mesmo num único momento — manifestações contraditórias, cujas evidências particulares só podem encontrar definição dentro de contextos particulares" (THOMPSON, 1981, p. 48). Assim, a história de uma instituição, mesmo que selecionada e escrita a partir de aspectos isolados, continua sendo parte de uma unidade. "O passado humano não é um agregado de histórias separadas, mas a soma do comportamento humano" (THOMPSON, 1981, p. 50).

Para Marx (2008, p. 47), o grau das relações de produção "constitui a estrutura econômica da sociedade, a base sobre a qual se eleva uma superestrutura jurídica e política e à qual correspondem formas sociais determinadas de consciência", produzindo transformações mais ou menos lentas, de acordo com o seu desenvolvimento. Segundo o autor, "não se julga o indivíduo pela ideia que de si mesmo faz, tampouco se pode julgar uma tal época de transformações pela consciência que ela tem de si mesma" (MARX, 2008, p. 48). É preciso ter conhecimento da materialmente do desenvolvimento histórico dessas relações de produção e reprodução da existência.

A divisão da sociedade em classes levou à divisão social do trabalho e à divisão da educação, conforme as classes e o trabalho. No Brasil, a divisão do ensino, de acordo com a divisão social do trabalho, tem início no período jesuítico, com a intenção de formar os indígenas e colonos para o trabalho agrícola. Com o surgimento da manufatura e a divisão do trabalho em classes, o ensino de profissões foi aprimorado, produzindo "trabalhadores especializados" nas classes inferiores e lideranças para classes superiores, processo acentuado com as novas necessidades do processo de industrialização e urbanização (MANFREDI, 2002, p. 79). Nesse sentido, podemos inferir que a história da educação tem se estruturado e reestruturado, a cada época, conforme as necessidades do sistema de produção — na agricultura, na manufatura, nas fábricas e indústrias —; ora preparando técnicos para preencher as funções requeridas, ora preparando a elite condutora para prosseguir nos estudos em nível superior, acompanhando, segundo Ciavatta (2007, p. 14), "a divisão social do trabalho que separa os que pensam dos que executam, atribuindo a cada classe de trabalhadores remuneração e lugares sociais diferentes".

Assim, conforme afirma Manfredi (2002, p. 79), "o sistema educacional escolar e a Educação Profissional ganharam nova configuração"; os liceus deram lugar à rede nacional de escolas profissionais, que culminou mais tarde na criação das escolas técnicas federais e, posteriormente, dos Centros Federais e Educação Tecnológica (Cefets), Institutos Federais e Educação Tecnológica (Ifets) e Institutos Federais (IFs), e os destinatários pobres e desvalidos deram lugar a futuros trabalhadores assalariados. As características "prédios próprios, currículos e metodologia próprios, alunos, condições de ingresso e destinação esperada dos egressos que as distinguiam das demais instituições de ensino elementar" (MANFREDI, 2002, p. 79), também foram preservadas e permanecem, em grande medida, até os dias atuais.

No estado de Mato Grosso, a história da educação profissional se inicia com o Arsenal de Guerra, em 1832, e com Liceu Salesiano de Artes e Ofícios São Gonçalo em 1896. A criação da rede federal de educação profissional e tecnológica tem início com a Escola de Aprendizes Artífices de Mato Grosso, em 1909, e passa por muitas transformações, até chegar ao Instituto Federal de Educação Profissional e Tecnológica em 2008. A seguir procuramos traçar um breve histórico dessas transformações.

3.1.1 Início da educação profissional em Mato Grosso

3.1.1.1 Arsenal de Guerra: 1832-1899

A primeira experiência de educação profissional em Mato Grosso foi no período imperial, entre 1842-1899, com a organização do Arsenal de Guerra, na capital do Estado, durante os movimentos separatistas e confrontos bélicos nas regiões de fronteiras — Guerra do Paraguai[23]. A finalidade era abastecer as tropas militares, abrigar meninos pobres, órfãos indigentes e menores abandonados, com ensino das primeiras Letras, e aprendizagem de um ofício, necessário ao funcionamento do Arsenal, sob o controle rígido

---
[23] Conflito militar na América do Sul (Paraguai contra a Tríplice Aliança formada por Brasil, Argentina e Uruguai), entre os anos de 1864 e 1870, com a invasão do estado de Mato Grosso. A pretensão do Paraguai era conquistar terras na região da Bacia do Prata e obter uma saída para o Oceano Atlântico.

da vigilância para disciplinar a população considerada pelas elites imperiais como ociosa (KUNZE, 2006; CRUDO, 2005). O ambiente da Companhia do Arsenal de Guerra era não propício para a aprendizagem, segundo Crudo (2005), pois era também uma prisão. Os meninos conviviam com infratores, encarcerados civis ou militares, já condenados ou a sentenciar até a construção da cadeia pública.

Nesse período (1857-1878) é criada a Companhia de Aprendizes de Marinheiro de Cuiabá, segundo Silva e Albuquerque (2014), ao encontro das necessidades de defesa de uma área de fronteira, com utilização de crianças, pois estas realizavam várias atividades e se alimentavam menos. Utilizava-se o discurso de que esses menores desvalidos podiam, pelo trabalho, serem livres da pobreza, dos vícios e crimes e conseguirem sua ascensão social. As crianças eram expostas a trabalhos arriscados, recebiam o mesmo tratamento que um adulto e tinham que conviver com bebedeiras, brigas e abusos sexuais.

3.1.1.2 Liceu Salesiano de Artes e Ofícios São Gonçalo: 1896-1909

Com a implantação da República, as Companhias de característica militar foram extintas e a educação profissional passou a ser ofertada por instituição religiosa. Segundo Francisco (2013), a Congregação Salesiana instalou em Cuiabá/MT, em 1894, o então Liceu Salesiano de Artes e Ofícios São Gonçalo, com objetivo de catequizar e pacificar os indígenas. A escola atendeu às classes dirigentes, com cursos Ciências e Letras, e as classes populares, com curso profissional com oficinas de alfaiataria, ferraria, carpintaria e curtição de couro.

A educação para o trabalho e pelo trabalho no Liceu cumpria uma tríplice função:

> [...] primeiro a de recuperar a influência e ação reguladora da Igreja junto às camadas mais pobres da população frente aos avanços de outros grupos religiosos (espíritas e protestantes); segundo, a de formar mão de obra que, em parte, atendia às demandas do processo modernizador com toda gama de implicações decorrentes deste mesmo processo; e, por fim, a formação de individualidades ordeiras, cônscias de seus deveres e "conformadas" para os papéis e funções a

ser por elas desempenhadas no corpo social (FRANCISCO, 2013, p. 11).

3.1.2 Transformações da Rede Federal de EPT em Mato Grosso: das Escolas de Aprendizes Artífices ao Instituto Federal de Educação e Tecnologia

Na Figura 1 está traçada uma linha histórica de momentos importantes da transformação da rede federal de educação profissional em Mato Grosso, que é contextualizado na sequência.

Figura 1 – Linha histórica da criação da RFE, em 1909, até a criação do IFMT, em 2008

Fonte: Relatório de Gestão (IFMT, 2019b, p. 11-12). Disponível em: http://ifmt.edu.br/media/filer_public/94/41/9441fe74-89a5-480a-b529-705f074fd7ff/relatorio_gestao_2019.pdf. Acesso em: 3 ago. 2020

3.1.2.1 De Escola de Aprendizes Artífices de Mato Grosso a Escola Técnica e Agrotécnica: 1909 a 1978

A origem e história dos Institutos Federais de Educação, Ciência e Tecnologia (IFs) insere-se e compõe o processo de transformação socioeconômico e cultural do país, com início em 1909, com a criação a Rede Federal de Educação Profissional e Tecnológica por meio do Decreto n.º 7.566, instituindo um conjunto de "Escolas de Aprendizes e Artífices", destinadas ao ensino profissional primário. As Escolas de Aprendizes e Artífices foram resultado da implantação da primeira política de educação profissional brasileira do regime republicano (IFMT Campus São Vicente, s.d).

No Estado de Mato Grosso a rede federal teve início a partir da Escola de Aprendizes Artífices em Cuiabá.

Figura 2 – Escola de Aprendizes Artífices de Mato Grosso

Fonte: @cuiabaantiga (s.d.)

Figura 3 – IFMT campus Cuiabá — Octayde Jorge da Silva

Fonte: Facebook IFMT *campus* Cuiabá – Cel. Octayde Jorge da Silva(s.d). Imagem da fachada do IFMT *campus* Cuiabá – Octayde Jorge da Silva – antiga Escola Técnica, nos anos iniciais de sua criação. Essa fachada é mantida até hoje, e é símbolo da tradição das Escolas Técnicas Federais

O IFMT *campus* Cuiabá — Octayde Jorge da Silva —, antiga escola técnica, foi fundado em 23 de setembro de 1909, por meio do Decreto n.º 7.566/1909, e inaugurado em 1910 como Escola de Aprendizes Artífices de Mato Grosso (EAAMT) (IFMT Campus São Vicente, s.d.). Tinha como objetivo munir o aluno de uma arte que o habilitasse a exercer uma profissão e a se manter como artífice, obedecendo às regras e criando o hábito do trabalho. Objetivo esse reiterado pelo Marechal Cândido Rondon, em visita a EEAMT, em 31/03/1915, frisando: "Tive a felicidade de visitar este estabelecimento de ensino profissional, onde os meninos mato-grossenses da classe proletária encontram compensação para a pobreza do seu lar, aprendendo o indispensável para poderem ser uteis à sociedade..." (RONDON, 1915 *apud* KUNZE, 2018, p. 128).

Figura 4 – Visita de Rondon à EAAMT, em 31 de março de 1915

Fonte: Página do IFMT Cuiabá – Commercial Almanach Matto-Grossense (IFMT Campus Cuiabá, 2018)

Por meio da via Circular n.º 1.971/1941, foi assumida oficialmente a denominação de Liceu Industrial de Mato Grosso (LIMT). Houve diversas alterações no nome, conforme os governos e contexto sócio-político-econômico da época: Escola Industrial de Cuiabá (EIC), com a Reforma de Capanema (década de 1940); Escola Industrial Federal de Mato Grosso (EIFMT), em função da Lei n.º 4.759/1965; Escola Técnica Federal de Mato Grosso (ETFMT), pela Portaria Ministerial n.º 331/1968, passando a oferecer o ensino técnico de 2.º grau integrado ao propedêutico e deixando de atender, especificamente, alunos do sexo masculino, com a aceitação de mulheres nos referidos cursos.

Ainda na primeira metade do século XX, dentro da perspectiva de Escolas de Aprendizes e Artífices, a agricultura é reconhecida como vocação regional de Mato Grosso, sendo instituído oficialmente em 1943 o "Aprendizado Agrícola Mato Grosso", com capacidade para 200 alunos de nível primário, localizado na Serra de São Vicente, em Santo Antônio do Rio Abaixo, atualmente, Santo Antônio do Leverger.

As escolas agrícolas passaram a ter a denominação de Escolas Agrotécnicas Federais com o Decreto n.º 83.935/1979. E em 1980 foi fundada a Escola Agrotécnica Federal de Cáceres/MT, conhecida como escola agrícola, localizada no extremo norte do Pantanal, à margem esquerda do Rio Paraguai, na região sudoeste do estado de Mato Grosso. Teve origem no Programa de Expansão e Melhoria do Ensino Técnico Profissionalizante (Premem), com a participação do MEC, do Governo de Mato Grosso e Prefeitura Municipal de Cáceres-MT.

3.1.2.2 Centro Federal de Educação Tecnológica (Cefet)

Pela Lei n.º 6.545, de 30 de junho de 1978, as Escolas Técnicas Federais de Minas Gerais, do Paraná e Celso Suckow da Fonseca foram transformadas em Cefets e, a partir daí, a criação de novas instituições se deu sob essa denominação, como autarquias federais, com a autonomia administrativa, patrimonial, financeira, didático-pedagógica e disciplinar.

A referida lei definiu como objetivo a instituição ministrar ensino em grau superior em:

a. cursos de graduação e pós-graduação, visando à formação de profissionais em engenharia industrial e tecnólogos. Alterado pela Lei n.º 8.711/1993 para cursos de graduação e pós-graduação *lato sensu* e *stricto sensu*, visando à formação de profissionais e especialistas na área tecnológica;

b. cursos de licenciatura plena e curta, com vistas à formação de professores e especialistas para as disciplinas especializadas no ensino de 2.º grau e dos cursos de formação de tecnólogos. Com nova redação dada pela Lei n.º 8.711/1993, de cursos de licenciatura com vistas à formação de professores especializados para as disciplinas específicas do ensino técnico e tecnológico;

c. ensino de 2.º grau, com vistas à formação de auxiliares e técnicos industriais. Alterado pela Lei n.º 8.711/1993 para cursos técnicos, em nível de 2.º grau, visando à formação de técnicos, instrutores e auxiliares de nível médio;

d. cursos de extensão, aperfeiçoamento e especialização, objetivando a atualização profissional na área técnica industrial. Alterado pela Lei n.º 8.711/1993 para cursos de educação continuada visando à atualização e ao aperfeiçoamento de profissionais na área tecnológica; e

e. realizar pesquisas na área técnica industrial, estimulando atividades criadoras e estendendo seus benefícios à comunidade mediante cursos e serviços. Alterando-se a expressão "área técnica industrial" para área tecnológica, com a Lei n.º 8.711/1993.

Em Mato Grosso a transformação da Escola Técnica Federal de Mato Grosso (ETFMT) em Centro Federal de Educação Tecnológica de Mato Grosso (Cefet-MT) e Escola Agrotécnica Federal de Cuiabá-MT em Cefet Cuiabá ocorreu pelo Decreto Presidencial de 16 de agosto de 2002, passando a oferecer ensino médio, ensino profissional de nível técnico e básico, ensino profissional de nível tecnológico e pós-graduação *lato sensu*.

3.1.2.3 Instituto Federal de Educação, Ciência e Tecnologia: a partir de 2008

As primeiras diretrizes e fundamentos dos IFs, traçadas pelo Decreto n.º 6.095/2007, pegou as Escolas Agrotécnicas, Cefets e Escolas Vinculadas às Universidades Federais de surpresa, e a proposta de integração de instituições diferenciadas gerou uma certa desconfiança, resistência e medo de perda de identidade, o que levou algumas instituições à não adesão/integração a um IF e se mantiveram com a estrutura administrativa que as caracterizavam (OTRANTO, 2010, p. 92).

A partir da criação com a Lei n.º 11.892/2008, em 2008, os IFs assumem a missão de atender aos arranjos socioprodutivos locais dos municípios interioranos e tem início ao processo de expansão. Em Mato Grosso é criado o Instituto Federal de Educação, Ciência e Tecnologia de Mato Grosso (IFMT), mediante integração dos Centros Federais de Educação Tecnológica de Mato Grosso e de Cuiabá, e da Escola Agrotécnica Federal de Cáceres, transformando-se em IFMT *campus* Cuiabá — Octayde Jorge da Silva —, IFMT *campus* São Vicente e IFMT *campus* Cáceres.

Já funcionavam nesse período as Unidades de Ensino Descentralizadas (Uneds) Bela Vista em Cuiabá, Pontes e Lacerda, Campo Novo do Parecis, Juína, Confresa, e Rondonópolis, e a partir de 2009 se transformaram em *campi* do IFMT. No período de 2011 e 2012 houve uma nova fase de expansão da rede federal em que foram criados os *campi* Sorriso, Várzea Grande e Barra do Garças. Desde então, o processo de expansão e interiorização alcançou diversas outras localidades, contemplando a criação dos *campi* Primavera do Leste e Alta Floresta; e *campi* avançados: Diamantino, Tangará da Serra, Lucas do Rio Verde, Sinop e Guarantã do Norte; além de quatro núcleos avançados: Campo Verde e Jaciara, vinculados ao *campus* São Vicente; Núcleo Avançado do Pantanal (Napan) no município de Poconé, vinculado ao *campus* Cuiabá — Cel. Octayde Jorge da Silva —; Canarana, vinculado ao *campus* Barra do Garças; e Paranaíta, vinculado ao *campus* Alta Floresta. Os núcleos receberam a denominação de Centros de Referência pela Portaria do IFMT n.º 1.702/2016.

Atualmente, o IFMT atende a mais de 13 mil estudantes, com 72 opções de cursos oferecidos, e é reconhecidamente um importante centro de produção e difusão de conhecimento e tecnologias, por meio de numerosas atividades de ensino, pesquisa, extensão e pós-graduação.

A estrutura multi*campi* do IFMT, com realidades socioeconômico-culturais diversas, mesmo com oferta do mesmo eixo de formação, demonstra inicialmente atender a interesses e demandas distintas, o que nos motiva a buscar aprofundar os estudos para compreender as motivações de tais escolhas, interesses de quem e quais interesses atendem.

A criação dos IFs, apesar dos desafios e contradições da realidade socioeconômico-cultural e da estruturação pedagógica e curricular, constitui-se um avanço na superação da dualidade educacional.

O processo histórico de criação de instituições de educação profissional, formação da rede federal de educação, implantação, expansão e transformações, ocorreu em atendimento à realidade produtiva de cada época, conforme a divisão social do trabalho e a divisão da sociedade em classes, cheia de contradições, resistência, avanços e retrocessos. O conhecimento dessa história permite afirmar, reafirmar ou reconstruir sua identidade, sem negar sua memória, mas buscando decidir coletivamente para onde e como se quer ir, permanentemente.

3.2 Contexto socioeconômico do *locus* da pesquisa

Em 1950, a população rural do Brasil correspondia a 63,84%. Com a intensificação e avanço do sistema capitalista, expropriação de terras, modernização da agricultura, avanço da fronteira agropecuária e intensificação da industrialização, nos últimos 60 anos houve um intenso êxodo rural, reduzindo para 15,64% a população rural.

O Brasil possui um território de 8.514.876 km², com uma área agricultável de 350.253.329 hectares, sendo que 80.102.694 hectares são de agricultura familiar e 253.577.342 hectares de agricultura não familiar. Como podemos observar na Tabela 1, na região Centro-Oeste essa contradição é mais evidente quando comparamos com outras regiões do país, por ter a maior área, menor número de estabelecimentos e o menor número de pessoal ocupado, revelando a grande concentração de terras.

Tabela 1 – Comparativo área total, estabelecimentos agropecuários e pessoal ocupado por região do país

Dados estruturais	BRASIL	Centro-Oeste	Sul	Sudeste	Norte	Nordeste
Estabelecimentos	5.072.152	346.721	853.232	969.258	580.446	2.159.278
Área total (ha)	350.253.329	110.610.750	42.863.521	59.977.282	66.158.738	67.216.906
Pessoal ocupado	15.036.978	1.183.861	2.321.235	3.174.261	1.998.003	5.935.563

Fonte: adaptadoo das tabelas do Censo Agropecuário 2017 (IBGE, 2017)

Fato que no Grupo Focal GTA foi explicado como em decorrência da alta tecnologia empregada no agronegócio:

> Uma parte de demanda por mão de obra no Mato Grosso, o que impacta, mais do que o sistema de cultivo, é a quantidade de tecnologia empregada na produção. [...] tem máquinas que conseguem operar mais de 1.000 hectares, o que diminui muito a mão de obra necessária. Tanto na pecuária quanto na tecnologia se emprega muita tecnologia. Já trabalhei em fazendas de mais de 10.000 hectares e que tem 20 funcionários registrados, que dá conta e sobra mão de obra, atende a fazenda e não precisa de mais pessoas trabalhando porque não tem mais o que as pessoas fazerem, de tanta tecnologia que tem. Esse é um dos pontos que faz Mato Grosso ter tão poucas pessoas empregadas no agronegócio (DOCENTE 13, GRUPO FOCAL GTA, 2020).

Ainda, de acordo com resultados preliminares do Censo Agropecuário 2017, do IBGE:

> Em 2017 havia 15.036.978 pessoas ocupadas nos estabelecimentos agropecuários. Em 11 anos, isso representa uma queda de 1,5 milhão de pessoas, incluindo produtores, seus parentes, trabalhadores temporários e permanentes. A média de ocupados por estabelecimento também caiu de 3,2 pessoas, em 2006, para 3 pessoas, em 2017. Em sentido oposto, o número de tratores cresceu 49,7% no período e chegou a 1,22 milhão de unidades. Em 2017, cerca de 734 mil estabelecimentos utilizavam tratores. [...] Destaca-se, ainda, que 1.681.001 produtores utilizaram agrotóxicos em 2017, um aumento de 20,4% em relação a 2006 (IBGE, 2017).

Os dados do Censo revelavam também o avanço da concentração de terras, em que dois mil latifúndios ocupam área maior que quatro milhões de propriedades rurais. Mato Grosso é o estado com mais propriedades acima de 10 mil hectares, liderando rankings de maior proporção de área dedicada à agricultura com 54 milhões de hectares. Aproximadamente 81,635 estabelecimentos são da agricultura familiar, porém ocupam apenas 9,5% da área total do estado. Como se pode observar na figura a seguir, Mato Grosso é um dos estados com menores proporções de área ocupada pela agricultura familiar. Apesar disso, a agricultura familiar é responsável pela produção de, aproximadamente, 75% dos alimentos consumidos pelos mato-grossenses.

Figura 5 – Distribuição da agricultura família por estado

Fonte: Resultados definitivos do Censo Agropecuário 2017 (IBGE, 2017). Acesso em: 1 mar. 2021

Mato Grosso também é o estado com mais arrendamento de terras, com 5,7 milhões de hectares, e que mais utiliza agrotóxicos. De acordo com pesquisas, que têm como um dos principais nomes o professor Wanderlei Pignati, do Instituto de Saúde Coletiva da Universidade Federal de Mato Grosso, e abrasquiano do Grupo Temático Saúde do Trabalhador, a exposição ao agrotóxico no estado é quase dez vezes maior do que a média nacional, de 7,3 litros por pessoa (ABRASCO, 2019a), o que acaba expulsando agricultores familiares de suas produções. Professor Pignati ainda alerta que, devido ao alto uso de agrotóxicos, Mato Grosso é campeão em câncer e má formação (ABRASCO, 2019b), assim como um de seus estudos detectou a presença de agrotóxicos até mesmo no leite materno (ABRASCO, 2019c). A pulverização tem sido utilizada como arma para expulsar agricultores familiares. O ano de 2020 bateu recorde de liberação de agrotóxicos pelo quinto ano consecutivo, com 493 novos compostos químicos liberados, mais de 40% deles de alta toxidade, sendo mais da metade proibida na União Europeia e nos Estados Unidos. O ano de 2020 também bateu o recorde de desmatamento da Amazônia, em 12 anos, com mais de 11 mil quilômetros quadrados de árvores derrubadas, tendo um aumento de 9,5% em relação ao ano anterior (EL PAÍS – BRASIL, 2020).

O avanço tecnológico na produção agropecuária consolidou a região como um dos principais polos de produção agrícola mundial e maior produtor de grãos do país. O estado figurava, em 2016, segundo dados do IBGE (2018), a quarta colocação entre as unidades da federação com Produto Interno Bruto (PIB) *per capita* (por habitante) maior que a média nacional, sendo o setor agropecuário o que se apresenta com a maior participação na composição, conforme demonstra a tabela a seguir.

Tabela 2 – PIB Mato Grosso – Participação percentual por atividade econômica – 2007 a 2016

Atividade Econômicas	2007	2008	2009	2010	2011	2012	2013	2014	2015	2016
Agropecuária	19,7	22,8	21,3	16,8	22,1	24,7	23,5	21,0	19,8	22,4
Indústrias Extrativas	0,3	0,3	0,3	0,3	0,4	0,3	0,3	0,4	0,4	0,3
Indústrias de Transformação	9,5	9,3	8,6	11,7	9,5	6,8	8,5	8,5	8,2	8,2
Eletricidade e gás, água, esgoto, atividades de gestão de resíduos e descontaminação	1,7	1,6	2,0	1,5	2,1	2,4	2,0	1,6	2,4	2,6
Construção	4,3	3,9	4,5	6,2	5,9	6,1	6,9	6,9	6,6	5,2
Comércio, Manutenção e Reparação de Veículos Automotores e Motocicletas	16,7	20,2	20,1	17,5	17,2	18,4	17,2	18,7	18,0	18,4

Atividade Econômicas	Participação VA (%)									
	2007	2008	2009	2010	2011	2012	2013	2014	2015	2016
Transporte, Armazenagem e Correios	3,0	2,4	2,8	4,0	4,7	3,9	4,3	3,9	4,7	4,3
Alojamento e Alimentação	2,2	1,8	1,7	1,7	1,7	2,0	1,7	1,9	1,7	1,9
Informação e Comunicação	2,2	2,7	1,9	1,7	1,4	1,4	0,9	1,3	1,5	1,3
Atividades financeiras, de seguros e serviços relacionados	3,5	2,7	2,7	2,8	2,5	2,6	2,6	3,0	3,2	2,3
Atividades Imobiliárias	10,0	8,4	8,5	8,5	7,6	6,6	7,3	7,5	7,6	7,1
Atividades Profissionais, Científicas e Técnicas, Administrativas e Serviços Complementares	3,9	4,1	4,0	4,7	4,6	4,7	4,1	4,3	4,4	3,6
Administração, defesa, educação e saúde públicas e seguridade social – APU	18,3	16,7	17,2	18,2	16,5	16,1	16,7	16,1	16,9	16,9
Educação e Saúde privadas	1,9	1,5	1,6	1,6	1,5	1,8	1,9	2,5	2,4	2,2
Outras Atividades de Serviços	3,1	2,7	2,8	2,8	2,4	2,3	2,2	2,3	2,3	2,2

Fonte: Adaptada das Tabelas 2002-2016 do Sistema de Contas Regionais – SCR (IBGE, [2020?])

No entanto, Mato Grosso despontava, também, entre os três estados com maior incidência de trabalho escravo, mais recorrentes em atividades rurais; está entre os três estados com mais ocorrências de conflitos e assassinatos no campo, de acordo com dados da ONG Repórter Brasil e dados do Ministério do Trabalho (FONSECA, 2017) e MST (MANSUR, 2018), e aparecia em quarto lugar no ranking de violência contra o patrimônio em terras indígenas (invasões, desmatamento, destruição de patrimônio, contaminação de rio, queimadas e incêndios, contaminação por agrotóxico, entre outros), conforme aponta um levantamento do Conselho Indigenista e Missionário (Cimi) (RANGEL, 2018).

Ao passo que o estado vinha ampliado a riqueza gerada pela exploração do agronegócio, sendo considerado o maior produtor de grãos do país, não significava, necessariamente, que seria produtor de alimentos, nem que a riqueza dessa produção era distribuída com equidade. Pois

> [...] se por um lado o setor agrícola brasileiro tem cumprido o seu papel no processo de desenvolvimento econômico de diversas regiões de Mato Grosso, embora perca sua importância ao longo do processo de industrialização, por outro lado tem contribuído para o acirramento das desigualdades econômicas e sociais (ZAMBRA et al., 2015, p. 237).

Mesmo o estado estando posicionado entre os melhores níveis de desenvolvimento do país, ocasionados pelo avanço do progresso técnico e da modernização agrícola, o mesmo não ocorreu com nível de desigualdade na distribuição da renda, devido à forte concentração fundiária e do capital, intensificando as atividades informais e a dependência econômica acentuada dos lucros provenientes da agricultura, principalmente da produção da soja. Conforme a Síntese de Indicadores Sociais 2018 (SIS)/IBGE (IBGE, 2018c), 17,1% da população mato-grossense vivia em situação de pobreza, com renda média diária de US$ 5,5 (R$ 21,34, na cotação atual), e 3% da população vivia em extrema pobreza com o ganho médio de US$ 1,9 (R$ 7,37) por dia.

Por outro lado, nem só de "agro" é composto o estado de Mato Grosso, algo que a hegemonia do capital geralmente afirma e reafirma nas mídias e na política, buscando criar a consciência coletiva de que essa é verdade. Dados do Censo Demográfico do IBGE de 2010 registraram 42.538 indígenas, divididos em 71 reservas em 42 etnias, em 55 dos 141 municípios. As reservas compunham 12% da área do estado, mas que poderiam ser de 18% se todas estivessem regularizadas. A não regularização de 12 áreas de reserva é motivo de conflitos e luta pela permanência, pelo direito tradicional de ocupação da terra, garantido pela Constituição Federal de 1988, para a reprodução física e cultural, segundo seus usos, costumes e tradições.

De acordo com dados da Fundação Palmares, até maio de 2019 havia 80 Comunidades Remanescentes de Quilombos (CRQs) certificadas em Mato Grosso, sendo a grande maioria concentrada na macrorregião Centro-Sul, ainda em processo de regularização. O Quilombo do Quariterê foi o primeiro do estado, liderado por Tereza de Benguela, a rainha Tereza, mulher forte e destemida que enfrentou seus algozes com tenacidade para ver seu povo livre do jugo da escravidão. A comunidade de Mata Cavalo, em Nossa Senhora do Livramento, foi a que mais avançou na regularização de suas terras, estando na fase de ajuizamento de ações para desapropriação. As fontes de economia nas comunidades tradicionais são baseadas na agricultura familiar, artesanato e projetos sociais.

> Hoje, os quilombos de Mato Grosso ainda continuam enfrentando as mesmas problemáticas em relação a falta de acesso às políticas públicas. Todas essas comunidades se encontram identificadas e reconhecidas pela Fundação Palmares, mas nenhuma delas possuem título definitivo da terra. Conjuntamente, amargam a falta de acesso às políticas públicas básicas, configurando um retrato amargo e desrespeitoso para com uma importante parcela da população mato-grossense (MULLER; SANTOS; MOREIRA, 2016, p. 20).

Em 2021, em Mato Grosso, 82.424 famílias estavam assentadas em 549 assentamentos. A área ocupada era de 6.023.370,76 hectares, e 382.899 famílias eram beneficiadas com o programa "Bolsa Família" e 9.897 famílias beneficiadas com o programa "Minha Casa Minha Vida", do Governo Federal, de acordo com dados do Incra nos Estados — Informações gerais sobre os assentamentos da Reforma Agrária (INCRA, 2017). A maioria dos assentados eram integrantes do MST, mas muito mais famílias ainda continuavam na luta, e resistiam, acampadas à beira de estradas, sem as mínimas condições de vida, e em processo de ocupação de terras improdutivas e devolutas.

O Zoneamento Ecológico-Econômico (ZEE), programa federal criado em 1990, busca discutir alguns aspectos históricos do processo de ocupação dos territórios. Em Mato Grosso o zoneamento já passou por substituições e revisões: eliminando cada vez mais do mapa terras indígenas em processo de identificação, delimitação ou demarcação; reduzindo 41% das áreas de elevado potencial florestal; reduzindo 73% as áreas de unidades de conservação e privilegiando atividades de agricultura mecanizada e pecuária, com aumento de 69% da sua área. Em 2021 foi formalizado, por uma deputada estadual representante do agronegócio, o pedido de suspensão do ZEE para que que sejam realizados novos estudos e adequações que incentivem o desenvolvimento econômico do estado, a fim de que não sejam delimitadas zonas ambientais que possam ser promissoras em produção agrícola. Sendo assim, o que era para ser a expressão de um modelo de desenvolvimento "sustentável" passa a ser legitimação de ocupação e dominação do território.

A luta pela demarcação e proteção das terras indígenas é antiga e, segundo Silva e Sato (2010, p. 279), é a luta pela preservação da natureza, da vida e perpetuação da cultura; é uma luta contra a "expansão das monoculturas, a implantação de empreendimentos hidrelétricos, o envenenamento de seus rios, e o uso de agrotóxicos no entorno de suas terras". Mas para que isso ocorra é necessário e urgente a implantação de políticas públicas de fiscalização e proteção e responsabilização dos invasores.

No entanto, o que se via era uma política contrária a isso. Em Mato Grosso estava e ainda se encontra em tramitação na Assembleia Legislativa o Projeto de Lei Complementar (PLC n.º 17/2020), que, de acordo com o movimento Greenpeace, é mais uma das muitas ameaças à floresta e às populações indígenas, que, caso seja aprovado, pode aprofundar ainda mais os conflitos fundiários já existentes e abrir caminho para a legalização da "grilagem" de terras indígenas em processo de regularização pela Fundação Nacional do Índio (Funai). Essa PLC deriva da Instrução Normativa (IN) 09/2020, editada pela Funai, que abriu a possibilidade de atividades privadas dentro de terras indígenas (CAMPOS, 2020).

Do mesmo modo, outros grupos sociais também encontram-se ameaçados: comunidades quilombolas, travando embates com fazendeiros que ocupam suas áreas, travando uma luta pelo reconhecimento de seus direitos ancestrais; acampados reivindicam a reforma agrária; assentados declaram a ausência de políticas públicas; atingidos por barragens manifestam a perda de seus abrigos; pequenos agricultores resistem à expansão do agronegócio; extrativistas e seringueiros denunciam desmatamentos para exploração madeireira e queimadas para implantação de pastagens.

3.2.2 As macrorregiões e os arranjos socioprodutivos locais e regionais

Mato Grosso possui dimensões continentais, com 906.806 km² de área total, o que corresponde a 10,61% da área total do país. O estado também se caracteriza por uma grande diversidade geográfica, ambiental e cultural, sendo composto por três biomas diferenciados: Amazônia, cerrado e pantanal. O bioma da Amazônia contempla em maior parte as macrorregiões:

noroeste, norte, médio norte e oeste de Mato Grosso. Região que concentra maior número de terras indígenas e, também, mais hidrelétricas em funcionamento ou em construção, causando sérios impactos ambientais e na produção e reprodução da vida.

A população estimada de Mato Grosso, em 2018, de acordo com dados do site IBGE cidades (2018d), era de 3.441.998 pessoas, sendo que 184.382 tinham entre 15 e 19 anos (fase denominada juventude). O que nos permite constatar uma defasagem de 24,1% da juventude, em cumprimento ao princípio garantido no artigo 205 da Constituição Federal de 1988, que assegura "educação, direito de todos e dever do Estado e da família, será promovida e incentivada com a colaboração da sociedade, visando ao pleno desenvolvimento da pessoa, seu preparo para o exercício da cidadania e sua qualificação para o trabalho". Foram matriculados 140.019 alunos no ensino médio, sendo 121.858 na rede estadual, 10.487 em escolas privadas e 7.674 na rede federal, ou seja, apenas 5,5% dos alunos matriculados são da rede federal de educação. Vale ressaltar que a oferta da educação profissional integrada ao ensino médio, pela rede federal de educação, constitui-se um importante mecanismo de atendimento à juventude da classe trabalhadora, condição que precisa ser ampliada.

A evolução das matrículas no EMI e sua distribuição nas redes (estadual, federal, municipal e privada) e regiões do Brasil não acontecem de maneira homogênea, como pode-se perceber no Gráfico 3. Nota-se que na região Centro-Oeste, assim como Norte, ocorre de maneira inversa do restante do país, ou seja, o maior número de matrículas é na rede federal, enquanto na rede estadual permanece estacionado ou em queda. Fato representativo da importância da expansão da rede federal na oferta do EMI nas regiões mais longínquas do país.

Gráfico 3 – Evolução das matrículas do EMI, distribuídas nas redes (estadual, federal, municipal e privada) e regiões do Brasil – 2008-2019

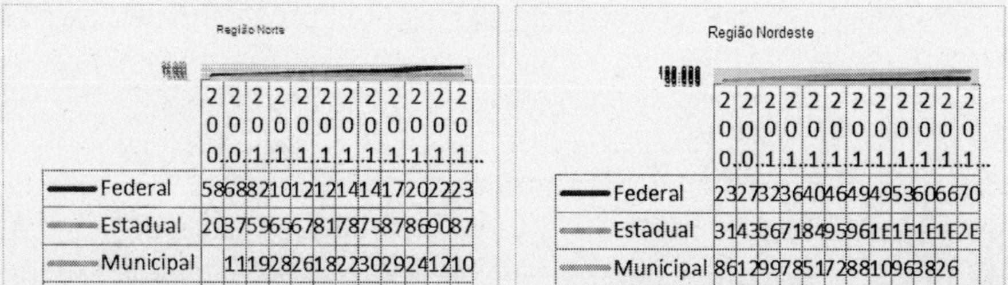

Fonte: elaborado a partir da Sinopse estatística do Censo da Educação Básica – 2008-2019 (INEP, 2008-2019)

A expansão da rede federal na oferta do EMI nas regiões mais longínquas do país é extremamente relevante para a "[...] inclusão de milhares de jovens nessas instituições, pela geração de centenas de empregos qualificados e pela mudança que a interiorização impacta em todos os níveis, econômico, cultural e político, nas pequenas e médias cidades" (FRIGOTTO, 2018b, p. 148). Também é preciso reconhecer a importância para a "inclusão de quilombolas, índios e alunos provenientes de extratos populares que jamais teriam ingressado num ensino médio de qualidade e possibilidade de ensino superior" (FRIGOTTO, 2018b, p. 148). Portanto, o grande desafio dos coletivos dirigentes, professores, servidores, organizações sindicais, forças políticas, movimentos sociais, comunidades locais e organizações científicas e culturais é a ampliação e qualificação dessa conquista.

Como podemos observar no Gráfico 4, o total de matrículas no Ensino Médio Integrado em Mato Grosso, em 2019, foi de 9.642, sendo 7.956 na rede federal e 1.594 na rede estadual. Ao analisarmos a evolução das matrículas de EMI no período de 2008 a 2019, percebe-se que desde a criação do IFMT o número de matriculados tem ascendido, passando de 1.220 em 2008 para 7.956 em 2019, enquanto na rede estadual, que teve seu processo de implantação a partir de 2008, com 270 alunos, atingiu seu auge de matrículas em 2011, com 7.628 alunos matriculados e a partir daí declinou, ano a ano, até 1.594 em 2019. Isso demonstra o potencial de desenvolvimento e manutenção da rede federal, devido ao seu grau de autonomia pedagógica.

Gráfico 4 – Matrículas EMI por unidade administrativa – Mato Grosso

	1	2	3	4	5	6	7	8	9	10	11	12
Mato Grosso	2008	2009	2010	2011	2012	2013	2014	2015	2016	2017	2018	2019
Federal	1220	1458	2508	2933	3553	3706	4153	4840	5656	6885	7674	7956
Estadual	270	3034	5698	7628	7519	6706	5666	5183	4047	3403	2828	1594
Municipal	114	96		62	81	90		121	133			91
Privada												1

	1	2	3	4	5	6	7	8	9	10	11	12
Mato Grosso	2008	2.009	2.010	2.011	2.012	2.013	2.014	2.015	2.016	2.017	2.018	2.019
Federal	1.220	1.458	2.508	2.933	3.553	3.706	4.153	4.840	5.656	6.885	7.674	7.956
Estadual	270	3.034	5.698	7.628	7.519	6.706	5.666	5.183	4.047	3.403	2.828	1.594
Municipal	114	96		62	81	90		121	133			91
Privada												1

Fonte: sinopse estatística do Censo da Educação Básica – 2008-2019 (INEP, 2008-2019)

Nesse sentido, concordamos com Ciavatta e Ramos (2012), ao afirmarem que os Institutos Federais, por ofertar o EMI, constituem-se como um importante mecanismo de atendimento à juventude da classe trabalhadora, principalmente no interior do Brasil, que precisa ser ampliado, pois:

> [...] a condição de oferta de 50% de suas vagas para o EMI não deve se tornar apenas uma formalidade advinda da negociação para a sua transformação em instituições de ensino superior – de Centros Federais de Educação Tecnológica (CEFETs) para Institutos Federais de Educação Tecnológica (IFETs), mas tem por base a finalidade de um efetivo comprometimento com a formação integrada de trabalhadores (CIAVATTA; RAMOS, 2012, p. 309).

A ampliação da oferta de vagas do EMI é uma importante meta do Plano Nacional de Educação (PNE) 2011-2020 para os que vivem do trabalho. O aumento em 16,9% das matrículas, entre 2014 e 2016, sendo 20,7% na esfera pública, "é fruto, principalmente, da expansão da rede federal de educação profissional, cientifica e tecnológica, ocorrida a partir de 2005" (MOURA, 2018, p. 43). Para Moura (2018), fica evidente que a transferência de recursos precisa fazer o movimento inverso do que vem ocorrendo, com ampliação e intensificação dos recursos à esfera pública ao invés da iniciativa privada.

Um estudo do Instituto Mato-grossense de Economia Agropecuária (Imea) segmentou o estado em macrorregiões, sob o ponto de vista da realidade agro econômica e produtiva, caracterizadas por: bioma, bacia hidrográfica, condições climáticas, condições de solo e relevo e altitude, fatores de isolamento devido às condições naturais (montanhas e rios), presença de reservas indígenas ou áreas de preservação ambiental e logística de escoamento e estradas. A seguir, o mapa da divisão dessas macrorregiões mato-grossenses.

Figura 6 – Mapa das macrorregiões

Região 1:
IFMT Campus Juína
Região 2:
IFMT Campus Alta Floresta
IFMT Campus Avançado Guarantã do Norte
Região 3:
IFMT Campus Confresa
Região 4:
IFMT Campus Sorriso
IFMT Campus Avançado Lucas do Rio Verde
IFMT e Campus Avançado Sinop
Região 5:
IFMT Campus Campo Novo do Parecis
IFMT Campus Pontes e Lacerda
Região 6:
IFMT Campus Cuiabá
IFMT Campus São Vicente
IFMT Campus Cáceres
IFMT Campus Várzea Grande
IFMT Campus Avançado Diamantino
IFMT Campus Avançado Tangará da Serra
Região 7:
IFMT Campus Barra do Garças
IFMT Campus Primavera do Leste

Legenda
REGIÕES DO IMEA
REGIÃO 1 - NOROESTE
REGIÃO 2 - NORTE
REGIÃO 3 - NORDESTE
REGIÃO 4 - MÉDIO NORTE
REGIÃO 5 - OESTE
REGIÃO 6 - CENTRO-SUL
REGIÃO 7 - SUDESTE

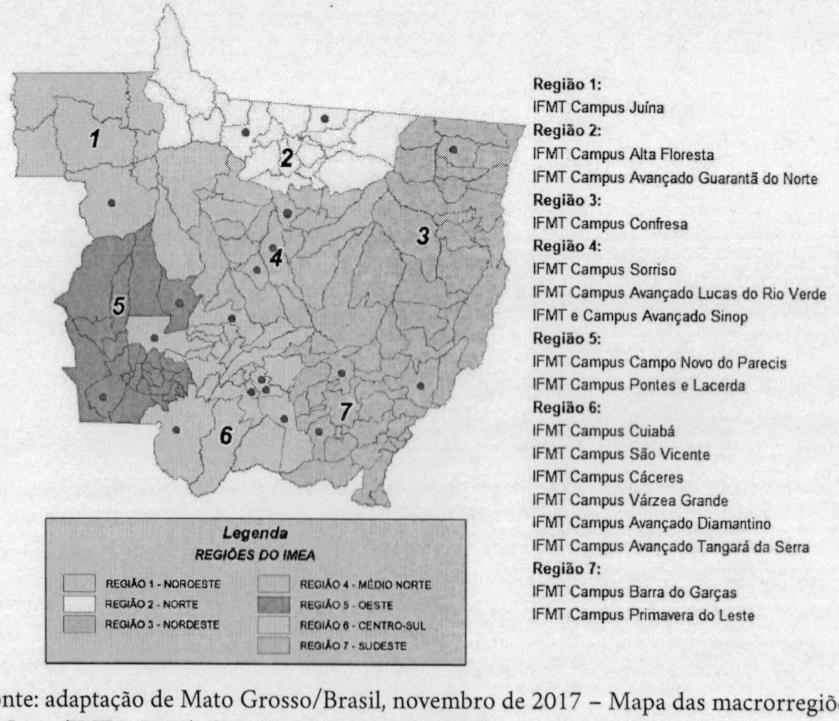

Fonte: adaptação de Mato Grosso/Brasil, novembro de 2017 – Mapa das macrorregiões do Imea (IMEA, 2017), destaque dos *campi* do IFMT em cada macrorregião

No mapa destacam-se com pontos verdes os *campi* do IFMT instalados. Percebe-se que o IFMT está presente em todas as macrorregiões, contemplando os três biomas. As macrorregiões que possuem apenas um *campus* estão localizados geograficamente nas extremidades noroeste e nordeste, regiões de mais difícil acesso.

Devido à grande extensão territorial e à diversidade geográfica, ambiental e cultural de MT, foi necessária a readequação de projetos e práticas, a fim de que atendessem as especificidades locais quanto a estrutura e oferta de cursos, considerando as características da região em que se localizam os oito *campi* que ofertam o EMI ao Técnico em Agropecuária, paralelamente a outros cursos de nível médio e superior do eixo de Recursos Naturais, produção e industrialização. Pode-se observar no Gráfico 5 que o eixo tecnológico Recursos Naturais tem 23,43% do total de matrículas do IFMT, sendo que os eixos Controle e Processos Industriais, Gestão e Negócios e Produção Alimentícia também têm cursos com foco no atendimento à demanda da produção agropecuária do estado, como Biotecnologia, Automação Industrial (com ênfase em máquinas agrícolas), Gestão do Agronegócio, ofertados em outros cinco *campi* do IFMT.

Gráfico 5 – Matrículas do EMI/IFMT por Eixo Tecnológico

Fonte: Plataforma Nilo Peçanha/MEC – 2019 (PNP, 2019)

A distribuição dos *campi* e dos cursos contempla diversas modalidades de ensino e aspectos da economia regional, conforme pode ser observado no Quadro 2.

Quadro 2 – Arranjos socioprodutivos locais

REGIÕES/ CAMPI	POTENCIAL GEOGRÁFICO, SOCIOECONÔMICO	Eixos Tecnológicos	Cursos ofertados
Região 1: Noroeste Juína	12 municípios; Bioma amazônico; Pecuária: principal atividade da região; Comunicação, transporte e comércio com outras regiões dificultada devido a rio e estradas precárias; Região com violentos conflitos entre posseiros, indígenas, garimpeiros, madeireiros, seringueiros e agentes do poder público.	Recursos Naturais; Ambiente e Saúde; Gestão e Negócios.	**Nível médio:** Agropecuária, Meio Ambiente, Comércio. **Licenciatura:** Ciências Biológicas, Matemática. **Bacharelado:** Administração. **Tecnologia:** Agronegócio.
Região 2: Norte Alta Floresta e Guarantã do Norte	19 municípios; Principal atividade econômica é a pecuária; Dificuldade de comunicação com a região noroeste e com a região nordeste, por causa de rios, condições das estradas e Parque Indígena do Xingu.	Recursos Naturais; Produção Alimentícia; Gestão e Negócios; Turismo, Hospitalidade e Lazer.	**Nível médio:** Agropecuária, Administração, Logística, Guia de Turismo. **Licenciatura:** Ciências da Natureza – Biologia. **Bacharelado:** Zootecnia, Administração. **Tecnologia:** Agroindústria, Gestão de Recursos Humanos. **Especialização:** Educação do Campo.
Região 3: Nordeste Confresa	22 municípios; Bacia Hidrográfica do Araguaia; Cerrado, Savanas e Florestas do bioma amazônico; Principais atividades econômicas: pecuária e cultivo de culturas perenes; Parque Indígena do Xingu; Um dos principais cenários dos enfrentamentos da guerrilha contra a ditadura durante os anos de 1960 e 1970, na disputa entre índios e não índios e que tem entre seus principais nomes de luta e em defesa dos indígenas o bispo dom Pedro Casaldáliga.	Recursos Naturais; Produção Alimentícia; Ambiente e Saúde.	**Nível médio:** Agropecuária, Agroindústria, Controle Ambiental. **Licenciatura:** Ciências da Natureza- Química, Física e Biologia. **Bacharelado:** Agronomia. **Especialização:** Educação do Campo, Ensino de Ciências.

REGIÕES/ CAMPI	POTENCIAL GEOGRÁFICO, SOCIOECONÔMICO	Eixos Tecnológicos	Cursos ofertados
Médio--Norte Lucas do Rio Verde, Sinop e Sorriso	16 municípios; Região do agronegócio; Planalto dos Parecis: relevo, solo e clima propícios para a produção de culturas perenes; Maior produtora de grãos; Fronteira com todas as outras macrorregiões do estado.	Recursos Naturais; Produção Alimentícia; Ambiente e Saúde; Produção Industrial; Controle e Processos Industriais; Gestão e Negócios.	**Nível médio:** Agropecuária, Alimentos, Biotecnologia, Automação Industrial, Eletromecânica, Recursos Humanos e Comércio. **Bacharelado:** Engenharia Agronômica, Biotecnologia. **Tecnologia:** Gestão Ambiental, Produção de Grãos. **Especialização:** Educação Ambiental, Docência do Ensino Superior.
Região 5: Oeste Campo Novo do Parecis e Pontes e Lacerda	21 municípios; Chapada do Parecis: condições de relevo, solo e clima propícios para a produção de culturas perenes; Bacia do Guaporé e do Jauru, florestais, savanas e savanas florestadas: pecuária.	Recursos Naturais; Alimentícia; Ambiente e Saúde; Produção Controle e Processos Industriais; Gestão e Negócios; Informação e Comunicação.	**Nível médio:** Agropecuária, Controle Ambiental, Manutenção e Suporte de Informática, Química, Administração, Comércio, Eletrotécnica. **Licenciatura:** Matemática, Física. **Bacharelado:** Agronomia, Comércio Exterior. **Tecnologia:** Agroindústria, Processos Gerenciais **Especialização:** Gestão Empresarial.

RE-GIÕES/ *CAMPI*	POTENCIAL GEOGRÁFICO, SOCIOECONÔMICO	Eixos Tecnológicos	Cursos ofertados
Região 6: Centro-Sul Cáceres, Cuiabá, Diamantino, São Vicente, Tangará da Serra e Várzea Grande	23 municípios; Pantanal: pecuária extensiva: Baixada Cuiabana e Planalto do Parecis- bioma cerrado: sistema produtivo é bem diversificado culturas perenes, cana de açúcar, pecuária. A região concentra o maior número de comunidades quilombolas do estado. Bacia do Paraguai; Chapada do Parecis; Trânsito e o comércio com as demais macrorregiões são muito intensos.	Recursos Naturais; Ambiente e Saúde; Produção Alimentícia; Infraestrutura; Gestão e Negócios; Turismo, Hospitalidade e Lazer; Informação e Comunicação; Controle e Processos Industriais; Produção Industrial; Gestão e Negócios.	**Nível médio:** Agropecuária, Agroindústria, Florestas, Desenvolvimento de Sistemas, Agricultura, Meio Ambiente, Agrimensura, Alimentos, Química, Telecomunicações, Informática, Redes de Computadores, Manutenção e Suporte em Informática, Edificações, Eletrônica, Eletroeletrônica, Eletrotécnica, Desenho de Construção Civil, Logística, Condomínio, Administração, Comércio, Recursos Humanos, Secretariado, Eventos. **Licenciatura:** Ciências da Natureza – Biologia, Ciências Biológicas, Química. **Bacharelado:** Agronomia, Engenharia Florestal, Zootecnia, Engenharia de Alimentos, Engenharia de Controle e Automação; Engenharia Elétrica, Computação, Secretariado Executivo, Turismo, Computação, Educação Física.

RE-GIÕES/ *CAMPI*	POTENCIAL GEOGRÁFICO, SOCIOECONÔMICO	Eixos Tecnológicos	Cursos ofertados
			Tecnologia: Gestão Ambiental, Automação Industrial, Controle de Automação, Biocombustíveis. Controle de Obras, Construção de Edifícios, Geoprocessamento, Sistemas para Internet, Redes de Computadores, Análise e Desenvolvimento de Sistemas, Turismo, Gestão Pública, Secretariado Executivo, Administração Pública. **Especialização:** Docência para Educação Profissional e Tecnológica, Ensino de Química, Ensino de Matemática, Inovação e Empreendedorismo em Negócios Sustentáveis, Desenvolvimento Urbano, Rede e Computação Distribuída, Design Instrucional à Distância. **Mestrado**: Educação Profissional e Tecnológica, Ensino, Ciência e Tecnologia de Alimentos, Propriedade Intelectual e Transferência de Tecnologia para a Inovação.

RE-GIÕES/ CAMPI	POTENCIAL GEOGRÁFICO, SOCIOECONÔMICO	Eixos Tecnológicos	Cursos ofertados
Região 7: Sudeste Barra do Garças, Primavera do Leste e Rondonópolis	29 municípios; Bioma cerrado; Sistema de produção diversificado: Barra do Garças – pecuária; Primavera do Leste – a agricultura; Jaciara – cana-de-açúcar; Rondonópolis – pecuária, agricultura e cana de açúcar; Trânsito e o comércio intenso.	Recursos Naturais; Produção Alimentícia; Controle e Processos Industriais; Gestão e Negócios; Informação e Comunicação; Produção Industrial; Ambiente e Saúde.	**Nível médio:** Controle Ambiental, Alimentos, Química, Eletromecânica, Eletrotécnica, Logística, Informática, Manutenção e Suporte em Informática, Secretariado, Administração, Comércio, Secretariado. **Licenciatura:** Ciências da Natureza, Gestão Pública. **Bacharelado:** Engenharia de Controle e Automação. **Tecnologia:** Análise e Desenvolvimento de Sistemas. **Especialização:** Agroecologia.

Fonte: elaborado pela autora com base no Mapa das macrorregiões do Imea e no PDI 2019-2023

    Observa-se que a oferta de cursos está ligada aos arranjos socioprodutivos regionais e locais. Os Eixos Recursos Naturais, Produção Alimentícia e Ambiente e Saúde são destaques em todas as macrorregiões, ofertando cursos ligados à agropecuária e ao meio ambiente, o que confirma a preocupação com o atendimento à "vocação" agrícola e, ao mesmo tempo, com educação ambiental, com a preservação da natureza, com a agroecologia e com a educação do campo. A verticalização contempla os cursos e eixos formativos nas regiões. Destaca-se que os cursos superiores de licenciatura ofertados pelos *campi* são na área de Ciências da Natureza, sendo a Região 4 de predominância do agronegócio, a única que não oferta cursos superiores de licenciatura. Os cursos superiores em tecnologia contemplam diversas áreas de formação, com predominância do agronegócio, construção e produção, indústria e gestão e negócios, sendo que a Região 3 é a mais isolada do estado, sendo a única que não oferta cursos superiores em tecnologia.

Os cursos de especialização, pós-graduação *lato-sensu*, em grande maioria, atendem à formação docente, na área de educação e ensino, especialmente em EPT. A Região 6, região da capital e reitoria do IFMT, é a única que oferta pós-graduação em nível de mestrado, na área de EPT e Ensino, Alimentos e Propriedade Intelectual e Inovação.

Conforme dados obtidos na Plataforma Nilo Peçanha/MEC, em 2019 o IFMT teve 28.549 matrículas em 238 cursos de qualificação profissional (FIC), Técnico de Nível Médio (concomitante, integrado, Proeja, subsequente), Superior (bacharelado, licenciatura, tecnologia) e Pós-Graduação (especialização, mestrado acadêmico e mestrado profissional). Os cursos Técnicos de Nível Médio representaram 41,6% do total de matrículas, índice abaixo dos 50% estipulados na Lei de Criação dos IFs e abaixo da média nacional de 46,9%. As matrículas no EMI compuseram 33,6% do total geral de matrículas e 80,6% das matrículas dos cursos Técnicos de Nível Médio, no entanto estão acima da média nacional de 24% e 50% respectivamente. As matrículas nos cursos Técnicos de Nível Médio tiveram queda de 7,6% no período de 2018-2019, e o EMI teve um acréscimo de que nesse período aumento 4,16% com relação ao total geral de matrículas e 19,8% com relação às matrículas nos cursos Técnicos de Nível Médio, conforme observado no Gráfico 6.

Gráfico 6 – Matrículas nos cursos Técnicos de Nível Médio e EMI/IFMT – 2017-2019

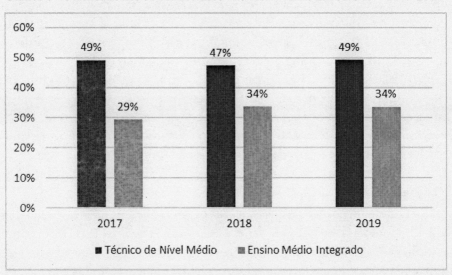

Fonte: elaboração da autora com base nos dados obtidos na Plataforma Nilo Peçanha/MEC – 2017-2019 (PNP, 2017-2019)

O que se percebe é que o desafio ainda é grande para se atingir o objetivo primeiro dos IFs, de acordo com sua lei de criação, de reservar obrigatoriamente a metade de suas vagas para a "educação profissional técnica de nível médio, prioritariamente na forma de cursos integrados" (BRASIL, 2008, Art. 7. I) e para se alcançar os índices desejáveis no Plano Nacional de Educação (PNE) 2014-2024. Para que a Meta 11 do PNE, "Triplicar as matrículas da Educação Profissional Técnica de nível médio, assegurando a qualidade da oferta e pelo menos 50% da expansão no segmento público", efetive-se:

> [...] é essencial que se revogue da EC n.º 95/2016 que reduz a ampliação dos investimentos públicos nas áreas sociais por 20 anos, incluindo a educação e a saúde. Além disso, é fundamental desenvolver ações indutoras destinadas especificamente ao EMI (regular e EJA), posto que esses são os cursos onde está em vigência a disputa pela materialização da concepção de formação humana integral, tendo o trabalho, a ciência, a tecnologia e a cultura como dimensões indissociáveis e eixos estruturantes dessa formação (MOURA, 2018, p. 43-44).

O IFMT se situa em meio ao contexto contraditório e conflitivo da expansão capitalista, entre o processo de ocupação, de distribuição terra, de renda e de condições de trabalho, com forte concentração fundiária e do capital, intensificação da exploração da força de trabalho, expropriação da terra e dos recursos sociais de produção e reprodução da existência; e uma diversidade de povos, culturas e natureza e do progresso e desenvolvimento científico e tecnológico, sem agredir o meio ambiente e o bem viver. A instituição apresenta uma proposta de educação que tem como missão "Educar para a vida e para o trabalho" e estabelece "a necessidade de uma educação emancipadora que, numa perspectiva histórica", busca atender às necessidades de melhoria das condições de vida dos estudantes e ao mesmo tempo não firmar a hegemonia do capital, integrando trabalho, ciência e cultura numa formação que aponte a superação das desigualdades sociais e regionais (IFMT, 2014, p. 46).

Foram analisados vários aspectos para compreender se houve efetividade na implantação das unidades educacionais do IFMT no interior do estado. Para tanto, foi escolhido o caso do município de Juína por ter sido a localidade que apresentou o menor IDH de Educação conforme dados de 2010, na análise de indicadores sociais. A demonstração dos demais municípios faz parte do Apêndice B da pesquisa.

3.3 Os *campi* da pesquisa

Entre os *campi* que ofertam o Ensino Médio Integrado ao Técnico em Agropecuária, pela grande extensão territorial, diversidade de Mato Grosso e distância entre os *campi*, assim como pela necessidade de aprofundamento na realidade de cada *campus*, optamos por realizar a pesquisa em três *campi*: São Vicente, Sorriso e Guarantã do Norte. Procuramos contemplar macrorregiões e biomas diferentes, com contextos sócio-históricos, econômicos e culturais distintos.

3.3.1 IFMT *campus* São Vicente

O *campus* São Vicente fica na macrorregião Centro-Sul, contemplada pelo bioma do cerrado e do pantanal, e pelo maior número de comunidades quilombolas do estado. Está situado geograficamente na divisa entre três municípios: Santo Antonio do Leverger, Campo Verde e Jaciara. Até o ano de 2016 a sede do *campus* estava legalmente localizada no município de Santo Antonio do Leverger. Após uma reestruturação das divisas entre Acorizal, Barão de Melgaço, Cuiabá, Jangada, Nossa Senhora do Livramento, Santo Antônio de Leverger e Várzea Grande ficou estabelecido que a instituição está na área de Campo Verde.

De acordo com a Docente 2, Grupo Focal SVC:

> São Vicente é uma instituição voltada para a produção agrícola e para educação de jovens e adultos, que desde que iniciou já tinha a perspectiva de inseri-los no mercado de trabalho, então a ideia do "mundo do trabalho" vem depois, inicialmente era a ideia de mercado mesmo. E nós pensarmos, que na década de 70, período da expansão agrícola, em que Mato Grosso ganha vislumbres nacionais, o direcionamento do curso, antigamente o ginasial e depois o ensino médio, o curso foi ganhando uma característica de formar trabalhadores, que era formar mão de obra para esse quadro que estava se estabelecendo na sociedade, em Mato Grosso.

Como se pode observar na Tabela 3, entre os três municípios, Santo Antônio do Leverger é o que tem a menor população e, por ser um município de pequenas propriedades, assentamentos e comunidades tradicionais, possui o menor índice de pessoas ocupadas, no sentido de trabalho formal, mas o percentual de pessoas com rendimento acima de um salário-mínimo e meio *per capita* é o maior, o que indica que mesmo não estando no trabalho formal, as pessoas produzem a subsistência. O Índice de Desenvolvimento Humano Municipal é um dos menores do estado, ficando 9,5% abaixo da média de 0,725.

Os municípios Campo Verde e Jaciara possuem Centros de Referência do *campus* São Vicente. São municípios que estão com IDHM acima da média estadual, conforme pode ser observado na Tabela 3. Campo Verde é um dos maiores produtores agrícolas do estado e no contexto nacional, com 416.601 hectares de lavouras, com destaque para a soja, o algodão e o milho. O município de Jaciara tem a economia predominante na produção de soja, cana-de-açúcar, algodão, milho, mandioca e na pecuária de corte e leiteira, também tem instalada na cidade duas usinas de álcool e açúcar e em desenvolvimento a atividade turística.

Tabela 3 – Dados socioeconômicos da população dos municípios que circundam o IFMT *campus São Vicente*

Municípios	População estimada [2020]	População ocupada [2018]	Salário médio mensal dos trabalhadores formais [2018]	Percentual da população com rendimento nominal mensal *per capita* de até 1/2 salário-mínimo [2010]	PIB *per capita* [2018] R$	Índice de Desenvolvimento Humano Municipal (IDHM) [2010]
Santo Antonio do Leverger	16.999	13,70%	2,2	37,70%	30.132,88	0,656
Campo Verde	45.740	24,80%	2,6	31,80%	56.886,59	0,750
Jaciara	27.807	25,60%	2,7	34,60%	33.430,18	0,735

Fonte: elaboração da autora a partir de dados do IBGE Cidades (IBGE, 2018d). Acesso em: 3 mar. 2021

O IFMT *campus* São Vicente é o *campus* agrícola mais antigo no estado de Mato Grosso. Por ser pioneiro, foi e é referência para a expansão da rede e a implantação do Ensino Médio Integrado ao Técnico em Agropecuária em outros *campi* do interior do estado e, nacionalmente, "onde houver demanda social e econômica, respeitando as vocações, especificidades e culturas regionais, promovendo inclusão, transformação, por meio da difusão de saberes, de conhecimento e da prática humana de educar e produzir cultura" (IFMT; SVC, 2016, p. 14).

O PPC menciona o histórico da Rede Federal de Educação Tecnológica, desde sua origem em Mato Grosso, em 1909, com a Escola de Aprendizes e Artífices, destinada a "prover as necessidades e diminuir as desigualdades sofridas pelos – segundo o então presidente – 'desfavorecidos de fortuna'" (IFMT; SVC, 2016, p. 11), em que os estudantes, além de receberem uma formação profissional, eram alfabetizados e introduzidos ao conhecimento científico.

A criação do "Aprendizado Agrícola de Mato Grosso", hoje IFMT *campus* São Vicente, ocorreu em meados do século XX para atender ao reconhecimento da vocação agrícola do estado. E desde então passa a ser referência de formação agrícola no estado e no país.

O antigo Colégio Agrícola começou a ser construído em 4 de julho de 1939 e foi fundado como Aprendizado Agrícola, localizado às margens da BR-163, na Serra de São Vicente, município de Santo Antônio do Leverger. Foi instituído oficialmente pelo Decreto n.º 5.409/1943 como "Aprendizado Agrícola Mato Grosso", referência de formação agrícola. A escola recebeu a denominação de "Aprendizado Agrícola Gustavo Dutra" em 1944, com a missão de educar e oferecer o curso profissionalizante de nível primário à comunidade em torno e aos estudantes de outras localidades, passando a ser referência na formação agrícola.

Mantendo as características e o sucesso das atividades educacionais, duas outras mudanças de nomenclatura compõem o histórico da instituição, "Escola de Iniciação Agrícola Gustavo Dutra" em 1947 e "Escola Agrícola Gustavo Dutra" em 1956, integrando e promovendo o crescimento de toda a rede de ensino profissionalizante do país. Em 1964 a instituição passa a se chamar "Ginásio Agrícola Gustavo Dutra", passando a oferecer o ensino médio, o então ginasial, e teve o ingresso da primeira turma do gênero feminino, que enfrentou e ainda enfrenta a discriminação da sociedade machista em instituições antes frequentadas e dominadas apenas por homens, sendo um dos primeiros passos na democratização do acesso. Sob novas perspectivas e novos resultados, em março de 1978, passou a oferecer o Ensino Médio Integrado ao Técnico em Agropecuária, transformando a realidade social da região, atraindo ainda mais estudantes e suas famílias que migravam de todo o estado de Mato Grosso e regiões vizinhas para a proximidade da escola, e somado aos já moradores, internos e funcionários da escola, formaram a comunidade "Vila de São Vicente", claro exemplo da importância da interiorização no desenvolvimento local e de promoção da inclusão social.

Outra alteração na nomenclatura da instituição ocorreu em 1979, com a "Escola Agrotécnica Federal de Cuiabá-MT", diante de uma realidade de constante expansão, buscando fortalecer o vínculo identitário com a antiga "Escola Agrícola". As Figuras 7 e 8 trazem a imagem da fachada do Antigo Colégio Agrícola, que foi mantido na estrutura atual, conservando a memória coletiva da escola agrícola da sociedade mato-grossense.

Figura 7 – Antigo Colégio Agrícola   Figura 8 – IFMT *campus São Vicente*

Fonte: IFMT campus São Vicente (2015)

A importância do imaginário e da memória coletiva da escola agrícola na formação dos sujeitos se relaciona com a conquista, o sucesso e prestígio profissional:

> *O CEFET CUIABÁ, bem como toda a sua história, marcou e inseriu-se na identidade de diversas gerações que carregam o orgulho de ter participado da construção da renomada instituição educacional, centro de referência em educação e inclusão profissional e social do estado, que com o Governo Federal, promove e implementa cursos que visam atender principalmente o núcleo excluído e carente de oportunidades da sociedade, mantendo o caráter inicial e norteador das primeiras escolas técnicas, oferecendo educação pública de qualidade* (IFMT SVS, 2016, p. 13).

Isso é bem presente no processo de escolha da instituição e na opção pelo EMI ao Técnico em Agropecuária até os dias atuais, conforme relata a Docente 2 do Grupo Focal SVC:

> Tem muitos que quando você pergunta por que estão fazendo o curso dizem que é "porque minha mãe pediu", por causa do histórico, "porque meu avô já estudou aqui, meu tio já estudou aqui" e isso tem uma representatividade no imaginário da sociedade sobre São Vicente e de seus próprios familiares. Então, estudar em São Vicente, na perspectiva do trabalho, aqueles que dizem "meu filho vai estudar em São Vicente" é porque tem no imaginário deles certa garantia de que ele vai sair com um bom emprego.

A partir dos anos 2000, inicia-se um ciclo de desafios e transformações na rede federal, com intensificação do processo de expansão, tornando a Escola Agrotécnica Federal de Cuiabá-MT em Centro Federal de Educação Tecnológica de Cuiabá (Cefet Cuiabá), com autonomia organizacional e administrativa. Com a abertura de possibilidade de ampliar a oferta de formação em todos os níveis e modalidades, buscou-se manter o caráter inicial das primeiras escolas técnicas em atender com educação pública de qualidade, principalmente o núcleo excluído e carente de oportunidades da sociedade. É quando há a criação do Programa de Educação de Jovens (Proeja), em 2007,

> [...] com turmas presenciais e semipresenciais, permitindo que "pequenos agricultores" e suas famílias pudessem retomar o estudo formal sem abandonar o campo, a terra e o trabalho que lhes garante a qualidade de vida e dignidade merecida por quem sustenta a nação com o suor de seu labor (IFMT campus São Vicente, s.d.).

E a partir de 2008, integra a rede federal de educação profissional e tecnológica de Mato Grosso como IFMT *campus* São Vicente, assumindo a autonomia financeira, administrativa e pedagógica, por meio da formação verticalizada, com base na indissociabilidade ensino/pesquisa/extensão nos eixos formativos que garantam a verticalização do ensino, buscando atender os arranjos socioprodutivos e possibilitando o desenvolvimento local e regional.

O *campus* São Vicente define seu perfil como *campus* rural que desde sua origem se dedicou ao ensino agrícola. Uma das primeiras instituições de formação pública voltada para as Ciências Agrárias que há mais de 78 anos vem se adaptando aos novos desafios tecnológicos e humanos, o *campus* São Vicente recebeu monção de aplauso da Assembleia Legislativa do Estado de Mato Grosso em homenagem e reconhecimento à formação dos primeiros líderes da agropecuária mato-grossense. Sua estrutura é direcionada ao atendimento dessa demanda, como pode ser observado na Figura 9:

Figura 9 – Imagem aérea do IFMT campus São Vicente

Fonte: IFMT campus São Vicente (2015)

Além de disponibilizar residência estudantil para estudantes internos, o que faz com que alunos de diversos municípios do estado e de outros estados cursem o Ensino Médio Integrado no *campus*, conforme consta no PPC:

> Possui mais de 5.000 hectares de área total, sendo 2.500 hectares de área de proteção ambiental e tem 30.599 m² de área construída. Contém área agricultável e de pasto que servem para a produção e abastecimento do campus bem como são unidades educativas de produção. [...] oferece uma estrutura que possui, além das estruturas ligadas ao ensino, como salas de aula, laboratórios didáticos e área administrativa, uma estrutura de escola fazenda [...] (IFMT SVC, 2016, p. 14-15).

O EMI ao Técnico em Agropecuária é ofertado na sede e EMI ao Técnico em Meio Ambiente no Centro de Referência de Jaciara, com verticalização em nível superior de Bacharelado em Zootecnia ofertado na sede, Bacharelado em Agronomia e Tecnologia em Análise e Desenvolvimento de Sistemas Centro de Referência de Campo Verde e os cursos de Licenciatura em Ciências da Natureza, Licenciatura em Ciência-Biologia e Especialização em Ensino de Ciências da Natureza no Centro de Referência de Jaciara. Em agosto de 2020, o *campus* tinha 1.317 alunos matriculados, 532 na sede, 484 no Centro de Referência de Campo Verde e 301 no Centro de Referência de Jaciara, sendo que mais de 70% das matrículas eram no eixo tecnológico Recursos Naturais.

Pode-se observar no Gráfico 7 que a distribuição do número de vagas em 2020 estava abaixo do mínimo de 50% para cursos técnicos de nível médio estipulado na lei de criação do IFs. Nos cursos de nível médio, a maioria das vagas eram para EMI (41%), sendo apenas um curso técnico subsequente de nível médio ofertado, e fora da sede.

Gráfico 7 – Distribuição do número de vagas ofertadas por ano, por nível e modalidade de curso

Fonte: elaboração própria com base nos dados disponíveis na página do *campus*

O EMI ao Técnico em Agropecuária é ministrado na sede, na serra de São Vicente. O ingresso no curso é anual, com entrada de seis turmas de 30 alunos, totalizando 180 vagas anuais. Possui 364 estudantes matriculados em 2021. Mesmo o ingresso prevendo 50% de reserva de vagas, o curso tem 93% estudantes de escolas públicas matriculados. Conforme dados socioeconômicos de ingresso: 60,15% se declararam pardos, 13,2% pretos, 24,62% brancos, 1,02% amarelos e 1,28% indígenas, sendo o *campus* com maior número de estudantes pretos e pardos (73,35%); dos estudantes que informaram a renda, 78,7% tinham uma renda familiar de até um salário e meio por pessoa da família, sendo os indígenas os que declaram menor renda, 40% tinham uma renda familiar de até um salário por pessoa da família. Quanto à localização de residência, há matrículas de estudantes de 42 municípios do estado e de outros, concentrando maior número de matrículas dos municípios que integram o *campus*: Jaciara 12,4%, Campo

Verde 16,21%, Cuiabá 20,6% e Santo Antonio do Leverger 5,21%, e 2,5% de estudantes são de outros estados; 20% alunos são provenientes da zona rural. Devido a ser um curso integral, mais de 80% dos estudantes são internos, morando na residência estudantil do *campus* (PNP, 2020).

A região dos três municípios que compõem o *campus* São Vicente tem 22 assentamentos, com 2.109 famílias assentadas, como se observa na Tabela 4. Mais de 400 famílias estão acampadas desde 2003 no acampamento "Padre José Tenente Cate", às margens da rodovia federal BR-364, reivindicando na Justiça a destinação dos mais de oito mil hectares ocupados pela usina de álcool ao programa de Reforma Agrária.

Tabela 4 –Total de assentamentos e famílias assentadas nos municípios que compõem o IFMT *campus São Vicente*

	N.º Assentamentos	N.º Famílias Assentadas
Santo Antonio do Leverger	12	1028
Campo Verde	6	1072
Jaciara	4	9

Fonte: relatório geral de informações de assentamentos/MT (INCRA, 2017)

Discutindo com docentes, foi relatada a relação do *campus* São Vicente com esses assentamentos:

> *Há vários assentamentos na região de Campo Verde, um assentamento muito grande com mais de 500 assentados, o Dom Osório, tem 14 de outubro, Paulo Freire e 28. Fiz um trabalho de extensão em Dom Osório com 15 produtores e conseguimos mudar a vida de famílias com esse trabalho, com industrialização de produtos derivados do leite. Uma produtora vendia garrafinhas de leite na cidade e depois do projeto passou a produzir produtos derivados do leite, conseguiu estruturar uma cozinha e conseguiu fazer queijos temperados e colocar esse queijo no mercado e isso melhorou a qualidade de vida da família. [...] Aqui próximo tem Córrego do Ouro, Mata-Mata, Formiga, Água Quentes e o Assentamento Santo Antônio da Fartura, (com 266 assentados), vizinho do campus. Santo Antônio da Fartura é um grande assentamento, elegeu um vereador, tem duas Cooperativas com diversas agroindústrias, e precisam andar muito para ter assistência* (DOCENTE 1, GRUPO FOCAL SVC, 2020).

> *Desse assentamento temos vários alunos, que não são internos, alunos que relatam que andam 10km, 15km pra vir estudar* (DOCENTE 3, GRUPO FOCAL SVC, 2020).
> *[...] são 19 estudantes. Outros de outros anos já foram para Agronomia, Zootecnia, Veterinária, Enfermagem, Direito. Alguns permanecem fazendo o superior aqui* (DOCENTE 1, GRUPO FOCAL SVC, 2020).

De acordo com a Portaria da Fundação Palmares n.º 88/2019, Santo Antônio do Leverger (FUNDAÇÃO PALMARES, 2019) tem duas comunidades renascentes de quilombos certificadas pela Fundação Palmares, a Comunidade Abolição e a Comunidade Sesmaria. E de acordo com o Mapa dos Grupos Sociais de Mato Grosso — 2010 (SILVA; JABER; SATO, 2011) —, a terra indígena "Tereza Cristina" dos povos Bororo e seis comunidades pantaneiras: Mimoso, Porto de Fora, Bocainha, Barra do Ariçá, Barranco Ato e Praia do Poço estão localizadas dentro dos limites do município de Santo Antônio do Leverger. Dessas comunidades e povos tradicionais, o IFMT *campus* São Vicente também tem estudantes matriculados nos cursos, desde o EMI em Técnico em Agropecuária ao Ensino Superior, assim como afirma a Docente 1, Grupo Focal SVC: *"Nós temos alunos de comunidades quilombolas também. Alguns foram alunos do TA e agora estão na Zootecnia, [...] nós temos alunos indígenas também, de aldeias próximas".*

Mesmo com a proximidade física desses assentamentos, e de assentamentos como o Santo Antônio da Fartura terem uma boa estrutura de produção, inclusive de industrialização de alimentos, os docentes relataram a dificuldade de os estudantes optarem por realizarem estágios ali, por darem preferência aos grandes produtores, devido à chance de contratos futuros e maior prestígio profissional.

> *A minha disciplina "Agroindústria", a tecnologia de alimentos, não é só o grande, a empresa pequena também, da atividade rural, do comércio, da cidade, a gente não tem só o macro, a gente tem as pequenas também, que precisam de muita orientação. Meu pai é um homem assentado da reforma agrária no Assentamento Santo Antônio da Fartura e meu marido trabalha na terra [...] eu acompanhei um laticínio lá, por 10 anos eles tentando abrir o laticínio, e eles encontravam várias dificuldades por falta de um técnico, de uma orientação, o que demorou muito para conseguirem resolver esse problema. Então analisando um curso, precisa trabalhar com todos, não só um tipo de produzir, mas a orgânica, a não orgânica, com grandes, mas com os pequenos também, e como se faz para reduzir os impactos e a agroecologia. Mas o que a gente vê é que*

> *eles precisam andar muito para ter assistência e nossos alunos preferem ir nos grandes. Na teimosia desses pequenos, 70% dos alimentos estão na mesa dos brasileiros. Então pensa se a gente mudasse o global* (DOCENTE 1, GRUPO FOCAL SVC, 2020).

No entanto, há também aqueles que buscam melhorar, além das suas condições de vida, a sua comunidade. A Docente 1 do Grupo Focal SVC relata que quando os estudantes começam o curso ela os questiona sobre o que eles pretendem fazer ao concluir o curso:

> *Quando eu comecei a fazer essas perguntas eu percebi que alguns desses alunos dizem "eu vim do quilombo, da chapada, e eu pretendo aprender para melhorar a minha região"; o indígena "eu quero aprender agroindústria porque eu quero produzir na minha aldeia, no meu povo, e quero melhorar a terra"; outros, de assentados e agricultura familiar, falam "eu quero continuar nos estudos, eu quero trabalhar numa grande empresa, eu quero trabalhar com bovino de corte, eu quero trabalhar com soja, algodão", tem aqueles que falam "eu quero ser veterinário, eu quero ser advogado, médico".*

Mas com o passar do tempo, como afirma a Docente 1 do Grupo Focal SVC, esses estudantes vão mudando, talvez pela formação que receberem ou pela imposição do mercado, e eles não querem só fazer o EMI em Técnico em Agropecuária,

> *[...] querem ser zootecnistas, ser engenheiros agrônomos, mas eles, por conta da política pública, não pensam em voltar para a terra dos pais, para aquele assentamento, pensam em melhorar a vida longe, "eu quero ir trabalhar naquela grande plantação". Então isso perpassa na questão das políticas públicas, é preciso a gente entender o todo e resolver os problemas* (DOCENTE 1, GRUPO FOCAL SVC, 2020).

Isso demonstra a importância da instituição na vida das pessoas e suas comunidades, e chama à responsabilidade os IFs, no compromisso com a diversidade e com o atendimento das demandas dessas comunidades. Mas também evidencia como a falta de políticas públicas para os produtores de pequenas propriedades da agricultura familiar e camponesa interfere na saída do campo e no fortalecimento do agronegócio.

3.3.2 IFMT *campus* Sorriso[24]

A cidade de Sorriso é considerada a capital nacional do agronegócio. Localizada na macrorregião do Médio Norte, no planalto mato-grossense e no bioma da Amazônia, é uma região em franco desenvolvimento, sendo a maior produtora de grãos do estado. Esse fator tem atraído pessoas de diferentes regiões do país, que migraram e continuam migrando em busca de oportunidade de trabalho, emprego e renda. É o *campus* mais próximo da unidade da Embrapa Agrossilvipastoril, com pesquisas e tecnologia de ponta.

Sorriso apresenta um crescimento populacional e econômico acima da média nacional, com alta produção de matéria-prima, com ênfase na agricultura de precisão, necessidade de qualificação para o trabalho.

Consta no site oficial da Prefeitura Municipal (FGI, 2019) que Sorriso é o município que, individualmente, mais produz grãos no Brasil: 3% da produção nacional e 17% da produção estadual. Em seus 600 mil hectares agricultáveis, produz mais de 5,6 milhões de toneladas de grãos em um único ciclo de cultura; além de 26,4 mil toneladas de pluma de algodão. A soja é a principal cultura, atingindo quase 84% da produção, seguida de forma direta pelo milho. Sorriso alcançou, em 2019, R$ 3,9 bilhões em produção agrícola.

Consta no PPC que o município ocupa o primeiro lugar no ranking nacional do abate de bovinos, e em relação à avicultura e à suinocultura, ocupa a sétima e quinta posição no abate de frangos (4,1%) e suínos (3,2%), respectivamente. Sorriso conta também com empresas multinacionais; além de empresas regionais; abatedouros de suíno, aves e peixes; indústrias de alimentos, associações e cooperativas de produtores rurais.

Sorriso tem a 7.ª maior população e é considerada a maior economia do estado. Como pode ser observado na Tabela 5, o PIB *per capita* foi de R$ 68.895,07, mais que o dobro da média do país (R$ 33.593,82), considerado renda alta. O IDHM em 2010 foi de 0.7444, numa escala de 0 a 1, o que situa esse município na faixa de Desenvolvimento Humano Alto (IDHM entre 0,700 e 0,799) (ATLAS BR, 2010), comparando-o ao IDH do Brasil, que foi de 0,6999. No entanto, 36% da população estava ocupada em 2018, com uma média de 2,4 salários mensais.

---

[24] Texto escrito a partir da dissertação de mestrado em Educação, publicado pela autora, Silva (2020).

Tabela 5 – Dados socioeconômicos da população do município de Sorriso

População estimada [2020]	População ocupada [2018]	Salário médio mensal dos trabalhadores formais [2018]	Percentual da população com rendimento nominal mensal *per capita* de até 1/2 salário-mínimo [2010]	PIB *per capita* [2018] R$	Índice de Desenvolvimento Humano Municipal (IDHM) [2010]
92.769	36,90%	2,4	30%	68.895,07	0,744

Fonte: elaboração da autora partir de dados do IBGE Cidades (IBGE, 2018d)

Zambra *et al.* (2015, p. 239) evidenciam que mesmo estando posicionado entre os melhores níveis de desenvolvimento do país, ocasionados pelo avanço do progresso técnico e da modernização agrícola, ocorridos entre os anos de 1991 a 2000, o mesmo não ocorreu com nível de desigualdade na distribuição da renda, que se elevou devido à forte concentração fundiária e do capital, desigualdade na distribuição da renda, intensificação das atividades informais e a dependência econômica acentuada dos lucros provenientes da agricultura, principalmente da produção da soja. A desigualdade é visível a olho nu na distribuição dos bairros da cidade. Zambra *et al.* (2015) apresentam no Gráfico 8 essa discrepância de renda média familiar, sendo a menor renda em bairros periféricos e a maior renda na área central.

Gráfico 8 – Variação da renda média familiar *per capita* nos bairros do município de Sorriso/MT

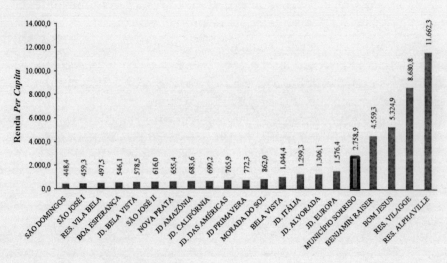

Fonte: Zambra *et al.* (2015, p. 244)

Consta no PPC (IFMT, 2015) que a instituição assume seu papel formador, considerando, principalmente, a necessidade de atenuar as desigualdades sociais, gerar conhecimento técnico, tecnológico e científico para atender a demanda de empregabilidade, geração de renda e prosseguimento nos estudos, conciliando desenvolvimento e sustentabilidade ambiental e buscando articular o atendimento às necessidades produtivas ao das necessidades sociais, culturais e ambientais.

À margem da grande predominância do agronegócio, outras alternativas de produção têm ganhado espaço. No município de Sorriso há três assentamentos, com 415 famílias assentadas; e em três municípios limítrofes mais dez assentamentos com 2.813 famílias assentadas, como se observa na Tabela 6, diversificando a produção com culturas de hortifruti, pecuária de leite, apicultura, piscicultura, avicultura de corte e postura, suinocultura e ovinocultura.

Tabela 6 – Total de assentamentos e famílias assentadas nos municípios que compõem o IFMT *campus São Vicente*

	N.º Assentamentos	N.º Famílias Assentadas
Sorriso	3	415
Nova Ubiratã	4	915
Tapurah	5	1678
Vera	1	220

Fonte: relatório geral de informações de assentamentos/MT (INCRA, 2017)

Desde a implantação do IFMT *campus* Sorriso, conforme consta no PPC, buscou-se atrelar os princípios e anseios da população da região e parceiras com o poder público e classe empresarial, buscando suprir as demandas do setor produtivo. Mas ao mesmo tempo, objetiva-se no PPC "discutir uma educação não apenas como processo produtivo, mas especialmente como processo de cidadania" (IFMT SRS, 2015, p. 9-10), e estimular o retorno e os investimentos para a região, articulando educação de qualidade e profissionalização que atenda as demandas do mercado (citadas repetidas vezes no PPC). Balizando também a organização do Ensino Médio Integrado ao Técnico em Agropecuária, com foco na expansão e no desenvolvimento científico e tecnológico da agricultura de precisão e da pecuária, e no crescimento da indústria, buscando inserir a sustentabilidade ambiental como contrabalanceamento.

> *A região de Sorriso, comparada com outras regiões, tem uma potencialidade no sentido de que é algo que faz parte da realidade e que envolve muito os alunos, então eles já vêm, muitas vezes, com uma bagagem, pelas suas vivências, por conhecer algo dessa área* (DOCENTE 6, GRUPO FOCAL SRS, 2020).

O *campus* Sorriso possui uma arquitetura moderna padrão e se situa em área urbana de Sorriso, município de desenvolvimento do agronegócio, da pecuária de corte e da agroindústria, que exige pressionar o investimento em tecnologia de ponta voltada as essas áreas.

Figura 10 – Imagem aérea do IFMT *campus* Sorriso

Fonte: site do IFMT *campus* Cuiabá (2019)

São ofertados o EMI ao Técnico em Agropecuária e o EMI ao Técnico em Alimentos, curso subsequente de nível médio Técnico em Agropecuária em extensão no município. A verticalização em nível superior é ofertada com Bacharelado em Ciências Agrárias, Tecnologia em Produção de Grãos e Tecnologia em Gestão Ambiental, e Especialização em Educação Ambiental e Docência do Ensino Superior. O *campus* tinha em agosto de 2020 um total de 1.063 alunos matriculados.

A distribuição do número de vagas ofertadas não atinge o mínimo de 50% para cursos técnicos de nível médio estipulado na lei de criação do IFs e o EMI 36% das vagas ofertadas no *campus*, conforme pode se observar na Gráfico 9.

Gráfico 9 – Distribuição do número de vagas ofertadas por ano, por nível e modalidade de curso

Fonte: elaboração própria com base nos dados disponíveis na página do *campus*

Esse índice é alcançado em *campi* do interior, em processo de implantação e estruturação, pois com o passar dos anos a tendência é abertura de mais cursos de nível superior e pós-graduação, não cumprindo, na maioria dos *campi*, a meta 11 do PNE. De modo que a busca pela verticalização desequilibra a base de oferta de cursos de nível médio, pois o número de vagas permanece o mesmo, enquanto se abrem novos cursos e ampliam os níveis de ensino.

O EMI ao Técnico em Agropecuária tem ingresso anual, com entrada de duas turmas de 35 alunos, totalizando 70 vagas anuais. Em 2021 há 179 estudantes matriculados. Mesmo o ingresso prevendo 50% de reserva de vagas, o curso tem 129 estudantes (72%) de escolas públicas matriculados. Conforme dados socioeconômicos de ingresso: 50% se declararam pardos, 8,11% pretos e 41,89% brancos; entre os que informaram possuir renda, 77,61% declaram ter uma renda familiar de até um salário-mínimo e meio por pessoa da família; entre os que se declararam pretos (8,11%), 50% tinham uma renda familiar de até meio salário-mínimo por pessoa da família e 50% de meio a um salário-mínimo por pessoa da família. Quanto à procedência, 12 estudantes vieram de outros municípios, como: Peixoto de Azevedo, Vera, Cuiabá, Nova Ubiratã, Ipiranga do Norte e Itanhangá, mesmo não sendo um *campus* de internato, com residência estudantil disponível, sendo que muitos deles são ou esperam ser contemplados com auxílio moradia, por meio do Programa de Assistência Estudantil (PNP, 2020).

3.3.3 IFMT *campus* Avançado Guarantã do Norte

O município de Guarantã do Norte fica localizado na macrorregião Norte de Mato Grosso, na divisa com o estado do Pará, contemplada pelo bioma da Amazônia. A formação do município de Guarantã do Norte parte de um projeto de colonização e reforma agrária, que assentou famílias de agricultores desapropriados no sul do país e brasileiros que buscavam arrendamento de terras no Paraguai. O nome do município é o nome de uma árvore da região, muito utilizada para fazer cabo de machados, simbolizando a força e o desbravamento, o que atrela a imagem de desenvolvimento à de derrubada da floresta.

O município é formado por produtores de pequenas propriedades, com PIB, IDH e expectativa de vida abaixo da média do estado e nacional, com incidência de pobreza elevada (31,91%). Em 2018 o município tinha uma baixa taxa de pessoas ocupadas de 15,80%. O salário médio dos trabalhadores ocupados era de 2,3 salários-mínimos, sendo que 36,3% da população com rendimento nominal tinha renda mensal *per capita* de até um salário-mínimo e meio (IFMT GTA, 2016, p. 12). No grupo focal o Docente 18 relatou que "[...] *a população é bem carente, de uma maneira geral. Só que essa carência a gente não consegue observar na cidade, só quando você anda no campo que você consegue ver*".

Tabela 7 – Dados socioeconômicos da população do município de Guarantã do Norte

População estimada [2020]	População ocupada [2018]	Salário médio mensal dos trabalhadores formais [2018]	Percentual da população com rendimento nominal mensal *per capita* de até 1/2 salário-mínimo [2010]	PIB *per capita* [2018] R$	Índice de Desenvolvimento Humano Municipal (IDHM) [2010]
36.130	15,8%	2,3	36,3%	25.002,98	0,703

Fonte: elaboração da autora partir de dados do IBGE Cidades (IBGE, 2018d)

A economia gira em torno da pecuária, de atividades de micro e pequenas empresas do ramo da madeira, plantio de banana e produção de leite e mel. Também a educação apresentava um déficit com 32,35% dos adolescentes sem frequentar a escola e apenas 1,27% dos jovens de 18 e 24 anos cursavam o ensino superior (IFMT GTA, 2016, p. 12).

A Fase IV da Expansão da Rede Federal possibilitou a instalação de um *campus* Avançado do IFTM em Guarantã do Norte, tornando a região um polo educacional de contribuição para o desenvolvimento social, econômico, produtivo e tecnológico dos municípios da área de influência. De modo que a criação dos IFs, o processo de expansão e a interiorização representam para essas regiões longínquas do país não só a possibilidade de desenvolvimento econômico local, como também apropriação de conhecimento técnico e científico para atuação na transformação da realidade, fomentando o desenvolvimento em região menos desenvolvidas, mesmo que, por vezes, o que tem se observado seja a ordem inversa, a instalação dos *campi* em regiões em desenvolvimento com o intuito de formação de mão de obra especializada. Para o Docente 17 o IFMT estar na região *"[...] e trazer conhecimento técnico para uma região essencialmente agrícola e agropecuária é muito importante, e eu vejo que trouxe muita esperança e muita novidade e inovação tecnológica para a região".*

Consta no PPC que 25% dos habitantes vivem na zona rural. É o *campus* com maior número de famílias assentadas, seis assentamentos no município de Guarantã do Norte com 2.306 famílias assentadas, e os dois municípios limítrofes totalizam mais 12 assentamentos com 4.225 famílias assentadas, como se observa na Tabela 8.

Tabela 8 – Total de assentamentos e famílias assentadas nos municípios que compõem o IFMT *campus* Avançado Guarantã do Norte

	N.º Assentamentos	N.º Famílias Assentadas
Guarantã do Norte	6	2306
Novo Mundo	12	2926
Matupá	2	1299

Fonte: relatório geral de informações de assentamentos/MT (INCRA, 2017)

De acordo com o Mapa dos Grupos Sociais de Mato Grosso — 2010 (SILVA; JABER; SATO, 2011) —, duas terras indígenas estão localizadas entre a região de Guarantã e Matupá: "Menkragnoti" dos povos Kayapó e Kayapó Menkragnoti e povos isolados; e Panará dos povos Panará.

> *O IFMT campus Avançado Guarantã do Norte surge num contexto histórico transformador, tanto na região que abriga o município de Guarantã do Norte, quanto no cenário nacional de expansão do*

ensino tecnológico, que nasce com o papel de atenuar a desigualdade social, acentuar os procedimentos de formação da economia local, gerar poder de empregabilidade à comunidade, trazer referência em ensino, transferência de tecnologia e inclusão socioeconômica (IFMT GTA, 2016, p. 15).

O *campus* Avançado Guarantã do Norte iniciou suas atividades em 2014, na estrutura do antigo Seminário dos Padres Cavanis, localizado na linha Páscoa, Guarantã do Norte do Norte-MT, adquirida pela Prefeitura Municipal de Guarantã do Norte e doada ao IFMT.

Figura 11 – IFMT *campus* Avançado de Guarantã do Norte

Fonte: site do IFMT (IFMT Campus Avançado Guarantã do Norte, 2017)

O Docente 14 afirma que, apesar de estar na cidade a menos de dois anos, "já deu para perceber bem o perfil do curso. [...] Guarantã tem uma particularidade em relação as outras cidades [...] *a proporção de pequenos produtores aqui na região é maior, então tem que se dar um foco devido, porque aqui realmente é bem diferente*".

A escolha pelo EMI ao Técnico em Agropecuária se deu considerando a realidade local, como a verticalização em nível superior em Bacharelado em Zootecnia, Tecnologia da Agroindústria e Licenciatura em Ciências da Natureza. A distribuição do número de vagas ofertadas atinge o mínimo de 50% para cursos técnicos de nível médio estipulado na lei de criação do IFs, e o EMI ocupa 33% das vagas ofertadas no *campus*, conforme pode se observar no Gráfico 10.

Gráfico 10 – Distribuição do número de vagas ofertadas por ano, por nível e modalidade de curso

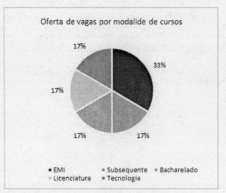

Fonte: elaboração própria com base nos dados disponíveis na página do *campus*

O EMI ao Técnico em Agropecuária tem ingresso anual, com entrada de duas turmas de 35 alunos por turma, totalizando 70 vagas anuais. No ano de 2021 há 159 estudantes matriculados. Mesmo o ingresso prevendo 50% de reserva de vagas, o curso tem 74% de estudantes provenientes de escolas públicas matriculados. Conforme dados socioeconômicos de ingresso: 52% se declararam pardos, 2,67% pretos, 42,67% brancos, 1,33% amarelos e 1,33% indígenas; esse foi o *campus* com menor número de declarantes de renda, mais de 94% não declararam, a maioria declarante, 88,89%, tinha uma renda familiar de até um salário-mínimo e meio por pessoa da família. Quanto à procedência, cerca de 10% dos estudantes são provenientes da zona rural, 22% dos estudantes vieram de outros municípios para estudar, como: Matupá, Peixoto de Azevedo e Novo Mundo/PA, que são municípios próximos, sendo que muitos deles são ou esperam ser contemplados com o auxílio transporte e alimentação, por meio do Programa de Assistência Estudantil, ou vão para Guarantã do Norte com transporte escolar cedido pelos municípios vizinhos (PNP, 2020).

3.4 Demandas formativas de trabalhadores do campo e a relação com a proposta educativa do IFMT

Ao considerar a diversidade como ponto de referência em seu projeto pedagógico, o IFMT a conceitua como construção histórica, cultural e social que está presente em todas as relações sociais, de modo que ocupa lugar político desde a colonização e a formação do povo brasileiro. O que implica a necessidade de, como instituição, posicionar-se frente ao processo de colonização e dominação, e estabelecer íntima relação com as demandas dos movimentos sociais e culturais, a fim de provocar mudanças nos projetos pedagógicos e interferir na política educacional, pois "É preciso compreender o contexto e as conjunturas políticas, econômicas e sociais imbricadas no tratamento dado às diferenças" (IFMT, 2019, p. 51).

A mobilização dos movimentos sociais impulsionou a inclusão de sua realidade em

> [...] agendas, programas e projetos na materialização da defesa e promoção dos direitos humanos, a exemplo dos Programas Nacional, Estaduais e Municipais de Direitos Humanos, o Estatuto da Criança e do Adolescente – ECA, as legislações de combate à discriminação racial e à tortura, bem como as recomendações das Conferências Nacionais de Direitos Humanos (IFMT, 2019, p. 61).

Assim como em políticas públicas que atendessem às demandas de grupos minoritários, como na política educacional a educação do campo.

> No entanto, a despeito dessa mobilização e movimentação para a concretização do Estado Democrático de Direito, persiste um distanciamento entre os marcos normativos e a realidade da maioria da população brasileira. O contexto nacional, historicamente, tem se caracterizado por desigualdades e pela exclusão econômica, social, racial e cultural, decorrentes de um modelo de Estado fundamentado na concepção neoliberal, no qual as políticas públicas priorizaram os direitos civis e políticos, em detrimento dos direitos econômicos, sociais e coletivos (IFMT, 2019, p. 61).

Nesse sentido, o IFMT coloca como necessidade de atender no processo educacional demandas de grupos, coletivos e movimentos sociais, pautando-se em princípios da cultura dos direitos humanos, do fortalecimento de ações antidiscriminatórias, da defesa da inclusão da diversidade nos espaços sociais e da sustentabilidade ambiental, social, cultural e econômica local e regional.

Como abordado em outros capítulos e item da tese, os *campi* estudados se situam em regiões com a presença de acampamentos e assentamentos da reforma agrária, comunidades quilombolas e indígenas em contexto do campo, de produtores de pequenas propriedades, com cooperativas, associações e coletivos de produção, assim como grandes fazendas, empresas e indústrias. Também estão presentes nessas regiões grupos, associações ou movimentos representativos dos trabalhadores do campo e da floresta: Sindicato dos Trabalhadores Rurais; Movimento dos Trabalhadores sem Terra (MST); Movimento dos Atingidos pelas Barragens (MAB); Movimento da Agricultura Familiar (MAF); Movimento Quilombola, Movimento Indígena, Comissão Pastoral da Terra (CPT), Comunidades Eclesiais de Base (CEBs); e representativos do patronato e de setores do agronegócio: Sindicato Rural ligado à Federação da Agricultura e Pecuária do Estado de Mato Grosso (Famato) e à Associação Brasileira do Agronegócio (Abag).

A relação estabelecida com esses grupos sociais, conforme consta nos PPCs, dá-se desde o momento de instalação dos *campi* na região, com a escolha de eixos formativos e cursos a serem ofertados. As demandas de formação, de acordo com o que consta nos PPCs, foram levantadas por meio de estudo dos arranjos socioprodutivos locais e regionais, e em reuniões com setores do comércio, empresas, indústria e sindicatos. "Após a definição dos eixos formativos, os cursos foram apresentados à comunidade por meio de audiência pública, onde foram coletadas sugestões de futuros cursos" (IFMT GTA, 2016, p. 16).

A mobilização da sociedade se deu considerando os setores representativos, em grande parte, do setor produtivo do agronegócio. Não consta nos PPCs a presença de movimentos sociais do campo e da floresta no estabelecimento dessas demandas. O que revela a dificuldade na quebra da hegemonia da formação, buscando capacitar mão de obra de acordo com os interesses do mercado.

No item 3.2 "Elementos integradores: Terra, Trabalho e Educação" discutimos a relação da efetivação da prática diária de formação, em atividades de visitas técnica, práticas orientadas e, principalmente, no desenvolvimento de projetos de pesquisa e extensão, culminando na vivência do trabalho produtivo no estágio curricular supervisionado.

No documento "Notas para análise do momento atual da Educação do Campo" do Fórum Nacional de Educação do Campo (Fonec), realizado em 2012, os IFs foram chamados à responsabilidade na oferta de cursos que contemplem as demandas formativas dos trabalhadores do campo. Foram tecidas críticas às políticas públicas e educacionais do Estado direcionadas aos trabalhadores do campo, que têm como intuito consolidar a hegemonia do agronegócio no meio rural.

> O agronegócio apresenta, aos trabalhadores do campo, a distância que separa os que são proprietário de terra e capital daqueles que são agricultores familiares, com pouca terra ou empregados das empresas rurais, por meio de produtos tecnológicos sofisticados, com apelos de imagem e estratégias de marketing. Com isso, pretende promover o apagamento dos referenciais construídos pelos próprios trabalhadores, quer no aspecto técnico de produção e valores genéticos preservados, quer no modo de vida e referências culturais que trazem das suas lutas pela sobrevivência em meio à exploração (LOTTERMANN, 2020, p. 101).

O que tem acontecido segundo o relatado no documento é uma inserção de modelos e/ou projetos educacionais por via de extensão rural em um processo de dentro para fora, atacando a formação conquistada e almejada pelos trabalhadores do campo, como é o caso do Pronera. "Essas e outras políticas vêm ano a ano sendo questionadas, numa tentativa de esvaziar a força que uma educação política e questionadora tem na formação dos sujeitos" (FONEC, 2012, p. 9).

A educação do campo tem princípios sólidos construídos com base na luta e na vivência dos trabalhadores do campo. A reivindicação do Fonec é que esses princípios sejam considerados e respeitados, incorporando saberes, práticas, cultura e valores desses sujeitos sociais. A efetivação do EMI nos moldes dos IFs, sob a base da politecnia, representa a aproximação dos princípios da educação do campo, mas as políticas educacionais têm direcionado para outros interesses. Exemplo disso é o Programa Nacional de Acesso ao Ensino Técnico e Emprego (Pronatec) e Pronatec Campo, que em "Notas para análise do momento atual da Educação do Campo" (FONEC, 2012) considera uma formação aligeirada, que não contempla os interesses da Educação Profissional dos trabalhadores e nem promove o desenvolvimento local, regional, nacional. A que Lottermann (2020, p. 102) acrescenta:

> Trata-se da contradição entre a formação aligeirada, superficial e diretamente comprometida com as demandas de mão de obra do capital, em relação aos rumos da expansão da Educação Profissional e Tecnológica, fundamentada na politécnica, cuja maior expressão é o Currículo Integrado da Educação Básica à Educação Profissional, possível a partir do Decreto n.º 5.154/2004 e priorizada nos IFs.

O desafio apresentado no Seminário do Fonec é propor alternativas, estirar para uma formação mais ampla. "Entendemos que especialmente as brechas da inserção dos institutos federais em desafios de formação dos trabalhadores do campo, podem ser potencializadas na direção de outro paradigma de agricultura" (FONEC, 2012, p. 20).

Entre os compromissos assumidos no Seminário, destacamos:

> 4. Mobilizar os institutos federais e outras instituições de ensino nesse debate sobre educação profissional, na tomada de posição sobre os limites do Pronatec e na construção de alternativas para democratização do acesso dos trabalhadores aos cursos técnicos, na perspectiva de uma formação integrada.

Nesse sentido, é esperado, pelos Movimentos Sociais do Campo, que os IFs sejam abertos ao diálogo e à propositura em se discutir possibilidades de inclusão das demandas dos trabalhadores do campo e não somente mediador entre projetos antagônicos do agronegócio de um lado e de outro da agricultura familiar e da agricultura camponesa.

Quanto às entidades representativas do patronato e do agronegócio, a inserção tem acontecido, seja por meio da hegemonia em consolidação nos diversos segmentos da sociedade, seja pela imposição do Estado, pela mídia, pela interferência dos ruralistas na criação de legislação e políticas públicas, ou seja, ainda pelos valores que engendram uma espécie de consenso na sociedade, inclusive em educadores dos IFs, como podemos observar nos registros dos grupos focais realizados nos *campi* da pesquisa. O que se relata e o que consta nos PPCs dos *campi* pesquisados é a predominância do agronegócio tanto na escolha e oferta de cursos quanto na formulação do currículo, das ementas, nas escolhas de conteúdos e temáticas, como também orienta atividades práticas e opção por estágios dos estudantes. O que cria barreiras, mas não impossibilita que as contradições sejam acirradas, no sentido de ampliar os espaços de luta por uma concepção ampla de educação que contemple as realidades dos filhos de produtores de pequenas propriedades, agricultores familiares, camponeses, indígenas, quilombolas e ribeirinhos.

A formação idealizada por esses setores é nos moldes do Pronatec, ofertada pelo "Sistema S", mais especificamente, no caso da agricultura e pecuária, pelo Serviço Nacional de Aprendizagem Rural (Senar), que no Mato Grosso está interligado com os Sindicatos Rurais que fazem parte da Famato e que tem na Abag[25] a principal disseminadora da hegemonia do

---

[25] A Abag tem entre os princípios a integração à economia internacional, e principal objetivo: destacar o agronegócio junto ao governo, iniciativa privada, entidades de classes e universidades e implementar medidas que o fortaleçam, disseminando a sua fundamental importância para o desenvolvimento do país. (SISTEMA FAMATO, 2020).

agronegócio brasileiro. Os principais objetivos da formação profissional ofertada por esse serviço são: inserção dos participantes no mercado de trabalho rural; mão de obra mais qualificada para o campo; preenchimento das vagas de emprego com pessoas mais qualificadas; desenvolvimento e estímulo das habilidades empreendedoras do público-alvo; e aumento de pessoas economicamente independentes dos programas de transferência de renda.

O conjunto legal para a educação aprovado no governo Bolsonaro tem como foco fortalecer a educação que interessa aos setores produtivos. As Diretrizes Curriculares Nacionais para Educação Profissional e Tecnológica (Dcnept) — Resolução CNE/CP n.º 01-2021 — representam a regressão presente nas Diretrizes Nacionais do Ensino Médio — Resolução n.º 3/2018 —, na BNCC, e na Reforma do Ensino Médio. Essas diretrizes têm a rede federal como foco, o enfraquecimento da possibilidade de uma formação integral e integrada desmantela o pouco de ensino médio de qualidade conquistado e hoje levado ao interior do Brasil pela expansão e interiorização dos IFs. A intenção é reduzir a educação na rede à formação ministrada nos anos 90 pelo "Sistema S". A indução e pressão à implementação da reforma pelos IFs é grande, pois sua adesão seria o pilar para a implementação da reforma nos estados. Cabe à rede debater e analisar o que isso pode significar para o projeto da instituição, para o projeto de educação e decidir se quer continuar oferecendo uma educação de qualidade ou ser uma cópia do "Sistema S" (FRIGOTTO, 2021).

3.5 Elementos integradores: terra, trabalho, ciência e cultura

No PDI do IFMT (2019a), a ciência, a cultura e o trabalho são trazidos com elementos orientadores do fazer educativo. Acrescenta-se, considerando o contexto da educação profissional em Mato Grosso, principalmente nos cursos ligados ao Eixo Recursos Naturais, como é o caso do EMI ao Técnico em Agropecuária, o elemento terra — que é representativo da ação humana sobre a natureza, que determina os modos de produção, os modos e relações de trabalho, a cultura de comunidades, povos e nações e o desenvolvimento, aplicação e implicações do desenvolvimento científico e tecnológico — como um quarto elemento.

Para Taffarel e Molina (2012, p. 570),

> *Como nos tornamos seres humanos e como, ao longo da história da humanidade, organizamos o modo de produção e reprodução da vida. [...] é na relação na relação com os seres humanos, com a natureza em geral, que os homens, pelo trabalho, constroem a sua cultura e tornam-se seres humanos. É pela produção e reprodução das condições de existência que nos tornamos humanos.*

Desse modo, a integração entre os elementos Terra, Trabalho, Ciência e Cultura pode orientar para uma formação integral do ser humano, em suas dimensões intelectual, técnica, física, social, moral, ética e crítica, que possibilita uma ação transformadora.

3.5.1 Terra

A "vocação" agrícola do estado de Mato Grosso foi reconhecida em meados do século XX. Coexistem no estado dois modelos de produção: o agronegócio, que mantém o controle e a concentração de áreas cada vez mais extensas de terras por grandes grupos, assim como da alta tecnologia, uso abusivo de agrotóxicos, monocultura e uso de sementes transgênicas; e a agroecologia, defendida por movimentos sociais do campo e da floresta.

O contexto contraditório agrário de Mato Grosso é ponto determinante no processo formativo no IFMT. A implantação do EMI é marcada pela disputa hegemônica e contra-hegemônica da concepção de educação profissional e de educação básica, por setores dominantes do capital e movimentos sociais. Todos os Projetos Pedagógicos de Cursos dos *campi* em análise mencionam a questão agrária como determinante tanto no processo de implantação dos *campi* como na elaboração das propostas e da prática pedagógica.

Os PPCs atendem a Lei de criação dos IFs, Lei n.º 11.892/2008, que define como missão, no inciso I, do artigo 6.º,

> [...] ofertar educação profissional e tecnológica, em todos os seus níveis e modalidades, formando e qualificando cidadãos com vistas na atuação profissional nos diversos setores da economia, com ênfase no desenvolvimento socioeconômico local, regional e nacional.

O IFMT assume em seu Projeto Pedagógico Institucional 2019-2023 que a instituição precisa ir para além de mero aparelho ideológico do Estado (IFMT, 2019a). De modo que o desenvolvimento sustentável, citado como uma das justificativas da criação dos IFs, não está centrado no pensamento neoliberal de crescimento econômico, mas em assegurar melhoria nas condições de vida das pessoas, do ponto de vista também econômico, mas social, cultural, ambiental, de trabalho, de educação e de saúde nas comunidades locais e regionais. O PDI-IFMT 2019-2023 relaciona sustentabilidade à adoção de comportamento ético no desenvolvimento econômico, que vise primeiramente à qualidade de vida das pessoas, com respeito à cultura em seu sentido amplo — modos de vida, valores, costumes e linguagem de diferentes grupos sociais —, que deve ser entendida como uma necessidade humana básica e também como um direito.

O PPC-SRS firma o compromisso com a formação de cidadãos conscientes da importância do desenvolvimento sustentável e solidário, do respeito à pluralidade de pensamento e diversidade, combate às desigualdades, acesso e permanência na educação básica e no ensino superior, valorização e superação da matriz produtiva e disseminação da tecnologia. De modo que aponta para a necessidade de uma "educação emancipadora" que,

> [...] numa perspectiva histórica, aponte para a superação das desigualdades de classe, gênero, raça e quaisquer outras que possam ser entendidas como forma de violência social, rompendo com relações pautadas pelo poder econômico em detrimento dos valores humanos (IFMT SRS, 2015, p. 12).

Há contradição entre os princípios institucionais e a pressão da "vocação" econômica, pois ao mesmo temo que firma compromisso com a justiça e equidade social e a preservação do meio ambiente, vê-se impelido a dar respostas ao contexto produtivo, direcionando a difusão dos conhecimentos científicos e tecnológicos ao atendimento dos arranjos produtivos.

A questão da terra foi o eixo que ficou mais evidente durante a discussão nos grupos focais. Os docentes participantes da pesquisa afirmam que o curso, no geral, não atende a necessidade da agricultura familiar. Essa foi uma constatação de todos os grupos, de que o curso *"não tem o foco dirigido para o pequeno produtor, ele é algo mais ligado com a formação da mão de obra do técnico que realmente vai trabalhar ali para prestar uma assistência técnica, para trabalhar com uma produção de maneira geral"* (DOCENTE 12, GRUPO FOCAL SVC, 2020). E de que o curso atende:

> [...] muito mais o agronegócio instalado, do que as comunidades tradicionais, do que produção familiar. Essa é uma questão que pega muito no nosso curso, no nosso campus. [...] Então eu vejo que nós temos um lado, nós definimos um lado, e eu sinto muito que

> *os cursos da área agro tendam muito para o lado do agronegócio*
> (DOCENTE 5, GRUPO FOCAL SRS, 2020).

A contradição é enfrentada com projetos e programas pontuais, realizados por servidores que consideram outra perspectiva de educação em atendimento às demandas da comunidade local de pequenos agricultores da agricultura familiar, camponeses, indígenas, quilombolas e ribeirinhos. Mas precisa ser acirrada, no sentido de ganhar espaço na definição de cursos, currículos e práticas.

Esse é um assunto que foi considerado relevante e, por isso, merece atenção no curso, pois traz posicionamentos distintos e que revela preocupação por parte de alguns docentes, porque o conhecimento a ser construído na escola pode influenciar na formação de concepções e na tomada de atitudes e ações. Conforme afirmou a Docente 2 do Grupo Focal SVC, é na escola que muitos estudantes têm acesso ao assunto:

> *[...] quando os estudantes chegam [...] eles nunca tinham escutado nem a terminologia "questão agrária", é um termo estranho para eles, e quando eles saem eles já ouviram falar, já discutiram, lembram, às vezes com mais propriedade, às vezes de maneira mais vaga.*

Em sua dissertação de mestrado, Ritter-Pimenta (2019) faz uma análise das percepções históricas que os estudantes do ensino médio do IFMT *campus* São Vicente têm sobre a questão agrária brasileira. Segundo a autora, 91% dos estudantes ingressantes afirmaram que não tiveram aulas sobre a questão agrária na instituição de ensino anterior, mas 43% desses julgavam importante e 57% muito importante saber sobre a temática. Entre os concluintes 88% disseram não ter estudado sobre o assunto em disciplinas do curso, sendo que 8% julgavam ser importante e 92% muito importante se obter mais conhecimento sobre o assunto. Para 65% dos estudantes ingressantes a internet foi apontada como principal fonte de informação; enquanto entre os concluintes, 50% apontaram a escola como principal fonte de conhecimento, evidenciando a importância da escola na construção do conhecimento.

Ritter-Pimenta (2019) relata também que após os estudantes terem acesso ao conhecimento da estrutura fundiária do país e das consequências socioeconômicas resultantes desse processo, ao final do curso de EMI, espera-se que suas ações sejam "orientadas pelos conhecimentos científicos, e não mais por opiniões baseadas no senso comum", e a partir desses conhecimentos possam mudar as percepções sobre a questão agrária e sobre distribuição de terra no Brasil. No entanto, apresenta um dado preocupante:

> [...] é que existem muito mais similaridades do que divergências entre estudantes ingressantes e concluintes, naquilo que se refere ao pouco conhecimento apresentado para a temática em questão. Observa-se que os estudantes da primeira série do ensino médio ainda não tiveram contato escolar com o assunto e por isso não dispõem de conhecimento sobre ele. Porém, os concluintes, embora já tenham estudado a temática, demonstraram pouca ciência sobre a questão agrária (RITTER-PIMENTA, 2019, p. 115).

A referida pesquisa evidencia que esses estudantes não tinham praticamente nenhum conhecimento sobre a questão agrária brasileira e mato-grossense ao ingressar no curso e que, apesar de estudarem a temática em sala de aula, inserindo exemplificações e estabelecendo correlações sobre a problemática agrária, os estudantes finalizavam o ensino médio com uma compreensão do assunto ainda fragilizada. Mesmo estudantes "filhos de pequenos produtores e muitos deles oriundos de propriedades provenientes da reforma agrária, reproduziam um discurso próprio do agronegócio" (RITTER-PIMENTA, 2019, p. 90).

De modo que o conhecimento sobre o acesso, a posse e o uso da terra e sobre movimentos sociais do campo ainda está fundamentado no senso comum e na hegemonia repercutida pelos meios de comunicação, que se assentam sobre uma visão do capital econômico, que traz o agronegócio como um grande gerador de emprego e renda, um celeiro de oportunidades, de riqueza e de desenvolvimento, desconsiderando os problemas agrários e sociais resultantes da elevada concentração de terras.

Com isso, a concepção do modelo econômico do agronegócio tem adentrado cada vez mais nas escolas, em busca de legitimar a sua hegemonia pelo consenso. A agricultura familiar acaba sendo penalizada, até por conta da escassez de políticas públicas destinadas a esse segmento, que vêm sendo ainda mais minadas nos últimos tempos. Tanto que mesmo produtores de pequenas propriedades, mais antigos, têm certa resistência a aceitar mudanças na produção proposta pelos filhos:

> Acontece do pequeno produtor olhar a tecnologia do grande produtor e achar que é a melhor, e não achar que a forma dele produzir de uma forma mais sustentável, orgânica, com menos agrotóxico, seja aplicável, quando muitas vezes é. Eu não acredito que nossa geração, enquanto produtor rural, tenha condição atual de propor

> *modificação em relação ao sistema de produção mais sustentável. Eu acredito nos filhos. Mas muitas vezes a gente ensina formas sustentáveis de produção, mas como se diz "Santo de casa não faz milagres", e quando o aluno chega em casa o pai, muitas vezes, diz "não, isso aqui eu fiz a vida inteira" e acaba tendo uma limitação grande* (DOCENTE 11, GRUPO FOCAL GTA, 2020).

Nesse sentido, a escola se torna espaço de disputa em que é preciso oportunizar aos estudantes o conhecimento de toda a realidade social, de todos os modos de produção e reprodução da vida, das relações de trabalho e da relação com a natureza de cada modo de produção, em igualdade nos currículos escolares. Tanto que ao analisar o município de Guarantã do Norte, que apesar de ser um município pequeno apresenta uma concentração maior de produtores de pequenas propriedades da agricultura familiar, percebe-se que a hegemonia do agronegócio vem avançando tanto com relação aos produtores da região quanto nos posicionamentos ideológicos de profissionais da área. A realização do Grupo Focal GTA já iniciou ressaltando que:

> *Guarantã é um grande projeto de reforma agrária e um dos lugares do Brasil que mais tem porcentagem de assentados que ficaram com suas propriedades. Nós temos um processo de agricultura familiar muito interessante, que como em todas as regiões do Brasil ocorre um processo de esvaziamento, em que os pais vão envelhecendo e os filhos vão embora e a agricultura familiar vai se esvaindo e vai entrando o agronegócio. Nós não somos mais vítimas do agronegócio por causa da nossa topografia, com relevo um pouco acidentado, senão nós teríamos bem menos pequenas propriedades e teremos muito mais plantação de soja* (DOCENTE 17, GRUPO FOCAL GTA, 2020).
>
> *[...] tem um assentamento gigantesco, tem muita agricultura familiar, entretanto o pequeno produtor tem certa dificuldade no acesso às políticas públicas e a informação. Talvez pela vivência, ou pelas entidades não encontrarem uma forma ideal de trabalhar com eles. Então é uma região que é forte tanto no agronegócio, que Peixoto, Matupá e Guarantã do Norte tem mais de 1 milhão de cabeças de gado, com produtores de excelência com relação a tecnologias, como também aqueles produtores que não conseguem tirar o seu sustento, sobrevivem em grandes áreas de terra, num patrimônio financeiro grande, mas não conseguem extrair, ter de volta, todo o investimento feito em cima da terra* (DOCENTE 11, GRUPO FOCAL GTA, 2020).

De acordo com o PPC-GTA, o *campus* no município nasceu "com o papel de atenuar a desigualdade social, acentuar os procedimentos de formação da economia local, gerar poder de empregabilidade à comunidade, trazer referência em ensino, transferência de tecnologia e inclusão socioeconômica", além de formar trabalhadores qualificados para a crescente produção agrícola, com base na inovação tecnológica, a fim de "contribuir com desenvolvimento socioeconômico, atentos à necessidade de preservação do meio ambiente através da perspectiva de sustentabilidade" (IFMT GTA, 2016, p. 15).

Assim acontece no município de Sorriso, considerado um dos maiores produtores de grãos e de abate de bovinos, suínos e aves, e tendo também como força econômica a instalação de empresas multinacionais, abatedouros, indústrias de alimentos e empresas de implementos e máquinas agrícolas, que vive uma realidade social conflitante de desigualdade, em que é um dos mais ricos, com um dos maiores PIBs do estado, mas que não é acompanhado no mesmo nível por índices de qualidade de vida. Também convive com um crescimento no interesse pela agricultura familiar, orgânica e agroecológica, devido às pequenas propriedades de assentamentos próximos.

Outro ponto importante é a continuidade de um projeto de educação do campo, visto que a rede municipal de educação de Guarantã do Norte tem implantado a educação do campo e a pedagogia de alternância em cinco núcleos rurais do município. De modo que o envolvimento com a terra é percebido na inclusão, desde o Ensino Fundamental, nos currículos do 6.º ao 9.º ano, da disciplina de Técnicas Agrárias. "O que torna o EMI ao Técnico em Agropecuária um potencializador da continuidade de formação voltada ao setor agrícola" (IFMT GTA, 2016, p. 20). Nesse sentido, foi destacado no Grupo Focal GTA que:

> [...] *o IF e o curso, nesse contexto, têm uma função importantíssima, só que eu vejo que o IF não atingiu esse objetivo que eu penso que deveria ter. Eu penso que um curso TA deveria ser voltado para atender ao pequeno produtor, para atender aos filhos dessa agricultura familiar para tentar fixar na propriedade. Eu vim de outra escola de Educação do Campo, que exatamente visava isso, e tinha essa preocupação, já os nossos alunos eram das propriedades rurais circunvizinhas* (DOCENTE 17, GRUPO FOCAL GTA, 2020).

Essa preocupação com a inclusão dos estudantes filhos de produtores de pequenas propriedades locais, que foi uma das deliberações do Seminário Nacional do Ensino Agrícola da Rede Federal de Educação Profissional e

Tecnológica, realizado em 2008, abordado no Capítulo 1, item 1.5, que diz respeito à necessidade de estabelecer cotas no processo seletivo para estudantes filhos de agricultores familiares, também foi relatada no Grupo Focal GTA: *"[...] eu vejo que deveria ter uma política de inclusão no processo seletivo, de atender mais esses alunos e esse público da agricultura familiar"* (DOCENTE 17, GRUPO FOCAL GTA, 2020). Isso porque *"[...] a proporção de pequenos produtores aqui na região é maior, então tem que se dar um foco devido, porque aqui realmente é bem diferente"* (DOCENTE 14 GRUPO FOCAL GTA, 2020).

Para os participantes isso se deve ao fato de as vagas serem elitizadas *"[...] para aqueles alunos que querem um ensino bom, e acabam que entram no IF alunos de escolas particulares e os melhores alunos das escolas públicas porque conseguem as melhores notas"* (DOCENTE 18, GRUPO FOCAL GTA, 2020). Apontando como uma das causas os perfis de entrada no curso, em que dividem esses que *"[...] que querem uma educação de qualidade porque a gente proporciona isso e são alunos que não tem a vivência da parte rural e vão pela qualidade e alguns até acabam gostando"* (DOCENTE 14 GRUPO FOCAL GTA, 2020), que *"[...] mais de 50% não estão interessados na área técnica"* (DOCENTE 18, GRUPO FOCAL GTA, 2020). Um outro perfil de alunos é o daqueles que, segundo o Docente 14, "*é uma proporção grande, tem uma vivência, ou mora ou os pais, têm sítio e eles têm até um certo conhecimento. Inclusive vários alunos questionam sobre problemas que encontram no sítio*".

> Então tem essas duas coisas, tem os alunos que são filhos de pecuaristas e de agricultores e que a gente tem que tentar manter eles na atividade, e tem aqueles alunos que não são ou que não querem mesmo continuar e que a gente tem que preparar para o mercado de trabalho, porque eles não têm sítio para tocar, mas entendendo que eles terão que dar assistências para esses pequenos produtores, que é uma grande quantidade na região. A ideia que eu achei bem interessante na fala dos colegas é conseguir integrar eles com os pequenos produtores, por meio de incentivo a fazer o estágio, aprender como funciona, até porque se eles forem trabalhar numa casa agropecuária ou alguma coisa que vai dar assistência eles vão saber qual a vivência. E outra coisa comentada é a sucessão, que outros países já estão sofrendo muito já, e aqui tem muitos filhos de produtores estudando no IF, então a gente é responsável pela agricultura não acabar virando uma coisa de um dono só, por formar esses alunos, fazê-los pegarem gosto e conseguir com que uma pequena produção deles tenha competitividade e consiga se manter, produzir e lucrar (DOCENTE 14, GRUPO FOCAL GTA, 2020).

Uma das causas da pouca inclusão de estudantes filhos de produtores de pequenas propriedades apontada no Grupo Focal GTA é o currículo muito extenso, e foi sinalizada como uma possível solução à redução da carga horária:

> [...] o currículo precisa ser reformulado para diminuir a carga horária e aí a gente conseguir ofertar mais vagas. [...] Se o currículo fosse enxugado, deixando as matérias mais importantes e ofertar mais vagas, aí sim a gente iria atender as necessidades, pois iria dar um ensino de qualidade para aqueles alunos que buscam isso, o que também é importante, mas também a gente iria atender a outro tipo de clientela, que seriam aqueles alunos que teriam mais afinidade com a agricultura familiar, que estão dentro de uma agricultura familiar. Pois hoje, a maior parte dos alunos estão ligados a grandes e médias propriedade ou eles só querem um ensino médio de qualidade. Aquele aluno de renda mais baixa, que vem da agricultura familiar, ele não é inserido nessas vagas (DOCENTE 18, GRUPO FOCAL GTA, 2020).

A implementação de uma política de cotas para filhos de produtores de pequenas propriedades poderia ser uma saída para a inclusão de filhos de produtores de pequenas propriedades locais. A medida significaria um aligeiramento na formação, uma adesão ao estipulada na Reforma do Ensino Médio e na BNCC e continuaria não contemplando esse público.

Uma contradição a ser destacada se refere à justificativa do curso, que cita como fatores necessários à implantação do curso o desenvolvimento econômico da região, assim como "a formação de blocos econômicos regionais, a busca de eficiência e de competitividade industrial, através do uso intensivo de tecnologia de informação e de novas formas de gestão do trabalho" (IFMT GTA, 2016, p. 16). Tal desenvolvimento exige uma transformação também na sociedade do conhecimento, a partir do desenvolvimento científico e tecnológico, da transformação dos modos de vida e as relações sociais e do mundo do trabalho.

Por outro lado, busca-se atender à necessidade da formação de jovens a partir de uma formação que possibilite o domínio da ciência e da tecnologia e a intervenção no mundo. Intervenção essa que...

> [...] deve estar a serviço das transformações sociais. O progresso científico e tecnológico que não responde fundamentalmente aos interesses humanos, às necessidades de nossa existência perde significação. Um avanço tecnológico que ameaça milhares de pessoas de perder seu trabalho deveria corresponder a outro avanço

que estivesse a serviço do atendimento das vítimas do progresso anterior. Percebe-se então que esta é uma questão ética e política e não tecnológica (FREIRE, 1997 apud IFMT GTA, 2016).

O PPC-GTA destaca que o estado de Mato Grosso começou a se desenvolver na década de 1990, após uma forte ação estatal de incentivos fiscais, grandes projetos agropecuários e instalação de importantes empresas de agroindústrias nacionais e internacionais, que exigiu uma transformação na base produtiva, quando a agropecuária tradicional cedeu espaço para uma agropecuária modernizada, de precisão.

Frente a isso, uma nova contradição surge quando se afirma que o papel da instituição é atender às demandas da agropecuária, ora ressaltando a economia da região baseada na subsistência e pecuária extensiva, com "atuação forte na área da pecuária, agroindústria, agricultura familiar orgânica e convencional", ora ressaltando o grande desempenho do estado do Mato Grosso no atendimento ao mercado exportador, com *commodities* de soja, milho, algodão e carnes (IFMT GTA, 2016, p. 18). Essa contradição faz parte da realidade social local regional.

> A gente tem duas visões de relação homem-natureza que estão conflitantes aqui na nossa região. Nós temos o pessoal tradicional, que já vieram daquela tradição que, desde quando vieram para cá, era quase que obrigatório você desmatar e utilizar dos recursos naturais para desenvolver, então é aquela visão desenvolvimentista que veio lá de trás, desde a Marcha para o Oeste. Esse pessoal ainda está presente na terra hoje e são proprietários rurais. Porém, já se tem uma outra visão dos filhos e netos deles, uma visão de sustentabilidade, e aí nesse ponto é que o IFMT entra (DOCENTE 18, GRUPO FOCAL GTA, 2020).

Segundo o docente, ele procura fazer o contraponto na disciplina:

> [...] a gente trabalha bastante a relação homem-natureza, os limites e a função das APPs, inclusive temos um projeto de extensão sobre isso, e também na área de pesquisa o professor Jorge está trabalhando fortemente a questão da água. O IFMT dentro do papel de ensino-pesquisa-extensão procura, de certa maneira, trabalhar nesse nicho, que é mudar a mentalidade do pessoal jovem para eles adquirirem o pensamento de produção e sustentabilidade. O perfil do IFMT, assim como dos professores, não nega a produção, porém ninguém, nem o pessoal mais novo é avesso à produção, mas uma produção com sustentabilidade. Claro que há pessoas no IFMT que não compactua com essa produção, numa visão mais desenvolvimentista do campo, de uso dos recursos naturais, mas a maior

> *parte do IFMT, tanto alunos quanto professores, possui uma visão de desenvolvimento sustentável, de produção com sustentabilidade* (DOCENTE 18, GRUPO FOCAL GTA, 2020).

Influenciados pelo fenômeno da globalização — modelo econômico capitalista, que reduz a distância geográfica por meio da interligação econômica, política, social e cultural —, o PPC-SVC situa o curso em meio às transformações da economia, no processo produtivo, na organização do trabalho, nas relações sociais e no emprego, exigindo cada vez mais desenvolvimento científico e tecnológico e, consequentemente, adaptação das qualificações profissionais (IFMT SVC, 2016, p. 17).

De acordo com o PPC-SVC, em decorrência da enorme dinâmica nos sistemas de produção que vive a região, proximidades do *campus*, como é o caso da cidade de Campo Verde, que detém grande parte da produção agropecuária do estado e desponta entre os 19 municípios de Mato Grosso e entre os 100 que possuem Produto Interno Bruto (PIB) mais elevado do país no setor agropecuário, o PPC foi reformulado, de modo a adequar a formação ofertada às inovações técnicas e tecnológicas vivenciadas no setor agropecuário.

Como justificativa para o curso, o PPC-SVC cita índices de produção de grãos e abate de bovinos, suínos e de aves, que "Apesar de expressivos [...] podem melhorar diante de um conjunto de fatores favoráveis ao desenvolvimento dessas atividades" (IFMT-SVC, 2016, p. 19). Ressalta ainda que o estado é um dos maiores exportadores de produtos do agronegócio, e para aumentar a produção é necessário investir em inovação técnica e tecnológica, o que gera transformações no modo de formação profissional.

Embora cite que o "IFMT *campus* São Vicente ao longo de sua trajetória tem buscado atender às expectativas da comunidade na formação profissional e cidadã dos sujeitos nas mais variadas áreas profissionais" (IFMT SVC, 2016, p. 20), estabelece que o perfil do profissional formado pelo curso é em atendimento à demanda do agronegócio.

Durante a realização do Grupo Focal GTA, alguns posicionamentos destoaram desse compromisso no PDI e nos PPCs, de o ensino não se pautar no atendimento às demandas do mercado, ou seja, do agronegócio, e sim do desenvolvimento sustentável, com equilíbrio entre ser humano e natureza, como:

> *Minha visão acompanha a visão do colega. Temos que produzir com sustentabilidade, mas temos que levar em consideração e sempre fazer ponderações das duas partes, pontos positivos e negativos, não só tendendo a um lado. [...] quando se diz que Mato Grosso é o maior consumidor de defensivos (detesto o termo agrotóxico, porque é um termo pejorativo), sem que levar em consideração também que Mato Grosso é o maior produtor, por hectare, [...] então falar que somos os maiores consumidores de defensivos, logicamente nós vamos ser, pois somos o maior produtor, então não tem como ser o menor. E nós produzimos culturas, normalmente, de larga escala, culturas anuais ou gado [que usa bem pouco defensivo]. Então tem que se mostrar os dois lados e não só o lado negativo das coisas. Tem o lado negativo de se produzir com defensivos? Tem, isso ninguém vai negar. Mas se tirarmos os defensivos nós vamos produzir alimentos? Se pesquisar e ver as pesquisas em nível mundial, nós vamos cair 50% da quantidade de alimentos que nós conseguimos produzir se tirar os defensivos agrícolas. Inviável para o mundo se reduzir a produção, e temos que falar isso para os alunos para que eles não saiam pregando que não é para mais usar defensivos e só ter orgânicos, pois entraria em colapso o mundo. Se não tiver alimento o mundo vai entrar em colapso, todo mundo sabe disso. Então nós temos que fazer o sistema ir mudando aos poucos, desenvolver produtos menos tóxicos, desenvolver produtos mais naturais, mas temos que ter as duas visões, tanto o que é economicamente viável, do que viável para a produção e para alimentar o mundo e do que é viável para o ecossistema* (DOCENTE 13, GRUPO FOCAL GTA, 2020).

A inculcação da hegemonia do agronegócio se dá durante toda a formação profissional da área agropecuária, desde os cursos de nível médio até o ensino superior e pós-graduação. A formação universitária é um grande determinante da concepção de produção agropecuária, mas o contexto dominante do agronegócio realça ou força uma mudança por conta da empregabilidade de mão de obra qualificada e especializada, e isso pode justificar a prática docente que reafirma a hegemonia do agronegócio em detrimento da agricultura familiar, por considerarem muito difícil de se trabalhar e com menos retorno financeiro. Como evidenciado na fala:

> *Sou da região, nasci aqui, sou filho de pequenos produtores da agricultura familiar. Me criei tirando leite, nosso sítio é em assentamento, mas desde que eu saí para fazer agronomia eu nunca mais voltei para trabalhar com agricultura familiar, e creio que 99% que saem, da área agrária, não voltam mais para a agricultura familiar. Um dos pontos de não voltar, não é nem a formação, porque*

> *normalmente se consegue atender pequenas e grandes propriedades, mas a dificuldade de se trabalhar com a agricultura familiar. O setor de médio ou grande porte ele absorve muito das pessoas que formam, eles vão atrás de pessoas qualificadas e pagam bem pela qualificação. Quando se quer trabalhar na agricultura familiar, você tem que ir atrás do produtor, não é o produtor que vem atrás de você, ao invés de atender um produtor, você vai ter que atender 10, 15, 20 agricultores de pequeno porte para conseguir o mesmo retorno. Então a pessoa tem que, depois de um tempo, se especializar muito, porque ele não vai poder ficar restrito a uma cultura, a um solo, a um sistema de manejo, então é muito complexo formar e fazer com que os alunos queiram ir para a área da agricultura familiar* (DOCENTE 13, GRUPO FOCAL GTA, 2020).

Isso também foi observado em outras falas de participantes do Grupo Focal GTA, como "Colegas que estudaram comigo na agronomia falavam que iam sair para a agricultura familiar, fizeram o TCC e toda a parte acadêmica voltados a agricultura familiar, saíram, ficaram uns seis meses tentando e nunca mais voltaram", e "[...] não podemos abrir mão [...] porque a maior parte que vai absorver não é familiar, a maior parte vai ser as grandes e médias empresas". Nesse mesmo sentido, o Docente 4 do Grupo Focal SRS afirma:

> *[...] a gente percebe na formação dos profissionais, principalmente na área de pesquisa, pois estudos sobre agronegócio são mais desenvolvidos, tem muito mais pesquisas nessas inovações do que, por exemplo, se fazer uma tese de doutorado na agricultura familiar [...]. A gente tem percebido que a formação desses profissionais é dentro do agronegócio e isso traz um posicionamento particular do profissional da educação, e ele é bastante enraizado na nossa comunidade docente. [...] percebo esses posicionamentos opostos, alguns docentes tendem a ir por uma linha, outros por outra. Especialmente esses profissionais da área agronômica têm essa concepção epistemológica, formativa, de defesa do agronegócio, desse sistema, e isso acaba estando presente no nosso itinerário formativo do curso. Algumas áreas dialogam bastante, mas lá na formação técnica nossa, ela tem ainda o cunho de defesa do agronegócio, dessa ideia de um agricultor herói, de que esse é o caminho, de que eles são os responsáveis pelo desenvolvimento desse país, que o Mato Grosso só está assim porque eles chegaram, porque eles se doaram, e todos nós que viemos depois viemos para sermos peões, somos beneficiados com isso e seremos eternamente beneficiados. É preciso dialogar, mas se a gente coloca isso em sala de aula "dá um poeirão", dá o que falar, são ideias bastante opostas e polêmicas* (DOCENTE 4, GRUPO FOCAL SRS, 2020).

De modo que quando se entra em discussão sobre trabalho, percebe-se que:

> [...] aqueles estudantes, mesmo que por vezes venham da área de pequena propriedade, quando questionados, há uma certa angústia em tentar entrar no mercado de trabalho do grande produtor rural. Isso porque, pensando na remuneração imediata, o mercado de trabalho que os paga imediatamente, é o mercado do grande produtor rural, então é natural que os estudantes pensem nessa perspectiva, porque é a perspectiva da ascensão socioeconômica, de estabelecer profissionalmente (DOCENTE 4, GRUPO FOCAL SRS, 2020).

Esses depoimentos mostram que a transformação precisa vir da sociedade, a instituição escolar é produto desta. Para adolescentes e jovens que vivem no contexto em que vivem e cursando esse curso, pensar trabalho é pensar em emprego, como garantia de melhoria das condições de vida e de trabalho. Adaptar-se e, por vezes, identificar-se, às concepções de seus futuros empregadores, com uma classe social que não é a sua, torna-se algo quase que natural e instintivo, como mecanismo de sobrevivência.

De modo que, ao levar discussões sobre pequenas propriedades e sobre a necessidade de reforma agrária, segundo os participantes, eles encontram barreiras por parte dos estudantes e da sociedade, porque não se discute isso na escola, ou se espera que não se discuta, e que por se tratar de políticas públicas, acredita-se que se tocar nesse assunto na escola está havendo um certo direcionamento no que eles devem seguir. E *"quando eles entram no curso, que é da área da agricultura, já vêm com essa perspectiva e é muito difícil de ser modificada"* (DOCENTE 2, GRUPO FOCAL SVC, 2020). Então, questionar o sistema vigente torna-se um tabu, mesmo porque:

> [...] terra aqui não é uma questão que está ao nosso alcance, a terra aqui já tem dono e custa muito caro, não é uma mega-sena que dá acesso à terra aqui, ela custa mais que uma mega-sena, nem se você sonhar, porque o acesso aqui está distante até do sonho. Por isso que, quando as pessoas se organizam socialmente, por pressão social, para conseguir o acesso à terra, é porque eles sabem que esse é o único jeito de quem não tem terra ter acesso à terra. A maioria das propriedades daqui valem de 100 milhões pra cima. São valores que nós não sabemos nem o que que é esse dinheiro todo. Então como vamos trabalhar o acesso à terra no nosso curso se nós sabemos que o acesso à terra hoje ficou impossível? Isso os nossos alunos mais humildes, um ou outro aluno que vem de assentamentos, [...] eles

percebem mais em si isso, de como o acesso à terra aqui é difícil. Então, nosso curso trabalha na formação de um profissional que vai trabalhar na terra, sabendo que o acesso à terra é impossível. E quando a gente debate ações solidárias, coletivas, emancipadoras, infelizmente isso cai no comum de se dizer "isso aí é só teoria, professor". Ultimamente quando a gente vai trabalhar, mesmo quando no 3.º ano eu vou trabalhar política, eu vou trabalhar Marx, eu trago Marx com muito cuidado, com muitos dedos, porque são temas que, ou viram piadinha, ou viram temática que não deveria estar sendo tratada. Infelizmente a orientação de uma concepção mais emancipadora fica tão difícil para tratar porque vira uma teoria besta de um outro local que nunca deu certo. Fica difícil se trabalhar a sério uma visão emancipadora (DOCENTE 5, GRUPO FOCAL SRS, 2020).

Assim, embora temas como acesso, posse e uso da terra perpassem discussões em áreas do conhecimento e de componentes curriculares específicos, segundo Docente 2 do Grupo Focal SVC, *"uma das percepções que fica muito clara é aquele discurso hegemônico do capital, do agronegócio"*. De modo que tais temáticas são consideradas difíceis de serem trabalhadas em sala de aula:

É mais fácil a gente se prender à ementa e trabalhar os conteúdos clássicos que trabalhar com as questões locais. Quando a gente aborda isso sempre tem problemas com conflito de opiniões. Mesmo quando é trabalhado, e é trabalhado pouco, é difícil essa questão do agronegócio, do processo de colonização, do uso econômico da terra, hoje está mais ou menos claro que nós fazemos uso econômico da terra, não uso social como diz a Constituição. O processo de colonização que os nossos alunos conhecem não é um processo violento de expropriação, dizimação, é um processo de herói que veio pra cá e com fogo em lata conseguiu derrubar o mato que atrapalhava para conseguir colocar o progresso na região. Esse é o discurso que nós adotamos e que está em voga, não é o discurso do oprimido, é o discurso do vencedor, e você tem menos problema em sala de aula fazendo isso do que dando visibilidade à voz das comunidades tradicionais, embora a gente tente. Hoje a gente tem várias ações pensando a agricultura familiar, mas a gente não trabalha a diferença entre ambos, a gente tenta unificar e a gente sabe que na realidade isso são opostos, são modos de produção que se opõem. Quando a gente tenta fazer esse discurso unificador, que é o padrão no nosso campus, a gente acaba dando voz a quem, de fato é o opressor. Esse tem sido o nosso posicionamento do campus e institucional, embora se tenha uma pesquisa ou outra com povos

> *tradicionais, no geral é o um posicionamento do poder estabelecido* (DOCENTE 5, GRUPO FOCAL SRS, 2020).

> *[...] o discurso de que os colonizadores são heróis aqui, isso já está enraizado, mas principalmente com a questão bem oposta entre o agronegócio e a agricultura familiar, são coisas bem distintas na concepção de quem defende um e quem defende outro* (DOCENTE 4, GRUPO FOCAL SRS, 2020).

> *Em poucas aulas os estudantes se permitem discutir a percepção da pequena propriedade, da possibilidade de pensar uma reforma agrária [...] Por vezes, existe uma certa tensão na aula da área de ciências humanas quando a gente toca em assuntos ligados à terra, numa perspectiva de pensar uma proposta de trazer a discussão de possíveis conflitos que existem, ou de possibilidades de trazer uma reforma do sistema que está estabelecido, isso é sempre, de modo geral, pouco razoável para eles* (DOCENTE 2, GRUPO FOCAL SVC, 2020).

Nesse sentido, o currículo escolar acaba sofrendo influências, ampliando conteúdos mais direcionados à grande produção do que em geral conhecimento, tecnologia e produtividade ao pequeno produtor, e os estudantes:

> *[...] querem fazer as disciplinas de Mecanização ou Grandes Culturas (soja), porque no mercado que foi, do ponto de vista visual, deixado aos olhos deles, até mesmo pela mídia, é de fato o mercado do agronegócio e da grande propriedade. [...] Então, uma coisa é a imagem que a sociedade projeta do que produtivo e uma segunda coisa é a própria estrutura do nosso currículo na instituição* (DOCENTE 2, GRUPO FOCAL SVC, 2020).

No *campus* São Vicente, ao considerarmos as oportunidades de trabalho qualificado e, consequentemente, melhoria nas condições de vida das famílias, e até mesmo a realidade diversa dos municípios do entorno, percebemos que por um lado se busca contemplar a região de serra, de pequenos agricultores e comunidades tradicionais que se dedicam à produção alternativa e buscam novas tecnologias de integração agrossilvipastoril que possibilitem a produção, conservação da natureza e maior qualidade de vida; e por outro lado terrenos planos com grandes propriedades de produção do agronegócio, que exigem alta tecnologia de aumento da produtividade em menor área e com menos recursos. Uma realidade conflitante e contraditória que faz com que o projeto pedagógico se paute na formação de mão de obra qualificada para grandes propriedades e empresas do ramo agrícola do estado e de outros estados do país, pois tem muito prestígio a formação técnica oferecida, mas também busca possibilitar que pequenos agricultores e suas famílias possam "retomar o estudo formal sem abandonar o campo, a terra e o trabalho que lhes garante a qualidade de vida e dignidade" (IFMT SVC, 2016, p. 13), buscando instrumentalizá-los com conhecimento científico e formação profissional.

No Grupo Focal GTA houve a defesa da fiscalização e a legislação ambiental, assegurando a produção do agronegócio como única alternativa de produzir alimentos em larga escala sem aumentar o desmatamento.

> Minha concepção é que o estado de Mato Grosso é um celeiro do Brasil e do mundo na produção de alimentos, porque a gente tem a área e clima propícios. Lugar nenhum no mundo é tão propício para produzir carne e agricultura igual aqui. O que tem que ser feito é melhorar o manejo e as formas de fazer isso, de produzir. Tem outras áreas que a gente sempre pode manter e seguir as regulamentações. Tem muita legislação em questão de preservação de área na região amazônica, aí já é outra coisa, é fiscalização dessas áreas para preservação que têm que ser mantidas. Mas eu acho que na área que pode ser produzida a gente tem ainda que melhorar. Mas o Brasil, se for seguir a legislação, é exemplo para outros países (DOCENTE 14, GRUPO FOCAL GTA, 2020).

O Docente 14 do Grupo Focal GTA segue relatando sua experiência em outros países, de que a legislação ambiental não é tão rigorosa:

> Eu já morei fora e assisti uma palestra de um dos presidentes, diretores da Organização para a Alimentação e Agricultura (FAO), dizendo que a carne do Brasil é carne de desmatamento. Então um francês falando para o povo não consumir a carne do Brasil, por questões políticas, e eu perguntei para ele "Quantos por cento da área de vocês tem preservada aqui?". Então o Brasil tem hoje cinco Alemanhas em área de preservação e eles lá, não sei se são 2% da área preservada, então a carne deles é de desmatamento também.

E volta a defender a ideia da importância da sustentabilidade em parceria com a produção em larga escala:

> Então o que a gente tem que fazer é manter, é o que eu passo para os nossos alunos, a parte de sustentabilidade e aí ao ensinar para eles o manejo correto, a forma correta de ser feito a gente já está sendo sustentável. [...] eu passo para os alunos que a gente tem a maneira correta de ser feita, melhorando produtividade, não precisa mais desmatar e aumentar a área, porque se for ver os dados dos

> *últimos 30 anos, houve uma grande redução da área de pastagem no Brasil e no Mato Grosso, enquanto triplicou a produção de gado. Ou seja, a gente já está sendo mais eficiente em menos áreas e tem possibilidade enorme de aumentar a produção sem precisar desmatar. [...] Então a ideia é conscientizar e ensinar o que é o correto a ser feito, o manejo correto que, consequentemente, vai ser sustentável. Na parte da agricultura tem também o plantio direto, então a gente tem um perfil conservacionista, que outros países não conseguem fazer. Então eu acredito que a nossa pecuária e a nossa agricultura são muito sustentáveis, frente aos outros países. E a gente pode crescer ainda mais* (DOCENTE 14, GRUPO FOCAL GTA, 2020).

O que marca algumas falas é não somente a defesa do modelo de produção do agronegócio, mas a resistência a outro modelo de produção:

> *Defendo 100% a conservação do solo, tirando os 80% de preservação da Amazônia, que eu acho um absurdo, mas as APPs[26], os manejos de conservação, tem toda essa parte de preservação, pois nós precisamos de água, nós precisamos de solo, e o solo tem que ficar viável por vários anos, então isso é viável. Tem que se fazer a preservação do solo. Mas isso não quer dizer que nós temos que fazer de forma orgânica a produção. Eu sempre passo para os alunos esses dois lados, tem o lado negativo de se produzir em larga escala, mas tem o lado negativo da produção orgânica, que nós precisaríamos desmatar o dobro da área que nós temos aberta hoje para produzir a mesma quantidade de alimento. E se for ver, os alimentos seriam de menor qualidade, porque uma coisa é se produzir um hectare ou fazer uma mandala e se produzir em um sistema de agropastoril, agrofloresta, ou um sistema orgânico, ou sistema novo que é bem mais complexo, que nada pode entrar no sistema, não pode colocar nenhum insumo, nem orgânico externo. Isso não seria viável para o mundo produzir nesse sistema, pois nós precisaríamos desmatar o planeta inteiro para produzir alimentos para a população que nós temos* (DOCENTE 13, GRUPO FOCAL GTA, 2020).

No mesmo grupo, um outro participante, e com formação específica na área agropecuária, também se posicionou de modo diferente:

---

[26] Áreas de Preservação Permanente são definidas pelo Código Florestal, Lei n.º 12.651/12, Art. 3.º, como áreas protegidas, cobertas ou não por vegetação nativa, "com a função ambiental de preservar os recursos hídricos, a paisagem, a estabilidade geológica e a biodiversidade, facilitar o fluxo gênico de fauna e flora, proteger o solo e assegurar o bem-estar das populações humanas".

> É inegável que a agricultura faz uma pressão sobre a floresta. A utilização massiva de agrotóxicos tem sim um impacto para a vida das pessoas. Tem o médico da região de Lucas do Rio Verde, o Pignati, já li alguns estudos dele sobre a questão de encontrar cinco variedades de agrotóxicos no leite materno, inclusive três de comercialização proibida no Brasil. Tem a questão da chuva de agrotóxicos em áreas de agricultura familiar em algumas áreas com selo de produção orgânica. Então a gente sabe que os moldes da agricultura convencional têm seus louvores, mas também tem uma parte mais nociva. A gente sabe que tem contaminação de nascentes e fluentes (DOCENTE 12, GRUPO FOCAL GTA, 2020).

De modo que alguns posicionamentos são revistos e apresentadas alternativas:

> A gente tem que entender que aqui é uma região de produção, que tem vocação agrícola e pecuária, então o nosso papel é ensinar a fazer da maneira correta, o mais conservacionista possível, melhorar o sistema produtivo. Isso a gente tem na parte do ensino e também com projetos de pesquisa que a gente desenvolve aqui para produzir de uma maneira mais eficiente e com menos impacto. Parar com a ideia extrativista, de pecuária extensiva, para algo que melhore a produção para eles, melhore a rentabilidade e, consequentemente, melhore a questão ambiental. Então é o tripé, que a gente fala "socialmente justo, economicamente viável e ecologicamente correto", os três caminham juntos (DOCENTE 14, GRUPO FOCAL GTA, 2020).

Assim como as falas nos grupos, as percepções de estudantes e da sociedade, os PPCs também apresentam contradições quanto ao posicionamento institucional. O PPC-SVC, por exemplo, opta pela atuação do curso "prioritariamente nas áreas relacionadas ao agronegócio, à agricultura de precisão, à produção de grãos, à produção e industrialização de alimentos, à pecuária, à sustentabilidade ambiental" (IFMT SVC, 2016, p. 15). Mas destaca o direcionamento para que todas as áreas do conhecimento deem atenção especial à "conservação do meio ambiente e práticas econômicas sustentáveis, levando em consideração a demanda social por esta postura como a única aceitável frente a crescente degradação do planeta" (IFMT SVC, 2016, p. 15). E assume compromisso com o desenvolvimento de pesquisa e atividades extensionistas que contribuam com os produtores de pequenas propriedades.

Apesar da predominância do agronegócio no currículo do curso, o Docente 3 destaca que, em comparação com outros lugares, isso é mais equilibrado no *campus* São Vicente:

> *Eu sou novo no campus. Estou no IF desde 2015, comecei em Parintins/AM, depois prestei novo concurso para IFMT e fui para outro campus, saí do Amazonas que é mais ribeirinhos e fui para o berço do agronegócio. Aqui a gente fala da disputa do agronegócio e outras possibilidades, lá é agronegócio de porteira fechada. [...] A hegemonia do agronegócio lá é total, você não tem experiência de agricultura familiar, de assentamento, é só a grande propriedade, imensa, quase um feudo. [...] Aqui falam que as possibilidades são restritas, mas comparando, é outro nível, é outro patamar de discussão, porque cada campus tem uma realidade local. Comparando com Parintins, onde teria uma possibilidade imensa de fazer um monte de coisa, onde estava do lado de um assentamento, do lado do Rio Amazonas, no entanto, as possibilidades do curso eram tristes, porque quando entrava um aluno da comunidade era deixado pra lá. São Vicente, pra mim, a partir das minhas experiências anteriores, por mais que tenha disputa, está em outro nível, não porque esteja bom, mas porque está acima do que eu já presenciei. Acho que o curso tem algumas possibilidades de se discutir, por estar na serra, por terem várias comunidades em volta. Aqui, com os alunos, tem uma maior aceitação para se discutir alguns assuntos* (DOCENTE 3, GRUPO FOCAL SVC, 2020).

Corroborando esse pensamento, outra participante afirma que:

> *[...] uma coisa que pode contribuir muito para que essa diversidade seja mais evidenciada é que os estudantes que nós temos vêm de inúmeras regiões, tem da baixada cuiabana, Campo Verde, aqui das proximidades, de Rondonópolis, de espaços mais longínquos, como Itiquira, Diamantino, de Rondônia, temos alunos indígenas, quilombolas, de assentamentos. Então são pessoas que vêm de múltiplos lugares e trazem múltiplas experiências, que possibilita maior diversidade* (DOCENTE 2, GRUPO FOCAL SVC, 2020).

Porém, por mais que haja abertura para o debate, ainda está presente no inconsciente dos estudantes que outras alternativas de produção são inferiores, como relatado pelo docente:

> *Em outro campus, depois do segundo semestre, eu decidi colocar seminários para se discutir a sociologia rural, com vários temas: questão indígena, populações tradicionais, reforma agrária, mercado de trabalho e agronegócio; e era impressionante como que o*

> grupo que pegava agronegócio era como se fosse a grande vitória da vida, depois mercado de trabalho; e os outros temas era como se não valessem nada. Aqui eu não vi ainda isso tão forte, mas também já presenciei, como em um evento do dia da mulher, que foi organizado pelos alunos e alguns professores, e foi legal porque trouxeram uma ex-aluna que está na pós-graduação, para "olha, vocês são alunos, vocês podem chegar à pós-graduação, vocês podem verticalizar", e trouxeram também uma ex-aluna que é do MST, e que ela trabalha na perspectiva do MST. As falas foram muito boas, vários alunos participaram, mas teve o incidente de um grupo de alunos que não falam, não têm coragem de falar, mas pegaram seus celulares e começaram a mandar mensagem difamando, não eram nem críticas, eram mensagens para ofender. Então, mesmo que seja menos pior de que outros lugares, ainda tem esse embate, mas que tem possibilidades, pois o evento mostrou a mulher na agropecuária, para onde ela pode ir, como está o espaço da mulher Técnica em Agropecuária, de 10, 15 anos atrás e como está hoje (DOCENTE 3, GRUPO FOCAL SVC, 2020).

Ainda que o cenário de expansão do agronegócio seja predominante, despontam alternativas de produção e reprodução da vida em assentamentos e pequenas propriedades, com cultivo de hortifruti, pecuária de leite, apicultura, piscicultura, avicultura, suinocultura e ovinocultura, com técnicas e tecnologias na produção orgânica e agroecológica de alimentos, e essas iniciativas têm disputado espaço em sala de aula, como relatado:

> [...] desde o começo nós tentamos, nós trazemos para os alunos e tentamos colocar que essa história é feita por diferentes atores sociais, que precisam ter voz e vez para serem compreendidos, nós não podemos trabalhar um determinado aspecto por apenas um ponto de vista. [...] historicamente, nem todos os sujeitos, nem todos os atores sociais são contemplados, mas são eles que participam desse processo. Trabalhar esse agente histórico, esse ator social, é algo que é muito necessário. Claro que existem assuntos que são mais delicados e opiniões mais consolidadas em relação a isso, mas sempre trazer isso para o debate é parte da nossa tarefa. [...] Esse é um dos muitos assuntos que são um tanto delicados, trabalhar a questão da terra, às vezes, já vem com perspectivas muito enraizadas em relação a isso ou com preconcepções que já são um pouco cristalizadas [...] mas trabalhar isso é muito necessário. A gente tem uma caminhada muito longa em relação a IF, enquanto instituição, que é estabelecer esse diálogo. [...] Estamos longe do ideal? Sim. Poderíamos fortalecer parcerias ainda maiores, porque é um papel que o instituto tem, [...] de um acesso, de um

> acolhimento cada vez maior, mas que a gente vem buscando. O que a gente precisa fazer é fortalecer, reconhecer essas diferentes vozes e trabalhar isso, problematizar essas questões, fazer os alunos pensar, é nosso papel desenvolver a criticidade e saber que vamos ter opiniões divergentes em relação a isso, mas promover esse debate (DOCENTE 6, GRUPO FOCAL SRS, 2020).

Assim como houve relatos de sucesso aprofundando a temática da questão agrária com os estudantes, nas aulas:

> Eu leciono Gestão Ambiental, então vocês já podem imaginar o que os alunos esperam de mim. Partindo da visão do agricultor herói, eles me veem como inimiga do herói, o Thanos, "chegou o Thanos na sala para descer o pau em tudo o que garante a nossa comida...", então eu tenho que primeiro tirar essa ideia da Gestão Ambiental como algo que barra o desenvolvimento, tirar a ideia de preservação e inserir a ideia de conservação. É uma discussão que sempre surge da própria turma, surge já no primeiro dia de aula, eles já veem as políticas ambientas como inimigas do processo de desenvolvimento, então eu tenho que durante a disciplina trabalhar isso. Eu tenho que ficar o tempo assim, a gente trabalha, analisa o modelo atual e o antigo, o que vem melhorando, e vai encaixando, tento fazer com que eles reconheçam os aspectos ambientais, os passivos, que eles enxerguem. Eu consigo, eu me sinto vitoriosa quando eles enxergam esses aspectos, as causas e os impactos e o que é negativo nisso, inclusive negativo para o próprio produtor, para a própria manutenção e produtividade da propriedade. Na maioria das vezes eu tenho sucesso com os alunos, no final eles conseguem já identificar alguns impactos, conseguem entender que muita coisa pode ser minimizada, pode ser evitada e conseguem entender que algumas medidas de controle, de poluição, não vão impedir o desenvolvimento e a produtividade, mas vão garantir a diminuição nas externalidades sociais. Não é uma coisa que eu tenho muita profundidade, mas também trabalho com eles o que é externalidade social, o custo de desenvolvimento qualquer atividade, não só o agronegócio. Então no fim eles debatem bastante. Eu não sei o que acontece porque acontece, mas o assunto rende positivamente com o tempo. Até deixo o conteúdo de licenciamento ambiental para o último bimestre porque eles já estão mais calmos, já assentou um pouco a poeira, e aí a discussão rende melhor. Eles acabam, se não mudando, mas ficando com a cabecinha mais aberta (DOCENTE 9, GRUPO FOCAL SRS, 2020).

A docente afirmou que essa é uma ação que precisa ser constante, pois com o passar do tempo, inseridos no contexto em que vivem, os estudantes tendem a retomar posicionamentos anteriores:

> [...] quando chegam na Agronomia, eu volto a dar aula pra eles já no 7.º semestre, já seguiram um tempão no curso, e voltam a falar de Gestão Ambiental, que falaram lá no 1.º ano do TA, aí eles já estão de novo com a cabeça muito fechada, temos que voltar e retomar a discussão, um nível bom de discussão de novo. Não sei se levam para a vida ou não, espero que sim, mas pelo menos entendem pra onde correr, a agricultura tem que contribuir de modo a diminuir seus passivos, os impactos, e gerenciar melhor os aspectos ambientais.

Com o objetivo de mostrar que o campo não pode ser visto como "lugar de atraso a ser 'atualizado' pela cidade ou pelo agronegócio, [...] há toda uma forma diferente de viver, a qual produz relações sociais, culturais e econômicas" (FREITAS, 2010, p. 158) e que se produz pesquisas e tecnologias voltadas à produção ecológica, humana e economicamente sustentável. Um dos participantes da pesquisa relatou na área específica que leciona no curso e procura focar "bastante nas pesquisas da EMBRAPA, que são pesquisa com sustentabilidade, que mesmo havendo algum impacto, busca-se atenuar isso, como integração lavoura-pecuária-floresta". E complementa afirmando que, apesar de a sustentabilidade econômica acabar movendo tudo e ter uma receptibilidade muito boa dos estudantes, procura integrar a essa a sustentabilidade ambiental e social, pois a maioria dos estudantes *"não tem o viés de produção acima de tudo. [...] É muito mais fácil convencer um aluno que é melhor produzir com consciência ambiental e de forma sustentável do que ele ter que fazer a produção de 130 sacas de soja ou de milho por hectare"* (DOCENTE 11, GRUPO FOCAL GTA, 2020).

Para um dos participantes desse grupo, isso demonstra que estão no caminho certo:

> [...] nós abordamos o meio ambiente, de maneiras diferentes, com concepções diferentes, e quando ela fala, com propriedade, como profissional da área ambiental, que tem todo o conhecimento técnico e científico, isso faz toda a diferença para os alunos, pois enquanto os professores de filosofia, sociologia, história abordam sobre outros aspectos e vem uma profissional da área técnica e trabalha isso a partir de uma visão técnica e científica, isso faz toda a diferença, isso é um diferencial na formação do curso, e nos cursos integrados. Debatemos esses temas por profissionais diferentes, com profissionais diferentes, com uma formação diferente, isso faz toda a diferença na vida dos estudantes (DOCENTE 4, GRUPO FOCAL SRS, 2020).

Os participantes afirmam serem conscientes das problemáticas de Mato Grosso, da existência de comunidades tradicionais e de movimentos sociais do campo e da floresta e mesmo diante das dificuldades e resistências, mesmo não sendo conteúdo teórico das disciplinas, acabam discutindo e/ou trabalhando na prática, na pesquisa e na extensão o contraponto à tendência hegemônica do agronegócio.

No *campus* São Vicente são realizados seminários de agroecologia e produção orgânica:

> *Uma coisa que tem contribuído bastante são os seminários, que foram seminários ligados a agroecologia, que trouxeram profissionais de muita relevância na área que atuam, que foram primorosos em suas falas e fizeram com que os estudantes vissem as coisas numa outra perspectiva* (DOCENTE 2, GRUPO FOCAL SVC, 2020).

> *[...] em um dos seminários trouxemos o médico Wanderlei Pignati, grande crítico do uso indiscriminado de agrotóxicos, para falar com os estudantes. Essas ações são muito significativas* (DOCENTE 1, GRUPO FOCAL SVC, 2020).

Foi afirmado também que um ponto relevante para esse debate no IFMT vai ser a reformulação do currículo:

> *[...] e nesse currículo em disputa, essa questão da terra vai se dar, dependendo do espaço que vão ter as disciplinas de ciências humanas e algumas outras disciplinas do currículo. Porque tem professores das disciplinas da área técnica que são preocupados com isso, mas geralmente isso acaba caindo nas disciplinas da área de humanas* (DOCENTE 3, GRUPO FOCAL SVC, 2020).

O docente complementa sinalizando que no IFMT houve um movimento no sentido de se propor um currículo unificado em todos os *campi*. "No debate, duas disciplinas que querem diminuir são filosofia e sociologia", duas disciplinas que podem contribuir muito na integração curricular e podem dialogar com extensão rural e com outras disciplinas. Segundo o participante, "[...] o que parou essa proposta foi o encontro dos professores de filosofia e sociologia ocorrido em São Vicente", que fizeram uma manifestação contrária a esse direcionamento.

No *campus* Avançado Guarantã do Norte, conforme exposto no grupo focal, algumas atividades têm sido realizadas buscando dar visibilidade a outros modelos de produção. O Docente 11 afirmou que a aproximação das comunidades pode surtir melhor efeito, pois além de fortalecer essa relação, os estudantes e os produtores podem acompanhar os resultados:

> [...] temos unidade de capiaçú, canará e agora o kurumi, que são unidades demonstrativas para produção de mudas de capim para produtores, principalmente para agricultores familiares. [...] Só que muitas vezes isso não é muito visível ao produtor. Se essas unidades fossem dentro das comunidades e o produtor ver que isso tem uma produção benéfica e que vai corresponder em retorno na produção de carne e de leite, tenderia a aceitar mais essa tecnologia.

Para o Docente 14 essas ações parecem simples, mas têm grande impacto na vida e na produção dos produtores de pequenas propriedades, pois contribuem para melhorar a parte sustentável do sistema e para a mudança de postura de pecuaristas e estudantes filhos de pecuaristas da região. Assim como na agricultura:

> [...] outra ação, a gente também tem um banco de variedades de mandiocas, que foi disponibilizado ramas para vários produtores. [...] Tem também seis variedades de batatas doces que a gente também distribui. Essa é uma parceria da Prefeitura Municipal, IFMT e Empaer. Uma iniciativa bem bacana, quem vem fortalecer um pouco a agricultura familiar da região (DOCENTE 12, GRUPO FOCAL GTA, 2020).

> Tem os limões também (DOCENTE 14, GRUPO FOCAL GTA, 2020).

> O IFMT está começando a dar assistência, algum retorno à comunidade, aos fruticultores, quanto à produção da polpa, também. Tem um experimento de "limão-cavalo", em parceria com a Empraba, de enxerto e porta enxerto, são materiais de alta tecnologia que estão aqui, que futuramente essa tecnologia pode ser difundida. São três áreas no Mato Grosso que estão sendo testadas nesses moldes (DOCENTE 12, GRUPO FOCAL GTA, 2020).

Em 2018, o IFMT *campus* São Vicente firmou parceria com a Procuradoria Regional do Trabalho da 23.ª região e a Fundação Uniselva para realização do projeto de extensão "Implantação do Centro Vocacional Tecnológico de Agroecologia e Produção Orgânica do Cerrado (CVT)", com objetivo de que esse centro contribuísse na construção de conhecimentos e desenvolvimento de práticas aliadas a ensino, pesquisa e extensão, sendo um referencial para a produção de alimentos saudáveis, com nenhum uso de agrotóxico, de modo a não ofender nem ao meio ambiente nem aos trabalhadores (IFMT, 2018). A criação de unidades referenciais de produção agroecológica na instituição, nos territórios e nas comunidades locais, era uma demanda estabelecida nas deliberações do Seminário Nacional do Ensino Agrícola da Rede Federal de Educação Profissional e Tecnológica, realizado em 2008, abordada no Capítulo 1, item 1.5.

O projeto teve início em uma área do *campus* que não estava sendo utilizada e, desde o começo, os trabalhos de formação do centro tiveram a participação efetiva dos estudantes, com reuniões semanais para discutir técnicas agroecológicas, estudo de casos de sucesso e planejamento das atividades.

> *Os alunos têm uma carga horária enorme, são internos e trabalham o dia inteiro em sala de aula, em projetos de extensão, de ensino e de pesquisa, mas aos sábados procuram colaborar com o projeto, trabalham, descobrem e aprendem, porque a agroecologia é linda, é maravilhosa, e eles se encantam. Eu, na universidade, só aprendi a produzir de uma forma, agora estou buscando aprender a produzir de outras maneiras e a produzir outros tipos de alimentos. Então a agroecologia nos ensina, cuida do meio ambiente, a gente trabalha com menos recurso, a agricultura familiar faz esse trabalho que outras agriculturas também podem fazer, e a gente pode ter um alimento saudável na nossa mesa. A agricultura familiar produz 70% da comida que está na nossa mesa, então imagina produzindo alimentos com essa qualidade, o quão bom seria para todos. [...] O agronegócio não produz comida, e produz comodities para outros países de alimentação de animais, e o que o projeto busca incentivar a produção de alimentos de forma saudável e sem agredir o meio ambiente. Nosso foco não é só produzir, o ambiente requer todo o cuidado, precisa estar aí para as próximas gerações e a gente quer contribuir com isso* (INTEGRANTE DO PROJETO, COORDENADORA DE EXTENSÃO, 2020).

A participação dos estudantes nas atividades do projeto se dá em todos os eixos de produção desde o estudo e preparo do solo; pintura agroecológica com argila; e reforma, com madeiras apreendidas pelo Ibama, de uma construção destinada à casa do projeto; plantio de frutas (abacaxi, banana, uva); café; produção de calda sulfocálcica fungicida e inseticida permitida na produção orgânica; produção de mudas e hortaliças e plantas perenes no viveiro do projeto; utilização de cinza, doada por uma indústria cerâmica da região, para correção do solo e fertilização dos cultivos; adubação com pó de rocha, rico em nutrientes que renovam o solo; identificação de plantas não convencionais comestíveis; implantação de Sistema Agroflorestal para preservação ambiental, otimizando o uso da terra com consórcio de diversificação do cultivo de alimentos.

Também está em construção no CVT, com participação dos estudantes, uma suinocultura sustentável, em um sistema chamado "cama sobreposta", em que os suínos ficam sobre uma cama de palha, em um ambiente relativamente bom para eles, reduzindo o estresse e o cheiro forte; e um galinheiro com cobertura verde. O manejo será diferenciado ao redor, plantando culturas comestíveis para os animas, como abóbora e batata doce, e fazendo piquetes para os animais se alimentarem, onde eles podem circular para a área de alimentação e retornar. Isso reduz o consumo de ração de alto custo, como milho, e incentiva alternativas de alimentação a baixo custo e mais saudável para os produtores de pequenas propriedades. Todos os espaços do CVT são abertos à visitação e à orientação aos produtores.

Além disso, o projeto já mantém atividades de integração com outras entidades/organizações locais e de outros municípios e regiões alternativas para troca de experiência e aprimoramento das tecnologias de produção, pois, segundo o Coordenador do Projeto: "A agroecologia não é algo isolado, é algo em que as pessoas conseguem fazer uma integração, uma cooperação e isso é muito importante, porque há uma difusão desse conhecimento", e possibilita aos estudantes acesso ao conhecimento de outras realidades. Dentre as atividades destacam-se a Caravana agroecológica na região do médio-norte de Mato Grosso, com troca de experiência com o Grupo de Estudos Gaia, uma rede de cooperação para a sustentabilidade, formada por voluntários da Embrapa, UFMT, Unemat, escolas do campo e comunidades para desenvolvimento de práticas de recuperação de áreas degradadas, produção de hortas agroecológicas, incentivo e assistência a produtores de pequenas propriedades para produzirem agroecologicamente e depois auxiliando na comercialização. Também são frutos dessa troca de experiências a realização do Fórum Itinerante de combate aos impactos dos agrotóxicos e do Dia de Vivência com compartilhamento de experiências na condução de SAFs com a Embrapa. Tudo isso influenciou positivamente para que em 2020 o tema da Jornada Científica do *campus* fosse "Agroecologia".

> No CVT a gente mostra que é possível produzir e ensinar de várias maneiras, não só de uma maneira. E a agricultura familiar, os pequenos agricultores e assentados precisam de profissionais que os orientem, que os visitam, mas ficam abandonados, aí que entra a Empaer, o IF e as universidades, que ainda tem uma parte da

extensão que trabalha com esse tipo de agricultura (DOCENTE 1, GRUPO FOCAL SVC, 2020).

A intenção dos responsáveis pelo projeto é que após a pandemia os trabalhos sejam retomados com a participação dos estudantes e sejam estendidos à comunidade dos assentamentos do entorno. Isso não é só mais um modelo de produção a ser aprendido pelos estudantes e de aumentar as receitas dos produtores de pequenas propriedades, diz respeito à formação integral do ser humano em sua relação de respeito à natureza e aos outros seres humanos. Pois, de acordo com uma das integrantes do CVT, toda essa gravidade do coronavírus que vivemos atualmente:

> [...] tem muito a ver com os desmatamentos, com as queimadas. Isso vem para nos dar uma lição e mostrar o quanto que a agroecologia, a agricultura orgânica é necessária. A conscientização da importância de a gente não desmatar tudo, de sabermos lidar com o meio ambiente, com a mata, com o cerrado e produzir alimentos para nós, seres humanos, porque soja não é alimento para ser humano. Então essas coisas precisam ser observadas e o vírus veio nos dar uma grande lição, nós precisamos preservar porque quanto mais nós derrubarmos e colocarmos fogo, mais insetos e pragas, mais problemas mais sérios com a humanidade nós vamos ter.

Dando prosseguimento a esse pensamento, o coordenador do CVT afirma que a princípio é difícil, gera uma certa desconfiança tanto por parte de estudantes quanto de produtores em como se produzir sem adubo químico e sem veneno. Segundo o Coordenador, a intenção é que a produção seja diversificada para outras culturas também, como de grãos, para mostrar que é possível reduzir o consumo de agrotóxicos que hoje contaminam o solo e os rios e, consequentemente, toda a vida no planeta. E isso só pode mudar com tecnologias limpas de produção que não agridem o meio ambiente e o projeto é uma sementinha plantada para que *"os alunos, quando saírem da escola, possam ter referência, ter experiências de ações realizadas na área da agroecologia e possam multiplicar isso lá fora"* (COORDENADOR CVT, 2020).

Com o avanço do agronegócio, o produtor só produz se tiver acesso a todo um aparato tecnológico disponível, um kit de produção, como: sementes melhoradas, adubos, fertilizantes, secantes, agrotóxicos e maquinários. Ele desaprendeu a produzir. É preciso reaprender a produzir aproveitando os recursos naturais e os saberes tradicionais e utilizando tecnologias limpas.

> *A gente não pode se desligar de nossas raízes, da nossa história, da nossa família, da nossa comunidade e da nossa região. Quando nos desligamos dessa raiz, de conhecimento, de cultura, somos um elo solto, e somos utilizados pelo sistema para ele colocar tudo que ele acha que pra ele serve* (INTEGRANTE DO CVT, 2020).

Considerando a origem agrária do Brasil, com violenta ocupação de terras e concentração fundiária e de riquezas, que reflete até hoje a estrutura social e desigualdade e que tanto quanto a terra precisa de trabalho e o trabalho precisa da terra, a posse e o uso da terra representam a conquista da cidadania de homens e mulheres que trabalham no campo. Assim, terra é um elemento criador do trabalho e da cultura na realidade concreta do EMI ao Técnico em Agropecuária, assim como em toda a formação da humanidade.

3.5.2 Trabalho

Ao discutirmos trabalho tendo como base o EMI em Técnico em Agropecuária, diante do contexto agrário do estado de Mato Grosso, é preciso considerar o processo de trabalho como uma "atividade orientada a um fim para produzir valores de uso, apropriação do natural para satisfazer as necessidades humanas" (MARX, 1985, p. 153). Assim, a natureza é a totalidade do real na qual o ser humano é parte, e:

> [...] *o domínio sobre a natureza não se parece em nada com o domínio de um conquistador sobre o povo conquistado, que não é o domínio de alguém situado fora da natureza, mas que nós, por nossa carne, nosso sangue e nosso cérebro, pertencemos à natureza, encontramo-nos em seu seio, e todo o nosso domínio sobre ela consiste em que, diferentemente dos demais seres, somos capazes de conhecer suas leis e aplicá-las de maneira adequada* (ENGELS, 2013, p. 26).

O modo de agir na natureza, por meio do trabalho, humaniza os homens, não deixando de ser natureza, mas humanizando-a, conforme usa o conhecimento acumulado historicamente na sua constituição, enquanto ser humano, e no processo de transformação da natureza e nas relações com outros seres humanos. Ou seja, segundo Marx (2013, p. 257), o que diferencia uma sociedade da outra e as épocas econômicas é "não 'o que' é produzido, mas 'como', 'com' que meios de trabalho é produzido. Estes não apenas fornecem uma medida do grau de desenvolvimento da força de trabalho, mas também indicam as condições sociais nas quais se trabalha".

Pensando, então, o trabalho como mediação para suprir as necessidades, é produzir valores de uso para todos os seres humanos. De modo que "A liberdade só pode consistir em que o homem social, os produtores associados, regulem racionalmente esse seu metabolismo com a natureza, trazendo-a para seu controle comunitário" (MARX, 2013, p. 255).

A contradição entre natureza e desenvolvimento econômico se estabelece em como as relações sociais no campo são reguladas por um ou outro modelo de produção, em como a força de trabalho humano é empregada em favor do bem comum. Para o Docente 4, do Grupo Focal SRS, quando se fala em relações de trabalho no campo, toca-se em uma questão bem definida no EMI em Técnico em Agropecuária,

> [...] que é a questão dos opostos, de como se enxerga, de como o agronegócio aborda o trabalho e como a contraposição aborda. Se o nosso curso está no contexto de agronegócio, se estamos trabalhando com os alunos nesse contexto, com certeza, estamos indo nessa direção também, quando se trata de trabalho. Isso precisa ser revisto, isso precisa ser discutido, isso precisa ser ampliado.

O trabalho, como elemento integrador central da proposta pedagógica do IFMT, é compreendido como princípio educativo por ser um elemento fundante na vida dos sujeitos da educação profissional e tecnológica, orientando o processo formativo "tanto na sua materialidade, no sentido produtivo, como na sua culturalidade, concebida a partir das interações sociais" (IFMT, 2019a, p. 50). O PDI define trabalho como princípio educativo, na concepção de Saviani (1989), de que se trata do:

> [...] grau de desenvolvimento social, resultante de um processo histórico, que determina o modo de ser da educação em seu conjunto, respondendo às necessidades dos modos de produção; segundo, quando assegura a participação direta do conjunto societário no trabalho socialmente produtivo; e em terceiro, quando determina a educação como uma modalidade específica e diferenciada de trabalho: o trabalho pedagógico (IFMT, 2019a, p. 50).

De modo que para a instituição o trabalho como princípio deve se constituir em compromisso ético-político, corroborando Frigotto (2005), "visto que o trabalho é entendido como um dever e também como um direito, e dentro disso os sujeitos necessitam compreender o sistema econômico no qual estão inseridos a fim de combater as práticas de exploração e alienação pelo trabalho" (IFMT, 2019a, p. 50). Pois, segundo Frigotto (2005), considerar o trabalho como princípio educativo é entender que por meio dele os seres humanos socializam suas experiências na busca de suprir as suas necessidades. Considera-se também o trabalho em sua dimensão ontocriativa, pois "[...] é por meio dele, mediado pelo conhecimento, ciência e tecnologia, que os seres humanos criam, recriam sua própria existência, transformando a natureza para prover sua sobrevivência" (IFMT, 2019a, p. 50). Assim, toma o trabalho com um processo de produção e reprodução da vida, pois é uma condição imperativa de sobrevivência.

O PDI do IFMT projeta ações de desenvolvimento do conhecimento científico, reconhecendo o trabalho como central na formação individual e coletiva da humanidade — elemento integrador da proposta pedagógica do IFMT, princípio educativo (2019a, p. 226). No entanto, ainda apresenta uma concepção de trabalho como emprego e relaciona a formação ao atendimento de interesses do mercado, como destacado a seguir:

> A Educação Básica, reconhecida como direito público fundamental de todos os cidadãos, deve ser garantida de forma integrada com a orientação, a formação e a qualificação profissional para o trabalho. A qualidade da oferta da tríade Educação Básica, formação profissional e aprendizagem ao longo da vida contribui significativamente para a promoção dos interesses individuais e coletivos dos trabalhadores e dos empregadores, bem como dos interesses sociais do desenvolvimento socioeconômico, especialmente, tendo em conta a importância fundamental do pleno emprego, da erradicação da pobreza, da inclusão social e do crescimento econômico sustentado (IFMT, 2019a, p. 58).

A contradição ainda é maior se considerarmos que a taxa média de desemprego no país atingiu 13,5% em 2020 e que a região Centro-Oeste é a que tem o menor número de pessoal ocupado. Grande parte das pessoas que trabalham no campo trabalham em situação de informalidade. Na ânsia de atender a dois senhores — o trabalhador e o mercado — torna-se contraditória a defesa de que:

> [...] a educação precisa libertar-se da perspectiva histórica imposta pelo mercado e pelos segmentos produtivos de foco unicamente na formação para o trabalho, e buscar a formação omnilateral, que visa ao desenvolvimento de todas as potencialidades humanas. Dessa forma, o compromisso da Rede Federal de Educação Profissional, Científica e Tecnológica deve ser com a formação crítica, humanizadora e emancipadora, que proporcione experiências por meio das quais seja possível despertar o senso crítico, elevando o sujeito a patamares de compreensão capazes de ampliar seu nível

> *de participação na esfera social, sem negligenciar a relação do homem com as questões de socialização, com as tecnologias, com os desafios ambientais e com a totalidade do complexo mundo do trabalho* (IFMT, 2019a, p. 59).

Isso se torna mais evidente quando se analisa os PPCs nos *campi* pesquisados:

- No *campus* São Vicente, o objetivo do curso se centra na formação profissional específica:

> *Formar profissionais capazes de colaborar de forma responsável, participativa, crítica e criativa no desenvolvimento de processos produtivos nas áreas de produção animal, agroindustrial e vegetal articulando produção e conservação do meio ambiente, além de favorecer a formação de profissionais com conhecimentos técnico-científicos que fortaleçam o desenvolvimento de valores como cidadania e ética profissional* (IFMT SVC, 2016, p. 20).

- Em Sorriso, prioriza as competências profissionais:

> *Proporcionar uma formação que integre trabalho, ciência, cultura e tecnologia e, oportunizar aos estudantes construção de competências profissionais na perspectiva de continuar aprendendo e adaptando-se de maneira dinâmica às diferentes condições do mundo do trabalho e do sistema educativo* (IFMT SRS, 2015, p. 16-17).

O PPC cita reiteradamente a formação para o trabalho como em atendimento à demanda de profissionais qualificados para o agronegócio, que exige um alto grau de conhecimento científico e tecnológico para se produzir mais em menos área e com menos custo.

- O *campus* Avançado Guarantã do Norte visa à formação integral do ser humano:

> *[...] estimular a formação humana integral por meio de uma oferta de educação profissional e tecnológica que articule ciência, tecnologia, trabalho e cultura, visando à formação do profissional-cidadão crítico-reflexivo, competente técnica e eticamente, comprometido com as transformações da realidade na perspectiva da igualdade e da justiça social* (IFMT GTA, 2015, p. 5).

Com base em Frigotto, Ciavatta e Ramos (2005), o PPC GTA defende a "formação humana e integral em que o objetivo profissionalizante não tenha uma finalidade em si, nem seja orientado pelos interesses do mercado de trabalho, mas se constitui em uma possibilidade para a construção dos projetos de vida dos estudantes" (IFMT GTA, 2016, p. 5-6).

Percebe-se que o objetivo do curso segue rumos diferentes pois, assim como acentua a função estratégica do IFMT no processo de desenvolvimento socioeconômico regional, voltando suas ações de ensino, pesquisa e extensão ao atendimento do aumento da produtividade, da inovação nas formas de produção e gestão, e na melhoria da qualidade de vida e da renda dos trabalhadores, apresenta a centralidade da formação em atendimento à economia e ao emprego, que tem o agronegócio como central no "desenvolvimento" local.

O PDI/IFMT reconhece o trabalho como central na formação individual e coletiva, mas ainda apresenta uma concepção de trabalho como emprego e relaciona a formação ao atendimento de interesses do mercado. A contradição existe e precisa ser encarada como possiblidade para que o novo se estabeleça, de modo que ao afirmar no PDI que a instituição precisa ser para além de meros aparelhos ideológicos de Estado, que contribui para reproduzir as relações sociais de produção capitalista na medida em que contribui para a formação da força de trabalho e para a inculcação da ideologia burguesa, como afirmava Althusser (2007), reconhece que existem históricas e conflituosas relações, expressando tensões conservadoras ou inovadoras presentes em seu interior.

> No Brasil, historicamente, o ensino técnico e profissionalizante teve como papel atender à camada mais empobrecida da população para atender às necessidades do mercado de trabalho. A partir da ampliação da concepção do ensino profissional para a educação, para o trabalho, compreende-se a premência de articular as políticas públicas para atender às necessidades dos trabalhadores não apenas do campo do trabalho, mas na construção de alternativas que possibilitem as aspirações e escolhas individuais (IFMT, 2019a, p. 62).

Na sociedade capitalista "cada indivíduo tem uma esfera de atividade exclusiva que lhe é imposta e da qual não pode sair; é caçador, pescador, pastor ou crítico e não pode deixar de ser se não quiser perder os seus meios de subsistência" (MARX; ENGELS, 2004, p. 25). A formação omnilateral é proposta como a única capaz de possibilitar a homens e mulheres "transitar livremente de uma tarefa a outra, de ser pescador, caçador, pastor e crítico. De exercer, sem coações, as tarefas do trabalho manual e do trabalho intelectual" (MARX; ENGELS, 2004, p. 34).

A divisão social do trabalho, que cinde o trabalho manual e o trabalho intelectual, o pensar e o agir, aprofundada na sociedade capitalista, de acordo com o PDI IFMT, contraria a função social assumida pela instituição, assentada no compromisso com a educação transformadora que possibilita ao sujeito desenvolver todas as suas potencialidades criadoras e com a ruptura das opressões da sociedade. Seguindo Manacorda (2000), a instituição define que a educação, num contexto social adequado, é que permite aos homens o desenvolvimento de habilidades naturais como trabalhar conforme um plano e um objetivo, ou seja, um ser humano que vive do seu trabalho e do trabalho de outros para poder suprir suas necessidades básica e históricas, como: comer, beber, dormir, vestir-se, abrigar-se, reproduzir-se biológica e socialmente.

Assim, o trabalho é considerado um dever e uma necessidade na formação dos estudantes, visto que pelo trabalho, mediado pelo conhecimento, ciência e tecnologia, é que os seres humanos criam e recriam sua própria existência. Para se combater práticas de exploração e alienação pelo trabalho destacamos como necessária na formação dos sujeitos a compreensão do sistema econômico, dos modos de produção e das relações sociais decorrentes de cada modo.

Na realização dos grupos focais, alguns participantes relataram como a categoria trabalho é discutida:

> *O trabalho permeia os conteúdos da disciplina de História, então a gente discute trabalho numa perspectiva, pensando o Brasil, no período colonial, no processo escravizatório que aconteceu no país. E aí a gente fala dos processos de luta por melhoria de condições de trabalho, por melhorias de bem-estar socioeconômico, de legislações que vão garantir direitos para esses trabalhadores. Isso na perspectiva do currículo* (DOCENTE 2, GRUPO FOCAL SVC, 2020).

> *[...] em sociologia o trabalho é uma das categorias que a gente trabalha bastante [...] Das categorias principais para o Ensino Médio. [...] É uma categoria difícil de trabalhar e precisa ser trabalhada, principalmente com esses alunos do curso técnico, entrar na questão da Revolução Industrial 4.0, que tem uma certa comodidade, mas que vai massacrar os empregos. [...] trabalho no meio rural, pois os últimos censos têm apontado que tem menos pessoas no campo por conta da migração, da mecanização e da concentração de terras, e é um trabalho que tal qual o urbano exige cada vez mais qualificação. Pessoas com alta qualificação, às vezes, têm empregos precários, tem toda a precarização do trabalho rural, de trabalhos análogos ao escravo. [...] Então, são questões que precisam ser trabalhadas e estão sub-representadas nos PCCs* (DOCENTE 3, GRUPO FOCAL SVC, 2020).

Além disso, em São Vicente, a Docente 1 relatou que é realizado um seminário anual durante o período que os estudantes vão sair para o estágio chamado de "Seminário das Profissões", com profissionais das áreas agrárias, com associações e cooperativas, para falar com os estudantes sobre as perspectivas de trabalho depois da formação.

Os docentes destacaram também algumas atividades como impulsionadoras da formação para e pelo trabalho, como as práticas realizadas nos laboratórios e nos setores/núcleos de produção dos *campi*, as visitas técnicas, as atividades extensionistas e a realização do estágio curricular supervisionado.

3.5.2.1 Atividades práticas como princípio educativo do trabalho

Ao pensar a escola do trabalho, o pedagogo russo Pistrak (2000) propõe tornar o trabalho e a ciência como partes orgânicas da vida escolar e social dos estudantes. Assim, a prática do trabalho, segundo Pistrak (2000), aconteceria de forma natural e gradual, em diferentes contextos e graus de dificuldade. Corresponderiam à primeira etapa de graduação da participação do estudante nas atividades de trabalho a etapa de orientação, com o contato inicial, por meio de aulas práticas em oficinas; laboratórios, onde o estudante desenvolveria, com a supervisão docente, conhecimento dos materiais, dos instrumentos, dos métodos e das técnicas de trabalho, relacionando-o ao conhecimento teórico/científico, tal qual a educação tecnológica, defendida por Marx, com desenvolvimento dos princípios gerais e científicos do processo de produção.

Os PPCs de EMI ao Técnico em Agropecuária dos *campi* em questão preveem carga horária destinada às atividades que visam integrar conhecimento teórico e prática, como: atividades em núcleos de produção ou fazenda experimental, atividades de pesquisa e extensão, aulas práticas em laboratórios e oficinas. A prática de trabalho é destacada como primordial na relação trabalho e educação, a exemplo das escolas progressistas, em que, segundo Gramsci (1982, p. 149):

> *Todos os estudantes são obrigados a frequentar, de acordo com sua escolha, ou uma oficina mecânica ou um laboratório científico: o trabalho manual é acompanhado pelo trabalho intelectual, e – mesmo que não exista nenhuma relação direta entre os dois – o aluno aprende, não obstante, a aplicar seus conhecimentos e desenvolve suas capacidades práticas.*

Além de que, de acordo com os participantes da pesquisa, por terem uma carga horária extensa:

> [...] os alunos ficam obcecados por aula prática, ficam nesse frenesi, porque realmente não aguentam mais sala de aula, é muito desgastante. Aí uma atividade prática é o ápice para eles, porque eles não querem estar na sala de aula, e eles dizem que as práticas ajudam muito eles a desestressarem, se sentirem mais leves para fazer as atividades, além de facilitar a compreensão da teoria estudada (DOCENTE 11, GRUPO FOCAL GTA, 2020).

> Numa perspectiva bem prática, percebo que para nós os alunos permearam todos os setores de produção é tão evidente, tão cotidiano, que se tornou natural, muito embora os estudantes peçam por muito mais aulas práticas. Eles têm um desejo de mais aulas práticas. [...] tem estudantes que fazem as atividades com muito afinco e realizam as atividades continuamente e voluntariamente, com no caso dos trabalhos no CVT (DOCENTE 2, GRUPO FOCAL SVC, 2020).

Os *campi* São Vicente e Guarantã do Norte estão localizados em área rural e têm disponível estrutura de escola-fazenda. Para o desenvolvimento da interação teoria e prática:

> [...] os Componentes Curriculares do Eixo Profissionalizante oferecem Oficinas didáticas que funcionam nas Unidades Educacionais de Produção durante o período de permanência do discente na Instituição sob orientação dos docentes em sistema de rodízio de grupo para o manejo e manutenção das produções animais e vegetais que servem como pesquisas, atividades didáticas e geram o aproveitamento dos produtos no consumo no refeitório do campus (IFMT SVC, 2016, p. 114).

A infraestrutura do *campus* São Vicente conta com o Departamento de Produção, em que podem ser desenvolvidas as práticas nos setores agrícola, zootécnico e agroindustrial: Laboratório didático de processamento de carnes, Laboratório didático de processamento de leite, Laboratório didático de processamento de frutas, Laboratório didático de processamento de farinha de mandioca, Laboratório de pesquisa de alimentos, Oficina didática de produção de leite, Oficina didática de suinocultura, Oficina didática de avicultura, Oficina didática de cunicultura, Oficina didática de ovinocultura, Oficina didática de gado de corte, Oficina didática de piscicultura, Oficina didática de apicultura, Oficina didática de ração, Oficina didática de agricultura e Laboratório de solos.

Por ser um *campus* agrícola, com setores produtivos definidos, os alunos vivem a experiência do trabalho durante a trajetória escolar, isso é algo natural no cotidiano deles. Não é algo distante, que eles estão sendo preparados para o trabalho para vivenciarem isso somente no estágio ou quando concluírem o curso, isso faz parte da formação e da vida deles na instituição, o que possibilita uma formação mais ampla.

> *Os nossos estudantes têm o trabalho no campus, eles têm a prática. Eles têm a teoria na sala de aula, mas tem o trabalho, a prática nos setores, na plantação, na criação de animais, na horta, na industrialização dos produtos. Por conta das disciplinas eles acabam fazendo um rodízio por todos os setores. Além disso, eles ainda têm a possibilidade de fazer estágio de trabalho na própria instituição* (DOCENTE 1, GRUPO FOCAL SVC, 2020).

> *Em outros tempos a escola já teve cooperativa, que tinham trabalhos bem bacanas. Mas muitas coisas que estão se construindo nessa perspectiva de tornar o trabalho algo mais palpável para os alunos ainda é um caminhar, uma jornada que tem bastante caminho pela frente* (DOCENTE 2, GRUPO FOCAL SVC, 2020).

O *campus* Guarantã do Norte, por ser avançado e possuir apenas cinco anos de instalação, possui uma estrutura com dois núcleos de produção em que os estudantes desenvolvem práticas agrícolas e de criação de animais.

> *Na parte técnica, uma coisa que a gente tem, diferencial positivo, é que, apesar de ser um campus avançado, a gente tem uma área de campus muito grande, que poderia ser encaixado como campus agrícola, porque a gente tem 50 hectares de área. Então, nas disciplinas técnicas a gente consegue fazer aulas práticas, inclusive a gente tem diversas culturas para trabalhar com os alunos, e também visitas técnicas, que enriquecem muito a parte de formação para o trabalho, melhorando a parte técnica. Essa área que a gente tem no campus tem espaço para a parte agrícola, tem horta, tem a parte de plantação de milho, de batata doce, mandioca, limão; na parte dos animas a gente tem bovinos, vacas de leite produzindo leite, tem bezerros da produção de corte, abelha, tem a psicultura que está começando, a parte de forragem, tem bastante coisa para eles trabalharem no campus. [...] Tem campus que não tem uma área dessa na sede, então, precisamos explorar mais isso e conseguir mais tempo para melhorar a formação deles* (DOCENTE 14, GRUPO FOCAL GTA, 2020).

Segundo o docente, o que dificulta no desenvolvimento das atividades práticas é a falta de tempo, pois "[...] a gente tem meio período vago, que os alunos têm para fazer alguma atividade, mas acaba que é pouco. Pelo currículo ser extenso acaba faltando tempo para eles vivenciarem a prática, pelo menos um dia para eles estarem no setor produtivo".

Já o IFMT *campus* Sorriso é urbano e possui uma área rural de aproximadamente 84 hectares, sendo 40 hectares de área agricultável e o resto área de preservação, onde funciona o Núcleo Experimental, que serve de laboratório para experimentações que atualmente sedia mais de 50 experimentos e aulas práticas. Essa área é setorizada em núcleos de produção animal e agrícola. De acordo com um dos professores do curso o Núcleo Experiencial é primordial para realização das atividades práticas das aulas e para o desenvolvimento de projetos de pesquisa com os alunos, montando experimentos, processando e analisando dados e devolvendo esses dados para a comunidade em forma de novas tecnologias.

Para Pistrak (2015), a existência de estrutura laboratorial e de oficinas é uma das condições para uma formação politécnica, mas não se restringe a isso, pois segundo Shulgin (2013, p. 198):

> [...] o fato de existirem oficinas nas escolas não as transforma de escolas verbalistas em escolas politécnicas. Não! Não e Não! Oficinas apenas abrem oportunidades adicionais para o avanço em direção ao politecnismo. Mas só isso. A questão toda consiste em como usar essas oportunidades. Nisto está a essência.

A prática/técnica do trabalho não pode ser o fim do EMI, pois como tal relativiza a teoria, a ciência por trás da ação e se torna praticismo, profissionalismo estreito, voltado a treinar mão de obra para atender as demandas imediatas do mercado, abandonando a verdadeira função do Ensino Médio Integrado enquanto última etapa da educação básica numa perspectiva de formação integral do ser humano.

É importante o envolvimento dos estudantes nas atividades de produção agrícola, no trabalho com animais e no beneficiamento dos produtos, enfim, em práticas de campo nos diversos setores/núcleos de produção, no entanto, a utilização de tais recursos não deve reproduzir na escola a especialização que ocorre no processo produtivo, mas sim servir para que os alunos manipulem os processos práticos básicos da produção, de modo a propiciar "o domínio dos fundamentos das técnicas diversificadas utilizadas na produção, e não o mero adestramento em técnicas produtivas. Não a formação de técnicos especializados, mas de politécnicos" (SAVIANI, 2007, p. 8).

Nesse sentido, os *campi* propõem outras vivências que não se resumem ao trabalho específico agropecuário, em "diversas áreas do conhecimento para que os estudantes possam conhecer e se envolver ativamente com o entorno vivido e promover experiências que fomentem a formação integral, nos aspectos humanos, científico e cultural" (IFMT SVC, 2016, p. 37). Tais atividades envolvem a pesquisa; a produção científica; a experimentação em laboratórios de Microbiologia, de Química, de Desenho Técnico, de Topografia, de Informática, de Artes, de Línguas e multidisciplinar; a participação em feiras, dias de campo, congressos e em institutos de pesquisa para que os estudantes possam acompanhar as inovações tecnológicas do setor agropecuário; como também em atividades extensionistas que possibilitam o domínio dos conhecimentos científicos, da prática produtiva e vivência das relações sociais e de trabalho.

3.5.2.2 Estágio Supervisionado: aprofundamento da teoria e prática por meio da vivência no mundo do trabalho

O estágio curricular supervisionado é um importante componente para a formação profissional, integração com a realidade do mundo do trabalho externa à escola e de desenvolvimento da autonomia dos estudantes.

> [...] Como recurso pedagógico permite que os alunos encarem os desafios profissionais conduzindo-os à formação teórico-prática adquirida no âmbito escolar, instigando-os à percepção crítica da realidade e capacidade de análise das relações técnicas do trabalho e oportunizando-os o acesso às conquistas científicas e tecnológicas da sociedade (IFM SVS, 2016, p. 106).

A vivência do estágio, conforme consta no Manual de Estágio do IFMT *campus* Sorriso,

> [...] *é ato educativo supervisionado desenvolvido no ambiente produtivo, que visa à preparação para o mundo do trabalho. [...] tem a função de propiciar ao estagiário o aprendizado social, profissional e cultural, tendo como resultado uma reflexão real e futurista dos novos cenários socioeconômicos* (IFMT SRS, 2013, p. 5).

No âmbito do IFMT, o estágio de caráter obrigatório contempla atividades de planejamento, por meio do Plano de Estágio; execução de atividade, com acompanhamento de um supervisor no local do estágio, de um docente orientador e da coordenação de estágio; e avaliação, apresentação do relatório de estágio. Durante esse período, no *campus* São Vicente, são ofertadas oficinas de orientação:

> **Oficina de Orientação I:** *apresentação das normas de estágio referentes ao regimento interno, PPC do curso e a Lei n° 11.788/2008, que dispõe sobre as modalidades de estágio; normas de segurança no trabalho; ética e etiqueta profissional.*
> **Oficina de Orientação II***: orientações quanto as normas de elaboração e apresentação do trabalho de conclusão do curso* (IFMT SVC, 2016, p. 109).

A realização do Estágio Curricular Supervisionado tem como finalidade:

> *Proporcionar ao estudante condições de desenvolver suas habilidades, analisar criticamente situações e propor mudanças no ambiente de trabalho;*
> *Incentivar o desenvolvimento das potencialidades individuais, favorecendo o surgimento de profissionais empreendedores;*
> *Consolidar o processo ensino-aprendizagem, através da conscientização das deficiências individuais, e incentivar a busca do aprimoramento pessoal e profissional;*
> *Possibilitar o processo de atualização dos conteúdos disciplinares, permitindo adequar aquelas de caráter profissionalizantes às constantes inovações tecnológicas, políticas, sociais e econômicas a que estão sujeitos;*
> Promover a integração entre o IFMT e as Empresas/Comunidade (IFMT SRS, 2013, p. 12).

Portanto, a prática real do trabalho vai além da aplicação técnica do conhecimento, é tida como elemento de consolidação do processo formativo, articulador do desenvolvimento da autonomia e do posicionamento crítico diante das relações de trabalho, do desenvolvimento político, social e econômico. De modo que se constitui em "um instrumento de integração, de treinamento prático, de aperfeiçoamento técnico-cultural-científico e de relacionamento humano" (IFMT SRS, 2013, p. 5).

O trabalho experienciado pelos estudantes durante a prática de estágio é curricular, pois visa consolidar os conhecimentos e práticas adquiridos durante o curso; e é supervisionado, pois apesar de estar ligado diretamente às atividades produtivas, não pode se confundir com emprego, precisa ser acompanhado por um docente orientador e um servidor supervisor da empresa/instituição, na condição de aprendizagem.

Conforme observado no Quadro 3, o EMI ao Técnico em Agropecuária no *campus* Avançado Guarantã do Norte tem a menor carga horária total (3.826 horas), com a menor carga horária de estágio curricular obrigatório (120 horas), mas a carga horária de aulas de componentes curriculares do Núcleo Comum é a maior (2.482 horas). O *campus* São Vicente tem o curso com a maior carga horária total (3.882 horas), com uma carga horária elevada de estágio curricular obrigatório (210 horas).

Quadro 3 – Carga horária de estágio distribuída na matriz curricular

		IFMT-GTA	IFMT-SRS	IFMT-SVC
Componentes Curriculares do Curso	Núcleo Comum	2.482	2.414	2.448
	Formação Profissional	1.224	1.224	1.224
Estágio Curricular Obrigatório		120	180	210
CH TOTAL		3.826	3.818	3.882

Fonte: elaborado pela autora, com base nas Matrizes Curriculares constantes nos PPCs do EMI ao Técnico em Agropecuária

A carga horária extensa de estágio curricular obrigatório do *campus* São Vicente considera como parte integrante do estágio: 30 horas de orientação e oficinas; até 54 horas de desenvolvimento de atividade no departamento de produção do *campus*; até 54 horas em atividades de pesquisa e extensão; e o restante em prática vivenciada em ambiente exterior ao *campus*.

No *campus* Avançado Guarantã do Norte, metade da carga horária de estágio pode ser destinada às atividades de pesquisa e extensão realizadas durante o curso. E no *campus* Sorriso a soma das atividades de extensão, monitorias, iniciação científica e estágio nas dependências do IFMT não poderá exceder o limite de 25% da carga horária estabelecida para o estágio. De modo que a vivência do trabalho e da preparação para o trabalho na atividade formativa pode variar de 25% a 65% para conclusão do estágio, nos três *campi* da pesquisa.

A realização do estágio corresponderia à segunda etapa da graduação da escola do trabalho de Pistrak (2000), considerada como etapa de execução. Quando o estudante teria ingresso à etapa de execução do trabalho, numa fase mais elevada de vivência do trabalho real, em contato com os modos e instrumentos de produção e com os trabalhadores, estabelecendo uma relação entre a atividade prática e a formação básica e técnica.

A apresentação do relatório de estágio é o momento em que o estudante avalia o processo formativo teórico-prático e o trabalho real, desenvolvendo o pensamento crítico e a autonomia na resolução de problemas. Nesse momento, de acordo com o Manual de Estágio (IFMT SRS, 2013, p. 14-15), os estudantes deverão relatar as atividades e as experiências do estagiário no ambiente de trabalho, analisar as dificuldades encontradas e os seus pontos fortes, e apresentar sugestões para o aperfeiçoamento dessas atividades. Corresponderia à terceira etapa de graduação da participação efetiva no trabalho definida por Pistrak (2000) na escolha do trabalho. Etapa essa de iniciativa, em que o aluno elabora e executa um projeto com a finalidade de vencer dificuldades de um problema prático de investigação vivenciado na etapa de execução, desenvolvendo habilidade teórica na proposição de soluções cabíveis, e demonstrando o interesse prático do aluno pela especialidade escolhida.

No Grupo Focal GTA foi apontado como a realização do estágio é transformadora na vida dos estudantes:

> *O estágio é um ponto divisório. No final do 2.º ano os alunos saem para o estágio e no 3.º ano eles retornam para fazer o relatório do estágio. É notória a diferença que a gente vê nos estudantes nesse ir para o estágio, nessa vivência do trabalho* (DOCENTE 2, GRUPO FOCAL SVC, 2020).

No entanto, a experiência acaba por trazer à tona muito mais o trabalho como trabalho assalariado, *"não um trabalho mais emancipatório, me parece que é o trabalho mais como estereótipo do emprego"* (DOCENTE 2, GRUPO FOCAL SVC, 2020). Já que é muito mais o mercado que dispõe as vagas para estágio do que a escola e os estudantes que escolhem o que querem fazer no estágio.

> *Na verdade nós não conseguimos orientá-los para o mundo do trabalho, é o mercado de trabalho que chega até nós fazendo propostas, na maioria das vezes, indecentes, tipo "estou precisando de um empregado, mas não quero dar o direito trabalhista pra ele, então vamos chamar de estagiário, aí ele não tem direito nenhum, inclusive eu pago salário se eu quiser", e hoje nós estamos fornecendo esse tipo solução imoral do mundo do trabalho, e a gente não está conseguindo orientar eles em relação*

> ao trabalho. As relações de trabalho, as relações de poder aqui estão estabelecidas. Acaba que nós estamos nos adaptando ao que está estabelecido. Eu gostaria de lá na extensão poder dizer para os meus alunos que chegam em período de estágio "olha, a gente consegue encaminhar você para esse tipo de estágio aqui para você ter essa experiência, mas o que tem lá é o que tem e o que pode ser feito e não o que nós gostaríamos fazer, porque nós não temos essa capacidade, a gente não define, não escolhe se a gente teria como fazer", mas no momento a gente não faz uma orientação para o mundo do trabalho, é o trabalho que vem definir isso (DOCENTE 5, GRUPO FOCAL SRS, 2020).

Assim, a escolha dos estudantes para a realização do estágio acaba sendo direcionada, regulada pela oferta do mercado. Por serem as grandes propriedades as que mais proporcionam estágios, *"Os alunos estagiam muito mais em propriedades que são ligadas ao agronegócio do que em propriedade da agricultura familiar em nossa região. Isso é um fator que a gente pode pensar em estar modificando. [...] Isso é bem conflitante"* (DOCENTE 11, GRUPO FOCAL GTA, 2020). De modo que a realização dos estágios *"quase 100% são em casas agropecuárias, em lojas de venda de maquinários agrícolas ou em grandes e médias propriedades, confinamentos, plantio de soja, plantio de milho"* (DOCENTE 12, GRUPO FOCAL GTA, 2020).

Uma das dificuldades, inclusive da baixa procura e oferta de estágio na agricultura familiar, em pequenas propriedades, é a própria burocratização da documentação que:

> [...] na agricultura familiar é bem complicado, porque segundo a norma, tem que ter alguém que seja no mínimo técnico agrícola para assinar, para acompanhar esse estágio e na agricultura familiar não vai existir essa pessoa. Se tivesse, com certeza, teria mais alunos que fariam na agricultura familiar (DOCENTE 13, GRUPO FOCAL GTA, 2020).

Essa dificuldade poderia ser suprida com estabelecimento de parcerias com outras instituições, de modo a assegurar o acompanhamento também das pequenas propriedades locais. Mas mesmo essas experiências mais disponibilizadas, no agronegócio, são experiências concretas de trabalho, que podem despertar o desenvolvimento da autonomia e da criticidade do sistema produtivo e se tornarem emancipadoras, se assim a orientação para a elaboração do relatório permitir. Também não significa que outras experiências não sejam realizadas. São em menor proporção, mas acontecem: *"A gente já teve outras situações que encaminhamos alunos para realização de estágios em universidades, em laboratórios"* (DOCENTE 12, GRUPO FOCAL GTA, 2020); *"na Empaer[27] ou Emater"*[28] (DOCENTE 13, GRUPO FOCAL GTA, 2020).

E, apesar de limitadas e de essas outras possibilidades de estágio não atraírem os estudantes logo de princípio, a Docente 1 do Grupo Focal SVC relata que quando os alunos vão para essa experiência, ela é transformadora:

> *Quando os estudantes vão pedir estágio, já passaram o 1.º ano, já estão no 2.º ano, se percebe que parece que ficou só a questão do macro mesmo, porque na hora de escolher o estágio, porque para ir no Horto Florestal para fazer estágio lá é porque eles não conseguem nenhum outro lugar, porque todos querem ir para o grande produtor. No Horto é uma vivência maravilhosa, trabalha a parte ambiental, é uma instituição pública da prefeitura de Cuiabá, produz mudas para agrofloresta, prepara semente para produzir, sementes nativas ou em extinção. Todos os que foram pra lá, quando voltam 'nossa, que maravilha'.*

Porém, essas situações poderiam ainda ser melhoradas e ampliadas. O Docente 12 cita como uma possível solução uma das deliberações do Seminário Nacional do Ensino Agrícola da Rede Federal de Educação Profissional e Tecnológica, realizado em 2008, abordado no Capítulo 1, item 1.5, a disponibilidade na Matriz Curricular de situações de:

> [...] **estágio de vivência**, *em que o aluno vai, como acontece em algumas instituições, para a propriedade. Em vez de estar numa fazenda ele fica numa família de pequenos produtores rurais 15, 20 dias e auxilia na lida do dia a dia da propriedade, vai ordenhar, vai fazer cerca e tudo mais. Então, falta um pouco do estágio de vivência para contemplar um pouco dessa parte da agricultura familiar, algumas disciplinas dentro da agroecologia, com a questão de cultivos consorciados, que também não muito o foco* (DOCENTE 12, GRUPO FOCAL GTA, 2020).

A formação profissional do Técnico em Agropecuária do IFMT é muito bem-vista no estado, tanto que "muitos estudantes ao concluir os estágios são chamados para permanecerem no emprego, e a remuneração,

---

[27] Empresa Mato Grossense de Pesquisa, Assistência e Extensão Rural – empresa pública do Estado de Mato Grosso, vinculada à Secretaria de Estado de Agricultura Familiar e Assuntos Fundiários (Seaf), que trabalha incentivando e difundindo novas tecnologias de geração e garantia de desenvolvimento econômico, social e ambiental junto a agricultores familiares.

[28] Empresa de Assistência Técnica e Extensão Rural de Mato Grosso – empresa pública brasileira, que tem por objetivo apoiar produtores e trabalhadores rurais.

considerando a remuneração de outros profissionais que não fizeram um curso técnico, é bem maior" (DOCENTE 2, GRUPO FOCAL SVC, 2020). Por ser muito bem-conceituada a formação, no banco de empregos desenvolvido pelo IFMT,

> [...] as empresas procuram para enviar técnicos, em empresas de bovinocultura de corte, nas grandes culturas, na agroindústria, na psicultura, em frigoríficos. No levantamento dos egressos do ano passado, 87% do médio e superior estavam empregados, e o restante estava prosseguindo os estudos (DOCENTE 1, GRUPO FOCAL SVC, 2020).

São trabalhos qualificados que garantem elevação na melhoria das condições de trabalho e de vida dos estudantes. Assim, segundo o Docente 11 do Grupo Focal GTA, *"só temos que encontrar qual a melhor forma, o melhor jeito, se tem melhor forma, para conseguir conciliar a parte tecnológica para o pequeno produtor como conseguimos nas grandes propriedades"*. De modo que o IFMT *"procura colocar o aluno em contato com o trabalho, todos fazem estágio, são orientados, tem essa experiência no estágio"* (DOCENTE 18, GTA), mas muitos estão interessados, na verdade, é no melhor ensino, na continuidade nos estudos e não no mercado de trabalho imediato e, por isso, seguem para disputar uma vaga na universidade.

Destacamos aqui um aspecto interessante que apareceu na pesquisa, que diz respeito ao trabalho da mulher na área agropecuária. Foram apontadas pelos docentes situações de desprestígio, discriminação de gênero e desrespeito que começam na família.

> Uma estudante narrou que ela fez um curso de extensão de doma racional com os equinos, e quando ela voltou para a pequena propriedade, na casa dela, ela falou para o pai que ia domar o cavalo, e o pai "não minha filha, isso é muito perigoso" e ela "não pai, eu aprendi uma técnica de doma racional". Ao longo do dia ela conseguiu fazer o trabalho com o animal de torná-lo mais dócil, e o pai "mas não é que dá jeito mesmo, eu vou chamar o fulano para domar esse cavalo". Então ela fez todo o trabalho, mas por ela ser mulher, se preferiu chamar um homem para desenvolver a atividade. E isso ainda era numa relação familiar, e mostra a dificuldade de se adentrar ao mercado (DOCENTE 2, GRUPO FOCAL SVC, 2020).

Esse comportamento se estende à formação prática, e como foi relatado nos grupos de discussão:

> [...] a gente faz um "mea-culpa" porque a gente precisa se policiar nas nossas ações na própria escola, por exemplo: tem algum animal para tocar, com receio de haja algum acidente, se atribui a uma pessoa do sexo masculino esse serviço, quando a gente deveria tratar sempre de forma igual, independente de que tipo de serviço seja. Muitos trabalhos estão melhorando, mas infelizmente na parte de estágio supervisionado, e aí é uma coisa que a gente tem que se atentar e procurar instituição que consigam dar melhores condições [...] em estarem colocando em prática aquilo que aprenderam na teoria. [...] É muito desigual. Você trata todos igual dentro da sala de aula, homens e mulheres, e quando chega lá no campo você só dá oportunidade para um dos sexos para estarem aplicando na prática aquilo que aprenderam na teoria. Isso a gente tem que melhorar bastante e sempre se policiar para melhorar o ensino, principalmente a parte prática (DOCENTE 11, GRUPO FOCAL GTA, 2020).

Durante a realização do estágio supervisionado essa situação se torna mais recorrente e incômoda para as estudantes:

> [...] infelizmente na parte de estágio supervisionado, e aí é uma coisa que a gente tem que se atentar e procurar instituição que consigam dar melhores condições para nossos alunos e nossas alunas, principalmente, em estarem colocando em prática aquilo que aprenderam na teoria. [...] essa região tem problemas com relação ao machismo, questões culturais antigas, que tem trabalho que é para homem, tem trabalho que é para mulher (DOCENTE 11, GRUPO FOCAL GTA, 2020).

> Tem o problema, não só aqui, mas no geral, da diferenciação de sexo, na área agropecuária, porque ainda tem, infelizmente, o machismo. [...] o produtor fica preocupado de colocar uma mulher e dar algum problema por conta de funcionários, e isso a gente tem que superar. [...] Eu era responsável por receber estagiárias, e todas as estagiárias que eu recebi o problema principal era alojamento, e o próprio produtor fica numa saia justa, porque não tem onde pôr, não tem alojamento separado, e deixar a estagiária lá, nova, no meio dos peões, é complicado. Aí ou eles não recebiam, ou a própria menina entrava em contato comigo e falava "não quero ficar, porque não tem condições" (DOCENTE 14, GRUPO FOCAL GTA, 2020).

De acordo com a Docente 2 do Grupo Focal SVC, essas dificuldades na experiência do estágio são relatadas constantemente, assim como as mulheres encontram barreiras por serem aceitas nesse mercado preferencialmente masculino. "*Então, pensando na perspectiva do trabalho como emprego, acredito que ainda não sejamos tão efetivos em mostrar outras possibilidades*".

> *As meninas têm muita vontade, mas ainda tem aqueles que falam "esse serviço não é para você", "as meninas não conseguem fazer esse serviço" (DOCENTE 1, GRUPO FOCAL SVC, 2020).*
>
> *A sensação que eu tenho é que a mulher não consegue. Não consegui ver uma aluna que trabalha na área agropecuária após terminar o curso. Essas alunas que já saíram, se formaram, estão trabalhando fora da área, em loja, em outros setores. Talvez isso seja um aspecto que se fala na região, de que a região é machista, não confia no trabalho da mulher, ainda mais nessa área (DOCENTE 18, GRUPO FOCAL GTA, 2020).*
>
> *Um problema que nós temos em Mato Grosso é a falta de capacidade das fazendas receberem, muitos lugares não têm alojamento para mulheres, não têm banheiros, não tem nada. Muitas mulheres não ficam lá, têm condições bem sub-humanas, por isso é bem difícil as mulheres quererem ficar nessas fazendas porque a condição é muito ruim, dependendo do lugar. Fora o machismo de não querer contratar, tem a parte de não ter condições para atender as necessidades: tem só um alojamento e tem 25 funcionários homens, o proprietário quer colocar uma mulher no meio de 25 homens. [...] É um mercado que, além de ser machista, tem muitas considerações que têm que ser mudadas e a estrutura é uma delas. (DOCENTE 13, GRUPO FOCAL GTA, 2020).*

Apesar de os participantes afirmarem que esse campo tem melhorado e que têm surgido perspectivas de trabalho, é perceptível que essas atividades dizem respeito às funções historicamente atribuídas às mulheres, as de cuidado. Como *"gado leiteiro, por exemplo, a mulher está tomando muito mais espaço que o homem em relação às atividades diárias, ela tem muito mais tato, muito mais jeito"* (DOCENTE 11, GRUPO FOCAL GTA, 2020).

> *Tem coisas que mulher não consegue aguentar e, também, a questão da falta de estrutura de fazenda influencia muito. [...] Eu também sofri com essa questão. [...] no início da carreira você já começa a direcionar para aquilo que você gosta e aquilo que você dá conta. A maioria das meninas procuram trabalhos em laboratórios, em viveiros, em locais que são mais tranquilos (DOCENTE 16, GRUPO FOCAL GTA, 2020).*

E muitas vezes para se conseguir esse trabalho/emprego elas precisam se deslocar para outros municípios ou regiões, como é o caso relatado pelo Docente 14 do Grupo Focal GTA:

> *[...] aqui em Guarantã não é tão forte, mas Lucas do Rio Verde e Sorriso, aquela região, tem uma grande produção de suínos, de*

> *aves, que dá a preferência para a mulher, pelos cuidados, por vários fatores. Mas aqui na região ainda tem esse tabu que tem que ser superado. Não tenho conhecimento de aluna mulher inserida no mercado de trabalho.*

Como esse assunto das dificuldades de trabalho da mulher, na área em que está sendo formada, persistiu em todos os grupos, houve a necessidade de intervenção e de questionar que "se a formação é para todos e todas, para que tipo de trabalho essas mulheres estão sendo formadas, se elas não vão ter trabalho?", considerando que no *campus* São Vicente 36% dos estudantes são mulheres e nos outros dois *campi* essa divisão é mais equilibrada, sendo 44% (Sorriso) a 53% (Guarantã do Norte). Sendo a redução no *campus* São Vicente justificada pela questão de ser um *campus* em regime de internato. Para o Docente 14 do Grupo Focal GTA, todas e todos recebem a mesma formação:

> *[...] Tem a formação, tem onde elas trabalharem, mas a questão é igualdade. É a mesma formação para todos, mas o que a gente tenta fazer é que se tenha igualdade e elas consigam ter o seu espaço, porque tem muitas mulheres que são muito mais competentes que muitos homens e que, às vezes, não conseguem aquela vaga por questão que foge da competência. Isso já tem mudado no estado, mas na região ainda precisa ser trabalhado.*

Nesse sentido, corroboramos o pensamento de Marx e Engels (2004) em *Textos sobre Educação e Ensino*, de que

> [...] o caráter particular do predomínio do homem sobre a mulher na família moderna, assim como a necessidade do modo de estabelecer uma igualdade social efetiva entre ambos, não se manifestarão com toda a nitidez senão quando homem e mulher tiverem, por lei, direitos absolutamente iguais (MARX; ENGELS, 2004, p. 87).

Sendo que "verdadeira igualdade de direitos entre homens e mulheres só poderá ser verdadeira quando se tiver eliminado a exploração capitalista" (MARX; ENGELS, 2004, p. 86). Por isso há que se lembrar o grito de Lenin:

> [...] Abaixo os mentirosos que falam de liberdade e igualdade para todos, enquanto existe um sexo oprimido, existem classes de opressores, existe a propriedade privada [...]. Liberdade e igualdade para o sexo oprimido! Liberdade e igualdade para o operário, para o camponês trabalhador! Luta contra os opressores, luta contra os capitalistas [...]. É este o nosso grito de guerra, esta a nossa

verdade proletária, verdade de luta contra o Capital [...] (LENIN, 1979, p. 120-121).

O capitalismo é incompatível com a igualdade, por isso, é necessária uma intervenção coletiva nas relações socioprodutivas que normalizam as ideias dominantes e exploradoras, e a inferiorização da mulher. Assim, há que se mudar não só a educação, mas a sociedade, por isso a importância de que a educação seja parte de um outro projeto de sociedade, não excludente e desigual.

3.5.3 Educação, Ciência e Cultura

Para Saviani (2020, p. 21), "[...] a origem da educação confunde-se com as origens do próprio homem". De modo que, como a humanidade se desenvolve pela ação sobre a natureza, transformando-a de acordo com suas necessidades e nesse processo se autotransformando, o processo de aprendizagem dessa transformação é extremamente relevante para a produção da existência. Esses conhecimentos, então, "necessitam ser preservados e transmitidos às novas gerações no interesse da continuidade da espécie" (SAVIANI, 2020, p. 19). Essa é a função da escola, dar a todos o acesso a esse conhecimento historicamente acumulado pela humanidade, pois de nada adianta a democratização do acesso à escola se esse não for acompanhado do acesso ao saber sistematizado, à ciência.

Na sociedade primitiva, segundo Saviani (2020), todos tinham acesso a essa educação. Com a apropriação privada da terra, para o grupo dominante, proprietários das terras e das riquezas, que viviam do trabalho alheio, a educação era diferenciada, preenchia o tempo livre com estudo e experiências científicas, filosofia, arte, literatura, exercícios físicos e lazer; enquanto para os que produziam a existência de si mesmos e de seus senhores, a educação era centrada na experiência de vida no trabalho, contrapondo conhecimento científico e trabalho.

Portanto, a união do conhecimento científico e do conhecimento adquirido pela experiência de trabalho acumulados historicamente pela humanidade, ou seja, a união entre produção intelectual, exercícios corporais e formação politécnica, assim como afirmava Marx (2013), é um elemento fundamental para se elevar a educação a um patamar de superação da divisão da educação conforme a divisão social do trabalho e avançando para a superação da sociedade de classes.

Sendo assim, o domínio dos diferentes saberes, na escola, só faz sentido se estiverem relacionados e se a assimilação desses tornar os homens mais humanos, no processo de sentir, pensar, planejar, agir e avaliar. Assim,

> O conteúdo fundamental da escola liga-se à questão do saber, do conhecimento. Mas não se trata de qualquer saber e sim do saber elaborado, sistematizado. O conhecimento de senso comum desenvolve-se e é adquirido independentemente da escola. Para o acesso ao conhecimento sistematizado é que se torna necessária a escola (SAVIANI, 2020, p. 14).

Para Saviani (2020), a justificativa da existência da escola não é somente pela necessidade de assimilação e domínio do conhecimento elaborado ou hierarquicamente superior, mas pelo movimento dialético que "a ação escolar permite que se acrescentem novas determinações que enriquecem as anteriores". De modo que

> [...] a cultura popular, portanto, é a base que torna possível a elaboração do saber e, em consequência, a cultura erudita. Isso significa que o acesso à cultura erudita possibilita a apropriação de novas formas pelas quais se podem expressar os próprios conteúdos do saber popular (SAVIANI, 2020, p. 17).

Nesse sentido, o papel da escola é essencial, no sentido de socialização do conhecimento historicamente construído pela humanidade. Pois, para que a participação política das massas se concretize, segundo Saviani e Duarte (2012, p. 55), é fundamental o domínio da cultura, o domínio de conteúdos que a classe dominante faz uso como forma de dominação, pois "o dominado não se liberta se ele não vier a dominar aquilo que os dominantes dominam. Então, dominar o que os dominantes dominam é condição de libertação". Para Saviani e Duarte (2012), de nada vale a pena a consciência da condição de exploração e de dominação sem a assimilação dos instrumentos pelos quais se é explorado e dominado. O domínio dos conhecimentos se faz necessário para que a classe trabalhadora possa se organizar e se libertar dessa condição, por meio de uma pedagogia revolucionária, abrindo espaço para a construção de uma nova sociedade.

3.5.3.1 A indissociabilidade ensino-pesquisa-extensão

Os IFs, desde sua criação, em 2008, têm como princípio a formação integral do ser humano a partir da indissociabilidade ensino/pesquisa/extensão, buscando atender aos arranjos socioprodutivos e possibilitando o desenvolvimento local e regional.

A indissociabilidade entre ensino, pesquisa e extensão tem por objetivo manter um processo constante de ação-reflexão-ação, que parte da realidade social, reflete sobre ela a fim de apreendê-la em sua complexidade e propor alternativas para os problemas existentes no contexto institucional, regional e nacional.

É na prática social, seja no setor produtivo, no sindicato, no partido ou no movimento social, que os seres humanos se formam como seres humanos, de modo que a escola não pode ser apartada dela, pois "[...] são as relações sociais que a escola propõe, através de seu cotidiano e jeito de ser, o que condiciona o seu caráter formador, muito mais do que os conteúdos discursivos que ela seleciona para seu tempo específico de ensino" (CALDART, 2012a, p. 324).

O PPC de EMI em Técnico em Agropecuária do IFMT *campus* Sorriso (2015) traz a educação como ferramenta de desenvolvimento socioeconômico local e de inclusão. Além do princípio pedagógico, a pesquisa "é uma pesquisa aplicada, a partir da responsabilidade ética e a necessidade de retorno à sociedade por meio da extensão, da produção, desenvolvimento e transferência de tecnologias sociais" (IFMT SRS, 2015, p. 15).

A integração entre a pesquisa, o ensino e a extensão visa "aprofundar os vínculos existentes entre o IFMT e a sociedade, com o propósito de alcançar novas alternativas de transformação da realidade mediante ações que fortaleçam a cidadania", ampliando assim "a relação transformadora entre a instituição de ensino e os diversos segmentos sociais e promovendo o desenvolvimento local e regional, a socialização da cultura e do conhecimento técnico-científico" (IFMT, 2019a, p. 64).

A inter-relação ensino, pesquisa e extensão só faz sentido se a difusão do conhecimento cumprir sua função social, se for entendido que toda pesquisa tem um interesse político, por isso é imperativo que vire extensão e que a extensão se transforme em tecnologias sociais em benefício da qualidade de vida das pessoas. Assim, a prática social é a base da ciência. É ela o elo da indissociabilidade, pois é na busca de compreender e solucionar os problemas da sociedade que o princípio pedagógico da pesquisa se baseia.

Os projetos de pesquisa são financiados por agências de fomento externas e pelo próprio IFMT, por meio de editais que contemplam taxa de bancada para desenvolvimento das atividades, bolsas pesquisador e de iniciação científica para estudantes do ensino médio. O objetivo dessa política é fomentar a pesquisa aplicada aliada à extensão; despertar nos estudantes a aprendizagem de métodos e técnicas científicas, estimulando-os ao desenvolvimento da criatividade e do pensar científico; difundir conhecimento produzido no âmbito do IFMT e estabelecer a pesquisa como princípio educativo, valorizando a indissociabilidade pesquisa-ensino-extensão.

Chama a atenção nos projetos de pesquisa, com a participação de estudantes do ensino médio em vigência, o número de vagas disponibilizadas e número de projetos aprovados. No edital de 2019 foram 110 vagas para 63 projetos aprovados com a participação de 293 estudantes, e em 2020 foram 110 vagas para 57 projetos aprovados com 236 estudantes participando. O que demonstra que o número de projetos aprovados é bem aquém às vagas ofertadas nos editais. Nos *campi* da pesquisa: São Vicente houve projetos inscritos/aprovados para todas as cinco vagas em 2019 e seis vagas em 2020, com 27 e 39 estudantes participantes, respectivamente. Em Sorriso, de cinco vagas foram inscritos/aprovados apenas três projetos em 2019 e de três vagas ofertadas em 2020 houve dois projetos inscritos/aprovados, com 12 e 13 estudantes participantes respectivamente. Em Guarantã do Norte foram disponibilizadas quatro vagas nos editais, mas não houve projetos inscritos/aprovados em 2019 nem em 2020. A maioria dos projetos submetidos e em execução está relacionada à área de formação técnica, embora haja pesquisas da área de ciências humanas, de linguagem e de ciências da natureza e matemática, assim como de educação e diversidade.

A baixa submissão de projetos de iniciação científica se deve, de acordo com um dos coordenadores de pesquisa, à preferência dos docentes em desenvolver projetos com estudantes dos cursos superiores, que já apresentam mais facilidade com a pesquisa e são mais autônomos. Uma das dificuldades é:

> *A elevação da titulação dos servidores, impulsionada pelos incentivos presentes na carreira docente quanto à produção, com maior ênfase no ensino e pesquisa em nível superior em detrimento do nível médio, além do grande número de servidores novos que des-*

> conhece a diversidade de níveis e modalidades dos IFs, contribui para a redução na quantidade de projetos de iniciação científica submetidos a editais. Tal situação gera certa dificuldade no sentido da construção da pesquisa como princípio pedagógico (SILVA, 2020, p. 202).

Mas também ocorre que por ser um *campus* avançado, sem uma estrutura física e pedagógica consolidada, com alta rotação de professores — fato que ocorre igualmente em outros *campi* mais interioranos —, isso dificulta assumir o compromisso com um projeto de maior duração e acaba comprometendo a possibilidade de participação de estudantes nessa experiência importante de pesquisa, que estimula o desenvolvimento das atividades em sala, a autonomia, a auto-organização e a colaboração com a aprendizagem dos colegas.

A extensão tem papel fundamental no processo de ação-reflexão-ação, a práxis, pois tanto o ensino como a pesquisa precisam partir da realidade social, refletir sobre ela a fim de apreendê-la em sua complexidade e propor alternativas para os problemas existentes. De modo que

> A extensão compreende um processo educativo, cultural e científico, articulando-se ao ensino e à pesquisa de forma indissociável, ampliando a relação transformadora entre a instituição de ensino e os diversos segmentos sociais, promovendo o desenvolvimento local e regional, socialização da cultura e do conhecimento técnico-científico. Pode ser compreendido também como um espaço de articulação entre o conhecimento e a realidade socioeconômica, cultural e ambiental da região (IFMT, 2019a, p. 64).

Assim, a relação da extensão com o ensino precisa oferecer elementos para transformações no processo pedagógico, contextualizando os conhecimentos com a vida concreta do aluno e da comunidade, e a relação com a pesquisa deve buscar contribuir com a melhoria das condições de vida e ampliar o compartilhamento das descobertas realizadas na escola com toda a sociedade.

Em 2020 foram aprovados 214 projetos de extensão no IFMT em nove editais. Um edital significativo para o IFMT e a comunidade nos tempos de pandemia de Covid-19 foi o edital para projetos de Enfrentamento à Covid-19, pois a gravidade extrema desse contexto ressalta o agravamento da pobreza, da desigualdade social e do desemprego, ao mesmo tempo que o Estado dá as costas e segue em direção oposta às políticas que buscam saúde para todos, desenvolvimento sustentável e a justiça social.

Foram aprovados e desenvolvidos 45 projetos que, apesar de não terem relação direta com os movimentos sociais, cumpriram a função social da instituição, com a execução de projetos de: produção e distribuição de máscaras, protetores faciais, álcool em gel e detergente para hospitais públicos, comunidades carentes, unidades prisionais, UBS, asilos; manutenção de equipamentos hospitalares; desenvolvimento de protótipo de respirador mecânico automatizado emergencial; produção de lavatórios portáteis e distribuição em lugares de grande circulação; atendimento on-line às gestantes em pré-natal com enfermeiras e doulas; acolhimento a trabalhadores de atividades essenciais, com práticas integrativas, orientação de autocuidado e biossegurança; consultoria para desenvolvimento de plano de recuperação de empreendedores individuais; hortas humanitárias com distribuição de alimentos para as comunidades carentes e desenvolvimento de dispositivos de vendas on-line para feirantes; atividades físicas, artísticas e clubes de leitura virtuais.

No *campus* São Vicente foi desenvolvido o projeto "Produção de Protetores Faciais Utilizando Impressão 3D", que teve por finalidade a produção de prototipagem rápida 3D para a produção do EPIs para proteção da face contra o coronavírus, doados para secretarias e/ou unidades de saúde para os diversos profissionais envolvidos. No *campus* Avançado Guarantã do Norte foi desenvolvido o "Projeto para prevenção do Covid-19: produção de álcool gel 70% no *campus* avançado de Guarantã do Norte/MT", que produziu álcool 70% para higienização e disponibilização a hospitais públicos, comunidade acadêmica e famílias em situação vulnerável, visando à prevenção do contágio.

Foi aberto um edital de apoio a projetos de ensino para o enfrentamento ao coronavírus (Covid-19), ofertando 38 vagas, sendo dois por *campus* e quatro vagas para desenvolvimento do projeto inter*campi*, com objetivo de promover: integração entre escola e estudantes; ações de arte e educação; apoio à operacionalização das ações de ensino remoto; projetos colaborativos e comunidades de aprendizagens; projetos de prevenção à Covid-19; apoio à saúde mental dos estudantes e professores; inclusão digital, acessibilidade e produção de materiais adaptados a estudantes com deficiência ou com limitações; ações de apoio a permanência e êxito dos estudantes diante da pandemia; atendimento à comunidade diante da emergência de saúde pública; e enfrentamento das desigualdades sociais, colaborando para a educação de qualidade.

Outros dois editais foram específicos para atendimento de demandas de grupos, povos, comunidades ou movimentos sociais, com 22 projetos aprovados. A exemplo do Edital do Programa de Extensão Tereza de Benguela, com 13 projetos, que tem por objetivo: promover a autonomia econômica e financeira de mulheres em vulnerabilidade social, por meio da educação e capacitação; e o Edital de Extensão Rural, com projetos aprovados, que atende principalmente produtores de pequenas propriedades da agricultura familiar de acampamentos e assentamentos da reforma agrária, comunidades quilombolas, indígenas e ribeirinhas com cursos, oficinas e assistência técnica com objetivo de melhorar a produção. Desses editais, oito projetos são dos *campi* pesquisados, conforme relacionados no Quadro 4.

Quadro 4 – Projetos de Extensão do Programa de Extensão Tereza de Benguela e Extensão Rural dos *campi* São Vicente, Sorriso e Guarantã do Norte

Campus	Projeto	Descrição
São Vicente	Saberes e Sabores: Práticas Alimentares e experiências decoloniais no Quilombo de Cachoeira Do Bom Jardim	Promove inclusão socioprodutiva pela educação de mulheres da Comunidade Quilombola Cachoeira do Bom Jardim, com cursos de qualificação de agregação de valor à produção da culinária quilombola e comercialização nas feiras e mercados próximos.
	Educação Ambiental e os Sistemas Agroflorestais (SAFs) no Assentamento Egídio Brunetto-MST	Visa à recuperação da mata ciliar da Cachoeira do Prata e, também, de algumas áreas de preservação permanente e a criação de pequenos viveiros educadores nas áreas de reservas legais dos lotes do assentamento, além de contribuir para o começo de um Sistema Agroflorestal — SAF.

Campus	Projeto	Descrição
Sorriso	Libras para o Trabalho	Curso de formação inicial para o mercado de trabalho para mulheres surdas e ouvintes em Língua Brasileira de Sinais, tendo em vista o número de mulheres surdas fora do mercado de trabalho.
	Um Protótipo de Software para a Gestão da Produção e da Venda no Contexto de Cooperativas em Agricultura Familiar	Desenvolvimento de protótipo de aplicação de software para a gestão de cooperativas inseridas contexto da Agricultura Familiar que subsidie o controle e a venda da produção dos pequenos agricultores associados.
	Implantação do Setor de Aves de Raça Pura, para Ensino, Produção, Distribuição e Capacitação de Pequenos Produtores da Região de Sorriso	Desenvolvimento de estrutura para produzir e distribuir galos de raças puras de "dupla aptidão" para agricultores familiares em dois Assentamentos: Jonas Pinheiro e Casulo e em sítios do entorno da cidade, visando à promoção do desenvolvimento de comunidades rurais/assentamentos. Implantação de um setor de aves de raças puras na Fazenda Experimental para fins de criação, reprodução, incubação, distribuição e capacitação de produtores da região, além de atender a demanda didática *campus*.

Campus	Projeto	Descrição
Guarantã do Norte	Bacia do Rio 27: diagnóstico das áreas de preservação, ações de reflorestamento e educação ambiental	Diagnóstico ambiental das Áreas de Preservação Permanentes (APPs) e ações de técnicas de reflorestamento junto à comunidade local para preservação do Rio 27, cabeceira de drenagem da Bacia do Rio Teles Pires, com foco na construção da participação social na preservação e recuperação das APPs, por meio de assistência técnica, palestras/oficinas e técnicas de reflorestamento.
	Caminhos Unidos: produção do limão Tahiti em assentamento rural com a pesquisa no norte de Mato Grosso	Realização de visitas com assistência técnica no pomar de limão Tahiti no assentamento da Linha 45 em Novo Mundo; oficinas de capacitação para poda, condução e Manejo Integrado de Pragas (MIP) em citros; visitas agendadas e Dia de Campo da cultura do Limão Tahiti no IFMT-GTA e oficina de produção de polpa congelada de Limão para mulheres assentadas e agricultura familiar fomentado o empreendedorismo rural.
	Implantação de sistema modelo de produção de peixes nativos em caixa d'agua em sistema de recirculação para desenvolvimento de métodos de manejo e transferência de tecnologia	Desenvolvimento de métodos de manejo e orientação da população urbana e produtores de pequenas propriedades interessados em utilizar o sistema de produção de peixes em caixas d'água via sistema de recirculação de água (SRA) usando peixes regionais, além de ministrar minicurso para escola do campo e em eventos para que assim possa ocorrer a transferência de tecnologia.

Fonte: elaborado pela autora com base nos editais disponíveis na página do IFMT

Nos outros editais abertos, foram aprovados projetos da área cultural, esportiva e científica. Dentre esses, 11 projetos relacionados à produção agrícola. Nos *campi* da pesquisa foram aprovados e estão em execução os seguintes projetos:

Quadro 5 – Projetos de Extensão do Programa de Extensão Tereza de Benguela e Extensão Rural dos *campi* São Vicente, Sorriso e Guarantã do Norte

São Vicente	Mãos em Ação: capacitação em produção e processamento de alimentos para pessoas surdas, por meio da Língua Brasileira de Sinais (Libras)	Incentiva a inserção de pessoas surdas no mercado de trabalho; curso de produção e processamento de alimentos a esse público, que, futuramente, poderá ser empregado na área ou, até mesmo, desenvolver um negócio próprio para aquisição ou complementação de renda.
	Agro-Quitanda: produção de hortaliças e economia solidária	Fornece informações para a comunidade urbana, por meio da horta na área experimental, com realização de feiras de economia solidária, chamadas Agro-Quitanda e de oficinas em que a comunidade pode conhecer, receber informação de conhecimentos técnicos e participar das atividades de rotina.
	O IFMT *campus* São Vicente como disseminador da produção alternativa de frangos na comunidade Morrinho	Contribui com a diversificação da renda de mulheres da comunidade Morrinho, por meio da capacitação sobre produção alternativa de frangos de corte, e sobre programas de incentivo à agricultura familiar, com encontros para socialização, tira dúvidas e orientação de técnicas.
	Apoio a criadores de aves caipiras da região de Campo Verde: fornecimento de ovos, pintinhos e galos de raças puras e assistência na incubação e manejo das aves	Dá continuidade aos projetos em que foram adquiridos ovos de raças puras para incubação, criação e distribuição de galos a agricultores familiares do Assentamento Santo Antônio da Fartura, ampliando para produtores de pequenas propriedades de outras regiões.
	Introdução à Internet das Coisas — IoT	Apresentação de conceitos iniciais e realizar projeto prático básico, como modelo de casa inteligente com foco na integração dos dispositivos em modelo maquete.
	Saúde Bucal para o IFMT São Vicente e entorno — ações educativas, preventivas e atendimento odontológico	Realiza ações educativas acerca da temática Saúde Bucal e facilita o acesso ao atendimento odontológico de alunos do IFMT São Vicente e comunidade externa, residentes na zona rural e entorno da escola.

São Vicente	Um dia em São Vicente: A casa é sua!	Procura manter viva a história do *campus* por meio de visitas orientadas aos estudantes da rede pública de Mato Grosso, do Ensino Fundamental e Médio, que passam a conhecer o cotidiano de uma escola de Ciências Agrárias.
Sorriso	Porteira aberta: IFMT de portas abertas à comunidade	Apresentação do cotidiano do curso de EMI ao Técnico em Agropecuária e do curso superior de Bacharelado em Engenharia Agronômica pelos estudantes para seus familiares, com objetivo de promover a sensibilização, empatia, incentivo e valorização da rotina acadêmica dos estudantes.
	Câmara de maturação de bananas com materiais de baixo custo: modelo para pequenos produtores rurais	Construção e condução de uma câmara de maturação de banana com materiais de baixo custo para produtores de pequenas propriedades, com o intuito de difundir conhecimento nas comunidades e assentamentos de agricultura familiar, construção de unidade modelo na sede do *campus*, na Vitrine Agroecológica.
	Operação, regulagem e manutenção de pulverizadores agrícolas	Realização na Fazenda Experimental de atividades teórico-práticas na operação, regulagem e manutenção de pulverizadores agrícolas por meio de ações demonstrativas dos procedimentos essenciais para uma correta operação, regulagem e manutenção desses equipamentos, proporcionando assim um resultado satisfatório em sua utilização e reduzindo riscos de contaminação.
	Sistema produtivo agroecológico para pequenos produtores rurais: segundo ano	Capacitação da comunidade acadêmica do *campus* e das comunidades rurais por meio da instalação de uma vitrine tecnológica e agroecológica na Fazenda Experimental, com intuito de difundir e consolidar conhecimento sobre o sistema de produção agrícola sustentável, por meio de sistema integrado de produção, possibilitando a troca de experiência com a comunidade.
Guarantã do Norte	Aplicabilidade de material didático e paradidático integrado: dois em um	Formação inicial e continuada de professores a partir da confecção dos materiais didáticos e paradidáticos integrados produzidos essencialmente por materiais de baixo custo, recicláveis e de reuso, empregados no Ensino de Ciências e Biologia, a serem empregados no ensino e aprendizagem de Pessoas com Deficiências (PCD).

Guarantã do Norte	Implantação de sistema modelo de produção de peixes nativos em caixa d'agua em sistema de recirculação para desenvolvimento de métodos de manejo e transferência de tecnologia e auxílio para terapia ocupacional	Implantação do sistema de recirculação de água (SRA) usando peixes regionais no lar dos idosos da cidade de Guarantã do Norte e desenvolver minicursos durante os eventos promovidos pelo *campus*.
	Desafios em Comunicação das Ciências da Natureza	Realização de palestras e debates sobre a comunicação em Ciência da Natureza a profissionais da área, por meio de ferramentas, estratégias e práticas.
	Conhecer para produzir: caracterização físico-química do mel de abelha Apis favorecendo a interação entre o campo e a academia na região do ecótono cerrado-Amazônia, norte de Mato Grosso	Caracterização físico-química do mel de abelhas melífera, produzido no ecótono Cerrado-Amazônia no norte de Mato Grosso e realização de capacitação de apicultores, promovendo experiência prática aos discentes e interação com comunidade rural.

Fonte: elaborado pela autora com base nos editais disponíveis na página do IFMT

Mas ainda há desafios a serem superados, como: ampliar o número de projetos de extensão que contemplam essas populações, grupos e comunidades, fortalecer as parcerias com Movimentos Sociais e estender às comunidades do campo não só projetos de ligados à produção e ao trabalho, mas também outras possibilidades, como cultura, esporte e tecnologias digitais, pois todos os projetos nessas áreas foram direcionados ao público da cidade, às escolas urbanas.

A extensão é extremamente importante nos IFs porque além de estar dando uma resposta à sociedade, buscando solucionar problemas, transformar a realidade, é um processo formativo, pois pode canalizar o interesse de adolescentes e jovens na direção do compromisso social, pela prática social, pensando-se possibilidades, alternativas de transformação e de construção de um projeto de sociedade e de educação. Pensar os movimentos sociais como parceiros no processo de transformação da sociedade é essencial para que a educação se aproxime das causas/lutas de quem vive do trabalho no campo pela prática social.

Com o objetivo de avaliar a política educacional da instituição, a Pesquisa de Acompanhamento de Egressos realizada em 2018 (IFMT, 2019b), realizada com 1.063 respondentes de todos os *campi* do IFMT, revela que 35,4% afirmaram terem participado de programas/projetos de pesquisa e 28,6% participaram em programas/projetos de extensão, o que representa cerca de 1/3 dos egressos, um índice relativamente baixo se considerarmos o princípio preponderante da indissociabilidade ensino/pesquisa/extensão.

Isso também pode ser observado no Relatório da Autoavaliação Institucional (IFMT, 2018b), que destaca entre as fragilidades diagnosticadas a baixa articulação entre extensão, ensino e pesquisa, com pouca participação de discentes nos projetos e eventos científicos devido ao baixo quantitativo de bolsas e à falta de recursos. Como meta para sanar essa fragilidade, o PDI 2019-2023 (IFMT, 2019a) propôs aumentar as parcerias realizadas com recurso aplicado no IFMT e sem recurso, para o desenvolvimento de atividades que visem colaborar com o desenvolvimento tecnológico regional e sustentável, com projetos de ensino, pesquisa aplicada e extensão.

Projetos de ensino com objetivo de integrar conteúdos e trabalhar interdisciplinarmente também são desenvolvidos nos *campi* do IFMT. Um exemplo são as Feiras de Ciências e Mostras de Inovação Tecnológica, em que os estudantes apresentam resultados de estudos em sala aula, integrados a experimentos e pesquisas, de modo a refletir sobre o conhecimento científico e a prática, na área de Ciências da Natureza.

Além desses projetos, os *campi* realizam anualmente uma Jornada de Ensino, Pesquisa e Extensão; são momentos ricos em que estudantes podem apresentar os trabalhos desenvolvidos durante o ano letivo à comunidade interna e externa. Esses trabalhos também são selecionados para apresentação em Feiras de Ciências Municipais e Regionais e no Workshop de Ensino, Pesquisa e Extensão do IFMT (WorkIF), evento institucional em nível estadual, com apresentação de palestras e mesas redondas nacionais e internacionais em várias áreas do conhecimento, lançamento de livros, apresentação de trabalhos científicos e de projetos desenvolvidos durante o ano letivo por servidores e estudantes e apresentações culturais.

Em 2021, o tema do WorkIF foi "O Papel da Ciência e Tecnologia: Presente e Futuro". O evento teve 3.649 inscritos, e foram lançados nove livros sobre ensino, pesquisa e poesia escritos por servidores e estudantes do IFMT, e quase 400 trabalhos apresentados. As apresentações foram divididas em 13 subtemas:

Gráfico 11 – Distribuição dos trabalhos apresentados no WorkIF 2021 por temática

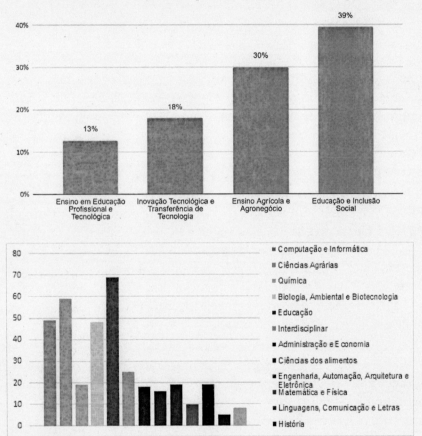

Fonte: elaborado pela pesquisado com base na programação do evento

Percebe-se que a temática com mais trabalhos apresentados é a Educação e Inclusão, seguida das Ensino Agrícola e Agronegócio, destacando-se trabalhos voltados ao desenvolvimento sustentável, aos projetos de enfrentamento à pandemia de coronavírus, de alternativas ao ensino remoto, assim como projetos de inclusão e culturais.

Assim, a indissociabilidade ensino-pesquisa-extensão é motivadora de novas práticas e precisa ser fortalecida de modo mais direto para que se torne uma realidade na vida de todos os estudantes, pois possibilita não só o ingresso a postos de trabalho qualificado, mas o domínio do conhecimento e da prática científica, condições para o desenvolvimento e a aplicação de tecnologias sociais, além do desenvolvimento da capacidade investigativa e o exercício da autonomia e crítica dos estudantes.

3.5.3.1 A cultura, a arte e o esporte

A formação integral compreende o desenvolvimento de todas as dimensões humanas: intelectual, profissional, física, emocional, política, ética e estética. O PPI do IFMT 2019-2023 compreende a cultura em seu sentido amplo, que engloba costumes, modos de viver, de vestir, de morar, de pensar, de falar e de se expressar valores de um povo ou de diferentes grupos sociais e, por isso, deve ser entendida como uma necessidade humana básica e também como um direito.

Portanto, a cultura é parte integrante do processo educativo, orientado por uma política inclusiva de respeito à diversidade e à pluralidade de ideias. De modo que PPI sinaliza para a "necessidade de uma educação emancipadora que, numa perspectiva histórica, aponte para a superação das desigualdades de classe, gênero, raça e quaisquer outras que possam ser entendidas como forma de violência social", pautando-se numa cultura de paz e solidariedade "rompendo com relações pautadas pelo poder econômico em detrimento dos valores humanos" (IFMT, 2019a, p. 47-48).

Alguns projetos de extensão são desenvolvidos considerando esses critérios, como é o caso do projeto "Mãos em Ação: capacitação em produção e processamento de alimentos para pessoas surdas, por meio da Língua Brasileira de Sinais (Libras)", do IFMT *campus* São Vicente, que busca incentivar a inserção de pessoas surdas no mercado de trabalho e oferecer um curso de produção e processamento de alimentos a esse público, que, futuramente, poderá ser empregado na área ou, até mesmo, desenvolver um negócio próprio para aquisição ou complementação de renda. No IFMT *campus* Sorriso é desenvolvido o projeto "Libras para o Trabalho", que tem por objetivo ministrar curso de Formação Inicial e Continuada (FIC) para o mercado de trabalho para mulheres surdas e ouvintes em Língua Brasileira de Sinais, tendo em vista o número de mulheres surdas fora do mercado de trabalho.

Além de desenvolver a dimensão estética do ser humano, a arte pode contribuir com a socialização, a auto-organização e a prevenção do estresse e ansiedade que um curso em tempo integral, com carga horária elevada, pode ocasionar nos estudantes e aproximar escola e comunidade. Mais que isso, é um direito de formação plena e de desenvolvimento de todas as capacidades humanas, da sensibilidade, da técnica, da história, da ciência e da formação política e crítica.

Em 2020, o *campus* São Vicente desenvolveu o projeto "A Arte a favor do Protagonismo Juvenil", com o objetivo de fomentar a arte e a cultura para promover a formação integral dos estudantes por meio da apresentação das percepções, sentimentos e entendimentos sobre o tema Protagonismo Juvenil em diversas expressões artísticas e apreciação de diversas linguagens artísticas com apresentações de grupos artísticos de outros *campi* e outras entidades ligadas ao mundo da arte, com palestras, oficinas de artes e apresentações culturais. Vale salientar que mesmo que atividades de difusão da cultura e da arte sejam primordiais na formação humana, o termo protagonismo está em conformidade com a política neoliberal, revelando as disputas e contradições também nesse campo de atuação.

No *campus* Sorriso, o projeto "EducArte: promoção da cultura, expressividade e criatividade no IFMT" conjuga educação física, arte e cultura, por meio da música, do canto, da dança, dos desenhos e da teatralidade para trabalhar temas transversais da educação sob a orientação dos direitos humanos e da justiça social, além de outras temáticas relevantes à sociedade brasileira, em conformidade com os princípios da formação integral.

O Docente 18 cita o projeto "Peraí Cultura", desenvolvido no *campus* Avançado Guarantã do Norte, como muito relevante para o desenvolvimento auto-organizativo, em:

> [...] que os alunos do 3.º ano, cada grupo fica responsável por um esporte, atividade cultural, música. [...] é algo que os alunos precisam, muito mais que o conhecimento técnico, ele precisa viver bem e nós temos que propiciar isso para eles, isso é de fundamental importância.

Em nível institucional há o incentivo para realização do "Circuito de Arte e Cultura", evento artístico-cultural planejado, organizado e realizado em cada *campus* do IFMT, com objetivo de promover manifestações culturais regionais. É uma ação fundamental que proporciona a discentes, servidores, egressos e comunidade externa o contato com a dimensão estética do devir social, promovendo diálogos e reflexões sobre as conexões entre vida, arte e cultura.

> Temos um caminho bem longo a percorrer ainda com relação à cultura, mas algumas ações nos encantam, como é o caso do Circuito de Arte e Cultura, pois possibilita aos estudantes verem, terem contato com coisas que não são da prática deles, não fazem parte do cotidiano de onde eles vivem (DOCENTE 2, GRUPO FOCAL SVC, 2020).

> O Circuito de Arte e Cultura contribui muito significativamente para que os alunos ampliem a percepção daquilo que está colocado. Nós iniciamos esse trabalho de maneira bem despretensiosa, o primeiro foi um trabalho quase que braçal, e vendo o desenvolvimento disso no campus, vendo os olhos dos estudantes brilharem, é uma coisa bem significativa (DOCENTE 2, GRUPO FOCAL SVC, 2020).

De modo que, segundo o Docente 14:

> A parte cultural e humana no IFMT é muito boa. A gente tem várias ações culturais na rede e também aqui em Guarantã. Na parte humana tem também diversas ações que os alunos participam: valorização à vida, semana da consciência negra etc. É muito impactante. [...] A cultura, a parte humana e o esporte são muito bem trabalhados, apesar das limitações, pois agora é que vamos conseguir uma quadra coberta, que vai essa demanda, mas com o que tem os professores trabalham muito bem (DOCENTE 14, GRUPO FOCAL GTA, 2020).

No entanto, os desafios ainda são grandes para que a arte e a cultura sejam incorporadas como essenciais para a formação dos estudantes, como afirma o Docente 2 do Grupo Focal SVC: *"ainda temos um trabalho muito intenso a ser feito. Nós temos que, de fato, oportunizar, oferecer com muito mais intensidade acesso à cultura para esses estudantes. Não é um caminho fácil".*

O PPC SVC reconhece que o currículo do curso tem:

> [...] uma forte carga horária destinada a formação de conhecimento de cunho científico e profissionalizante. Porém, a formação integral do estudante passa pelo desenvolvimento de saberes extracurriculares que incluam o conhecimento e a produção de artes, o desenvolvimento esportivo, e de atividades de tempo livre (IFMT SVC, 2016, p. 126).

Porém, a matriz curricular contempla a disciplina de Artes em apenas um ano do curso, comprometendo o princípio do desenvolvimento estético e do acesso à cultura produzida pela humanidade.

A hierarquização de conhecimentos é evidente quando a instituição busca, no PPC, solucionar o problema com a realização de atividades extracurriculares culturais, esportivas e artísticas (música, teatro), treino esportivo e clubes de leitura, e discussão no turno noturno. Porém, isso sobrecarrega ainda mais os estudantes, dificultando o acesso a essas atividades, pois precisam ter um horário reservado para descanso e estudo, tendo em vista que o curso tem uma carga horária intensa e a vivência em internato exige outras atividades de trabalho, além dos conhecimentos teóricos e práticos de sala de aula, como organização de seus espaços, cuidados com as roupas e os materiais e uso pessoal, estudo para provas, tarefas e trabalhos escolares.

O PPC SVC relata a preocupação com "A necessidade de uma formação humana que não contemple somente a formação científica e profissional faz com que o estudante possa se desenvolver integralmente e desenvolva aptidões culturais variadas" (IFMT SVC, 2016, p. 127). No entanto, a disponibilização de tais atividades como "eletivas" não oportuniza a todos as mesmas condições de contato com uma formação humanística e integral.

Como parte da formação integral, o aspecto físico e a educação corporal não podem ser deixados de lado, pois oportunizam o conhecimento da corporeidade humana, que garante a proteção e integridade física para as novas gerações e a consciência de seus limites e possibilidades físicas. Ou seja, do controle do próprio corpo — atividades físicas, "como a dança, os esportes, a ginástica, exigem um alto nível de controle não apenas físico, mas também psíquico" (SAVIANI, 2019, p. 148).

Alguns projetos esportivos são realizados nos *campi*, buscando não só a socialização, mas o desenvolvimento físico e psíquico dos estudantes, como é o caso do projeto "Peões do Xadrez", desenvolvido no IFMT *campus* Sorriso, que também colabora significativamente na conquista da autonomia dos estudantes.

Os Jogos dos Institutos Federais (JIFs) é uma ação de todos os IFs do país, que têm propiciado aos estudantes, além do conhecimento de si próprio e de seus limites, promoção da saúde, integração entre estudantes de cada *campus*, inter*campi*, regional e a incorporação da prática esportiva no estilo de vida dos estudantes. São contempladas várias modalidades esportivas, coletivas e individuais.

Isso reforça a imagem de valorização da educação física e do esporte na Rede Federal, enquanto conteúdo privilegiado, segundo Maciel (2013), pois mascara as reais condições de oferta do componente curricular na instituição, relegada a segundo plano. O Relatório de Autoavaliação Institucional realizado em 2018 (IFMT, 2019a) destacou entre as fragilidades diagnosticadas a inadequação de instalações, principalmente dos espaços para o desenvolvimento de atividades de esporte, lazer e cultura, incluída nas metas de melhoria no PDI 2019-2014.

Fica evidente a ausência de políticas públicas para que a cultura, a arte e o esporte sejam elaborados e estruturados sistematicamente na rede, podendo vir a contribuir como medição no processo de formação humana integral.

Para um dos participantes da pesquisa:

> Algumas atividades desenvolvidas pelo IFMT possibilitam uma formação humana e integral, como, por exemplo: Circuito de Cultura e Arte é maravilho para os alunos, é um momento que eles têm e que professores de todas as áreas ajudam e desenvolvem conjuntamente; as Jornadas Científicas são muito importante (eu gostaria que eu, com 14 anos, tivesse visto/participado de uma Jornada Científica); projetos do Pibiq Júnior para os alunos iniciarem como pesquisadores; atividades conjuntas, com dias de campo ou visitas técnicas, ou mesmo projetos que sejam integrados. São possibilidades, mas pelo dia a dia nosso a gente acaba não fazendo. É difícil o parar e fazer. Tem muita gente com vontade de fazer, mas você realmente parar aquele momento de dizer "vamos fazer" é difícil, assim como juntar o meu modo de pensar com o do outro e o do outro (DOCENTE 3, GRUPO FOCAL SVC, 2010).

Uma dificuldade apresentada nos grupos focais foi com relação à carga horária extensa tanto dos estudantes quantos dos docentes para a participação e engajamento das atividades e pouca disponibilidade de carga horária no currículo para o desenvolvimento dessas atividades.

3.6 Princípios da formação omnilateral e politécnica presentes na proposta político-pedagógica e na prática do Ensino Médio Integrado ao Técnico em Agropecuária do IFMT

Segundo Frigotto, Ciavatta e Ramos (2005b, p. 42),

> [...] na proposta de LDB de 1988, quando se tratava de organizar o ensino médio sobre a base da politecnia, não se pretendia multiplicar as habilitações ao infinito para cobrir todas as formas de atividade na sociedade, mas sim de incorporar no ensino médio processos de trabalho reais, possibilitando-se a assimilação não apenas teórica, mas também prática, dos princípios científicos que estão na base da produção moderna.

No entanto, após um processo intenso e abrangente de discussão com a sociedade civil, foram acrescentados a essa proposta objetivos adicionais de educação profissional, de modo que a imposição da realidade sobrepôs a condição ética de garantir a formação unitária a toda a juventude brasileira. O EMI, segundo Frigotto, Ciavatta e Ramos (2005c, p. 43), "[...] sob uma base unitária de formação geral, é uma condição necessária para se fazer a 'travessia' para uma nova realidade", pois mesmo que "[...] seja uma condição social e historicamente necessária para construção do ensino médio unitário e politécnico, não se confunde totalmente com ele porque a conjuntura do real assim não o permite" (FRIGOTTO; CIAVATTA; RAMOS, 2005b, p. 15).

Para Saviani (2006), a formação para/pelo trabalho proposta na sistematização para a educação nacional para o Ensino Fundamental deve ser implícita e indireta, enquanto no ensino médio:

> [...] a relação entre educação e trabalho, entre conhecimento e atividade prática deverá ser tratada de maneira explícita e direta. O saber tem uma autonomia relativa em relação ao processo de trabalho do qual se origina. O papel fundamental da escola de nível médio será, então, o de recuperar essa relação entre conhecimento e a prática do trabalho (SAVIANI, 2006, p. 160).

Assim, essa etapa está compreendida como formação politécnica do sujeito. Trata-se de conferir ao estudante a especialização não em sentido restrito como ocorre no processo produtivo, mas sobre os fundamentos científicos das diferentes técnicas utilizadas na produção moderna (SAVIANI, 2006).

A concepção de EMI no Projeto Pedagógico Institucional do IFMT se configura como uma proposta de formação integral, que considera a dimensão social e humana da realidade e não desvincula o "saber fazer" do "saber pensar"; que fortalece a necessidade de uma educação "no" mundo e não apenas "para" o mundo (IFMT, 2019a, p. 57), de modo a libertar-se da perspectiva histórica imposta pelo mercado e pelos segmentos produtivos de foco unicamente na formação para o trabalho, e a buscar a formação omnilateral, que visa ao desenvolvimento de todas as potencialidades humanas. Essa concepção se relaciona a outro projeto de sociedade, no qual as necessidades do mundo do trabalho são consideradas na formação, mas não são suficientes, pois é preciso possibilitar ao sujeito compreender a totalidade social, em que a questão central é o desenvolvimento da autonomia do estudante em decidir se quer fortalecer a lógica hegemônica do capital ou se posicionar em contraposição a ela.

A definição do currículo integrado presente no PPI toma por base conceitos da formação integral e politécnica de Saviani (1989) e Frigotto, Ciavatta e Ramos (2005), citando o domínio da ciência e das diferentes técnicas que envolvem o processo de trabalho produtivo, caracterizados pela reflexão sobre o trabalho, a ciência e a cultura e sobre suas relações, de modo a integrar a formação humana às necessidades do mundo do trabalho.

De modo que o PPI considera conceito de integração no sentido omnilateral de todas as dimensões da vida, de indissociabilidade entre educação básica e educação profissional e entre conhecimentos gerais e específicos (RAMOS, 2008 *apud* IFMT, 2019), ultrapassando a dimensão pedagógica e alcançando a dimensão política de defesa de não apenas a liberdade, mas de toda a continuidade da vida na Terra (ARENDT, 2002 *apud* IFMT, 2019a). Pois,

> *Para o pleno desenvolvimento do sujeito, que implica formação para a cidadania e qualificação para o trabalho, torna-se imprescindível a articulação entre educação básica e profissional, de forma a promover a formação humana integral, instrumentalizando o estudante para a produção do conhecimento, a intervenção social e sua inserção produtiva no ambiente social, com a formação crítica necessária para intervir e transformá-lo* (IFMT, 2019a, p. 59).

O PPC GTA destaca como princípios norteadores de suas ações os definidos no Estatuto da Instituição, Art. 4.º:

> *I – compromisso com a justiça social, equidade, cidadania, ética, preservação do meio ambiente, transparência, publicidade e gestão democrática;*
> *II – verticalização do ensino e sua integração com a pesquisa e a extensão;*
> *III – eficácia nas respostas de formação profissional, difusão do conhecimento científico e tecnológico e suporte aos arranjos produtivos educacionais, locais, sociais e culturais;*
> *IV – inclusão de pessoas com deficiências e com necessidades educacionais especiais; e*
> *V – natureza pública e gratuita do ensino regular, sob a responsabilidade da União* (IFMT, 2009, p. 11).

A produção e disseminação do conhecimento, difusão da cultura, a investigação científica, assim como a formação integral do ser humano são citadas como função principal. O que extrapola, simplesmente, o ensino de profissões, e insere o curso numa dinâmica de desenvolvimento da "capacidade de fazer questionamentos e ao exercício da criticidade, mediante os quais pode tornar possível o desenvolvimento da capacidade de resposta aos problemas e desafios vivenciados pela sociedade em diferentes campos" (IFMT GTA, 2016, p. 10).

A busca em atender aos arranjos produtivos locais e regionais se apresenta como um elo com a sociedade e como uma barreira para se avançar na formação omnilateral, conciliando na organização e planejamentos a demanda do mercado, as demandas dos cidadãos e da sociedade com a vocação e a capacidade institucional. Para isso, os documentos orientadores indicam a necessidade de se atentar para o desenvolvimento de três níveis de competência:

> *a) competências básicas, constituídas no ensino fundamental e médio;*
> *b) competências profissionais gerais, comuns aos técnicos de cada área;*
> *c) competências profissionais específicas de cada qualificação ou habilitação* (IFMT GTA, 2016, p. 22).

O curso de EMI ao Técnico Integrado do *campus* Sorriso tem como objetivo geral "proporcionar uma formação que integre trabalho, ciência e tecnologia" (IFMT SRS, 2015, p. 15), de modo a oferecer condições de trabalho e de prosseguimento nos estudos. Assim como do *campus* Avançado Guarantã do Norte, os objetivos específicos atendem ao desenvolvimento de competências básicas adquiridas no ensino fundamental e as competências profissionais gerais de formação para o trabalho e competências específicas do profissional técnico em agropecuária. No entanto, na definição do perfil dos egressos o PPC SRS considera somente a formação profissional, atribuições conferidas do Conselho Federal de Engenharia e Agronomia (Confea).

A organização curricular está fundamentada no conceito de integração relacionado à interdisciplinaridade, por meio de:

> [...] *um conjunto integrado e articulado de atividades intencionadas, pedagogicamente concebidas a partir da visão crítica de ser humano, de mundo, de sociedade, de trabalho, de cultura, de educação, de ciência e tecnologia, organizadas para promover a construção, reconstrução, a socialização e a difusão do conhecimento* (PDI/IFM, 2014, 47-47 apud IFMT CAMPUS SORRISO, 2015, p. 29).

Consta no PPC SRS que essas atividades visam à formação integral dos educandos, com objetivo de formá-los "cidadãos aptos a contribuir com o desenvolvimento sustentável local, regional, nacional e global, na perspectiva de uma sociedade democrática e solidária" (IFMT SRS, 2015, p. 29). Entre as atividades desenvolvidas o curso destina na carga horária dos componentes curriculares 30% para atividades práticas, tais como: iniciação científica, visitas técnicas, prática orientada, monitoria, oficinas pedagógicas e estágio curricular como essenciais para a integração entre o conhecimento teórico com o ambiente real, a fim de que os estudantes possam "vivenciar o conhecimento socializado em sala de aula, trazendo casos reais e problematizações do cotidiano" buscando resolvê-las (IFMT SRS, 2015, p. 98).

O trabalho como princípio educativo e a pesquisa como princípio pedagógico orientam a proposta curricular, estruturada sob os eixos trabalho, ciência, cultura e tecnologia. Sob esse princípio, as atividades práticas são concebidas como meio de superar a fragmentação do conhecimento e a dicotomia entre teoria e prática, entre trabalho manual e trabalho intelectual e entre formação geral e formação específica, à base dos conceitos de politecnia e formação integral. De modo que oriente para o desenvolvimento da autonomia dos sujeitos, pois:

> *Essa formação integrada significa formar para a superação do ser humano segmentado, historicamente, pela divisão social do trabalho (entre as ações do pensar e do executar, do dirigir e do planejar), pelo entendimento de que a formação geral é parte inseparável da formação para o trabalho em todos os processos educativos e produtivos* (IFMT SRS, 2015, p. 98).

O *campus* São Vicente tem a política educacional como ferramenta decisiva para superar esses desafios da sociedade e "preparar indivíduos competentes não só visando a elevação da produtividade e competitividade, mas também a consolidação da democracia com maiores níveis de justiça social" (IFMT SVC, 2016, p. 17). Menciona o desafio da formação para a vida e para a cidadania, ou seja, uma formação omnilateral, e uma formação mais estreita, que prepara para uma especialidade profissional, atrelada ao desenvolvimento de competências exigidas pelo mundo globalizado e pelo mercado de trabalho.

O objetivo geral do curso se restringe à formação profissional, o que consiste em apenas um eixo da formação omnilateral. Já os objetivos específicos contemplam algumas competências básicas da educação geral, destacando-se mais as competências profissionais gerais e tecnológicos de "ampla formação na área agropecuária aliada a formação cultural que possibilite o pleno desenvolvimento social, que alie produção e sustentabilidade" (IFMT SVC, 2016, p. 21) e competências específicas do técnico em agropecuária, com destaque às atividades de planejamento, orientação, acompanhamento e desenvolvimento do processo de produção e industrialização de produtos de origem animal e vegetal e desenvolvimento de tecnologias alternativas.

A categoria politecnia, no sentido de domínio do conhecimento dos princípios científicos e tecnológicos, é tratada como elemento fundamental na formação dos estudantes, mesmo que o direcionamento acabe sendo mais para o desenvolvimento do sistema produtivo do agronegócio. E mesmo que os objetivos contemplem competências básicas, gerais e específicas, o perfil do egresso contempla somente um conjunto de atividades específicas do profissional técnico em agropecuária.

Essa contradição se estende à definição da atuação profissional que, por um lado, se preocupa em incorporar "valores éticos-políticos e conteúdos históricos e científicos que caracterizam a práxis humana" (IFMT SVC, 2016, p. 30) na formação, por outro lado, coloca a relação econômica como "fundamental na profissionalização", relacionando essa formação com a perspectiva de integração entre trabalho, ciência e cultura.

Palavras como empreendedorismo, mercado e setor produtivo estão presentes em vários pontos do projeto. O que é compreensível, pois consta no PPC que para reformulação da proposta foram ouvidos:

> [...] diversos representantes de entidades, instituições e organizações ligadas diretamente ao mercado produtivo na área de agropecuária, no intuito de manter a sintonia entre as práticas educativas e as necessidades do mercado para que os egressos encontrem espaços para sua atuação profissional. Nesses encontros foram apontadas algumas áreas de destaque tanto no que se refere a empregabilidade como ao crescimento no estado (IFMT SVC, 2016, p. 31).

A partir das demandas do setor produtivo algumas modificações no currículo foram realizadas:

- As disciplinas Desenvolvimento Interpessoal e Plantas Medicinais foram excluídas do currículo para dar lugar a outras disciplinas.

- Foram inseridas no currículo algumas disciplinas específicas, como é o caso de Identificação e Manejo de Pragas e Doenças, que trabalha com o reconhecimento das principais pragas e doenças das culturas da região e o controle químico, cultural e biológico.

- Disciplinas como Silvicultura, Propagação Vegetal, Fruticultura e Piscicultura foram mantidas e reformuladas de modo a atualizar o desenvolvimento tecnológico.

- O componente curricular Legislação Ambiental e do Trabalho foi incluído, mas com uma carga horária reduzida de 34 horas, ou seja, uma hora semanal, para trabalhar toda a "Política Nacional do Meio Ambiente e seus instrumentos de proteção ambiental [...] Responsabilidade e ética profissional; história e princípios do direito do trabalho; empregado e empregador; conselho profissional"; legislação trabalhista e legislação da previdência social (IFMT SVC, 2016, p. 103). Conteúdos importantes que mereciam mais destaque, com maior carga horária para se incluir a temática da "questão agrária — acesso, posse, uso da terra", assim como buscar relacioná-la aos modos de produção e às relações de trabalho.

- Houve a fusão de duas disciplinas importantes que poderiam contemplar o desenvolvimento sustentável e agroecologia, e os modos de produção dos povos tradicionais da região. O componente curricular Associativismo foi incorporado como um conteúdo da ementa de Extensão Rural, com carga horária reduzida de 34 horas para trabalhar a ementa:

> *Fundamentos da extensão rural. Mudança social. Desenvolvimento, Modernização e Dualismo. Metodologia da Extensão Rural. Comunicação e Mudança Social. Difusão de Inovações e Desenvolvimento de Comunidades Rurais. Mudanças no mundo do trabalho. Associativismo. O trabalho em equipe e em cooperação. Autogestão. Assembleia Geral. Problemas e perspectivas do associativismo brasileiro. Os programas governamentais direcionados ao jovem, a mulher e ao velho do meio rural* (IFMT SVC, 2016, p. 102).

A metodologia adotada para a organização do curso está pautada no desenvolvimento de competências técnicas necessárias ao trabalho, "com vistas a atender a demanda de mercado e a disponibilização de recursos humanos qualificados". Para tal, é citada como procedimento para desenvolver essas competências a "resolução de situações-problema detectadas na dinâmica da prática produtiva" (IFMT SVC, 2016, p. 113).

Assim, princípios da politecnia se fazem presentes na proposta pedagógica cabendo a cada área selecionar "[...] os conteúdos que constituirão as bases científicas, instrumentais e tecnológicas dos componentes curriculares" (IFMT SVC, 2016, p. 113), integrando conteúdos teóricos à prática, sistematizando uma ação conjunta e tornando-os mais compreensivos e significativos, a partir do mais simples para o mais complexo.

O que se percebe nos PPCs é que a base da formação politécnica está situada no centro da disputa hegemônica e de atendimento aos interesses antagônicos, ora se adaptando às necessidades do mercado de formação de um trabalhador que domine vários conhecimentos da produção e ora atuando como formador de uma pessoa integralmente desenvolvida, que domina os conhecimento das várias técnicas produtivas, mas que tem o conhecimento científico, histórico e político sobre os modos de produção e sobre as relações sociais criadas a partir de cada modo de produção, como afirmava Krupskaya (2017). Essa contradição, se acirrada, pode levar a transformações profundas no processo de emancipação política e humana (MARX, 2010).

Há uma grande preocupação por parte do corpo docente nesse sentido. Nos grupos focais esse assunto foi debatido, apontando que a chegada dos estudantes no curso de EMI ao Técnico em Agropecuária é impactante, pois:

> *Acredito que quando o aluno decide, nesse momento, que ele acaba aparecendo no IF e acaba fazendo o curso, não necessariamente nesse momento ele sabe o que ele quer da vida* (DOCENTE 8, GRUPO FOCAL SRS, 2020).

> *[...] muitos estudantes vão para o IF porque é a melhor escola da cidade e eles querem passar em um curso superior* (DOCENTE 3, GRUPO FOCAL SVC, 2020).

> *[...] os alunos vêm até o IF e não sabem se buscarão uma especialização. Quando a gente vai conversar e saber porque eles vieram para o IF é porque o pai mandou, porque ouviu uma propaganda, ou porque o colega falou [...] aí ele se confronta com uma formação técnica* (DOCENTE 5, GRUPO FOCAL SRS, 2020).

Esse questionamento de quando seria o momento da especialização assusta, principalmente quando o estudante passa a ter contato com o trabalho braçal, com 18 ou 20 disciplinas e uma carga horária pesada, e acaba se sentindo desmotivado, ocasionando, em muitos casos, evasão e repetência.

> *[...] nesse momento, ele se depara com essa questão: "Eu vou me especializar? Mas é hora de me especializar?". Claro que tem um lado positivo, quando você diz que eles podem fazer agronomia, que a região precisa de mão de obra, e que esse é um curso que atende a região, mas esse não é um argumento muito convincente, porque aí eles perguntam "Mas e eu quero isso? Então a gente, na verdade, nessa questão da omnilateralidade, o nosso curso é unilateral, ele não busca a omnilateralidade, é fragmentado, ele não busca a politecnia, e por vezes ele trabalha a distinção de classes, porque quando a gente diz para um aluno do curso técnico que ele pode ser*

> técnico, na verdade a gente não está dizendo para ele ser peão, para ser serviçal de alguém? A gente não está empurrando ele para uma classe social inferior, fazendo isso? O nosso curso, por vezes, não busca uma formação unitária. Eu vejo que isso passaria por um debate que a gente teria que se perguntar "Mas qual é o momento da vida que a pessoa vai se especializar, se não é no técnico, se no técnico nós queremos essa educação?" [...] nós queremos uma formação para a vida e para o trabalho, sempre reforçamos a vida como uma forma de dizer que nós buscamos uma formação omnilateral. [...] Eu vejo que a gente tem uma situação bem difícil de ser resolvida aqui (DOCENTE 5, GRUPO FOCAL SRS, 2020).

Ao decorrer do curso, é difícil os estudantes não se encantarem com as possibilidades que vão surgindo e vão descobrindo e redescobrindo oportunidades, pois *"O ensino integrado tem diversos fatores, desde a aproximação com a área técnica, de fato, quanto, às vezes, o aluno que vai buscando compreender o que nós vamos trabalhar e acabam se familiarizando"* (DOCENTE 6, GRUPO FOCAL SRS, 2020). E, *"Apesar de terem entrado por outros motivos, vale ressaltar, os alunos se identificam com o curso"* (DOCENTE 7, GRUPO FOCAL SRS, 2020). De modo que,

> [...] nem todos vêm por causa do técnico, entretanto, muitos dos que saem, mesmo não tendo iniciado por causa do técnico, acabam seguindo em áreas similares; uns atuam diretamente e vão para o mercado de trabalho, outros seguem em áreas relacionadas, tipo agronomia, zootecnia, veterinária, áreas que tem relação direta com o que eles vivenciaram no técnico. Então, acho que, apesar de não terem entrado no curso com esse perfil, querendo fazer um ensino médio de qualidade, eles acabam se identificando com a área e gostando de determinadas coisas que eles não imaginavam que iam gostar (DOCENTE 7, GRUPO FOCAL SRS, 2020).

Pensar o EMI como preparação de mão de obra para o mercado é um sentido limitado, unilateral, como afirmou o Docente 5, mas não dar condições para que o estudante possa ter uma formação para o trabalho, na realidade em que grande parte dos estudantes vivem, é tolher as chances de um trabalho qualificado que garanta melhores condições de vida.

> [...] dentro do currículo a gente tem uma formação [...] uma série de conteúdos que se consegue ter controle de diversos aspectos, de gestor mesmo daquele trabalho, não só um trabalho braçal. Eles têm uma formação bem ampla, com várias possibilidades, e acontece de eles tenderem a um ramo que eles têm mais afinidade (DOCENTE 15, GRUPO FOCAL GTA, 2020).

> *Um exemplo é que uma mãe falou que eles moram e trabalham na fazenda e que faltou funcionário e o filho, que é aluno do 3.º ano, está lá trabalhando durante a pandemia, fazendo cobertura do funcionário da área. Isso para mostrar o como isso é importante, porque, muitas vezes, o aluno não tem condições de terminar o ensino médio e ir para uma faculdade por falta de condição financeira e condição estrutural da família. O curso superior de agronomia é integral, para os alunos que querem seguir na mesma área, e nem todos conseguem fazer um curso integral, por mais que as instituições, assim como o IF, ofertem bolsas, auxílios, assim como é possível o emprego à noite, mas muitas realidades não permitem isso. E vejo como mais uma vantagem que os alunos do ensino médio possam ter uma profissão, possam ter uma renda, ajudar no sustento da família, e depois em um outro momento conseguir uma formação em nível superior, não somente técnico (DOCENTE 8, GRUPO FOCAL SRS, 2020).*

Ao mesmo tempo que, segundo Frigotto, Ciavatta e Ramos (2005c, p. 44), se "busca, a partir do desenvolvimento do capitalismo e de sua crítica, superar a proposta burguesa de educação que potencialize a transformação estrutural da realidade", no mundo capitalista o trabalho é tido na condição de assalariamento. A questão do emprego, então, passa a ter um peso grande nas escolhas da juventude das classes trabalhadoras como possibilidade de ascensão social e de melhoria nas condições de vida, como afirma um dos participantes da pesquisa:

> *Tem conteúdos na filosofia que a gente aborda a política e classes sociais e eu sempre gosto de falar, principalmente no 3.º ano, que é uma diferença muito grande em ser classe "E" e ser classe social "D", pois a classe social "E" é basicamente de trabalhadores de salário-mínimo e a classe social "D" é prestador de serviços, e a classe "C", grande parte, é profissional liberal. Eu sempre digo pra eles que os IFs foram criados, e quem criou os IFs, quando criou, pensou "bom, eu vou ofertar mão de obra técnica, eu sei que, infelizmente no Brasil a formação técnica existente é para preparar bons funcionários e não preparar sujeitos independentes, mas os IFs vão dar a possibilidade de alguém da classe "E" vir a ser classe "C", porque agora ele não vai ser mais um trabalhador subserviente, trabalhador da classe "E" que ganha salário mínimo, mas ele vai ser um prestador de serviço". Aí tem uma grande diferença, porque ele vai ser um profissional que não se identifica mais por oferecer um trabalho, mas ele se identifica por saber fazer alguma coisa, ele tem agora uma habilidade técnica, ele pode oferecer não a mão de obra em si, mas a especialidade que ele conquistou. E eu digo*

> pra eles: "agora vocês vão estar saindo daqui uma ou duas classes superiores na estratificação social só por terem esse curso técnico, então tratem de usar isso, quer dizer, não quero que ninguém de vocês sejam um funcionário de um local, e sim eu quero que vocês sejam os responsáveis técnicos nesse local. Mesmo a gente estando nesse contexto em que por vezes nós não temos a liderança, nós estamos a serviço de um poder estabelecido, mas nós podemos fazer a diferença porque nós estamos formando profissionais diferentes, então o nosso estudante se coloca numa posição social diferente, mas ele tem que ser ensinado a se colocar numa posição social diferente, ele tem que ser ensinado que ele não pode querer o empreguinho, porque nós não formamos eles para empregos, nós formamos eles para autonomia no trabalho [...]. Se a gente conseguir ensinar isso para os nossos alunos é interessante (DOCENTE 5, GRUPO FOCAL SRS, 2020).

Pois, como afirmam os docentes:

> O curso possibilita melhorias nas condições de vida dos estudantes, dos dois tipos de estudantes, daqueles que não tem o trabalho como prioridade nesse momento e sim um curso superior, e daqueles que vão para o mercado de trabalho, pois é perceptível que eles conseguem um trabalho, um emprego, mais facilmente e também com uma remuneração melhor do que aqueles que cursaram o ensino médio regular (DOCENTE 2, GRUPO FOCAL SVC, 2020).

> Quando, ao final do 3.º ano, além da formação do ensino médio ele tem a formação técnica, eu entendo que isso não é condená-lo a ser peão eternamente, e sim possibilitar a ele ter mais uma ferramenta para subir, ou ele perceber que aquilo não é pra ele, ou perceber que aquilo é apenas um degrau de uma escada que ele está subindo, que depois ele pode fazer uma graduação ou vai usar aquele tempo, trabalhar como técnico durante o dia e cursar uma faculdade que ele quer à noite. O fato de ele formar técnico abre empregos qualificados, que podem mantê-lo ao fazer uma graduação, por um bom tempo. Acho que serve como um primeiro degrau, ele fica muito mais preparado para o trabalho do que aquele que não possui essa formação. Então, para um ponto inicial, claro que a gente não forma um cidadão omnilateral, e sim, muitas vezes, unilateral, mas se não pensarmos nessa formação técnica de a região demanda e pode empregar esses estudantes em trabalhos qualificados não temos como pensar em ir mais à frente (DOCENTE 7, GRUPO FOCAL SRS, 2020).

Com relação à entrada na universidade, apesar de ainda dificultada para a juventude da classe trabalhadora, o EMI e os IFs possibilitam aos estudantes vislumbrar novos horizontes:

> [...] já no 2.º ano a instituição abre um leque, muitos vêm de escolas que, muitas vezes eles nem pensavam em fazer universidade, eles têm contato com o que São Vicente oferece, têm possibilidade de alargar horizontes, ter contato com estudantes de outras regiões, trocar ideias, perceber os professores que estão em constante qualificação profissional, isso cria um vislumbre para irem adiante (DOCENTE 2, GRUPO FOCAL SVC, 2020).

> A minha relação com o curso Técnico em Agropecuária é que eu fiz o curso há uns anos atrás numa instituição que hoje é IF também. Eu vejo que os objetivos dos cursos, da formação, são bem evidentes, porém percebo que muitos alunos não têm um interesse específico no curso técnico, muitos vêm para a instituição com o interesse em fazer o ensino médio com qualidade numa instituição pública. Alguns se identificam durante o caminho com o curso e com a instituição e acabam seguindo, outros não, vieram para o curso com outro objetivo, acabam passando pelo curso, carregando essa formação, mas não se identificam. E eu penso que isso não tem uma importância mais geral, porque eu penso que o objetivo da formação integral, omnilateral, politécnica, não fica comprometido por esse movimento que nós temos aqui no campus de os alunos chegarem com outro objetivo, isso não muda nada o objetivo do curso, dessa formação, que ao meu ver é uma coisa totalmente inovadora e fantástica para os dias de hoje. Essa missão nossa de "Educar para a vida e para o trabalho", educar em todas as esferas é fantástica, e é isso o que nos diferencia (DOCENTE 4, GRUPO FOCAL SRS, 2020).

> O curso técnico é um processo de amadurecimento, porque quando o aluno ingressa ele, muitas vezes, não sabe o que quer, é um desafio "eu vou trabalhar, eu vou seguir na área?", então o importante é que o EMI apresenta essas diferentes possibilidades, mostra esses caminhos, um contato que o aluno não tinha e no curso EMI ele passa a ter. Uma vez um aluno me falou assim: "Professora, sabe o que eu quero ser? Eu que dar palestras na área de zootecnia", então são coisas que ele nem saberia que poderia se fosse de um outro ramo, ele queria trabalhar mais na função de docente, de seguir ensinando, uma outra perspectiva que surge, devido a essas outras possibilidades de pesquisa, de trabalhos de pesquisa, eventos acontecendo dentro da instituição (DOCENTE 6, GRUPO FOCAL SRS, 2020).

Saber que o IF é uma instituição que possibilita a verticalização do ensino, que o estudante possa seguir a vida acadêmica na instituição, do ensino médio à pós-graduação, é relevante:

> [...] ver a verticalização do ensino acontecer dentro da nossa instituição e saber que alunos que ingressam no EMI continuam conosco no ensino superior é extremamente gratificante, é ver, de fato, o que a gente propõe, o objetivo da teoria acontecer na prática. Os desafios são muitos, e a formação cidadã, crítica e humanística no ensino médio, mesmo os estudantes não tendo familiaridade com o curso técnico, [...] muitas vezes, com os projetos de pesquisa, de extensão e com tudo que acontece no IF, com o compacto da área técnica, os alunos acabam encontrando uma vocação e seguindo estudos na instituição (DOCENTE 6, GRUPO FOCAL SRS, 2020).

> Um número significativo de estudantes quer fazer agronomia ou zootecnia, fora aqueles estudantes que querem fazer agronomia, por exemplo, e o trabalho é obrigatório porque senão eles não conseguem se manter. Para aqueles que querem fazer zootecnia na instituição, há uma estrutura de alojamento, o curso é na área rural, na sede no campus, esses conseguem se manter muitos mais como estudantes do que como trabalhadores que estudam (DOCENTE 2, GRUPO FOCAL SVC, 2020).

As chances para jovens da classe trabalhadora são escassas, tanto de trabalho qualificado quanto para cursar o ensino superior, principalmente nos interiores do Brasil, como pudemos apresentar em capítulos e itens anteriores. Então, a disputa por vagas acaba sendo um grande entrave para a formação plena. O alcance do "sucesso" que a sociedade do capital determina, com base na meritocracia, gera competitividade, individualidade e culpa para os que não o conseguem, já que não é e não pode ser para todos. E se trabalhar o reverso disso, uma formação verdadeiramente humana, é um grande desafio, pois exige uma postura de incentivo às atividades que valorizem a coletividade, a solidariedade e o respeito às diferenças, aos limites e aos desejos de cada um.

> [...] a maioria de nossos alunos procuram o nosso campus visando o curso superior, não pensando em atuar na área. Muitas vezes, isso nem sempre é uma vontade dos alunos, é uma pressão dos pais e eles entram no 1.º ano todos empolgados, mas lá no 3.º essa pressão de passar em um bom processo seletivo do vestibular, de ter uma boa nota no ENEM, ir trabalhar na área, acaba sobrecarregando-os. Na minha disciplina, a gente conversa muito e acaba por amenizar essa pressão deles, mostrando que ser bem-sucedido não é você "ser médico", pois não é isso tudo que a mídia diz, e se eles terminarem o ensino médio e decidirem viver lá com os pais no sítio, trabalhando e não fazerem um curso superior, que para muitas pessoas é um fetiche, também é um modo de viver, um modo de trabalhar e um

> *modo de ser feliz também. "Ah professor, mas meu pai não pensa assim", então eles têm essa pressão de serem "bem-sucedidos" no mundo do trabalho, no ensino superior ou algo do tipo. Eu tento aliviar um pouco essa pressão* (DOCENTE 17, GRUPO FOCAL GTA, 2020).

> *Quando perguntamos o que eles pensam em fazer futuramente a um número grande de estudantes, a maioria fala em continuar a estudar, mas também temos estudantes que têm uma base bem sólida com a terra, com o trabalho familiar na terra, ainda que não tenha terra ou seja proprietário dela, retornando para o trabalho como técnico em agropecuária e deixando a ideia de continuar estudando e fazer um curso superior para um momento posterior, um pouco também em função das condições socioeconômicas que esses estudantes trazem consigo, que auxiliam ou prejudiquem em continuar estudando. Mas a gente percebe também que alguns estudantes que vão adiante vão trabalhar nas propriedades agrícolas e seguem nessa mesma linha, no mesmo eixo, porque assim desejam* (DOCENTE 2, GRUPO FOCAL SVC, 2020).

Nesse sentido, considerando a relação do trabalho com a terra e com a formação humana, a preparação para o trabalho não pode ser encarada como para ser empregado da empresa "X" ou da fazenda "X", mas para trabalhar na terra, tirando dali seu sustento e de modo a satisfazer as suas necessidades e de uma coletividade de seres humanos, com respeito à natureza e à vida humana que também é parte da natureza. De modo que "o trabalho é um aspecto relevante de uma proposta revolucionária de educação no sentido mais amplo, como *atividade construtora do mundo e de si mesmo*; como vida, fundamento" (FREITAS, 2010, p. 160). E essa relação entre terra, trabalho e educação acaba sendo algo primordial na formação humana, não só para o curso de EMI ao Técnico em Agropecuária, mas para a formação de toda a juventude brasileira.

O trabalho como princípio educativo vai além de ligar a educação ao processo produtivo. Para os participantes da pesquisa:

> *Numa formação omnilateral, uma formação em todas as direções, os alunos, supostamente teriam contato com todos os eixos de formação humana, tanto da parte artística, da parte cultural, da parte psicomotora, da parte cognitiva, da parte do trabalho, da parte da ciência, da tecnologia. O IFMT, por excelência, faz isso, só de existir como é hoje ele já faz esse tipo de formação* (DOCENTE 12, GRUPO FOCAL GTA, 2020).

> *É possível a gente manter toda essa construção do conhecimento que a gente já tem, porque a gente trabalha o ensino-pesquisa-extensão.*

> Na extensão a gente trabalha Arte e Cultura, a parte cultural, os seminários que são pra ajudar na construção do conhecimento dos estudantes. Nesses aspectos os IFs despontam na frente de outros tipos de ensino ou de escolas (DOCENTE 1, GRUPO FOCAL SVC, 2020).

> Acredito que a disciplina de História contribui muito para que os estudantes tenham uma percepção maior dessa situação humana, do valor da educação e do quanto ela contribui para transformar o indivíduo. A disciplina é espetacular para se fazer isso e eu me empenho de fato para mostrar para os estudantes o quanto essa educação pode ser transformadora, o quanto a educação contribui, não na perspectiva econômica, mas numa perspectiva de transformar o indivíduo em um ser melhor (DOCENTE 2, GRUPO FOCAL SVC, 2020).

Portanto, a politecnia não exclui a formação humana, mas integra a dimensão da formação do/no/para trabalho à dimensão na educação na perspectiva omnilateral, pois se trata da vida em todas as dimensões da atividade humana criadora. De modo que a formação integral e integrada precisa ir além da junção da educação geral e educação técnica, teoria e prática, precisa integrar estudantes à realidade concreta, em seus aspectos físico, psíquico, social e técnico.

Nesse contexto de formação humana os docentes destacam que:

> [...] é bastante rico quando a gente pensa em nível da instituição, do campus. Nós temos projetos como discussão de temática "Carolina de Jesus", em que os alunos são inseridos em diferentes departamentos, diferentes disciplinas e as disciplinas trabalham a discussão, a reflexão. Os projetos interdisciplinares são muito importantes, pois contemplam a formação integral. Nós estamos iniciando ainda a formação integral é bastante ampla e difícil, o projeto de ensino é difícil para se fazer na prática o que a gente vê na teoria, que é tão importante. (DOCENTE 8, GRUPO FOCAL SRS, 2020).

> É um desafio muito grande, é um trabalho diário, contínuo, constante, com os alunos de fazer, enquanto componente curricular, essa visão deles, histórica, crítica, de relacionar diferentes aspectos, de olhar os diferentes atores sociais, de se ver como protagonistas da sua história, da sociedade. É um trabalho constante. A formação politécnica e integral é um grande desafio que a gente encontra. Nós estamos cada vez mais buscando trabalhar de uma forma mais integrada, através de diferentes projetos, de trabalhar com diferentes ações, de conversarmos, de dialogarmos. Acho que essa é uma das tarefas entre os pares, de formação continuada entre

> *nós docentes, de estarmos sempre juntos, de estarmos dialogando, de estarmos nesse processo em comum. É um desafio? É. Mas cada vez mais nós estamos tentando mitigar e trazer novas leituras. O curso de EMI tem vários componentes curriculares e esse trabalho conjunto é mais que necessário, é primordial para a gente conseguir ter mais resultados* (DOCENTE 6, GRUPO FOCAL SRS, 2020).

Algumas dificuldades de conseguir trabalhar uma formação politécnica e omnilateral estão apresentadas nos PPCs, na Avaliação Institucional, e foram apontadas pelos participantes da pesquisa. Entre elas destacam-se a dificuldade com relação a auto-organização dos estudantes, controle e organização para realização das atividades práticas nos diversos setores de produção, sendo que no *campus* Sorriso ficam distante da sede, e com relação a equipamentos e máquinas que, muitas vezes, não conseguem acompanhar o avanço tecnológico. Por isso há a proposição tanto nos PPCs como no plano de melhorias do PDI de fortalecer as parcerias com instituições públicas e privadas, empresas, produtores e representantes dos setores agropecuários para oportunizar aos estudantes acompanhar as inovações da área de formação.

Para que os princípios da formação politécnica se efetivem, segundo Saviani (2020), o conhecimento e o domínio dos fundamentos científicos das diferentes técnicas e tecnologias utilizadas na produção moderna são extremamente necessários para que a formação não seja apenas um adestramento para uma atividade produtiva específica e obsoleta.

A principal dificuldade apresentada pelos participantes da pesquisa é com relação à carga horária elevada e à quantidade de disciplinas, que faz com que os estudantes acabem não aproveitando tão bem como poderiam, pois *"Não tem como o aluno prestar atenção em 18 disciplinas, isso mata os alunos"* (DOCENTE 12, GRUPO FOCAL, 2020), *"é muito maçante essa quantidade de matérias, [...] eles focam no que é importante para eles naquele momento"* (DOCENTE 13, GRUPO FOCAL GTA, 2020).

Sob essa justificativa há quem até defenda a nova BNCC como alternativa:

> *Toda essa carga gigantesca de querer dar uma formação integral atrapalha, pois o aluno não tem a perspectiva de escolher o que ele quer fazer. Com essa nova perspectiva da BNCC, por mais que o aluno não tem maturidade para escolher — quando se discute BNCC o pessoal já fala: "Ah, mas como o aluno vai escolher?" Eu acredito que ainda se ele escolher errado ele pode mudar de um*

> *ano para o outro. Agora você querer colocar o aluno para estudar 18 disciplinas é profundamente desgastante, ele vai receber a formação omnilateral, porém ele não vai aproveitar. Eu acredito, particularmente, que existe, como na pós-graduação que se acaba cursando algumas disciplinas só para cumprir o crédito, só que para os alunos do ensino médio é tudo obrigatório. Eu acho que deveria ter a opção de o aluno escolher, para que ele possa ser responsável. Essa carga de disciplina é muito desgastante e acaba prejudicando o aluno e o sistema, que emprega uma força de trabalho muito grande para 30% ou 50% que não está muito interessada. A gente não pode ter essa, de dar uma educação e esquecer que existe a questão da aprendizagem significativa, que é, justamente, o aluno aprender aquilo que ele quer aprender, senão ele não vai prestar atenção em tudo* (DOCENTE 12, GRUPO FOCAL GTA, 2020).

Essa alternativa é considerada frágil e controversa, pois se todo esse leque de conhecimentos e oportunidades de escolha não for apresentado aos estudantes, como poderão escolher? Em outras falas foi colocado que o curso cumpre seu papel, enquanto EMI, pois não se limita a formar um técnico para o mercado de trabalho, sendo assim, "o sistema" e a "força de trabalhado" empregada nessa formação não são prejudicados por dar uma formação ampla que possibilite que os estudantes possam optar por prosseguir em estudos superiores ou por adentrar ao mundo do trabalho, independentemente da área de atuação. Todos os estudantes precisam ter o direito de escolher, depois de terem garantido seu direito à educação integral, e a nova BNCC, assim como a contrarreforma do ensino médio, limita esse direito.

> *Tal reforma não só se afasta da meta de unificação do ensino médio como abandona, também, a perspectiva de integração entre o ensino médio de caráter geral e o ensino técnico-profissional ao fragmentar esse nível de ensino em cinco itinerários, ainda que seja possível retornar, depois, para eventualmente cursar um segundo itinerário. Vê-se que, de fato, em lugar da apregoada flexibilidade promove-se uma determinação camuflada dos itinerários, o que significa que, na prática, a grande maioria dos alunos será encaminhada para o quinto itinerário, 'formação técnica e profissional'. Assim, em lugar da liberdade de escolha dos alunos, ocorre uma demissão da responsabilidade dos adultos e dos professores quanto à orientação que lhe cabe propiciar a estudantes ainda na idade da adolescência; em lugar de ensino em tempo integral para o qual a reforma acena, se todas as escolas passassem a funcionar em tempo integral, o que ocorreria seria a exclusão integral de todos os que trabalham;*

> e em lugar de educação integral para todos, apenas se promove uma vitrine para efeito de demonstração, reduzido a pequenos grupos elitizados (somente 30 escolas por estado!) (SAVIANI, 2019, p. 403-404).

Outros docentes participantes da pesquisa acreditam que esse é um campo de disputa e que ainda há um longo caminho a ser percorrido com muita resistência, pois somam-se a cada dia novas e mais restritivas legislações e normativas educacionais.

> Eu acredito que diante das reformas atuais, é um campo em disputa se pensar o ensino médio nessa concepção que nós temos aqui, é um momento de resistência, e esses momentos de resistência nos obriga a ter até mais criatividade, porque tenho a impressão que, em tempos atrás, quando se tinha mais investimentos, o pessoal folgava. Agora começa a faltar professor, começa a ter vários problemas, a gente precisa ter um pouco mais de criatividade, só que é um campo de disputa desde o nível local, na construção de um PCC, passando para um nível da instituição, enquanto IFMT, e depois a nível da rede, enquanto IFs. Agora se tem aí a portaria com o número de aulas, é um campo em disputa, o CONIF se posicionou, as instituições se posicionaram e os professores têm que se posicionar, senão vai ser que a maioria dos professores não vão ter pesquisa e extensão, só sala de aula. [...] Mas vai muito também da gente ter mais espaço, é da gente ocupar também esses espaços, que pra mim é um espaço também em disputa (DOCENTE 3, GRUPO FOCAL SVC, 2020).

> [...] temos essas novas legislações, que de alguma maneira nos coloca ainda mais dentro da sala de aula, com quantitativo maior de carga horária, de turmas, disciplinas; claro que tudo isso tem um reflexo direto, que é imediato nessa formação. Nesse novo currículo que está colocado, é um processo de resistência, de a gente tentar de alguma maneira manter o que a gente tem. Eu não sou muito otimista, acho que parte daquilo que a gente tem deve perder, e que com o passar do tempo muitas coisas a gente não vai conseguir, muito embora a luta seja muito árdua, eu penso que vai ser difícil que consigamos manter boa parte daquilo que nós conquistamos. No entanto, temos uma luta árdua em continuar com essas áreas do conhecimento mais consolidadas. A integração do conhecimento, dos saberes é uma coisa que contribui com o conhecimento de todos, dos estudantes, dos docentes, da sociedade, porque quando a gente consegue de fato integrar o conhecimento, mostrar a aplicabilidade daquele, daquele e daquele outro conhecimento, isso é transformador. Só nas condições que a gente trabalha, talvez, a gente não consiga fazer isso com tanta frequência como nós gostaríamos de fazer, porque demanda muito

> *mais tempo de trabalho, demanda que a gente tenha encaixes de agenda* (DOCENTE 2, GRUPO FOCAL SVC, 2020).

A presença da contradição, da disputa ideológica e por hegemonia no campo educativo parte da tentativa de consolidação e manutenção do pensamento das classes dominantes sobre a classe dominada, mas sob pressões contrárias, resistências e contestações. Esse processo de construção contra-hegemônica acontece por dentro do sistema capitalista, e busca mudar a educação junto à mudança da sociedade em um projeto comum. Ao mesmo tempo que, segundo Frigotto, Ciavatta e Ramos (2005, p. 44), "busca, a partir do desenvolvimento do capitalismo e de sua crítica, superar a proposta burguesa de educação que potencialize a transformação estrutural da realidade".

Esse processo de transformação pode ser chamado de "travessia", pois ainda não é o que se almeja, mas que precisa e deve acontecer, não somente após a revolução e a transformação total para uma sociedade socialista. Pois, "por um lado, é necessário modificar as condições sociais para criar um novo sistema de ensino; por outro, falta um sistema de ensino novo para poder modificar as condições sociais" (MARX; ENGELS, 2004, p. 107), e nesse processo se constrói o novo, a partir das contradições existentes.

Isso requer planejamento, estratégias para uma educação comprometida com a formação dessa nova sociedade, com a formação de uma juventude que pretenda lutar por uma sociedade com outras relações sociais, desde já, nos limites das restrições do nosso momento histórico.

Para Cadart (2010, p. 161), a formação de um novo sujeito, para um outro projeto de sociedade, precisa

> [...] estar sempre na vida, na prática social, no trabalho socialmente útil, onde os sujeitos se constituem inclusive pela inserção nas lutas sociais e pela vivência das contradições, constituindo-se como sujeitos que se auto-organizam para intervir na construção do mundo.

Os projetos interdisciplinares oportunizam, por meio da pesquisa, a construção de conhecimentos significativos, "desafios que incitam o aluno a ser o agente de sua própria capacitação, criando condições para que possa observar e perceber, descobrir e refletir sobre o mundo e interagir com seus pares, superando seus limites, através da ação coletiva" (IFMT, 2010, p. 114). Ao mesmo tempo que a ligação com o trabalho socialmente útil e necessário, no cotidiano escolar, na prática nas oficinas, nos laboratórios, nas atividades de participação entidades organizativas, nas monitorias, nos projetos de pesquisa e de extensão, na organização das atividades culturais, esportivas e recreativas, nas cooperativas, ou seja, no trabalho coletivo, possibilita a prática social e a contribuição com a transformação do mundo em que se vive, nas relações humanas e com a natureza.

De modo que mesmo nesse contexto conflitante vem se caminhando na direção da construção coletiva de novas práticas, como afirmado pelo Docente 5 do Grupo Focal SRS:

> [...] nós estamos criando um caminho, e nós do IFMT, do *campus Sorriso*, estamos há vários anos avançando no sentido de uma educação transformadora, crítica, quando são estimuladas atividades como prática de extensão, prática de trabalhos interdisciplinares.

O programa de assistência estudantil, com auxílio alimentação, transporte, moradia e, durante a pandemia, internet e cestas básicas, além de campanha de doação de computadores, possibilita a muitos estudantes a permanência e êxito no curso. Para o docente, para que a instituição avance na qualidade da educação,

> [...] um diferencial é que muitos alunos recebem auxílio estudantil, e aí muitos que não conseguiriam estar numa instituição de qualidade como é o IFMT, conseguem porque tem esse auxílio. Eles percebem que estão sendo auxiliados e percebem que há aqui um clima diferenciado de inserção social, isso é muito presente, muito forte no IFMT, no campus Sorriso, no curso EMI ao Técnico em Agropecuária. Dá oportunidade a quem não tinha oportunidades, e com isso nós estamos no caminho de uma educação transformadora (DOCENTE 5, GRUPO FOCAL SRS, 2020).

Outro ponto destacado nos grupos como fundamental para a integração é a prática a aproximação com a realidade concreta da comunidade:

> [...] quando a gente traz uma realidade de fora do IFMT. Quando a gente aborda um conteúdo técnico e dizer que ali, do lado de fora, o produtor faz desta forma, que o ideal seria isto, mas eles têm que adequar à realidade, "E qual é a realidade dos processos produtivos?", é isso, isso e isso. Então a gente consegue diferenciar o aluno na parte técnica, quando a gente traz a realidade para dentro do IFMT, e não apenas aqueles conteúdos de slides, e que a gente só vê no livro e passa para o aluno, não passando uma praticidade naquilo. A gente consegue fazer isso frente às nossas vivências. E é importante essa autonomia que a gente tem hoje quanto à didática e quanto à forma de abordar os conteúdos, é

> *fantástico para a gente conseguir implementar essa forma de o aluno aprender. Muitas vezes, os alunos têm interesses diversos, mas a gente tenta trazer com essa experiência de vida, para tentar trazer esses alunos para o interesse que está ali do lado de fora da porteira. Isso ajuda muito para a gente possibilitar o domínio dos conhecimentos científicos pelos alunos, mostrando que eles são praticáveis. É o diferencial de fazer com que os alunos se interessem e que os alunos acabem tendo bons resultados, seja ele na parte profissional, seja ele na parte do ensino superior (DOCENTE 11, GRUPO FOCAL GTA, 2020).*

O desenvolvimento de atividades simples pode aliar trabalho intelectual e manual, conhecimento teórico e prática, respeito à diferença e limites de cada um e a importância do trabalho coletivo, como afirma o Docente 11:

> *[...] fazer com que eles desenvolvam habilidades um pouco diferentes da disciplina, como por exemplo, fazer uma cerca. [...] atividade que a princípio eles questionam "Eu vou ser técnico pra fazer cerca? e a gente responde: "vai ter que aprender a fazer cerca, qualquer um tem que aprender a fazer cerca", e uma pessoa que nunca tinha pego num facão, pega para cortar um galho, alguém que nunca tinha cavado, pega na cavadeira, e aquilo vira, embora simples, mas importante porque eles começam a ter interação naquela questão de como trabalhar em conjunto. A gente tenta trazer não só o conteúdo que está relacionado na disciplina, mas também uma atividade simples, mas que mostra que não é porque sou professor que não posso cavar um buraco para colocar uma estaca, não é porque o aluno é inteligente que ele não pode fazer serviço braçal, e coloca todo mundo no mesmo nível, intelectual ou de atividades acadêmicas, todo mundo é igual (DOCENTE 11, GRUPO FOCAL GTA, 2020).*

Assim como ressaltaram a importância do conhecimento, alternativas de produção e de desenvolvimento de suas potencialidades:

> *Uma coisa que tem contribuído bastante são os seminários, que foram seminários ligados a agroecologia, que trouxeram profissionais de muita relevância na área que atuam, que foram primorosos em suas falas e fizeram com que os estudantes vissem as coisas numa outra perspectiva. Essas ações são muito significativas (DOCENTE 2, GRUPO FOCAL SVC, 2020).*

> *[...] na parte agrária, tem ex-aluno nosso que faz agronomia fora do estado e, na sua propriedade aqui, ele desenvolveu um sistema que aprendeu aqui conosco, de produção frango e ovo caipira, fez*

> *toda a gestão e marketing e com isso ele consegue pagar a faculdade fora* (DOCENTE 11, GRUPO FOCAL GTA, 2020).

Isso demonstra que a politecnia não é apenas a demonstração manual de uma teoria aprendida em sala de aula, mas o domínio dos princípios do todo, do funcionamento do aparato tecnológico, científico e técnico, assim como das relações sociais, econômicas e culturais envolvidas na atividade.

Alguns docentes compararam o EMI ao ensino regular ou técnico em relação ao tempo que eles estudaram, em termos de conhecimento diversificado, teórico, prático, científico, cultural e político:

> *O ensino ofertado pelo IF, comparando com o que se era ofertado antes no ensino técnico do Sistema S, na década 80, que se tinha formação em um campo muito específico, de um trabalho muito específico que era realizado pelos técnicos, hoje o nosso técnico consegue ter dentro do currículo consegue ter um conhecimento bem diversificado. Você tem alunos trabalhando em vários setores, você tem a formação desses alunos preparando-os para desempenhar diversos trabalhos na área agropecuária. O currículo tem contribuído muito com isso, você tem um leque de possibilidades que os alunos podem estar desenvolvendo [...] tem o caminho científico, cultural, o esporte. São várias ramificações que o aluno consegue trabalhar essa formação bem diversificada* (DOCENTE 15, GRUPO FOCAL GTA, 2020).

> *Os nossos estudantes são muito críticos, diferentes de nós quando estávamos no Ensino Médio, eles têm opiniões formadas, eles gostam de dar opiniões, eles gostam de trabalhar com assuntos polêmicos. Eu percebo que as disciplinas mais específicas trabalham com a agricultura familiar, porque a gente ouve eles falarem e comentam em outras aulas que visitaram um assentamento [...] são mais militantes* (DOCENTE 8, GRUPO FOCAL SRS, 2020).

> *Os alunos quando vêm para o nosso campus falam que vieram porque o pai mandou e a mãe mandou, mas por quê? O pai conhece, a mãe conhece, o vizinho conhece, ele ouviu falar na mídia ou ouviu alguém falar "se você for pra lá, meu filho, você vai ter uma boa educação, uma boa construção de conhecimento"; "Eu estudei lá, fulano estudou lá, e você viu como ele está bem arrumado na vida?". Então por conta do nosso ensino, da teoria e da prática, da pesquisa e da extensão a gente consegue fazer a diferença na vida desses alunos* (DOCENTE 1, GRUPO FOCAL SVC, 2020).

Nesse sentido, o trabalho como princípio educativo vai além de ligar a educação ao processo produtivo. Portanto, não se resume à politecnia tão somente. A politecnia é uma das faces da função educativa, "mas é apenas uma delas no amplo leito da vida" (FREITAS, 2010, p. 158), assim como não se assenta apenas no cognitivo, mas no desenvolvimento pleno de todas as potencialidades do ser humano. De como a "travessia" para uma escola unitária é fundamental para se pensar uma nova sociedade.

3.7 Escola unitária: desafios e possibilidades

> *A proposta da escola unitária elaborada por Antonio Gramsci na Itália dos anos 1930, ao se opor à reforma da educação realizada por Gentile, tem como fundamento a superação da divisão entre trabalho manual e intelectual estabelecida pela divisão social de classes. A separação entre conhecimentos de cultura geral e de cultura técnica também seria eliminada na escola unitária* (RAMOS, 2012, p. 341).

É uma escola que traz princípios da escola humanista de inspiração iluminista e da pedagogia do trabalho dos socialistas utópicos. É um tipo de escola único para uma sociedade em que todos trabalhem, em que "não se pode considerar natural que uns trabalhem e outros vivam da exploração do trabalho alheio" (RAMOS, 2012, p. 344). Segundo Ramos (2012, p. 344), "essas escolas modificariam seus propósitos em contraposição à hegemonia capitalista, à medida que visassem à formação não somente de operários qualificados, mas destes próprios como dirigentes da classe trabalhadora". Visto que:

> *[...] a tendência democrática, intrinsecamente, não pode consistir apenas em que o operário manual se tornou qualificado, mas em que cada 'cidadão' possa se tornar 'governante' e que a sociedade o coloque, ainda que 'abstratamente', nas conduções gerais de poder fazê-lo* (GRAMSCI, 1991 apud RAMOS, 2012, p. 344).

Nesse sentido, a escola unitária é uma utopia ainda a ser construída, em e para outra sociedade que, também, deve estar em construção. Mas é preciso assegurar uma educação básica com uma base unitária de formação que congregue trabalho, ciência e cultura.

O EMI é uma "travessia", uma construção conjunta de um projeto de educação aliado a um projeto de sociedade, por dentro do sistema capitalista, para se chegar aonde e como se almeja, com uma direção que é a educação unitária para uma nova sociedade, em que todos vivam do seu trabalho, por isso trabalho e educação sejam indissociáveis para todos.

Portanto, tomamos por base os dizeres de Gramsci (2011) no Caderno 17, sob o título *A análise das situações: relações de força*, de que:

> É necessário mover-se no âmbito de dois princípios: 1) o de que nenhuma sociedade se põe tarefas para cuja solução ainda não existam as condições necessárias e suficientes, ou que pelo menos não estejam em via de aparecer e se desenvolver; 2) e o de que nenhuma sociedade se dissolve e pode ser substituída antes que se tenham desenvolvido todas as formas de vida implícitas em suas relações (GRAMSCI, 2011, p. 36).

Nessa mesma perspectiva, Marx e Engels (2004) em *Textos sobre educação e ensino* propõem que na construção de uma nova sociedade "não há dúvida de que a conquista inevitável do poder político pela classe trabalhadora trará a adoção do ensino tecnológico, teórico e prático nas escolas dos trabalhadores" (MARX; ENGELS, 2004, p. 78), mas não há dúvida também de que a forma capitalista de produção se opõe a esses fermentos de transformação. O acirramento dessas contradições é o único caminho para sua dissolução e o estabelecimento de uma nova forma.

Trazendo para nossa realidade conflitante atual, é necessário que a transformação comece a acontecer mesmo dentro da ordem capitalista, pois não é resultado natural do desenvolvimento capitalista e da democracia "mas, ao contrário, é o produto de uma vontade organizada e consciente que intervém no processo de uma nova hegemonia política e cultural, de um novo tipo de ser humano em formação progressiva" (MAGRI, 2014, p. 56 *apud* FRIGOTTO, 2020, p. 6).

Ao pensarmos o EMI em Técnico em Agropecuária pensamos uma educação que considera as questões do campo, dos trabalhadores que vivem do trabalho na produção agropecuária e nas condições necessárias para que esses trabalhadores se assumam como sujeitos construtores de um projeto de sociedade que visa a novas relações sociais, que busquem superar a contradição campo-cidade e a formação de um ser humano fragmentado. Pensarmos em uma outra lógica de produção, que considere uma diversidade de culturas, exige conhecimento científico e tecnológico sobre a natureza e sobre as relações sociais conectando-se com a produção agrícola e industrial e valorizando os saberes tradicionais de quem vive no/do campo, para que possam andar juntos com a ciência moderna.

A formação unitária almejada por educadores histórico-críticos e movimentos sociais, mesmo com o avanço na garantia de acesso da classe trabalhadora à escola, ainda não é uma realidade, sendo atribuída a essa classe uma formação mínima, de preparação básica para o trabalho. A tendência da política educacional é estar a serviço do capital,

> [...] facilitando as condições gerais de funcionamento do sistema, bem como sua manutenção. Porém, como esses espaços são disputados pelas forças progressistas, aparecem bolsões de resistência. [...] Tais espaços, às vezes, se constituem mais facilmente em projeto de governos progressistas, mas aparecem com vigor no interior dos movimentos sociais, em especial no interior do Movimento dos Trabalhadores Sem Terra – MST (FREITAS, 2010, p. 157).

As escolas do campo conduzidas pelo MST se configuram como exemplo mais avançado na construção de um projeto de educação entrelaçado com um projeto de sociedade. Caldart (2015, p. 117) afirma que o projeto de educação forjado pelos movimentos sociais protagoniza transformações no projeto pensado pela classe que vive da exploração do trabalho de outros seres humanos, e tem por objetivo formar "seres humanos capazes de se assumir como sujeitos concretos da luta social na direção de outro modo de produção, de outra forma de sociedade", não capitalista. Para tal, o central é uma formação mais ampla em que apenas o cognitivo "inclui o desenvolvimento da afetividade, da criatividade, do corpo, a habilidade de trabalhar coletivamente, de auto-organizar-se, enfim, o desenvolvimento pleno de todas as possibilidades do ser humano" (FREITAS, 2010, p. 166), assim como os objetivos e conteúdos devem ser direcionados para que a formação teórico-prática oriente para esses compromissos.

A experiência de educação do campo fundada pelo MST entrelaça a luta e conquista da terra, trabalho, produção, família, direitos, realidade atual, conjuntura, fundamentos dos processos produtivos e dos princípios da ciência, da tecnologia e da organização social, política e econômica com o PPP da escola, construído com a participação da comunidade. No projeto de educação da escola do campo,

> [...] se coloca o desafio de conceber e desenvolver uma formação contra-hegemônica, ou seja, de formular e executar um projeto de educação integrado a um projeto político de transformação social liderado pela classe trabalhadora, o que exige a formação integral dos trabalhadores do campo, no sentido de promover simultaneamente a transformação do mundo e a autotransformação humana.

> [...] põem em questão a separação entre processos de produção do conhecimento e vida real dos educandos. Eles exigem tornarem-se partícipes desses processos, trazendo seus saberes e fazeres para dialogar com os conhecimentos científicos, na perspectiva de, a partir desse encontro, produzirem um novo conhecimento que os auxilie na interpretação crítica da realidade e, principalmente, na sua intervenção sobre ela (MOLINA; FREITAS, 2011).

A proposta de ensino médio para o campo é viva, humanizada, vinculada à realidade atual, aos movimentos sociais, ao projeto de transformação e construção coletiva da sociedade alternativa. Parte das contradições da sociedade atual, com base nas experiências construídas na escola do trabalho, na escola unitária e na formação omnilateral, e busca efetivar a proposta da realidade do campo na formação de sujeitos históricos necessários para a construção de outra sociedade.

A Educação do Campo busca romper com a lógica do capital que degrada, explora, marginaliza, terceiriza e fragmenta. Aponta para "uma perspectiva de vida digna, pautada em laços de solidariedade e igualdade social com uma distribuição equitativa dos bens materiais e econômicos, e para uma educação que tenha como horizonte a formação do homem numa perspectiva omnilateral" (MACHADO, 2010, p. 31), de tal modo assim como preconizava Max: "desenvolvimento total, completo, multilateral, em todos os sentidos da faculdade e das forças produtivas, das necessidades e da capacidade de sua satisfação" (MANACORDA, 2000 apud MACHADO, 2010, p. 31).

O objetivo é promover "simultaneamente a transformação do mundo e autotransformação humana" (MOLINA; SÁ, 2012, p. 325), resistir ao processo de expansão descontrolada do agronegócio, bem como "promover os conhecimentos sobre o funcionamento da sociedade, sobre os mecanismos de dominação e subordinação que a caracterizam, e sobre o modo de integração da produção agrícola neste projeto de sociedade" (MOLINA; SÁ, 2012, p. 326).

Assim, a educação do campo protagonizada pelos movimentos sociais é a proposta que mais se aproxima da escola unitária de Gramsci, por ter a relação trabalho-educação como algo natural da formação humana desde a infância, em toda a educação básica. Aproxima-se também da escola do trabalho de Pistrak e outros socialistas soviéticos. A experiência com o trabalho em seu princípio educativo acontece desde a questão do cuidado, da cooperação, da coletividade e da solidariedade, estendendo-se às práticas sociais e aos ensaios do sistema produtivo até a experiência concreta de trabalho, com domínio de todas as ferramentas apreendidas nas fases anteriores.

No entanto, ainda encontra suas limitações na passagem para o último período de experiência politécnica, o ensino médio, com falta de infraestrutura de laboratórios e oficinas para atividades práticas, falta de condições materiais de biblioteca, tecnologias informáticas e espaços apropriados para o ensino-aprendizagem, para a prática cultural e esportiva, uma dura realidade comum na maioria das escolas do campo.

Outra dificuldade está no sentido de estender a educação unitária experienciada nas escolas geridas pelos movimentos sociais do campo para uma escola única para outras diversas realidades, com estudantes diversos, do campo, da cidade, de grandes centros, de regiões interioranas, de classes sociais distintas, de vários ramos e setores produtivos, dando as mesmas condições de acesso ao conhecimento científico e sistematizado, à cultura historicamente acumulada pela humanidade, sem perder de vista a formação humana. Por outro lado, não podemos desconsiderar que a totalidade é resultado de múltiplas determinações e que:

> Essa escola não elide as singularidades dos grupos sociais, mas se constitui como espaço/tempo síntese do diverso, ao unificá-las no processo e na experiência de constituição da classe trabalhadora. A unitariedade entendida como síntese do diverso também impede que as especificidades das culturas urbano-industrial e campesina sejam desconhecidas por oposição entre elas, ou mesmo por negação de uma delas. Ao contrário, o que as torna particularidades de uma totalidade é a dinâmica histórica que as produziu e as transformou. A historicidade não permite submeter culturas próprias a um modelo educativo único, mas também não admite que o reconhecimento da diversidade redunde na fragmentação (RAMOS, 2012, p. 346).

Os IFs, devido à condição estrutural e ao acesso a recursos públicos e pela diversidade de estudantes atendidos, teriam mais facilidade em ultrapassar barreiras estruturais, mas encontram outros desafios por conta da falta de vinculação de sua proposta a uma causa social, um projeto em comum de sociedade.

Mesmo diante das imposições do projeto do capital, as lutas pelo Ensino Médio Integrado e pela Educação do Campo vêm se efetivando, conquistando espaço, caminham juntas, por caminhos, por vezes, em estágios diferentes, com determinações e experiências diversas, mas sob os mesmos princípios: formação humana, no entrelaçamento entre trabalho, ciência e cultura, em um movimento histórico, em busca de se avançar para uma escola unitária.

O EMI ao Técnico em Agropecuária no IFMT encontra dificuldades devido à experiência da relação trabalho-educação para os estudantes acontecer, na maioria das vezes, somente a partir da entrada no ensino médio. É um choque quando entram logo na fase de vivência do trabalho produtivo sem terem passado pelas fases iniciais gradativas de experimentação e de atividades de trabalho socialmente necessário, das mais simples às mais complexas.

A proposta de EMI no IFMT apresenta importantes avanços e possibilidades, como: estrutura física, material e pedagógica disponível para o desenvolvimento de atividades em laboratórios, setores produtivos, biblioteca com bibliografias atualizadas que contemplam as ementas dos cursos, não ficando somente o livro diário; envolvimento e defesa do EMI pelos profissionais da instituição; experimentação, por parte dos docentes, com atividades e metodologias integradoras dos eixos trabalho, conhecimento, cultura e tecnologia, por meio de projetos, temas, área ou disciplinas; equipe multidisciplinar para acompanhamento pedagógico social dos estudantes; quadro docente altamente qualificado; existência de uma proposta pedagógica amparada em referencial teórico crítico; compromisso da instituição em avançar, compreender e efetivar a proposta de EMI, aproximando-se mais da realidade social que a cerca.

Algumas forças/potencialidades foram destacadas no Relatório da Autoavaliação Institucional realizada em 2018 (IFMT, 2019b) como de grande relevância para o projeto de desenvolvimento institucional do IFMT, que podem ser suporte para melhorias de outras potencialidades e fragilidades. A missão "Educar para a vida e para o trabalho" proposta pelo IFMT foi avaliada como forte característica da instituição para 76,4% dos respondentes. Na política para o ensino, pesquisa e extensão, destacam-se: ações relativas ao acolhimento de novos discentes nos *campi*; estrutura curricular coerente e eficaz com o perfil necessário ao egresso para sua inserção no mercado de trabalho (79,01%); estrutura curricular do curso e o perfil do egresso para prosseguir nos estudos (76,85%); qualificação profissional do corpo docente dos *campi* (80,51%) e de técnicos administrativos (77,96%).

Para uma diversidade de estudantes, da periferia, da cidade, do campo, de comunidades indígenas, quilombolas, ribeirinhos, acampados, assentados, dos interiores mais remotos, a possibilidade de estudar em uma escola com a estrutura do IFMT é um lampejo em meio a uma realidade de abandono e descaso. Esse encantamento está presente também na fala de docentes:

> Quando eu cheguei eu não tinha uma ligação com o rural, eu olhava para a instituição, eu olhava para o campus e a relação não era uma relação proximal e hoje é difícil não falar de São Vicente e não ter uma fala um tanto apaixonada, porque a vivência em São Vicente é um pouco disso, é um pouco do conhecer o espaço, do gostar do espaço, de se encantar com as coisas que São Vicente tem e que são coisas muito positivas. Tem muitos problemas como todos os lugares têm problemas. Mas eu olho para São Vicente de maneira plástica, eu consigo ver São Vicente num oásis; São Vicente em Mato Grosso é uma serra, verde, longe do agronegócio — que é plano com toda a cultura monocromática — e com um clima maravilhoso. Então no aspecto plástico, eu vejo essa coisa muito sensível aos olhos. Outro aspecto de São Vicente é que para muitas pessoas que chegam aqui é a oportunidade de transformação de vida. Muitos dos nossos estudantes chegam e têm a oportunidade de seguir a diante, não são um, dois, três ou cinco casos que a gente tem, são inúmeras pessoas, que de fato a instituição foi transformadora na vida delas, no aspecto educacional, no aspecto econômico, no aspecto profissional e de vivência. Temos muito a fazer ainda, mas com o nosso empenho é que a gente vai conseguindo fazer isso (DOCENTE 2, GRUPO FOCAL SVC, 2020).

Durante a realização das discussões em grupo uma docente fez um relato emocionado da sua experiência de vida com a instituição. Percebe-se maior dificuldade de se entrar numa universidade quem fazia um curso técnico em décadas passadas.

> Eu sou ex-aluna apaixonada por São Vicente. Eu amo essa escola. São Vicente transformou a minha vida. Nós somos em oito irmãos, e meu pai dizia: "estudem e aprendam o curso técnico porque nós somos pobres e vocês não vão para a faculdade". Naquele tempo tinham escolas estaduais com cursos técnicos, eu fiz enfermagem, minha irmã fez contabilidade e meu irmão quis fazer propedêutico, mas meu pai dizia: "não façam isso porque vocês não vão ter condições de ir pra faculdade". Meu irmão fez o propedêutico e como as mulheres eram mais obedientes, eu me formei e trabalhei na área da enfermagem, formei para o trabalho. E depois de muito tempo eu quis fazer um curso superior, mas não conseguia. Meu marido fez minha inscrição. [...] Eu fiz o vestibular, passei, estudei em São Vicente, eu tinha três empregos, larguei de dois e fui estudar e mudou a minha vida, me apaixonei, fiz o concurso, sou professora aqui, sou realizada, fiz mestrado e estou aqui feliz. Aqui os alunos têm essa

> *oportunidade de ingressar no ensino médio e seguir vida acadêmica e profissional a fora* (DOCENTE 1, GRUPO FOCAL SVC, 2020).

A criação dos IFs e a possibilidade do EMI representam um grande contributo para a "travessia" para uma escola unitária e precisam ser defendidas, fazendo a diferença na vida de muitos jovens, como afirmam os docentes:

> *Eu acho que nós no IFMT, no EMI ao Técnico em Agropecuária, temos mais condições e mais facilidade de chegar nessa formação almejada do que o ensino regular, isso sem dúvida. Talvez estamos mais próximos de chegar. Mas se vamos chegar é difícil prever, pois tudo pode mudar, a concepção do IF, de EMI pode mudar. Mas nós temos condições de aproximarmos dessa formação. [...] Eu tenho 18 anos de sala de aula, já trabalhei em todos os níveis de educação, estadual, municipal, escolas particulares, pré-vestibulares até cair no IFMT. Então a minha leitura é que a gente faz a diferença, o nosso itinerário formativo, a forma com a gente trata nossos alunos é diferenciada, seja pela assistência estudantil, que faz realmente a diferença, a forma como nosso aluno é abordado, as nossas equipes... A gente tem um papel social, a gente tem condições dentro do campus, a gente tem o vínculo com a pesquisa e a extensão. Então é inegável que a gente faz a diferença na vida de nossos alunos* (DOCENTE 4, GRUPO FOCAL SRS, 2020).

Para os participantes da pesquisa a transformação dos estudantes é perceptível do ingresso ao decorrer e à conclusão do curso, desenvolvendo a criticidade, a autonomia, a responsabilidade, a investigação científica e o convívio com outras culturas, além do aspecto da técnica do trabalho e do conhecimento histórico-científico:

> *Comparando o estudante do 1.º ano com o do 3.º ano, a gente percebe que eles se tornam mais críticos, são universos diferentes, se tornam mais organizados, mais atentos ao contexto geral do mundo. É perceptível a diferença de um aluno que se formou no ensino regular e um aluno que se formou no EMI, ele tem noção mínima do processo de trabalho. Se é do modo que a gente espera é outra história. Mas que ele se torna mais autônomo é inegável* (DOCENTE 7, GRUPO FOCAL SRS, 2020).

> *O IFMT abre muito a mente dos alunos, porque eles chegam do ensino fundamental, que era muito mais simples, ele tinha mais tempo e entra aqui é um curso integral e começa a ser preparado para o trabalho. Então é um aluno mais maduro do que o que veio do ensino médio regular. Os pais mesmo comentam com a gente que o amadurecimento deles é muito grande. E a parte de inovação, o*

> *IFMT tem muitas ações de eventos que estimulam eles a inovar, a empreender, coisa que eles não teriam, muitas vezes, numa escola regular. [...] Têm alunos que foram para a universidade na área agropecuária e alguns que seguiram outros rumos. O número de alunos que hoje estão conseguindo alcançar o objetivo no caminho que eles traçaram é alto* (DOCENTE 14, GRUPO FOCAL GTA, 2020).

Nessa esteira, destaca Krupskaya (2017, p. 188):

> *O estudante da escola politécnica é um ativista no domínio do conhecimento, um ativista na aplicação do conhecimento na vida. Ele não é simplesmente um "bom estudante", que aprende bem as lições, ele é o estudante que reflete sobre o que ele estuda, entende que é necessário cuidar para que todas as condições sejam favoráveis ao ensino, é um estudante que sabe conduzir-se na escola e fora dela.*

A atualidade tem posto à prova a organização e a luta pela educação unitária, de formação humanística, omnilateral e politécnica. O conjunto neoliberal antissocial de políticas em andamento, desde 2016, tem configurado o Estado brasileiro no sentido de torná-lo mais mínimo em garantia dos direitos sociais e máximo na regulação pelo capital estrangeiro, reforçando o caráter de dependência. Nesse pacote, termos e categorias centrais na formação de base humanística, como trabalho como princípio educativo, pesquisa como princípio pedagógico, integração entre trabalho, ciência, cultura e tecnologia e indissociabilidade entre ensino, pesquisa e extensão têm sido apropriados pela política neoliberal, relacionando-os à construção de competências profissionais e à aplicação no mercado produtivo. A vinculação da proposta pedagógica aos Projetos de Vida, atribuindo a estes o desenvolvimento do protagonismo juvenil, limita os jovens da classe mais empobrecida a uma realidade em que o projeto de vida é a necessidade de trabalho imediato, e não o domínio de todo o conhecimento e cultura produzidos pela humanidade, em compreender profundamente a realidade social que os cerca, por meio de, também, domínio profundo de um conhecimento específico, pois este também é parte da formação humana, mas não somente, e relacioná-lo a outras áreas, compreendendo a totalidade social, a correlação de forças, de modo que pode levá-los a questionar a lógica do mercado.

Essa força reacionária alimenta e é alimentada pela sociedade atual, que tem nos valores conservacionistas e neoliberais a base para a educação da "família tradicional brasileira". De modo que tem ganhado força movimentos como "Escola sem Partido" e "anti-ideologia de gênero" nas escolas.

> Esse movimento reacionário tem nos afetado muito como instituição, tem afetado o curso, especialmente pelo ambiente que nós estamos inseridos. Há 10 anos atrás não se questionava tanto o que se vai ensinar como hoje em dia. Isso tem nos afetado. Se você fizesse uma pesquisa em Sorriso e perguntasse se gostariam que o IFMT se transformasse em uma escola militar, o resultado surpreenderia. Então, não estamos na moda, não estamos em alta, estamos sofrendo com esse movimento. Quando eu participo de reuniões no município, representando a instituição, percebo o destaque dado à escola militar implantada no município em detrimento do IFMT, das escolas estaduais e municipais. [...] tem um anseio aqui por esse tradicionalismo. [...] Tem termos que abordamos que a sociedade simplesmente não aceita, tipo "como vocês têm uma comissão de gênero lá dentro?". Se você fizer uma pesquisa pública aqui no município de Sorriso, com as pessoas, vai ser uma surpresa, a maior parte das pessoas vai achar um absurdo, sendo que nem sabe o que é discutido. [...] Um exemplo: O cabelereiro que corta meu cabelo disse que não colocou o filho para estudar no IF, apesar de saber que tem um ensino de qualidade, porque diz ele que "tem muito homossexual". É uma ideia que está muito arraigada na sociedade sorrisense e que nos afeta, deixa os profissionais meio assustados e inseguros, tentando processar isso e até tentando não sofrer tanto com essa situação que estamos passando. Nós sabemos o que ensinar e como trabalhar, mas será que é isso mesmo que a sociedade hoje quer que a gente ensine? Ou será que as concepções da sociedade mudaram? E mudando as concepções de uma sociedade aquilo que se ensina precisa ser mudado, repensado para atender a essa sociedade? (DOCENTE 4, GRUPO FOCAL SRS, 2020).

Isso é muito presente na realidade atual e tem levado educadores dos IFs a se questionar até quando é possível resistir.

> Há vários anos eu escrevi que ia chegar o momento que a sociedade ia fazer um movimento contrário a todo esse movimento de inserção que a escola estava fazendo na sociedade brasileira. E a sociedade brasileira conseguiu, de fato, nas últimas eleições, nas ações, nas novas legislações que estão vindo, no novo ensino médio, legislações ambientais e trabalhistas. O que a sociedade percebeu? Que esse movimento foi demais e está fazendo um contramovimento. Nós já estamos causando impacto, a sociedade já percebe que nós estamos causando impacto. Só que não sei quanto tempo demora para transformar a sociedade, para que essas pessoas com uma

> mentalidade diferenciada cheguem ao poder e que a sociedade seja transformada, porque a gente não está fazendo uma revolução. Não é do dia pra noite que isso vai acontecer. [...] Mas nós estamos sim promovendo uma transformação social, e nós somos parte desse movimento progressista na sociedade brasileira. Infelizmente pode demorar, até nós, classe de professores, conseguirmos chegar a fazer a diferença na sociedade, porque nós não temos o poder, nós temos algum reconhecimento social, mas não temos poder. Mas nós estamos tentando, os professores do curso se envolvem muito com as questões, com projetos e com trabalhos diferenciados em projetos. Há sim uma transformação, a gente mostra para o aluno a realidade crítica, e temos feito com sucesso esse papel, agora isso fazer efeito está além de nós (DOCENTE 5, GRUPO FOCAL SRS, 2020).

A resistência e a defesa do EMI na rede federal de educação são muito importantes para a permanência e o avanço dessa proposta também nas redes estaduais, as que concentram mais de 80% das matrículas de nível médio, assim como para o fortalecimento da concessão na sociedade como um todo.

> Na condição que nós estamos hoje, na condição que nos é dada, sem que a sociedade queira transformar, enquanto a sociedade clamar por tradicionalismo, enquanto a sociedade ainda achar que antigamente que era bom e que assim é que tem que ser, enquanto esse movimento reacionário permanecer a gente pode fazer menos do que a gente estava fazendo até 2010, quando começou essa onda reacionária. O que depende também de uma revolução social que não compete só a nós, e a escola não tem toda essa capacidade revolucionária que às vezes a teoria sonha. Temos o papel de inserção social e se essa inserção social se dá em um contexto da sociedade dividida em classes, como hoje, a gente acaba fazendo a inserção social dessa maneira, sem ter transformação social. Às vezes, deveria haver outros movimentos, além da escola, para a gente conseguir uma transformação que a nossa educação fizesse efeito. Como a gente está na dianteira das ações progressistas, a gente não vê muito resultado disso na prática, mas precisa continuar (DOCENTE 5, GRUPO FOCAL SRS, 2020).

> Concordo que a gente está na contramão dessa onda conservadora. [...] Mas eu acredito e defendo muito a instituição, o EMI, a maneira como a gente trabalha, apesar de não estarmos na moda agora. Mas quem estuda a sociedade sabe que ela é cíclica, e eu acho que nós estamos passando por essa fase do conservadorismo, e nós

> *estamos sendo bastante questionados pela sociedade* (DOCENTE 4, GRUPO FOCAL SRS, 2020).

O Docente 4 mencionou a pesquisa de mestrado em Educação no *campus* Sorriso realizada por Silva (2020), sobre a efetivação do currículo integrado. Na época eram muitos os desafios, pois o *campus* ainda estava em fase de implantação, sem sede própria e com alta rotação no quadro docente, algo que interfere muito na continuidade de uma proposta. O Docente afirma que:

> *[...] nós evoluímos muito nos últimos tempos, desde a sua pesquisa em 2016, a gente já avançou muito nesse sentido, a gente amadureceu. Na medida do possível a nossa equipe se estabilizou, não tem mais tanta rotatividade, as pessoas vão se conhecendo mais, se entrosando mais. Os projetos, as comissões, têm se tornado mais sólidos com o tempo, hoje é mais fácil se trabalhar porque já tem uma pré-programação que é desenvolvida e que vai se aprendendo no desenvolvimento, vai melhorando todos os painéis, comissões, projetos, iniciativas. Uma coisa é você começar, e outra coisa é você acompanhar o desenvolvimento por dois, quatro anos, garantindo uma melhora* (DOCENTE 4, GRUPO FOCAL SRS, 2020).

Alguns desafios permanecem, assim como a luta para superá-los. Silva (2020) apresenta desafios a serem superados na efetivação da proposta de EMI no IFMT, tais como: falta de identidade; fragilização nos processos de aprofundamento da base teórica que sustenta a integração, e dos princípios da escola unitária, da formação omnilateral e politécnica, por parte de educadores, alunos e comunidade; ausência de políticas públicas de financiamento, de infraestrutura e de formação político-pedagógica dos profissionais; e, em alguns casos, a reprodução acadêmica pequeno-burguesa das universidades.

Com base no Relatório da Autoavaliação Institucional realizada em 2018, o PDI 2019-2023 propôs metas para sanar as fragilidades diagnosticadas, as quais são destacadas por eixos:

- Política institucional para o ensino, pesquisa e extensão: considerando que o indicador de avaliação é o grau de impacto, o PDI estipula como metas aumentar o índice de concluintes nos cursos; reduzir a taxa de evasão e retenção; melhorar a qualificação profissional da população; melhorar o percentual de alunos inseridos no mercado de trabalho e em cursos superiores;

melhorar a qualidade do ensino; melhorar a articulação entre os cursos, no sentido de garantia de verticalização; consolidar a política de assistência estudantil nos diferentes níveis e modalidades; fomentar a pesquisa e a inovação tecnológica articuladas com o ensino e a extensão, por meio de aumento do percentual de projetos desenvolvidos; aumentar a articulação entre ensino, pesquisa e extensão; ampliar o quantitativo de bolsas e recursos para participação de discentes em projetos e eventos científicos; aumentar as parcerias realizadas com recursos aplicados no IFMT e sem recursos, para o desenvolvimento de atividades de ensino, pesquisa e extensão e ampliar a EaD no âmbito dos cursos e nos *campi*;

- A avaliação da responsabilidade social do IFMT tem como indicadores a transferência e o impacto das atividades científicas, técnicas e culturais para o desenvolvimento local, regional e nacional, atenção aos setores sociais excluídos, a defesa do meio ambiente, a memória cultural, a produção artística e o patrimônio cultural e ações voltadas para o desenvolvimento da democracia e promoção da cidadania. Nesse sentido, propõe como metas: melhorar o desenvolvimento de ações de sustentabilidade (economicamente viável, socialmente justa, ambientalmente correta); colaborar com o desenvolvimento tecnológico regional e sustentável, com projetos de extensão e de pesquisa aplicada;

- Políticas e pessoal: promover ações de assistência e de melhoria da qualidade de vida dos servidores no trabalho nas relações interpessoais e nas ações institucionais, justificadas pela avaliação de estrutura física inadequada, principalmente nos *campi* do interior, a exigência de alta carga de trabalho no ensino, na pesquisa e na extensão, em diversos cursos e modalidades, podendo ocasionar um esgotamento; ampliar a qualificação/capacitação e melhorar o percentual de docentes com titulação de doutorado;

- Infraestrutura: melhorar as condições das instalações, principalmente em *campi* do interior que não possuem sede definitiva, em acústica, luminosidade, ventilação, climatização, tamanho das salas e ergonomia do mobiliário, e não contam com espaços adequados para o desenvolvimento de atividades de esporte, lazer e cultura e área de convivência dos *campi*, pois sendo curso de período integral, muitos estudantes passam o dia no *campus* e precisam ter espaço para descanso e socialização nos intervalos, horário de almoço e finais de semana; disponibilizar e melhorar os serviços de internet oferecidos, assim como de utilização dos recursos tecnológicos e de multimídia, problema que se acentuou com a pandemia de Covid-19 e a necessidade de ensino remoto; melhorar a acessibilidade às pessoas com deficiência no ambiente escolar; melhorar as condições dos laboratórios específicos para área do curso e biblioteca.

O PPI (IFMT, 2019a) destaca, também, como grande desafio a necessidade de formação pedagógica dos servidores para atendimento e acompanhamento de um currículo integrado e da interdisciplinaridade, entendidos como necessários na concepção unitária de ser humano, que não podem desconectar disciplinas e conteúdos da missão primeira da instituição, que é educar para a vida e para o trabalho; devem traduzir as concepções e os valores de ser humano, de sociedade, de conhecimento, de ciência, tecnologia, técnica etc., defendidos pelo IFMT (IFMT, 2019).

A formação precisa ser repensada, a fim de que a construção do conhecimento não se limite aos arranjos produtivos locais e regionais, que assegure realmente a formação do ser humano integral, não conecte a formação da juventude do ensino médio à entrega de mão de obra ao mercado de trabalho, atuando assim como uma agência de empregos, mas que possibilite que o estudante se desenvolva enquanto ser social. A imposição capitalista por uma formação especializada, fragmentada e de atendimento imediato ao mercado é fortemente sentida nos currículos dos cursos:

> *A região aqui de Sorriso é específica para a gente analisar os conceitos de formação omnilateral, politécnica e unitária, pois a realidade aqui favorece uma especialização, uma distinção de classe entre proprietários e não proprietários, e até o bloco instalado aqui na região exige essa distinção de classe, que é contraditório ao modelo de educação, que tem como base conceitos marxistas e gramsciano. Nessa região fica difícil a gente dizer que nós vamos ter uma educação unitária, já que o discurso instalado é o discurso de que nós precisamos de especialistas e a grande queixa que existe na região é falta de, por vezes, especialistas* (DOCENTE 5, GRUPO FOCAL SRS, 2020).

A neutralidade está presente nos PPCs, ainda que o PPI se posicione no sentido de um planejamento rico em possibilidades, numa postura crítica, que "não se pretende neutro, democratização é a sua senha, a escola é o cenário e a educação é um ato político" (IFMT, 2019, p. 45). A neutralidade acaba por se tornar ferramenta de controle, de silenciamento do pensamento crítico, pois não se comprometendo com as causas das classes dominadas, das classes trabalhadoras, impede que os interesses dos dominados sejam abordados na escola, e acaba por se comprometer totalmente com a classe dominante.

> *Ao compreender uma classe dominante como dirigente das classes aliadas e como dominante das classes adversárias, Gramsci indica que as classes sociais chamadas de "dominadas" ou "subalternas" participam de uma concepção de mundo imposta pelas classes dominantes, de modo a compartilhar uma ideologia que não corresponde aos seus interesses e à sua função histórica específica. É através da produção e disseminação da ideologia da classe dominante que as classes subalternas, por meio de diferentes canais, organizações e agentes da cultura, como os meios de comunicação, a escola e os intelectuais, incorporam um sistema de representações sociais a partir dos quais os sujeitos concebem o mundo e organizam suas ações e relações* (MARTINS; MARTELETO, 2019, p. 13).

A hegemonia se faz pela orientação, pela direção que se é tomada e, por muitas vezes, é exercida em favor das classes dominantes, pela elaboração do consenso de crenças de que o agronegócio é o grande gerador de empregos, alimento e renda, determinando a dinâmica econômica, social, profissional e formativa. Assim, o capitalismo transfigurado de agronegócio não é só um sistema econômico de produção, mas um determinante das formas de vida e de cultura, e a escola é uma das portas de entrada para que essa hegemonia se instale, se propague e se consolide.

> *A necessidade de se construir a hegemonia de uma outra concepção de mundo na sociedade civil, para que o bloco que ocupe o poder não o exerça pela dominação, é uma lição que, nos parece, a história nos desafia a aprender. Buscar, então, compreender as diferentes determinações que nos conduziram até onde estamos é um imperativo ético-político* (RAMOS, 2008, p. 5545).

Nesse sentido, o PPI afirma que:

> A tarefa do educador é, antes de tudo, criar uma nova educação, pois ela foi a do colonizador, do opressor, de interesses de uma ordem colonialista, dominante. Foi no passado uma educação que confirmava a desigualdade do saber, da vida social. Portanto, torna-se fundamental uma nova educação, mostrando que a mesma é um trabalho político que estava escondido numa "missão pedagógica" e que agora aparece como missão política de libertação através do ensino, da educação (IFMT, 2019a, p. 52).

Para isso precisa-se traçar um caminho rumo à utopia que se quer alcançar, e:

> Isso requer uma opção clara de ser humano, de educação e sociedade; fixação de diretrizes: identidade, concepção de escola e de escola pública, definir qual a qualidade desejada, ensino-aprendizagem, avaliação, currículo, trabalho e conhecimento. Trata-se do Marco Teórico ou Marco Referencial (IFMT, 2019a, p. 45).

Precisa se partir, em nível de organização institucional do IFMT, de um planejamento geral que leve em "[...] conta aspectos gerais da realidade atual orientado pela concepção de educação, a matriz formativa e os objetivos e conteúdos fixados [...]" (FREITAS, 2010, p. 168). Essa tarefa já está em desenvolvimento, pois o Projeto Pedagógico Institucional do IFMT se baseia na concepção de educação e trabalho como processo indissociável na formação de seres humanos completos e capazes de transformar a realidade em que vivem, e busca direcionar a prática pedagógica para que o trabalho como princípio educativo e a pesquisa como princípio pedagógico aconteçam. Embora ainda com muitas contradições e disputas por dentro do currículo dos cursos, principalmente do EMI como última etapa da educação básica, que precisam ser repensadas.

O princípio de tudo deve ser reconhecer a função social da escola no acesso e produção de conhecimentos científicos historicamente acumulados, conhecimentos que precisam se relacionar com a realidade de vida e de trabalho. Os estudantes precisam ter experiências de trabalho produtivo dentro e fora da escola. Essas experiências precisam contemplar trabalhos coletivos, cooperados e solidários e não podem se dar em um momento específico, e sim permear as atividades educativas.

Após essa fase, em cada *campus*, há que se atualizar o projeto pedagógico, definir uma metodologia/organização comum do *campus*, de acordo com a concepção de ser humano/sociedade/trabalho/meio ambiente/educação do IFMT, atualizar no que se refere à vida e à realidade do entorno, às lutas sociais e às suas principais contradições; às formas de organização dentro e fora da escola; às fontes educativas disponíveis — naturais, históricas, sociais e culturais —; às formas de trabalho socialmente necessários e produtivos — cuidados pessoais e com os outros, oficinas, laboratórios, núcleo/setores de produção.

Ainda nessa fase macro, uma queixa constante nos grupos de discussão foi quanto à carga horária extensa, com cerca de 18 disciplinas, o que dificulta a participação dos estudantes em outras atividades, como pesquisa e extensão. Para o Docente 13 do Grupo Focal GTA, *"O que poderia facilitar era diminuir a carga horária dessas matérias e abrir espaço para atividades que seriam multidisciplinares, projetos, alguma coisa, um período, uma tarde ou manhã".*

Em um nível micro, para que a proposta se efetive na prática diária, é necessário a disponibilização de tempo para o planejamento coletivo nos planos de trabalho docente, um trabalho conjunto de revisão das ementas das disciplinas, analisando conteúdos que podem integrar disciplinas/áreas. A partir daí, cada docente em sua disciplina planeja como desenvolvê-la para atingir os objetivos e finalidades do projeto de educação.

A escolha do currículo, ementa, conteúdos e temas a serem trabalhados é uma escolha política, e precisa estar de acordo com toda a concepção epistemológica e pedagógica defendida pela instituição. Na análise das ementas dos PPCs percebe-se que são de 12 a 13 componentes curriculares do Núcleo Comum e em média cinco componentes de Formação Profissional por ano. A carga horária considerada extensa prevê o mínimo de 2.400 horas para o Núcleo Comum e 1.200 horas para o Eixo Profissional no cômputo geral, e tem divisão equilibrada nos três anos do curso. No *campus* Sorriso todos os componentes curriculares do Núcleo Comum são ministrados em todos os anos do curso, a carga horária é maior no 1.º ano, para se trabalhar os conteúdos básicos de Língua Portuguesa e Matemática, o 2.º concentra a maior carga horária de Formação Profissional e o 3.º ano é o que apresenta menor carga horária total anual, devido à necessidade de dedicação ao Estágio Supervisionado obrigatório. Os componentes curriculares mais ameaçados na discussão para unificação do currículo em nível institucional do IFMT são do Núcleo Comum, principalmente da área de Ciências Humanas, como afirmam os participantes da pesquisa:

> *Em termos de currículo, houve um estudo para se fazer um currículo unificado para todos os campi, teve uma primeira proposta que foi para os campi para ser discutida, e o que parou essa proposta foi o encontro dos professores de filosofia e sociologia ocorrido em São Vicente. No debate, duas disciplinas que querem diminuir são Filosofia e Sociologia. Querem fazer reduções bem grandes nessas duas disciplinas. Não concordo. Inclusive, na proposta de integração, a sociologia seria muito importante para os estudantes, dialogando com extensão rural, dialogando com outras disciplinas, contribuindo. Hoje não há esse diálogo, não só aqui no campus São Vicente, mas no geral, em nível de IFMT (DOCENTE 3, GRUPO FOCAL SVC, 2020).*

> *[...] Tem uma certa disparidade de concepção das disciplinas chamadas de núcleo comum daquelas são da área técnica, então, frequentemente, a gente vê uma certa angústia dos professores, por exemplo: quando a gente teve a reformulação do PPC, quando a gente teve que reduzir a carga horária em algumas disciplinas técnicas, de sentir que talvez não dê conta de tudo aquilo que a gente desejasse que os estudantes fizessem. Por outro lado, existe uma certa angústia das disciplinas do núcleo comum, ao pensar que é preciso ofertar minimamente aquilo que a gente entende que esse aluno precisa saber, de acordo com a BNCC. Mas isso posto, tem uma outra questão, que é o atendimento não apenas ao mercado, mas a formação de um sujeito integral, e nessa perspectiva, pensando em educação, terra e trabalho. [...] Quando pensamos na perspectiva humana, as disciplinas de História, Sociologia, Filosofia, Geografia, Artes, Educação Física, são muito importantes no papel de caminhar nesse sentido da formação humana (DOCENTE 2, GRUPO FOCAL SVC, 2020).*

A distribuição da carga horária entre os componentes curriculares precisa ser discutida coletivamente, mas a partir do conhecimento dos conteúdos de cada um, relacionando o que é comum e o que é específico. Percebe-se ainda na Matriz que Arte só é ministrada em um ano no *campus* São Vicente, e que ainda teve um avanço no ganho de carga horária com relação à matriz antiga, de 2005, em que tinha apenas 34 horas e passou para 68 horas em 2016. Educação Física, Filosofia e Sociologia são ministradas nos três anos do curso nos três *campi* pesquisados. A Língua Estrangeira Espanhol nos *campi* São Vicente e Guarantã do Norte é ministrada em apenas um ano do curso.

A disputa por espaço no currículo acontece, segundo o Docente 3:

> *[...] às vezes, porque o professor quer a disciplina daquele jeito porque fez um doutorado com uma disciplina "X" e lá no ensino médio ele quer daquele jeito, com aquela carga horária, para fechar a carga horária dele, e também tem o outro lado que está abrindo mão da carga horária [...]* (DOCENTE 3, GRUPO FOCAL SVC, 2020).

O processo de unificação dos currículos precisa considerar contexto e os arranjos socioprodutivos de cada *campus*, assim como a realidade de cada curso, pois não há como padronizar um currículo do Núcleo Comum para todos os cursos e somente diversificar o Eixo Profissional, isso implicaria em cair novamente na dualidade de uma formação geral separada de uma formação específica. Para os docentes, esse processo, assim como a escolha de temas e o planejamento das aulas, precisa ser realizado coletivamente.

> *Porque tem muitas matérias que poderiam ser trabalhadas juntas, seria muito mais fácil o conhecimento. É o caso do conteúdo de solos em Geografia e solos na Produção. Muitas vezes trabalhamos o mesmo tópico de maneiras diferentes. Unir disciplinar afins, que aparentemente podem não ser afins, como a matéria que trabalha com área, unir com matemática, com física, seria um ganho no ensino. Menos tempo focado na matéria e unir o conhecimento* (DOCENTE 13, GRUPO FOCAL GTA, 2020).

> *Precisamos nos unir, os professores, e tentar montar coisas mais próximas, preparar aula junto com outras disciplinas. O que falta é um pouco mais de criatividade e de integração, pois há muitos conteúdos que estão sobrepostos, só que cada um está no seu canto, falando do seu canto e isso para o aluno é ruim* (DOCENTE 3, GRUPO FOCAL SVC, 2020).

Procuramos realizar uma análise das ementas dos três *campi*, no sentido de verificar as possibilidades de integração e abordagem do trabalho, da ciência, da cultura, tendo como centralidade a questão da terra como fator de produção e reprodução da vida. No geral, unificando o currículo, percebemos a falta de entrosamento e de elaboração conjunta. Muitos conteúdos-chave são trabalhados isoladamente em um componente curricular, outros são trabalhados em vários componentes sem que esses conversem entre si, outros precisam ser redistribuídos para melhor integrar entre disciplinas e áreas do conhecimento e entre teoria e prática e alguns foram esquecidos e pormenorizados. Nesse sentido, fizemos o compilado no Quadro 6 com assuntos/conteúdos que mais apresentam relação interdisciplinar, tendo por base o modelo do sistema de complexos Krupskaya (2017).

Quadro 6 – Relação interdisciplinar de conteúdos dos eixos Terra, Trabalho, Conhecimento e Cultura

Condições naturais da região	Atividade de trabalho da população local	Sociedade	Assunto/conteúdo nas Ementas do Curso	Relação interdisciplinar	Atividade prática/ produção
Ocupação do espaço. Características da superfície. Composição do solo. Limites. Rios, córregos, lagoas. Tempo. Clima. Relevo.	Distribuição das terras. Condições de trabalho da região: Trabalho agrícola como base para a população da região. Instrumentos agrícolas, meios de produção.	A divisão da terra. A população da região. A história da região: colonização; povos e comunidades tradicionais. Nível de desenvolvimento socioeconômico e ambiental da região (desigualdade social).	Origem da humanidade – múltiplas civilizações/culturas. Origem do povo brasileiro.	História/ Geografia/ Filosofia/ Sociologia/ Língua Portuguesa e Literatura/ Arte	Participação em projetos de pesquisa e extensão. Atividades práticas nas unidades educativas de produção/ prática de trabalho orientada.
Vegetação natural local (flores, grama, floresta, árvores frutíferas). Fauna da região. Cultivos da região. Criação de animais da região.	Trabalho assalariado da região. Outros trabalhos, artesanatos comuns da região. A divisão do trabalho por sexo e idade. Tempo de trabalho e tempo de lazer. Condição da criação de animais da região.	Educação, cultura e desenvolvimento científico da região. Desenvolvimento agronegócio. O impacto na região – economia, natureza, saúde. Produtores de pequenas propriedades e assentamentos.	Colonização – expropriação/ escravização. Transformações políticas, econômicas, socioculturais, na vida e nas relações de trabalho. Revolução francesa – Direitos Humanos, Liberalismos. Revolução Industrial – Desenvolvimento e modernização da agricultura.	Geografia/ História/ Sociologia/ Gestão Ambiental/ Solos/ Agricultura/ Zootecnia	Orientação aos produtores locais. Visitas técnicas orientadas. Experimentos em laboratórios e oficinas. Coleta de dados estatísticos.
				Língua Portuguesa e Literatura/ Arte/ História/ Sociologia/ Educação Física/ Língua Estrangeira	
				Sociologia/ Filosofia/ Legislação ambiental e do trabalho	Compilação de toda espécie de descrições (natureza, trabalho, vida e outras).

Condições naturais da região	Atividade de trabalho da população local	Sociedade	Assunto/conteúdo nas Ementas do Curso	Relação interdisciplinar	Atividade prática/produção
	Produção, distribuição e processamento de alimentos. Orçamento da economia camponesa. Produção da região (economia, ciência e cultura).	Movimentos Sociais e entidades organizativas e sindicais. Saúde e qualidade de vida.	Espaço geográfico – território, urbanização, êxodo rural, ruralidades	Sociologia/ Filosofia/ Legislação ambiental e do trabalho	Cálculos; elaboração de tabelas e gráficos. Moldagem. Configuração e resolução de problemas. Recuperação de fontes históricas, jornais, artigos de revistas, artigos sobre artes e poemas de antologias e outros livros. Levantamento histórico da cultura local, regional e nacional. Apresentação de trabalhos científicos e culturais. Monitorias e estudo dirigido.
			Desenvolvimento sustentável – aquecimento global, desmatamento, escassez e poluição do solo e da água.	Sociologia/ Filosofia/ História	
				Biologia/ Educação Física	
			A agricultura, a pecuária e os sistemas agrários de produção.	Matemática/ Gestão e Economia Rural	
			O rural e o urbano.	Matemática/ Solos/ Agricultura/ Informática/ Geografia/ Desenho Técnico e Topografia	
				Física/ Química/ Biologia/ Irrigação e drenagem/ Solos/ Agricultura/ Mecanização	

TERRA, TRABALHO E EDUCAÇÃO: DIMENSÕES PARA UMA FORMAÇÃO INTEGRAL E POLITÉCNICA

		Assunto/conteúdo nas Ementas do Curso	Relação interdisciplinar	Atividade prática/ produção
	Sociedade	Contribuição e aspectos da cultura afro-brasileira, africana, indígena e regional.	Física/ Química/ Biologia/ Processamento de alimentos/ Agroindústria	Auto-organização em agremiações estudantil, órgãos e entidades representativas e participação em movimentos e/ou atividades sociais. Produções: teatro e expressão corporal; produções literárias (poesia, conto, crônica, fábula, lenda, trova, repente, rap); música; dança; lutas; capoeira; produção audiovisual (cinema/ documentário, fotografia); artes plásticas; jogos e brincadeiras da cultura popular; ginástica rítmica e laboral;
		Comunidades tradicionais – história oral/ história de vida. Domínio da expressão corporal.	Física/ Máquinas e Mecanização	
		Trabalho e cultura Dinâmica Social: relações de poder, de classe, instituições e movimentos sociais.	Biologia/ Zootecnia	
		Trabalho, ideologia, cultura e alienação.	Informática/ Agricultura/ Zootecnia	
		Sociologia rural – interface com a modernização. Relação com a natureza.	Iniciação Científica/ Informática/ Língua Portuguesa	
Atividade de trabalho da população local				
Condições naturais da região				

313

Condições naturais da região	Atividade de trabalho da população local	Sociedade	Assunto/conteúdo nas Ementas do Curso	Relação interdisciplinar	Atividade prática/ produção
			Indústria cultural. Ideologia.	Iniciação Científica/ Extensão Rural e todas as disciplinas	propaganda; anúncio/ classificado; entrevista; notícia; biografia; abaixo assinado; artigos de opinião; manifesto; artigos científicos; jogos individuais e coletivos nas diversas culturas; debate; entre outras
			Saúde: nutrição; transtornos alimentares.		
			Matemática financeira.	Agricultura/ Zootecnia/ Legislação Ambiental e do trabalho	
			Medidas. Geometria.		
			Propriedades físico-químico-biológicas do solo e da água – textura, permeabilidade, fluxo de água, ar e calor, nutrientes, condutividade elétrica, matéria orgânica e inorgânica, microrganismos vivos (vegetais e animais).	Sociologia/ Legislação e Políticas Agrícolas e Ambientais/ Legislação Ambiental e do trabalho/ Gestão e Economia Rural/ Extensão Rural/ Agroindústria/ Agricultura/ Zootecnia/	
			Fertilizantes químicos, orgânicos e organominerais.		

Condições naturais da região	Atividade de trabalho da população local	Sociedade	Assunto/conteúdo nas Ementas do Curso	Relação interdisciplinar	Atividade prática/ produção
			Análise físico-química dos alimentos. Segurança e soberania alimentar. Microbiologia de alimentos	Sociologia/ Libras/	
				Sociologia/ Filosofia/ História/ Geografia/ Extensão Rural	
			Eletromecânica.	Sociologia/ Geografia/ Gestão e Economia Rural	
			Ecologia. Reprodução. Genética. Melhoramento genético. Transgenia.	Todas as disciplinas	
			Aplicativos agropecuários.		

Condições naturais da região	Atividade de trabalho da população local	Sociedade	Assunto/conteúdo nas Ementas do Curso	Relação interdisciplinar	Atividade prática/produção
			Trabalhos científicos. Projetos. Curriculum Lattes. Periódicos científicos. Resumos e resenhas. Relatório de visita técnica. Relatório de estágio.		
			A pesquisa como forma de conhecer e solucionar problemas – devolutiva social. Preparação para a pesquisa – experimentação, observação e análise.		

Condições naturais da região	Atividade de trabalho da população local	Sociedade	Assunto/conteúdo nas Ementas do Curso	Relação interdisciplinar	Atividade prática/produção
			Ambiente agrícola e pecuarista – história, divisão da agricultura (acesso, posse e uso da terra). Grandes propriedades – agronegócio e agricultura família. Importância dos produtores de pequenas propriedades para a produção de alimentos. Saberes e culturas tradicionais. Produção convencional, orgânica e agroecológica. Sistemas Agroflorestais (SAFs) – integração lavoura, pecuária e floresta.		

Condições naturais da região	Atividade de trabalho da população local	Sociedade	Assunto/conteúdo nas Ementas do Curso	Relação interdisciplinar	Atividade prática/produção
			Áreas de proteção e conservação. Política Nacional do Meio Ambiente. Equipamentos de Proteção Individual (EPIs).		
			Auto-organização. Cooperativismo. Associativismo. Economia Solidária. Autogestão. Assembleia. Programas governamentais. Direito trabalhista e previdenciário. O profissional técnico em agropecuária – Conselho profissional e sindicato da categoria.		

Condições naturais da região	Atividade de trabalho da população local	Sociedade	Assunto/conteúdo nas Ementas do Curso	Relação interdisciplinar	Atividade prática/produção
			Estatuto da juventude – juventude do campo e da cidade como grupos sociais. Inclusão de jovens, mulheres, idosos e Pessoas com Deficiência no mundo do trabalho. Língua Brasileira de Sinais.		
			Manifestações coletivas contemporâneas. Política – poder, cidadania e democracia. Organização política – partidos, sindicatos e movimentos sociais. Diversidade social, cultural, de gênero, racial e religiosa. Desigualdade social.		

Condições naturais da região	Atividade de trabalho da população local	Sociedade	Assunto/conteúdo nas Ementas do Curso	Relação interdisciplinar	Atividade prática/produção
			Desenvolvimento das comunidades rurais.		
			Comércio exterior. Problemas energéticos e logística.		
			Sustentabilidade socioambiental.		

Fonte: elaborado pela autora a partir das ementas dos PPCs do EMI ao Técnico em Agropecuária e com base no modelo do sistema de complexos (KRUPSKAYA, 2017, p. 340)

É importante frisar que todos os conteúdos/assuntos desse compilado estão nas ementas, mas não contemplam a totalidade de conteúdos das ementas, e nem significa que todos estão presentes em todos os PPCs. Algumas temáticas são mais evidenciadas em um PPCs do que em outros. O que se pretende é que as relações entre terra, trabalho, conhecimento e cultura sejam os eixos centrais da formulação e da integração do currículo. Conteúdo como "A questão agrária: acesso, posse e uso da terra" foi inserido pela autora como essencial para a discussão no curso e que pode suscitar outras temáticas.

A disciplina Língua Brasileiras de Sinais (Libras) é uma importante ferramenta de inclusão, assim com a presença de profissional tradutor e intérprete de Libras que o IFMT tem disponível para acompanhamento de estudantes com deficiência auditiva. No entanto, apesar de ser obrigatória a oferta, ela era oferecida fora da Matriz Curricular como disciplina optativa para os estudantes, o que faz com que a disciplina raramente seja ofertada, o que a instituição procura remediar com cursos de extensão abertos a toda a comunidade. As ementas abordam desde a aprendizagem da língua em si às temáticas de inclusão e cultura surda.

Extensão Rural, disciplina que mais se aproxima das comunidades rurais e dos produtores de pequenas propriedades, com temas de desenvolvimento dessas comunidades, como cooperativismo, associativismo, autogestão, economia solidária, programas governamentais, só é trabalhada ao final do curso, no 3.º ano, quando os estudantes, geralmente, já escolheram os seus locais de estágio. Sendo que no *campus* Avançado Guarantã do Norte, município com maior proporcionalidade de produtores de pequenas propriedades, não consta na Matriz Curricular.

Algumas disciplinas possuem nomes diferentes, dando ênfase no foco da região, como é o caso de: Gestão Ambiental no *campus* Sorriso, Legislação e Políticas Agrícolas e Ambientais no *campus* Avançado Guarantã do Norte e Legislação Ambiental e do Trabalho no *campus* São Vicente; Administração e Economia Rural em Sorriso, Gestão e Economia Rural em Guarantã do Norte e Gestão Agropecuária em São Vicente. Algumas disciplinas concentram ramos como Agricultura I, II e III — que trabalham Olericultura, Cultura Anuais ou Grandes Culturas, Fruticultura, Silvicultura, Culturas Perenes — e Zootecnia I, II e III — que trabalham Avicultura, Piscicultura, Ovinocultura, Caprinocultura e Bovinocultura. As nomenclaturas de outras disciplinas possuem algumas diferenças, mas as ementas tratam dos mesmos assuntos e temáticas. Mas, no geral, para haver uma unificação do currículo, seria apropriado padronizar as nomenclaturas das disciplinas e nas ementas manter os conteúdos/assuntos do Quadro 4, que engloba as temáticas básicas e contempla as especificidades da região.

Seria necessário um trabalho coletivo entre os docentes de cada *campi* para analisar o currículo que já se tem, sistematizar, subtraindo ou acrescentando conteúdos, de acordo com a série e com a realidade local.

Freitas (2010) propõe um caminho metodológico que agrega a Pedagogia Histórico-Crítica (SAVIANI; DUARTE, 2012) à noção de complexo de estudo (PISTRAK, 2000; SHILGIN, 2013) e à Pedagogia do Movimento (CALDART, 2005, 2012; CAMINI, 2009).

Na Pedagogia Histórico-Crítica o ponto de partida para uma pedagogia revolucionária seria a prática social, enfatizando a importância do acesso ao conhecimento historicamente acumulado pela humanidade. Saviani e Duarte (2012) apontam para uma pedagogia socialista de inspiração marxista, que traz elementos do método da economia política de Marx, em sua concepção dialética da ciência, em um:

> [...] movimento que vai da síncrese ('a visão caótica do todo') à síntese ('uma rica totalidade de determinações e relações numerosas') pela mediação da análise ('as abstrações e determinações mais simples') constitui uma orientação segura para o processo de descoberta de novos conhecimentos (o método científico) como o processo de transmissão-assimilação de conhecimento (o método de ensino) (SAVIANI; DUARTE, 2012, p. 82).

Saviani e Duarte (2012, p. 82) agregam ainda os avanços de Gramsci, na categoria catarse, como passo final do método da pedagogia histórico-crítica, em que o "educando ascende à expressão elaborada da nova forma de entendimento da prática social", momento da "incorporação dos instrumentos culturais, transformados, pela mediação do trabalho pedagógico, em elementos ativos de transformação social".

Para Freitas, não se pode tomar um método, uma proposta pedagógica, sem os princípios que a fundamentam. Assim, apresenta a concepção curricular do complexo[29], de Pistrak (2000, p. 67), como possibilidade de reorganização dos tempos e espaços da escola e avaliação, como um pro-

---

[29] Na carta metodológica que apresenta a noção de complexo aos professores do sistema educacional da União Soviética (NarKomPros, 1924) pode-se ler: "Por complexo deve-se entender a complexidade concreta dos fenômenos, tomada da realidade e unificados ao redor de um determinado tema ou ideia central". A complexidade concreta dos fenômenos apreendida da realidade remete à vida, e esta à questão do trabalho: "Deste ponto de vista o trabalho é a base da vida. [...] Disso segue-se que a atividade de trabalho das pessoas está no centro do estudo" (FREITAS, 2009, p. 36).

cesso, a serviço de "novas relações entre pessoas e entre pessoas e coisas", colocando o trabalho como centro do ensino, pois segundo o autor, "O trabalho é o foco articulador das relações das crianças, tanto com a vida social quanto com a natureza" (PISTRAK, 2000, p. 64).

Pistrak (2000), ao pensar a educação do trabalhador sob os princípios marxistas, coloca no centro de sua elaboração teórica o problema da escolha e da organização dos conteúdos de ensino, bem como de sua respectiva abordagem didática, ou seja, a questão pedagógica é essencial a qualquer proposta educacional que pretenda materializar-se. Pistrak defende que a proposta educacional da escola do trabalho adote o sistema do complexo, a auto-organização do trabalho coletivo e métodos pedagógicos vinculados ao trabalho.

Segundo Freitas (2009), o conceito articulador da implementação do currículo da escola na educação russa era o complexo de estudo, com base na atualidade e na auto-organização. "A proposta é que se estude a natureza e a sociedade, em conexão com o trabalho" (FREITAS, 2009, p. 36). Essa proposta de trabalho pretende romper com a visão dicotômica entre teoria e prática a partir do olhar do materialismo histórico-dialético. Freitas (2009, p. 72) ainda afirma que "a essência dos complexos, enquanto unidade curricular, está na sua capacidade de articular as bases da ciência, vale dizer, os conceitos das disciplinas, de forma dialética, através do trabalho, promovendo o seu diálogo com a prática social mais ampla".

O método, segundo Pistrak (2000, p. 134), tem por objetivo "ajudar o aluno a compreender a realidade atual", estudando os fenômenos e os objetos em relações recíprocas e a transformação de certos fenômenos em outros. A organização observa a seguinte ordem:

> [...] primeiro a escolha do objeto do complexo (tema do complexo) e a relação entre os complexos; segundo, a forma do ensino segundo o sistema dos complexos; terceiro a organização do trabalho das crianças para o estudo dos temas segundo o sistema dos complexos (PISTRAK, 2000, p. 134).

Na realidade histórica em que a questão da terra, com toda a relação de trabalho, cultura e natureza, é fundamental no processo de formação humana do EMI ao Técnico em Agropecuária em Mato Grosso, os princípios de Educação do Campo dos movimentos sociais podem contribuir para dar sustentabilidade ao Projeto Político Pedagógico que contempla a realidade de quem vive e trabalha no campo e para o campo, como formação necessária a todos os jovens da cidade e do campo.

A Pedagogia do Movimento, nascida junto à concepção de Educação do Campo no seio dos movimentos sociais, sustenta-se nas matrizes formativas: pedagogia da luta social; pedagogia da cultura; pedagogia da história e pedagogia da terra. De modo que

> A Pedagogia do movimento reafirma, para o nosso tempo, a radicalidade da concepção de educação, pensando-a como um processo de formação humana que acontece no movimento da práxis: o ser humano se forma transformando-se ao transformar o mundo (CALDART, 2012, p. 546).

Portanto, é necessário que o projeto pedagógico contemple a relação humanidade e natureza e as transformações históricas no trabalho, na cultura e na ciência.

Para Machado (2010, p. 260), é imprescindível que estejam contidos nos programas e planos, "articuladamente, os objetivos, as disciplinas e as formas de trabalho social sobre as quais a escola se debruçará, e que são importantes do ponto de vista social da comunidade que a integra". Sem isso,

> A escola não atingirá seu compromisso pedagógico social de promotora de desenvolvimento cultural simplesmente com o ensino intelectual, muito embora ele seja fundamental nesse processo. Essa função será cumprida [...] mediante as ações articuladas trabalho e ensino (MACHADO, 2010, p. 260).

Em complemento, Machado (2010, p. 95) afirma que a base do trabalho escolar deve ser o estudo do trabalho humano e a participação das crianças e jovens nas diversas modalidades de trabalho. Nesse sentido, "o desenvolvimento do ensino deve envolver formação intelectual e tecnológica e ser coerente com o método dialético de interpretação da realidade".

Um importante contributo para transformações no caminho que se almeja é a Especialização em Docência para a Educação Profissional e Tecnológica (EPT), ofertada pelo Programa Universidade Aberta do Brasil (UAB)/IFMT, e o mestrado em Educação Profissional e Tecnológica (EPT) ofertado pela rede federal/IFMT, que dão suporte, têm uma boa produção científica e aplicação na prática pedagógica de metodologias e ações com base na relação trabalho-educação. Mas há que se firmar a política de formação continuada para que o caminho seja construído e fortalecido dentro da escola, com quem faz e vida a educação.

A possibilidade de "travessia" mais direta é a consolidação da formação politécnica e omnilateral que, mesmo com tropeços, dá sustentação à proposta de EMI. Os IFs são espaços privilegiados, porque constituem o germe de uma nova forma de organizar a educação, dado que elas possuem infraestrutura que possibilita a relação teoria-prática, formação-produção. Isso é um ponto de partida para pensarmos a educação sob uma outra perspectiva, a da transformação social.

CONSIDERAÇÕES FINAIS

Os estudos apresentados neste livro suscitam alguns questionamentos: é possível, em uma sociedade de classes, em um país com uma economia predatória, de base agroexportadora, com ênfase no agronegócio e no modelo de desenvolvimento agrário baseado nas comodities e na acumulação primitiva do capital (MARX, 2013), que tem como modelo a formação tecnicista, a "travessia" para uma formação omnilateral, politécnica e unitária? Qual é a realidade no âmbito do Instituto Federal de Educação de Mato Grosso? Quais as mediações? Quais as contradições? Quais as possibilidades transformadoras?

Para responder a essas inquietações as análises buscaram inter-relacionar o estudo teórico, documental e em interação com sujeitos que efetivam as propostas pedagógicas no "chão da escola" a partir dos eixos Terra, Trabalho e Educação, destacando as contradições e as possibilidades de "travessia" para a formação omnilateral, politécnica e unitária.

Por meio da historicização da questão agrária no país e, especialmente, no estado de Mato Grosso, onde o IFMT está localizado, considerando a relação Terra, Trabalho e Educação, foi possível inferir sobre as tensões, disputas e contradições no processo de implantação dos *campi* pesquisados, na escolha e oferta do curso e na elaboração dos PPCs e currículo do curso, assim como na prática do ensino, da pesquisa e da extensão.

A relação extrativista, exploratória e expropriativa com a terra no estado de Mato Grosso tem origem no processo de colonização do Brasil e de ocupação e distribuição, apropriação e posse da terra. Um processo que foi e é violento, de expulsão, dizimação de povos de comunidades tradicionais; um processo excludente, de um país que saiu da escravidão sem dar condições de trabalhadores da terra pudessem dela ter parte; um processo de hegemonização da terra de lucrar em detrimento da terra de viver, em que o agronegócio detém a concentração e o controle da produção, meios e instrumentos de produção, distribuição, circulação e consumo, disputa do controle também na política, na comunicação, na educação, na pesquisa e na tecnologia e requer muitos trabalhadores sem formação para o trabalho simples, alguns trabalhadores com formação técnica de competências voltadas para esse modelo produtivo e pouquíssimos trabalhadores especializados. Ou seja, esse modelo "continua recriando a barbárie no campo brasileiro, caracterizada pela violência, pela criminalização dos movimentos sociais e pelo agravamento das condições de trabalho" (STÉDILE, 2013, p. 15).

Em contraposição a esse modelo há a luta de comunidades e povos para permanecer na terra onde sempre viveram, para retornar à terra que lhes foi arrancada e para se manter na terra que lutaram para conseguirem ser assentados. Essa luta abarca exigir a visibilidade do Estado e das políticas públicas pela distribuição de terra e das riquezas e pela reforma agrária popular; para produzir alimentos saudáveis sem veneno; pela conservação e recuperação da natureza; para que a organização da produção se dê a partir do trabalho associado/cooperado; e pela democratização do trabalho, da educação, da ciência e da tecnologia, que tenha na agroecologia a sua matriz de produção e que considere e valorize os saberes e as culturas tradicionais, mas que a eles seja agregado o conhecimento produzido e acumulado historicamente pela humanidade e, concomitantemente, por um outro projeto de sociedade. Mas ao mesmo tempo que se busca ampliar a produção orgânica e agroecológica, há que se pensar em curto prazo, reduzir os impactos do agronegócio na natureza, no trabalho e na vida das pessoas.

Portanto, a relação Terra, Trabalho e Educação vai além de uma integração curricular, é um modo de pensar a educação politécnica no sentido de que o domínio da ciência, da técnica e da tecnologia esteja em favor de que quem vive do trabalho, e nesse caso específico, dos trabalhadores do campo, e que elas sejam econômica, social, cultural e ambientalmente sustentáveis. A formação humana omnilateral é imprescindível para se pensar um mundo mais justo, solidário, que considere o ser humano em sua relação com a natureza e como parte dela, devendo com ela ser respeitado e preservado. Para que todos tenham acesso a essa sociedade e educação almejada ainda há um longo caminho a ser construído, com luta e resistência.

A função da escola na sociedade capitalista, em seus elementos teóricos, históricos e políticos, passados ao menos dois séculos de sua criação, continua dominantemente reproduzindo a dualidade educacional de uma educação minimamente sistematizada para formar a classe trabalhadora para ocupar os postos de produção e uma educação que vislumbra o ensino superior, voltada à produção científica e ao domínio de saberes e conhecimentos, de modo a capacitar as classes dominantes para o exercício do comando e do poder.

A predominância agropecuária no estado de Mato Grosso, com realçadas contradições, estabelece-se como ponto determinante de posicionamento político da instituição, que se assume em processo de construção de sua identidade, como formadora da classe trabalhadora, com o compromisso de atenuar as desigualdades, preparar para o trabalho, para prosseguir nos estudos e para o exercício da cidadania, a partir da integração entre formação geral e formação profissional.

O que se pode esperar, ou como intervir, quando tudo o que se pode ver, até onde a visão alcança, por mais de 300 km, é a paisagem da Figura 12 associada com o resultado na Figura 13, e quando tudo o que se ouve e vê na mídia é sobre o impacto que essa imagem gera na economia e no sustento do Brasil?

Figura 12 – Imagem aérea Fazenda Santa Maria em Sorriso/MT

Fonte: GMS Agronegócio (2020)

Figura 13 – Tráfego na rodovia BR-163 na colheita da soja em Mato Grosso

Fonte: G1 – Mato Grosso (2017)

Na Figura 12 vemos a fotografia aérea de uma fazenda de monocultura, que se assemelha a tantas outras no estado de Mato Grosso, em que a área de produção se estende por toda a planície, reservando-se a um pequeno corredor verde ao redor dos rios. Somando-se a fotografia da rodovia BR-163, na Figura 13, em que retrata o fluxo intenso no tráfego no escoamento da produção de soja durante a colheita, formam a imagem de produtividade, de progresso e de desenvolvimento na região.

Sendo assim, entende-se que a concepção de mundo, de natureza, de trabalho, de ciência e de humanidade dos sujeitos está intimamente ligada à realidade dos sujeitos; à consciência ideológica e cultural, produto de diversas relações sociais, que têm no agronegócio o modelo hegemônico; às condições dadas numa sociedade de capitalismo dependente; e à dualidade educacional, que tenta impor uma formação mutilada, fragmentada, de interesse do modo de produção capitalista.

Na Figura 14, observa-se uma fotografia da entrada da capital de Mato Grosso, Cuiabá, local que tem uma grande concentração de pessoas em situação de rua, que cotidianamente pedem ajuda, sintetizando como a riqueza do agronegócio no estado não é para todos e como a desigualdade na distribuição de renda, de terra e das riquezas é escondida para sustentar a lógica hegemônica de que "Agro é tech, agro é pop, agro é tudo".

Figura 14 – Foto da entrada da capital de Mato Grosso, Cuiabá

Fonte: foto de Rogério Florentino Pereira (OLHAR DIRETO, 2022)

Ao mesmo tempo que a forme assola o país, o agronegócio comemora um novo recorde de produção histórica de grãos e crescimento de 5,7% do volume produzido nessa safra (2020/21), comparado à anterior, com as exportações superando a barreira de US$ 100 bi pela 2.ª vez na história, isso às custas de isenções fiscais e redução de impostos, de aumento dos agrotóxicos aprovados para uso nas lavouras brasileiras, e deixar de empregar 949 mil trabalhadores no ano de safra recorde (CEDEFES, 2021).

Nesse cenário contraditório se encontra o IFMT, e mais especificamente o curso de EMI ao Técnico em Agropecuária, com uma disputa, por baixo, para adentrar no currículo outras formas de se produzir e reproduzir a existência humana. Desse modo, o curso vive a contradição entre "atender às necessidades de melhoria das condições de vida e ao mesmo tempo não firmar a hegemonia do agronegócio e do capital", assim como entre desenvolver conceitos de agroecologia, agricultura familiar e economia solidária em um contexto predominantemente de agronegócio (SILVA, 2020).

Trabalham no campo camponeses, trabalhadores assalariados, pequenos e médios produtores. Assim como frequentam o curso jovens de diversas origens, do campo, da cidade e da floresta, que têm como perspectiva trabalharem na área como técnicos, continuarem os estudos em nível superior na área ou em área afim, ou ainda frequentarem outro curso sem relação com a área específica. Há uma diversidade que o curso precisa contemplar, como educação básica ou como educação profissional. Mas sobretudo há que se incluir no debate a relação com a natureza, a relação com a terra, como fonte de vida, de trabalho, de cultura e de autopreservação enquanto parte da natureza e preservação para gerações futuras.

A disputa de espaço nas concepções, currículo e prática no IFMT, ainda que busque alternativas para driblar a hegemonia do agronegócio, seja por meio de amarrar nos documentos oficiais e editais compromissos com movimentos sociais, com a população do campo e com produtores de pequenas propriedades da agricultura familiar e agricultura camponesa, mantém na prática e até mesmo no PDI e nos PPCs uma adaptação ao modo de produção capitalista.

A exemplo disso, temos no *campus* São Vicente, talvez pela tradição de escola agrícola de formação de técnicos e por receber estudantes de várias regiões do estado e do país, mesmo situada em meio a assentamentos e pequenas produção, o currículo do curso reformulado de modo a contemplar a demanda do ser produtivo do agronegócio, ao mesmo tempo que alternativas de produção agroecológica têm despontado como na criação do Centro Vocacional Tecnológico de Agroecologia, seminários e debates acerca da questão agrária no estado.

No *campus* Sorriso, mesmo tendo uma pressão muito grande por parte da sociedade por ser a capital do agronegócio, o qual foi um dos responsáveis pela implantação do IFMT no município e pelo currículo ser adaptado a essa lógica, ainda há perspectivas contra-hegemônicas, seja com posicionamentos firmes de docentes por uma outra possibilidade para os estudantes da região, seja por meio de projetos de produção orgânica e agroecológica e em atendimento aos produtores de pequenas propriedades locais.

E no *campus* Avançado Guarantã do Norte, um município predominantemente de produtores de pequenas propriedades, o agronegócio tem avançado não só em área e modo de produção, em que mesmo os produtores de pequenas propriedades desejam implantar o "agronegocinho"[30], com redução das reservas, prática da monocultura, com sementes transgênicas e insumos químicos, e criação do gado de corte. Essa concepção vem avançando também no currículo e prática escolar, mas não sem resistência de alguns docentes que buscam trabalhar sob a perspectiva de sustentabilidade socioeconômica e ambiental.

A experiência das escolas do campo tem se mostrado uma proposta mais avançada de formação contra-hegemônica, pois está vinculada a um projeto de educação e um projeto de transformação social, a partir da luta política por terra, trabalho, educação e direitos, assim como com a organização social, produtiva, política e econômica de uma nova sociedade. A educação do campo e o EMI são diferentes, porém partem da mesma base: o trabalho como princípio educativo, a politecnia e a formação omnilateral. As diferenças são o plano organizativo e não no plano conceitual, e isso não impede o diálogo, a defesa e o fortalecimento de ambas.

Os IFs, principalmente de regiões interioranas, têm avançado na perspectiva de uma formação politécnica, omnilateral para uma diversidade de jovens adultos do campo, da cidade, da periferia, das comunidades quilombolas, indígenas, ribeirinhas. De modo que, mesmo aqueles estudantes que entram somente em busca de passar na universidade, estudantes provenientes de escolas privadas, mesmo que não atuem profissionalmente na área ou que optem por cursos superiores afins, têm acesso ao princípio

---

[30] Modelo em que agricultura familiar utiliza um padrão tecnológico próximo ao do agronegócio e que a única diferença entre os dois modelos seria a escala de produção.

educativo do trabalho. Assim como os que entram sem perspectiva de ir para um curso superior, pois a realidade não permite, e somente desejam obter conhecimento prático, acrescentam conhecimentos científicos, têm acesso à pesquisa como princípio pedagógico, à cultura produzida historicamente pela humanidade, que lhes abrem oportunidades de vislumbrarem outros horizontes.

O ensino do IFMT é reconhecido pela sociedade mato-grossense como de qualidade, por essa razão a busca pela formação no ensino médio nos *campi* tem sido mais em decorrência dessa qualidade do que na formação técnica, assim como nos municípios em que os *campi* estão instalados o IFMT é a escola pública, e por vezes entre públicas e privadas em municípios mais interioranos, com melhor desempenho nas avaliações externas e entrada nas universidades. Esse fato demonstra que, mesmo que o interesse da formação integral não seja o resultado em avaliações, isso possibilita aos jovens outra realidade que não aquela da entrada imediata no mercado de trabalho.

A possibilidade de participar e/ou realizar projetos de ensino, pesquisa e extensão precisa ser ampliada como compromisso real da instituição, pois permite a efetivação do trabalho como princípio educativo e da pesquisa como princípio pedagógico, abre horizontes na formação da juventude para aplicação da ciência, da teoria e para a prática social, firmando a categoria da politecnia como eixo central na formação do EMI dos IFs.

A arte, a cultura e a atividade física em meio à ameaça de corte nos currículos têm mostrado seu poder estético, articulador, crítico e de qualidade de vida na formação humana, omnilateral dos estudantes, no sentido de articular atividade laboral, científica e técnica com outras dimensões do ser humano, especialmente por ser um curso em horário integral, com carga horária extensa e, principalmente, no momento crítico da pandemia de Covid-19 vivido em 2020. Assim como a área de Ciências Humanas tem possibilitado outras visões e concepções da realidade, que não a puramente técnica, fazendo relação entre ciência, trabalho e cultura, há áreas que não podem ser vistas como empecilho numa proposta de formação humana e, por isso, precisam ser preservadas e encaradas como essenciais à formação de seres humanos completos.

Um fator positivo são as formações de pós-graduação *lato sensu*, a especialização em Docência para a Educação Profissional e Tecnológica (EPT) que é ofertada pelo Programa Universidade Aberta do Brasil (UAB), e *strictu sensu*, mestrado da rede em Educação Profissional e Tecnológica

(ProfEPT), que dão maior suporte para uma formação crítica dos educadores do IFMT e uma grande produção científica sobre a prática pedagógica, buscando contemplar mudanças de posturas enraizadas no modelo tecnicista de educação profissional.

Muitos desafios ou percalços ainda se encontram no caminho, alguns de âmbito institucional e local e outros de contexto mais geral, da própria política educacional. No âmbito do IFMT e dos *campi* podemos destacar:

- A dificuldade e o estranhamento que os estudantes encontram no ingresso no EMI, por se depararem pela primeira vez com a vivência do trabalho como parte integrante do conhecimento científico, sem terem passado pela relação trabalho-educação no Ensino Fundamental;
- A dificuldade de se trabalhar o inverso da meritocracia, da competitividade e do individualismo, propagados pela sociedade do capital, como a solidariedade, a cooperação e a coletividade;
- A dificuldade na indissociabilidade entre o ensino, a pesquisa e a extensão, imbricados na prática social de transformação da realidade desigual;
- A neutralidade presente nas propostas e falas dos participantes pode firmar a hegemonia do capital, representado pelo agronegócio, pois a educação, como ato político e revolucionário, não é neutra; se não escolhe o lado dos trabalhadores, razão da existência da rede federal de educação, está optando pelo processo de acomodação e não de transformação da sociedade;
- A arte, a cultura e a atividade física para serem encaradas como um direito na formação omnilateral, como defende a proposta pedagógica da instituição, precisam ter reafirmada sua importância no currículo e na disponibilização de estrutura física, material e humana;
- A falta de uma política de formação pedagógica e continuada é uma fragilidade que precisa ser sanada, pois é uma forte estratégia para o avanço da proposta de integração, que não pode ser esporádica e aleatória, precisa estar direcionada à função social da instituição;
- O PPC e a prática cotidiana precisam ser realizados, acompanhados e avaliados coletivamente, buscando se integrar ao projeto institucional de educação e de sociedade, pois toda atividade requer um planejamento, mas sem um fim comum acaba por se perder;

- A formação politécnica, como domínio da ciência, da técnica e da tecnologia empregadas no trabalho, precisa estar vinculada à prática social no desenvolvimento de pesquisas e no retorno em tecnologias sociais por meio da extensão, no sentido de buscar a melhoria da qualidade de vida das pessoas;
- Nos PPCs e nas falas de parte dos sujeitos da pesquisa foi notada uma preocupação predominante com a formação para o trabalho produtivo, sobrepondo, por vezes, a formação humana, e para prosseguimento de estudos. Ressalta-se que na formação omnilateral uma não anula a outra, precisam caminhar juntas, sem sobreposição no currículo e na prática pedagógica; e
- A identidade dos IFs precisa ser construída e consolidada pela história, pela realidade, pelo compromisso social, pelo planejamento, e não deixar ser abalada por barganhas por recursos de programas datados.

Para garantir a função social da instituição no compromisso firmado no PPI com as comunidades, povos tradicionais, assentamentos, movimentos sociais, trabalhadores do campo e da cidade, precisa haver um direcionamento em nível institucional para que experiências de trabalhos coletivos, cooperados e solidários sejam priorizadas nas propostas pedagógicas dos cursos. Esse compromisso não pode se dar apenas em projetos esporádicos, mas como projeto de educação institucional, desde a instalação dos *campi*, da escolha, oferta de cursos, elaboração dos PPCs e currículo, orientando a prática pedagógica para atividades básicas de ensino, pesquisa e extensão em todas as áreas do conhecimento.

Na atualização dos PPCs, que estavam em vigor na data do estudo, era definida uma metodologia orientadora geral de organização do currículo de acordo com a concepção assumida pela instituição, a partir da realidade do entorno. A pedagogia histórico-crítica pode ser um contributo na vinculação com a prática social e por integrar a escola do trabalho da pedagogia socialista e a pedagogia do movimento da educação do campo.

As políticas educacionais, a contrarreforma do ensino médio, a nova Base Nacional Comum Curricular, as Diretrizes Curriculares Nacionais para o Ensino Médio, as Diretrizes Curriculares Nacionais Gerais para a Educação Profissional e Tecnológica ameaçam a proposta de formação humana omnilateral, politécnica, que tem o trabalho como princípio educativo, e o ensino médio como última etapa da educação básica, colocando-o ao dispor dos interesses do mercado.

Havia clara pressão pela adesão dos IFS à reforma do Ensino Médio, à BNCC e às "novas" Diretrizes Curriculares Nacionais para o Ensino Médio e Diretrizes Curriculares Nacionais para a Educação Profissional e Tecnológica. A fragmentação do currículo integrado em itinerários formativos destroça com a proposta de formação humana integral e com a concepção de EMI, "carro chefe" da educação dos IFs. Pois, além de dar "autonomia" para o estudante construir sua trajetória, independentemente de curso, ainda possibilita que possa fazê-lo em instituições distintas, com parceria público-privada, ou ainda com reconhecimento do "notório saber" das competências profissionais. Mesmo que seja na mesma instituição, ainda pode a formação geral não acontecer em todos os anos e a formação profissional acontecer após a formação geral básica, o que impacta diretamente sobre a educação dos IFs. O Decreto n.º 10.656/2021, que dispõe sobre o (Fundeb), acaba por pressionar ainda mais os IFS à adesão do conjunto da Reforma do Ensino Médio, atrelando o repasse de recursos à oferta de cursos concomitantes de educação profissional técnica de nível médio em convênio ou parceria e de cursos FIC.

Essas medidas tinham "endereço certo", como diz Frigotto, pois atacavam diretamente a educação ofertada pelos IFS, em um claro desprezo à expansão e à interiorização que levou a educação de qualidade a uma diversidade de jovens da periferia, da cidade, do campo, de comunidades indígenas, quilombolas, ribeirinhos, acampados, assentados, entre tantos outros.

O cronograma previsto para implantação da reforma do Ensino Médio não se concretizou, já que em 2022 completaria cinco anos para que a lei entrasse em vigor. Por isso a pressão no ano de 2021 se acirrou com imposição por meio da escolha do livro didático, já contemplando os itinerários formativos, pela reformulação das avaliações externas, em que especificamente o Enem estava previsto para ser realizado em duas etapas, contemplando a base comum e itinerários[31] e pelo que pesava nas redes estaduais: orçamento, pois o Governo Federal se comprometeu a financiar somente as ações pedagógicas que estivessem de acordo com a reforma. De modo que a resistência à implantação desse pacote político-ideológico educacional e a defesa do EMI representavam e representam não só a defesa de uma educação de qualidade e integral na rede federal, como também nas redes estaduais de ensino.

---

[31] Em 2023, devido a pressões populares, esse cronograma de implantação da reforma no Enem foi suspenso.

Com o avanço da proposição da Reforma do Ensino Médio em 2017, os IFs começaram a trabalhar em um documento em prol do fortalecimento do EMI na rede federal, com amplo debate nas edições do Seminário Nacional do Ensino Médio — evento organizado pelo FDE e realizado em Brasília. De modo que o documento "Diretrizes Indutoras para a oferta de cursos técnicos integrados ao ensino médio na Rede Federal de Educação Profissional, Científica e Tecnológica" foi construído pelo Fórum de Dirigentes de Ensino (FDE) do Conselho Nacional das Instituições da Rede Federal de Educação Profissional, Científica e Tecnológica (Conif), a partir de contribuições de todo o Brasil em setembro de 2018, e tem sido orientador para os debates na instituição.

A partir daí, o Conif se manifestou pela autonomia didático-pedagógica dos IFs; reiterando a identidade da educação profissional e tecnológica e da institucionalidade da rede federal no contexto das políticas educacionais nacionais e reafirmando conceitos fundantes da educação profissional e tecnológica definidas em normativas legais e documentos produzidos pela rede, que revelam claro posicionamento com relação à não adesão da rede à reforma, à BNCC, aos livros didáticos alinhados à BNCC em 2021 e, principalmente, em defesa da autonomia didático-pedagógica e do EMI como última etapa da educação básica, como formação integral, a partir dos eixos trabalho, ciência, tecnologia e cultura, garantidos na LDB 9394/96 e na CF/1988.

O IFMT também se mobilizou, na base, a partir do Sindicato Nacional dos Servidores Federais da Educação (Sinasefe), com assembleias e reuniões para se discutir os impactos desse pacote de reformas na instituição. Assim como em nível institucional, o reitor eleito para gestão 2021-2025, professor Julio César dos Santos, em seu Plano de Gestão, assumiu o compromisso na defesa do Ensino Médio Integrado, com base "no currículo politécnico, no princípio educativo do trabalho, e na formação integral com vistas à emancipação dos sujeitos". Em 2022 foi criada uma Comissão com ampla participação de todos os *campi* do IFMT para elaboração das Diretrizes da Educação Profissional Técnica Integrada do IFMT, com texto base indutor e documento normativo, de fortalecimento do Ensino Médio Integrado.

Concluindo, confirma-se a hipótese de que a proposta em construção no Ensino Médio Integrado ao Técnico em Agropecuária do IFMT é produto das contradições, da disputa por hegemonia entre a concepção socialista defendida pelos Movimentos Sociais do Campo, e a concepção tecnicista e utilitarista defendida por setores do agronegócio. Estão se construindo nos IFs possiblidades, caminhos, com muitos desafios, para uma formação politécnica, omnilateral e unitária. Possibilidades aqui vislumbradas em suas condições materiais de concretização: uma conquista da sociedade; a maior política de democratização do ensino de nível médio, técnico e tecnológico de qualidade; uma construção de um projeto de formação integral, para desenvolvimento crítico, criativo, científico, técnico e tecnológico, por dentro do sistema capitalista que, cada vez mais, pressiona para uma formação dependente das vontades do mercado; e, o mais importante, possibilidade real de jovens da classe trabalhadora alçarem níveis mais altos da educação e de trabalho.

As pressões pela adesão dos IFs à contrarreforma e à BNCC são uma tentativa de pôr fim a essa política que tem se mostrado cada vez mais sólida. A ameaça do empresariamento da educação busca transformar os IFs em cópias do Sistema "S"; mas esbarra na base institucional que tem se firmado na sua lei de criação, na autonomia pedagógica e administrativa, para não cederem à descaracterização da Rede Federal de Educação.

Para tanto, torna-se imprescindível juntar forças, organizar a base e as instâncias superiores, resistir, tomar posição e defender os IFs como projeto que indica elementos importantíssimos para construir, gradativamente, uma escola unitária, compreendida como aquela que garante a todos o direito ao conhecimento, que tenha por princípio a politecnia, de maneira a assegurar a integração entre trabalho, ciência, cultura e tecnologia e reafirme seu compromisso com os interesses da juventude da classe trabalhadora.

Este estudo, histórico-dialético, não esgota as análises, tendo em vista que trata de fatos ocorridos até o ano de 2021 e que após esse período o cenário de disputa política e social se intensificou no campo da educação e das políticas públicas, com pressão social, e algumas mudanças começam a ser percebidas. Logo, abre espaço para outras possibilidades de pesquisas, pois o tema apresenta rupturas e continuidades, disputas e contradições, e seus resultados podem ser alterados no curso da luta de classes.

REFERÊNCIAS

ABRASCO. Exposição a agrotóxicos em MT é quase 10 vezes maior do que média nacional. 2019a. Disponível em: https://www.abrasco.org.br/site/outras-noticias/saude-da-populacao/exposicao-ao-agrotoxico-em-mato-grosso-e-quase-10-vezes-maior-do-que-media-nacional/40362/. Acesso em: 30 abr. 2019.

ABRASCO. Agrotóxicos: MT é campeão em câncer e má formação. 2019b. Disponível em: https://abrasco.org.br/agrotoxicos-mt-e-campeao-em-cancer-infanto-juvenil-e-ma-formacao-fetal-alerta-wanderlei-pignati/ . Acesso em: 20 ago. 2020.

ABRASCO. Chuva de veneno expulsa agricultores familiares. 2019c. Disponível em: https://abrasco.org.br/chuva-de-veneno-expulsa-agricultores-familiares/. Acesso em: 28 ago. 2020.

AGAMBEN, Giorgio. **Meios sem fim**: notas sobre a política. Tradução de Davi Pessoa Carneiro. Belo Horizonte: Autêntica Editora, 2015.

ALGEBAILE, Eveline. Escola sem Partido: o que é, como age, para que serve. *In:* FRIGOTTO, Gaudêncio (org.). **Escola "sem" partido**: esfinge que ameaça a educação e a sociedade brasileira. Rio de Janeiro: UERJ: LPP, 2017.

ALTHUSSER, Louis. **Aparelhos ideológicos de estado**. 2. ed. Rio de Janeiro: Graal, 1985.

ANDRIONI, Ivonei. **Educação Profissional Integrada ao Ensino Médio no/do Campo em Mato Grosso**: limites e possibilidades. Dissertação (Mestrado em Educação) – Universidade do Estado de Mato Grosso, UNEMAT, Cáceres, 2016.

ANPED. GT Trabalho e Educação. **Nota de Repúdio às Novas Diretrizes Curriculares Nacionais para Educação Profissional e Tecnológica (DCNEPT – Resolução CNE/CP n.º 01-2021)**. Disponível em: https://anped.org.br/news/nota-de-repudio-novas-diretrizes-curriculares-nacionais-para-educacao-profissional-e. Acesso em: 1 maio 2021.

ANTUNES, Ricardo. **Dialética do trabalho**. São Paulo: Expressão Popular, 2013.

ANTUNES, Ricardo. A sociedade da terceirização total. **Revista da ABET**, [s. l.], v. 14, n. 1, p. 6-14, jan./jun. 2015.

ARROYO, Miguel Gonzalez; CALDART, Roseli Salete; MOLINA, Mônica Castagna (org.). **Por uma educação do campo**. Petrópolis: Vozes, 2011.

ATLAS BR – Atlas Brasil. **Sorriso**. 2010. Disponível em: http://www.atlasbrasil.org.br/2013/pt/perfil_m/sorriso_mt . Acesso em: 30 abr. 2021

BOITO JR., Armando. A natureza da crise política brasileira. **Le Monde Diplomatique** – Brasil, n. 104, mar. 2016. Disponível em: http://www.adunicamp.org.br/wp-content/uploads/2016/03/Le_Monde_Diplomatique_Brasil_2016_Reduzido.pdf. Acesso em: 1 jun. 2023.

BRASIL. **Constituição da República dos Estados Unidos do Brasil, de 16 de Julho de 1934**. Disponível em: http://www.planalto.gov.br/ccivil_03/constituicao/constituicao34.htm. Acesso em: 13 abr. 2021.

BRASIL. **Constituição da República dos Estados Unidos do Brasil, de 16 de Julho de 1946**. Disponível em: http://www.planalto.gov.br/ccivil_03/constituicao/constituicao46.htm. Acesso em: 13 abr. 2021.

BRASIL. Casa Civil. **Lei nº 4.504, de 30 de novembro de 1964.** Dispõe sobre o Estatuto da Terra, e dá outras providências. Disponível em: https://www.planalto.gov.br/ccivil_03/leis/l4504.htm. Acesso em: 12 jun. 2020.

BRASIL. Ministério da Educação e do Desporto. **Plano Decenal de Educação para Todos**. Brasília: MEC, 1993. Disponível em: http://www.dominiopublico.gov.br/download/texto/me001523.pdf. Acesso em: 3 set. 2020.

BRASIL. Casa Civil. **Constituição da República Federativa do Brasil de 1988**. Brasília, DF, 1988. Texto compilado. Disponível em: http://www.planalto.gov.br/ccivil_03/constituicao/constituicao.htm. Acesso em: 13 abr. 2021.

BRASIL. Ministério da Educação. **Documento Base da Educação Profissional Técnica de Nível Médio Integrada ao Ensino Médio**. Brasília: MEC/SETEC, nov. 2007.

BRASIL. Lei n.º 11.892, de 29 de dezembro de 2008. Institui a Rede Federal de Educação Profissional, Científica e Tecnológica, cria os Institutos Federais de Educação, Ciência e Tecnologia, e dá outras providências. **Diário Oficial [da] República Federativa do Brasil**, Poder Executivo, Brasília, 30 de dezembro de 2008. Disponível em: http://www.planalto.gov.br/ccivil_03/_ato2007-2010/2008/lei/l11892.htm. Acesso em: 14 ago. 2018.

BRASIL. Ministério da Educação. Secretaria de Educação Profissional e Tecnológica. **Documento Final**. Brasília, DF: MEC/SETEC, 2009.

BRASIL. Ministério da Educação. Secretaria de Educação Básica. **Currículo, seus sujeitos e o desafio da formação humana integral**. Caderno III. Curitiba: UFPR/Setor de Educação, 2013a.

BRASIL. Ministério da Educação. Secretaria de Educação Básica. Áreas de conhecimento e integração curricular. Caderno IV. Curitiba: UFPR/Setor de Educação, 2013b.

BRASIL. Ministério da Educação. Resolução n.º 3/2018. Atualiza as Diretrizes Curriculares Nacionais para o Ensino Médio (DCNEM). **Diário Oficial [da República Federativa do Brasil]**: seção 1, Brasília, DF, ed. 224, 22 nov. 2018a.

BRASIL. Ministério da Educação. Resolução n.º 4/2018, institui a Base Nacional Comum Curricular na Etapa do Ensino Médio (BNCC-EM). **Diário Oficial [da República Federativa do Brasil]**: seção 1, Brasília, DF, 31 jan. 2018b.

BRASIL. Ministério da Educação. Resolução CNE/CP n.º 1/2021. Define as Diretrizes Curriculares Nacionais Gerais para a Educação Profissional e Tecnológica (DCNEPT). **Diário Oficial [da República Federativa do Brasil]**: seção 1, Brasília, DF, 31 jan. 2021a.

BRASIL. Ministério da Educação. Decreto n.º 10.656/2021. Regulamenta a Lei n.º 14.113, de 25 de dezembro de 2020, que dispõe sobre o Fundo de Manutenção e Desenvolvimento da Educação Básica e de Valorização dos Profissionais da Educação. **Diário Oficial [da República Federativa do Brasil]**: seção 1, Brasília, DF, ed. 55, 23 mar. 2021b.

BRAVERMAN, Harry. **Trabalho e capital monopolista**: a gradação do trabalho no século XX. 3. ed. Rio de Janeiro: LTC, 1987.

CALDART, Roseli Salete. **Pedagogia do Movimento sem Terra**. 4. ed. São Paulo: Expressão Popular, 2012a.

CALDART, Roseli Salete. Pedagogia do movimento. *In:* CALDART, Roseli Salete; PEREIRA, Isabel Brasil; ALENTEJANO, Paulo; FRIGOTTO, Gaudêncio (org.). **Dicionário da Educação do Campo**. Rio de Janeiro: Escola Politécnica de Saúde Joaquim Venâncio; São Paulo: Expressão Popular, 2012b.

CALDART, Roseli Salete. Caminhos para a transformação da escola. *In:* CALDART, Roseli S.; STEDILE, Miguel H.; DAROS, Diana (org.). **Caminhos para a Transformação da Escola**. São Paulo: Expressão Popular, 2015.

CALDART, Roseli Salete. Caminhos para transformação da escola: pedagogia do MST e pedagogia socialista russa. *In:* CALDART, Roseli Salete. **Pedagogia socialista**: legado da revolução de 1917 e desafios atuais. São Paulo: Expressão Popular, 2017.

CALDART, Roseli Salete. Educação do Campo e Agroecologia: encontro necessário. *In*: SEMINÁRIO DE AGROECOLOGIA, 3.; SEMINÁRIO DE EDOC DO IFPE, 2., 2020, [s. l.]. **Anais** [...]. [S. l.]: IFPE, 2020. Disponível em: https://mst.org.br/download/educacao-do-campo-e-agroecologia-encontro-necessario/. Acesso em: 3 ago. 2021.

CALDART, Roseli Salete. Agroecologia nas Escolas de Educação Básica: fortalecendo a resistência ativa! *In*: ENCONTRO ESTADUAL DE EDUCADORAS E EDUCADORES DE ASSENTAMENTOS DE REFORMA AGRÁRIA DO MST, 8., 2019, Nova Santa Rita. **Anais** [...]. Nova Santa Rita: [s.n.], 2019. Disponível em: https://www.biodiversidadla.org/Documentos/Agroecologia-nas-Escolas-de-Educacao-Basica-fortalecendo-a-resistencia-ativa. Acesso em: 3 ago. 2021.

CALDART, Roseli Salete; VILLAS BÔAS, Rafael Litvin (org.). Apresentação. *In:* CALDART, Roseli Salete. **Pedagogia socialista**: legado da revolução de 1917 e desafios atuais. São Paulo: Expressão Popular, 2017.

CALIXTRE, André; FAGNANI, Eduardo. **A política social e os limites do experimento desenvolvimentista (2003-2014)**. Texto para Discussão. Unicamp. IE, Campinas, n. 295, maio 2017.

CAMINI, Isabela. **Escola itinerante na fronteira de uma nova escola**. São Paulo: Expressão Popular, 2009.

CAMPELLO, Tereza (coord.). **Faces da desigualdade no Brasil**: um olhar sobre os que ficam para trás. Brasília, DF: Faculdade Latino-Americana de Ciências Sócias: Conselho Latino-Americano de Ciências Sociais, 2017.

CAMPELLO, Tereza; GENTILI, Pablo. As múltiplas faces da desigualdade. *In:* CAMPELLO, Tereza (coord.). **Faces da desigualdade no Brasil**: um olhar sobre os que ficam para trás. Brasília, DF: Faculdade Latino-Americana de Ciências Sócias: Conselho Latino-Americano de Ciências Sociais, 2017.

CAMPOS, Mariana. PL da Invasão ameaça Terras Indígenas em Mato Grosso. **Greenpeace**, [s. l.], 2020. Disponível em: https://www.greenpeace.org/brasil/blog/pl-da-invasao-ameaca-terras-indigenas-em-mato-grosso/. Acesso em: 9 fev. 2021.

CARVALHO, Horácio Martins de. **O campesinato no século XXI**: possibilidades e condicionamentos do desenvolvimento do campesinato no Brasil. Petrópolis: Vozes, 2005.

CEDEFES – Centro de Documentação Eloy Ferreira Silva. Agronegócio comemora enquanto fome se agrava. 2021. Disponível em: https://www.cedefes.org.br/agronegocio-comemora-enquanto-fome-se-agrava/. Acesso em: 6 jun. 2021.

CHÃ, Ana Manuela. **Agronegócio e indústria cultural**: estratégias das empresas para a construção da hegemonia. São Paulo: Expressão Popular, 2018.

CIAVATTA, Maria. A formação integrada: a escola e o trabalho como lugares de memória e de identidade. *In:* FRIGOTTO, Gaudêncio; CIAVATTA, Maria; RAMOS, Marise Nogueira (org.). **Ensino médio integrado**: concepções e contradições. São Paulo: Cortez, 2005.

CIAVATTA, Maria. Apresentação: a vida de uma população tem como corpo a própria cidade. A memória do trabalho e da educação. *In:* CIAVATTA, Maria (coord.). **Memória e temporalidades do trabalho e da educação**. Rio de Janeiro: Lamparina: Faperj, 2007.

CIAVATTA, Maria. O conhecimento histórico e o problema teórico-metodológico das mediações. *In:* FRIGOTTO, Gaudêncio; CIAVATTA, Maria. **Teoria e educação no labirinto do capital**. 2. ed. São Paulo: Expressão Popular, 2014.

CIAVATTA, Maria. Como se escreve a história da educação profissional: caminhos para a historiografia. **Colóquio "A historiografia em Trabalho-Educação**: como se escreve a História da Educação Profissional". Niterói: UFF, 8-10 nov. 2017.

CIAVATTA, Maria; CAMPELLO Ana Margarida. Do discurso à imagem: Fragmentos da história fotográfica da reforma do Ensino Médio Técnico no CEFET Química. *In:* FRIGOTTO, Gaudêncio; CIAVATTA, Maria (org.). **A formação do cidadão produtivo**: a cultura de mercado no ensino médio técnico. Brasília: INEP, 2006.

CIAVATTA, Maria; RAMOS, Marise Nogueira. Ensino Médio Integrado. *In:* CALDART, Roseli Salete; PEREIRA, Isabel Brasil; ALENTEJANO, Paulo; FRIGOTTO, Gaudêncio (org.). **Dicionário da Educação do Campo**. Rio de Janeiro: Escola Politécnica de Saúde Joaquim Venâncio; São Paulo; Expressão Popular, 2012.

COSTA, Francisco de Assis; CARVALHO, Horácio Martins de. Campesinato. *In:* CALDART, Roseli Salete; PEREIRA, Isabel Brasil; ALENTEJANO, Paulo; FRIGOTTO, Gaudêncio (org.). **Dicionário da Educação do Campo**. Rio de Janeiro: Escola Politécnica de Saúde Joaquim Venâncio; São Paulo: Expressão Popular, 2012.

CRUDO, Matilde Araki. **Infância, trabalho e educação**. Os aprendizes do arsenal de guerra de Mato Grosso (Cuiabá, 1842-1899). 2005. Tese (Doutorado em História) – Instituto de Filosofia, Universidade Estadual de Campinas, Campinas, 2005.

CUNHA, Luiz Antônio. **O ensino de ofícios artesanais e manufatureiros no Brasil escravocrata**. 2. ed. São Paulo: Editora UNESP; Brasília, DF: FLASCO, 2005a.

CUNHA, Luiz Antônio. **O ensino profissional na irradiação do industrialismo**. 2. ed. São Paulo: Editora UNESP; Brasília, DF: FLASCO, 2005b.

DOS SANTOS, Clarice Aparecida. Programa Nacional de Educação na Reforma Agrária (PRONERA). *In:* CALDART, Roseli Salete; PEREIRA, Isabel Brasil; ALENTEJANO, Paulo; FRIGOTTO, Gaudêncio (org.). **Dicionário da Educação do Campo**. Rio de Janeiro: Escola Politécnica de Saúde Joaquim Venâncio; São Paulo; Expressão Popular, 2012.

EL PAÍS - Brasil. Desmatamento na Amazônia dispara e atinge recorde em 12 anos. 2020. Disponível em: https://brasil.elpais.com/brasil/2020-11-30/desmatamento-na-amazonia-dispara-e-atinge-recorde-em-12-anos.html. Acesso em: 28 ago. 2020.

ENGELS, Friedrich. Sobre o papel do trabalho na transformação do macaco em homem. *In:* RICARDO, Antunes (org.). **A dialética do trabalho**: escritos de Marx e Engels. 2. ed. São Paulo: Expressão Popular, 2013.

ESTEVAM, Douglas; STÉDILE, João Pedro. Introdução. *In:* STÉDILE, João Pedro (org.). **A questão agrária no Brasil**: debate sobre a situação e perspectivas da reforma agrária na década de 2000. São Paulo: Expressão Popular, 2013.

Facebook IFMT campus Cuiabá – Cel. Octayde Jorge da Silva (s.d.). Imagem da fachada do IFMT campus Cuiabá– antiga Escola Técnica. Disponível em: https://www.facebook.com/campuscuiabaifmt/photos/a.195042393955489/1778874555572257/?-type=3&theate. Acesso em: 10 jul. 2018.

FEITOSA, André Elias Fidelis. **A trajetória do ensino agrícola no brasil no contexto do capitalismo dependente**. Dissertação (Mestrado em Educação) – Universidade Federal Fluminense, Niterói, 2006.

FELICIANO, Carlos Alberto. Estado, apropriação e concentração de terra e poder: da propriedade como direito natural ao questionamento da função social da terra. *In:* MIDITIERO JR., Marco Antonio; GARCIA, Maria Franco; VIANA, Pedro C. G (org.). **A questão agrária no século XXI**: escalas, dinâmicas e conflitos territoriais. São Paulo: Outras Expressões, 2015.

FERNANDES, Florestan. **Capitalismo dependente e classes sociais na América Latina**. Rio de Janeiro: Zahar, 1975.

FERNANDES, Florestan. Revolução burguesa e capitalismo dependente. *In:* FERNANDES, Florestan. **A revolução burguesa no Brasil**: Ensaio de interpretação sociológica. 5. ed. São Paulo: Globo, 2006.

FERRETI, Celso João; SILVA, Monica Ribeiro da. Reforma do Ensino Médio no Contexto da Medida Provisória n.º 746/2016: Estado, Currículo e Disputas por Hegemonia. **Educ. Soc.**, Campinas, v. 38, n. 139, p. 385-404, abr./jun. 2017.

FISCHER, Maria Clara Bueno; VENDRAMINI, Célia Regina. Quem educa o educador? A formação humana tecendo-se nas relações entre trabalho, movimentos sociais e educação. Apresentação. **Trabalho Necessário**, [s. l.], v. 17, n. 34, p. 6-15, 2019. Disponível em: https://periodicos.uff.br/trabalhonecessario/article/view/38041. Acesso em: 3 fev. 2021.

FONTES, Virgínia. Para pensar o capital-imperialismo contemporâneo: concentração de recursos sociais de produção e expropriações. *In:* FONTES, Virgínia. **O Brasil e o capital imperialismo**: teoria e história. 2. ed. Rio de Janeiro: EPSJV: Editora UFRJ, 2010.

FDE – Fórum de Dirigentes de Ensino; CONIF – Conselho Nacional das Instituições da Rede Federal de Educação Profissional, Científica e Tecnológica. **Documento Base para a Promoção da Formação Integral, Fortalecimento do Ensino Médio Integrado e Implementação do Currículo Integrado no Âmbito das Instituições da Rede Educação Profissional Científica Tecnológica**. Brasília, DF, 2016.

FDE – Fórum de Dirigentes de Ensino; CONIF – Conselho Nacional das Instituições da Rede Federal de Educação Profissional, Científica e Tecnológica. **Diretrizes Indutoras para a oferta de cursos técnicos integrados ao ensino médio na Rede Federal de Educação Profissional, Científica e Tecnológica**. Brasília, DF, 2018.

FGI – Faculdade de Gestão Inovação. **O agronegócio em sorriso**. 2019. Disponível em: https://www.faculdadefgi.com.br/post/o-agronegocio-em-sorriso. Acesso em: 10 abr. 2019.

FONEC – Fórum Nacional de Educação do Campo. Notas para análise do momento atual da Educação do Campo. *In*: SEMINÁRIO NACIONAL, 2012, Brasília. **Anais** [...]. Brasília: FONEC, 2012. Disponível em: https://educacaodocampo.furg.br/images/pdf/historia-das-ledocs-fonec.pdf. Acesso em: 10 mar. 2021.

FONSECA, Bruno. Lista suja do trabalho escravo finalmente é revelada. **Pragmatismo Político**, [s. l.], 2018. Disponível em: https://www.pragmatismopolitico.com.br/2017/11/lista-suja-do-trabalho-escravo.html. Acesso em: 18 abr. 2018.

FRANCISCO, Adilson José. Memória e identidades: o cotidiano no Liceu Salesiano em Mato Grosso. *In:* SIMPÓSIO NACIONAL DE HISTÓRIA, 27., 2013, Natal. **Anais** [...]. Natal: Anpuh/UFRN, 2013. Disponível em: http://snh2013.anpuh.org/resources/anais/27/1364873273_ARQUIVO_MEMORIAEIDENTIDADEStextocompletoAdilson.pdf. Acesso em: 19 set. 2019.

FREIRE, Paulo. **Pedagogia da indignação**: cartas pedagógicas e outros escritos. São Paulo: Editora UNESP, 2000.

FREITAS, Luiz Carlos. Materialismo histórico dialético. *In:* SEMINÁRIO DE PESQUISA DO SETOR DE EDUCAÇÃO DO MST, 1., 2008, Luziânia. **Anais** [...]. Brasília, DF: MST, 2008.

FREITAS, Luiz Carlos. A luta por uma pedagogia do meio: revisitando o conceito. *In:* PISTRAK, Moisey M. **A comuna escolar**. Tradução de Luiz Carlos de Freitas e Alexandra Marenich. São Paulo: Expressão Popular, 2009.

FREITAS, Luiz Carlos. A escola única do trabalho: explorando os caminhos de sua construção. *In:* CALDAR, Roseli Salete (org.). **Caminhos para a transformação da escola**: reflexões desde práticas da licenciatura em educação do campo. São Paulo: Expressão Popular, 2010.

FREITAS, Luiz Carlos. Escola única do trabalho. *In:* CALDART, Roseli Salete; PEREIRA, Isabel Brasil; ALENTEJANO, Paulo; FRIGOTTO, Gaudêncio (org.). **Dicionário da Educação do Campo**. Rio de Janeiro: Escola Politécnica de Saúde Joaquim Venâncio; São Paulo: Expressão Popular, 2012.

FREITAS, Luiz Carlos. A pedagogia socialista: devolvendo a voz aos pioneiros da educação russa. *In:* CALDART, Roseli Salete; VILLAS BÔAS, Rafael Litvin (org.).

Pedagogia socialista: legado da revolução de 1917 e desafios atuais. São Paulo: Expressão Popular, 2017.

FREITAS, Luiz Carlos. **A reforma empresarial da educação**: nova direita, velhas ideias. São Paulo: Expressão Popular, 2018.

FRIGOTTO, Gaudêncio. A dupla face do trabalho: criação e destruição da vida. *In:* FRIGOTTO, Gaudêncio; CIAVATTA, Maria (org.). **A experiência do trabalho e a educação básica**. 2. ed. Rio de Janeiro: DP&A, 2005a.

FRIGOTTO, Gaudêncio. Fundamentos científicos e técnicos da relação trabalho e educação no brasil de hoje. *In:* LIMA, Júlio César França; NEVES, Lúcia Maria Wanderley (org.). **Fundamentos da educação escolar do Brasil contemporâneo**. Rio de Janeiro: Editora Fiocruz: EPSJV, 2006.

FRIGOTTO, Gaudêncio. Educação politécnica. *In:* CALDART, Roseli Salete; PEREIRA, Isabel Brasil; ALENTEJANO, Paulo; FRIGOTTO, Gaudêncio (org.). **Dicionário da educação do campo**. Rio de Janeiro: Escola Politécnica de Saúde Joaquim Venâncio; São Paulo: Expressão Popular, 2012a.

FRIGOTTO, Gaudêncio. Educação omnilateral. *In:* CALDART, Roseli Salete; PEREIRA, Isabel Brasil; ALENTEJANO, Paulo; FRIGOTTO, Gaudêncio (org.). **Dicionário da Educação do Campo**. Rio de Janeiro: Escola Politécnica de Saúde Joaquim Venâncio; São Paulo: Expressão Popular, 2012b.

FRIGOTTO, Gaudêncio. Os Institutos Federais de Educação, Ciência e Tecnologia: gênese e indeterminação da identidade e campo de disputas. *In*: FRIGOTTO, Gaudêncio (coord.). **Ofertas formativas e características regionais**: a educação básica de nível médio no Estado do Rio de Janeiro. Relatório de Pesquisa apresentado à FAPERJ em julho de 2015a. p. 85-99.

FRIGOTTO, Gaudêncio. A produtividade da escola improdutiva 30 anos depois: regressão social e hegemonia às avessas. **Trabalho Necessário**, [*s. l.*], ano 13, n. 20, p. 206-233, 2015b. Disponível em: https://periodicos.uff.br/trabalhonecessario/article/view/8619/6182. Acesso em: 15 fev. 2021.

FRIGOTTO, Gaudêncio. Uma década do Decreto n.º 5.154/2004 e do Proeja: balanço e perspectivas. **HOLOS**, [*s. l.*], ano 32, v. 6, p. 56-70, 2016a. Disponível em: http://www2.ifrn.edu.br/ojs/index.php/HOLOS/article/view/4984/1569. Acesso em: 15 fev. 2021.

FRIGOTTO, Gaudêncio. O DNA golpista da minoria prepotente. **Blog Altamino Borges**, [s. l.], 2016b. Disponível em: https://altamiroborges.blogspot.com/2016/04/o-dna-golpista-da-minoria-prepotente.html?debug=true. Acesso em: 20 jun. 2019.

FRIGOTTO, Gaudêncio. A gênese das teses do Escola sem Partido: esfinge e ovo de serpente. *In:* FRIGOTTO, Gaudêncio (org.). **Escola "sem" partido**: esfinge que ameaça a educação e a sociedade brasileira. Rio de Janeiro: UERJ: LPP, 2017a.

FRIGOTTO, Gaudêncio. O legado de Marx para a construção do projeto da pedagogia socialista. *In:* CALDART, Roseli Salete; VILLAS BÔAS, Rafael Litvin (org.). **Pedagogia socialista**: legado da revolução de 1917 e desafios atuais. São Paulo: Expressão Popular, 2017b.

FRIGOTTO, Gaudêncio. Projeto societário, ensino médio integrado e educação profissional: o paradoxo da falta e sobra de jovens qualificados. *In:* FRIGOTTO, Gaudêncio (org.). **Institutos Federais de Educação, Ciência e Tecnologia**: relação com o ensino médio integrado e projeto societário de desenvolvimento. Rio de Janeiro: UERJ: LPP, 2018a.

FRIGOTTO, Gaudêncio. Indeterminações de identidade e reflexos nas políticas institucionais formativas dos IFs. *In:* FRIGOTTO, Gaudêncio (org.). **Institutos Federais de Educação, Ciência e Tecnologia**: relação com o ensino médio integrado e projeto societário de desenvolvimento. Rio de Janeiro: UERJ: LPP, 2018b.

FRIGOTTO, Gaudêncio. Empresários mais ricos do Brasil: a ignorância, o cinismo e a ganância que matam. **Espaço e Economia**: Revista brasileira de geografia econômica, ano IX, n. 17, 2020. Disponível em: file:///E:/Users/Usuario/Documents/espacoeconomia-10852.pdf. Acesso em: 9 mar. 2021.

FRIGOTTO, Gaudêncio. Palestra: Alterações nas Diretrizes Curriculares para a Educação Profissional e Tecnológica — o que isso nos afeta? BEZERRA, Fábio A. M (mediador). **Sindcefet/MG**, 2021. Disponível em: https://www.youtube.com/watch?v=MViXebfTPMI&t=15s. Acesso em: 24 abr. 2021.

FRIGOTTO, Gaudêncio; CIAVATTA, Maria; RAMOS, Marise Nogueira (org.). **Ensino médio integrado**: concepções e contradições. São Paulo: Cortez, 2005a.

FRIGOTTO, Gaudêncio; CIAVATTA, Maria; RAMOS, Marise Nogueira. Apresentação. *In:* FRIGOTTO, G.; CIAVATTA, M.; RAMOS, M. (org.). **Ensino médio integrado**: concepções e contradições. São Paulo: Cortez, 2005b.

FRIGOTTO, Gaudêncio; CIAVATTA, Maria.; RAMOS, Marise Nogueira. A gênese do Decreto n. 5.154/2004: um debate no contexto controverso da democracia restrita. *In:* FRIGOTTO, G.; CIAVATTA, M.; RAMOS, M. (org.). **Ensino médio integrado**: concepções e contradições. São Paulo: Cortez, 2005c.

GATTI, Bernardete Angelina. **Grupo focal na pesquisa em ciências sociais e humanas**. Brasília: Liber Livro Editora, 2012.

GIL, Antônio Carlos. **Como elaborar projetos de pesquisa**. 5. ed. São Paulo: Atlas, 2010.

GLOBO. Globo Rural. Conflitos no campo bateram recorde em 2020, aponta levantamento. 2021. Disponível em: https://revistagloborural.globo.com/Noticias/Politica/noticia/2021/05/conflitos-no-campo-bateram-recorde-em-2020-aponta-levantamento.html?fbclid=IwAR2GsUgR8W_l08bAJtdhelpOeZZqfrDSpJt2E-PAN0sjsQfjH0pkdN4pmeW4. Acesso em: 5 jun. 2021.

GMS Agronegócio. Foto da Fazenda Santa Maria – Porto Espiridião/MT. 2020. Disponível em: https://www.gmsagro.com.br/fazenda-santa-maria/. Acesso em: 1 jun. 2023.

G1 – Mato Grosso. Fluxo de veículos na BR-163 cresce 17,6% com escoamento da safra. 2017. Disponível em: http://g1.globo.com/mato-grosso/noticia/2017/02/fuxo-de-veiculos-na-br-163-cresce-176-com-escoamento-da-safra.html. Acesso em: 1 jun. 2023.

GRAMSCI, Antonio. Problemas de filosofia e de história. Que é o homem? *In:* GRAMSCI, Antonio. **Concepção dialética da história**. Tradução de Carlos Nelson Coutinho. 3. ed. Rio de Janeiro: Civilização Brasileira, 1978.

GRAMSCI, Antonio. **Os intelectuais e a organização da cultura**. 6. ed. Rio de Janeiro: Civilização Brasileira, 1982.

GRAMSCI, Antonio. **Maquiavel, a política e o Estado Moderno**. Tradução de Luiz Mário Gazzaneo. 8. ed. Rio de Janeiro: Civilização Brasileira, 1991.

GRAMSCI, Antonio. **Cadernos do Cárcere**, volume 2. Edição e tradução de Carlos Nelson Coutinho. 6. ed. Rio de Janeiro: Civilização Brasileira, 2011.

GRAMSCI, Antonio **Cadernos do Cárcere**, volume 3. Edição e tradução de Carlos Nelson Coutinho. 5. ed. Rio de Janeiro: Civilização Brasileira, 2012.

GUHUR, Dominique Michèle Perioto; TONÁ, Nilciney. Agroecologia. *In:* CALDART, Roseli Salete; PEREIRA, Isabel Brasil; ALENTEJANO, Paulo; FRIGOTTO, Gaudêncio (org.). **Dicionário da Educação do Campo**. Rio de Janeiro: Escola Politécnica de Saúde Joaquim Venâncio; São Paulo: Expressão Popular, 2012.

GURGEL, Claudio; SOUSA FILHO, Rodrigo. **Gestão democrática e serviço social**: princípios e propostas para a intervenção crítica. São Paulo: Cortez, 2016. (Coleção Biblioteca Básica de Serviço Social, v. 7).

HALLAL, Pedro C. **Depoimento na Comissão Parlamentar de Inquérito**: ações e omissões do Governo Federal no enfrentamento da Pandemia da COVID-19 no Brasil. Senado Federal, 2021. Disponível em: https://www25.senado.leg.br/web/atividade/notas-taquigraficas/-/notas/r/10053. Acesso em: 5 ago. 2021.

HARVEY, David. **O enigma do capital**: e as crises do capitalismo. Tradução de Joao Alexandre Peschanski. São Paulo: Boitempo, 2011.

HARVEY, David. A importância da imaginação pós-capitalista. **Blog da Boitempo**, São Paulo, 27 ago. 2013. Disponível em: https://blogdaboitempo.com.br/2013/08/27/a-importancia-da-imaginacao-pos-capitalista-segundo-david-harvey/. Acesso em: 8 jun. 2018.

HIRANO, Sedi. Política e economia como formas de dominação: o trabalho intelectual em Marx. **Tempo Social**: Revista de Sociologia, São Paulo: USP, v. 13, n. 2, nov. 2001.

IANNI, Octávio. A utopia camponesa (1986). *In:* WELCH, Clifford Andrew; MALAGODI, Edgard; CAVALTI, Josefa S. B.; WANDERLEY, Maria de Nazareth B. (org.). **Camponeses brasileiros**: leituras e interpretações clássicas. São Paulo: Editora UNESP; Brasília: Núcleo de Estudos Agrários e Desenvolvimento Rural, 2009. v. 1.

IASI, Mauro. As três crises. Falta uma. **Blog da Boitempo**, São Paulo, 12 ago. 2015. Disponível em: https://blogdaboitempo.com.br/2015/08/12/tres-crises-falta-uma/. Acesso em: 10 maio 2018.

IBGE – Instituto Brasileiro de Geografia e Estatística. **Censo Agropecuário 2017**. 2017. Disponível em: https://www.ibge.gov.br/estatisticas/economicas/agricultura-e-pecuaria/21814-2017-censo-agropecuario.html?=&t=downloads. Acesso em: 11 maio 2019.

IBGE – Instituto Brasileiro de Geografia e Estatística. **Contas Regionais 2016**: entre as 27 unidades da federação, somente Roraima teve crescimento do PIB. 2018a. Disponível em: https://agenciadenoticias.ibge.gov.br/agencia-sala-de--imprensa/2013-agencia-de-noticias/releases/23038-contas-regionais-2016-entre-as-27-unidades-da-federacao-somente-roraima-teve-crescimento-do-pib. Acesso em: 7 maio 2019.

IBGE – Instituto Brasileiro de Geografia e Estatística. **SCR - Sistema de Contas Regionais**. [2020?]. Disponível em: https://www.ibge.gov.br/estatisticas/economicas/contas-nacionais/9054-contas-regionais-do-brasil.html?=&t=resultados. Acesso em: 11 maio 2019.

IBGE – Instituto Brasileiro de Geografia e Estatística. **Censo Agro 2017**: resultados preliminares mostram queda de 2,0% no número de estabelecimentos e alta de 5% na área total. 2018b. Disponível em: https://agenciadenoticias.ibge.gov.br/agencia-sala-de-imprensa/2013-agencia-de-noticias/releases/21905-censo-agro--2017-resultados-preliminares-mostram-queda-de-2-0-no-numero-de-estabelecimentos-e-alta-de-5-na-area-total. Acesso em: 20 maio 2019.

IBGE – Instituto Brasileiro de Geografia e Estatística. **Síntese de Indicadores Sociais 2018**: Uma análise das condições de vida da população Brasileira. 2018c. Disponível em: https://agenciadenoticias.ibge.gov.br/media/com_mediaibge/arquivos/ce915924b20133cf3f9ec2d45c2542b0.pdf. Acesso em: 8 maio 2019.

IBGE – Instituto Brasileiro de Geografia e Estatística. IBGE Cidades. **Panorama**. 2018d. Disponível em: https://cidades.ibge.gov.br/brasil/mt/panorama. Acesso em: 3 mar. 2019

IBGE – Instituto Brasileiro de Geografia e Estatística. **Pesquisa Nacional por Amostra de Domicílios (PNAD)**. 2009. Disponível em: https://www.ibge.gov.br/estatisticas/sociais/populacao/9127-pesquisa-nacional-por-amostra-de-domicilios.html?t=microdados. Acesso em: 23 abr. 2018.

IFMT – Instituto Federal de Educação, Ciência e Tecnologia de Mato Grosso Resolução n.º 1, de 1.º de setembro de 2009 – aprova o Estatuto do Instituto Federal de Educação, Ciência e Tecnologia de Mato Grosso. **Diário Oficial [da República Federativa do Brasil]**: seção 1, Brasília, DF, n. 170, 4 set. 2009.

IFMT – Instituto Federal de Educação, Ciência e Tecnologia de Mato Grosso. **Relatório da Autoavaliação Institucional**. Mato Grosso: IFMT, 2018a.

IFMT – Instituto Federal de Educação, Ciência e Tecnologia de Mato Grosso. IFMT firma parceria com MPT para implantar projeto de fazenda agroecológica. 2018b. Disponível em: http://ifmt.edu.br/conteudo/noticia/ifmt-firma-parceria-com-mpt-para-projeto-de-fazenda-agroecologica/. Acesso em: 20 ago. 2020.

IFMT – Instituto Federal de Educação, Ciência e Tecnologia de Mato Grosso. **Projeto de Desenvolvimento Institucional/Projeto Pedagógico Institucional**. Mato Grosso: IFMT, 2019a.

IFMT – Instituto Federal de Educação, Ciência e Tecnologia de Mato Grosso. **Pesquisa de Acompanhamento de Egressos.** Mato Grosso: IFMT, 2019b.

IFMT – Instituto Federal de Educação, Ciência e Tecnologia de Mato Grosso. **Site IFMT.** "Viva Pedro, Pedro viverá em nossos corações" - Homenagem Póstuma à Dom Pedro Casaldáliga. IFMT, Campus Confresa, 2020. Disponível em: http://ifmt.edu.br/conteudo/noticia/viva-pedro-pedro-vivera-em-nossos-coracoes-homenagem-postuma-dom-pedro-casaldaliga/. Acesso em: 1 mar. 2021.

IFMT Campus Cuiabá. Visita de Rondon à EAAMT em 1915. 2018. Disponível em: https://dppg.cba.ifmt.edu.br/conteudo/noticia/8-congresso-internacional-de-pesquisa-autobiografica-viii-cipa/. Acesso em: 3 mar. 2019.

IFMT Campus Cuiabá. Campus Sorriso avança nos preparativos do 4º JIFMT. 2017. Disponível em: http://cba.ifmt.edu.br/conteudo/noticia/campus-sorriso-avanca-nos-preparativos-do-4-jifmt/. Acesso em: 23 ago. 2018.

IFMT GTA – Campus Avançado Guarantã do Norte. **Projeto Pedagógico do Curso Técnico em Agropecuária Integrado ao Ensino Médio.** Mato Grosso: IFMT *Campus* Avançado Guarantã do Norte, 2016.

IFMT GTA – Campus Avançado Guarantã do Norte. Facebook. Foto do IFMT Campus Avançado Guarantã do Norte. 2017. Disponível em: https://www.facebook.com/ifmtgta/photos/pb.100057298097764.-2207520000/1751282381830636/?type=3&locale=pt_BR. Acesso em: 26 ago. 2018.

IFMT SVC – IFMT Campus São Vicente. **Projeto Pedagógico do Curso Técnico em Agropecuária Integrado ao Ensino Médio.** Mato Grosso: IFMT Campus São Vicente, 2016.

IFMT Campus São Vicente. História do Câmpus. s.d. https://svc.ifmt.edu.br/conteudo/pagina/historia-do-campus/. Acesso em: 20 jun. 2019.

IFMT Campus São Vicente. Fotos da estrutura do IFMT Campus São Vicente. 2015. Disponível em: http://svc.ifmt.edu.br/conteudo/galeria/campus-sao-vicente/. Acesso em: 10 jul. 2018.

IFMT SRS – IFMT Campus Sorriso. **Manual do Estagiário**. Mato Grosso: IFMT Campus Sorriso, 2013.

IFMT SRS – IFMT Campus Sorriso. **Projeto Pedagógico do Curso Técnico em Agropecuária Integrado ao Ensino Médio.** Mato Grosso: IFMT Campus Sorriso, 2015.

IMEA – Instituto Mato-Grossense de Economia Agropecuária. **Mapa das Macrorregiões do Imea**. 2017. Disponível em: https://www.imea.com.br/imea-site/view/uploads/metodologia/justificativamapa.pdf. Acesso em: 2 mar. 2020.

INCRA – Instituto Nacional de Colonização e Reforma Agrária. **Incra nos Estados**: Informações gerais sobre os assentamentos da Reforma Agrária. Mato Grosso. 2017. Disponível em: http://painel.incra.gov.br/sistemas/index.php. Acesso em: 5 abr. 2019

INEP – Instituto Nacional de Estudos e Pesquisas Educacionais Anísio Teixeira. Sinopses estatísticas da Educação Básica. 2008-2019. Disponível em: https://www.gov.br/inep/pt-br/areas-de-atuacao/pesquisas-estatisticas-e-indicadores/censo-escolar/resultados. Acesso em: 5 maio 2020.

Instagran Cuiabá Antiga. Antiga escola Técnica Federal de Mato Grosso. Disponível em: https://www.instagram.com/cuiabaantiga/. Acesso em: 10 jul. 2018.

KOSIK, Karel. **Dialética do concreto**. Tradução de Célia Neves e Alderico Toríbio. 2. ed. Rio de Janeiro: Paz e Terra, 1976. (Impresso no Brasil em 2002).

KRUPSKAYA, Nadezhda K. **A construção da pedagogia**. São Paulo: Expressão Popular, 2017.

KUENZER, Acácia Zeneida. **Ensino médio e profissional**: as políticas do Estado neoliberal. São Paulo: Cortez, 1997.

KUENZER, Acácia Zeneida. Desafios teórico metodológicos da relação trabalho-educação e o papel social da escola. *In:* FRIGOTTO, Gaudêncio (org.). **Educação e crise do trabalho**: perspectivas de final de século. Petrópolis: Vozes, 1998.

KUENZER, Acácia Zeneida. **Pedagogia da fábrica**. 8. ed. São Paulo: Cortez, 2011.

KUNZE, Nádia Cuiabano. **A Escola de Aprendizes de Mato Grosso (1909-1941).** Cuiabá: CEFET-MT, 2006.

KUNZE, Nádia Cuiabano. O surgimento da rede federal de educação profissional nos primórdios do regime republicano brasileiro. **Revista Brasileira da Educação Profissional e Tecnológica**, [s. l.], v. 2, n. 2, 2009. Disponível em: http://www2.ifrn.edu.br/ojs/index.php/RBEPT/article/view/2939/pdf. Acesso em: 23 maio 2019.

KUNZE, Nádia Cuiabano. Testemunhos de visitantes: a Escola de Aprendizes Artífices de Mato Grosso nos relatos do Marechal Cândido Mariano da Silva Rondon e comitiva. *In:* MIGNOT, Ana Chrystina; MORAES, Dislane Zerbinatti; MARTINS, Raimundo (org.). **Atos de biografar**: narrativas digitais, história, literatura e artes. Curitiba: CRV, 2018. v. 2.

LEHER, Roberto. A pedagogia socialista nos processos revolucionários, organizações políticas e movimentos sociais. *In:* CALDART, Roseli Salete; VILLAS BÔAS, Rafael Litvin (org.). **Pedagogia socialista**: legado da revolução de 1917 e desafios atuais. São Paulo: Expressão Popular, 2017.

LEITE, Sergio Pereira; MEDEIROS, Leonilde Servolo de. Agronegócio. *In:* CALDART, Roseli Salete; PEREIRA, Isabel Brasil; ALENTEJANO, Paulo; FRIGOTTO, Gaudêncio (org.). **Dicionário da educação do campo**. Rio de Janeiro: Escola Politécnica de Saúde Joaquim Venâncio; São Paulo: Expressão Popular, 2012.

LENIN, Vladimir. A mulher hoje. *In:* MARX, K.; ENGELS, F.; LENIN, V. **Sobre a mulher**. São Paulo: Global, 1979. (Coleção bases, n. 17).

LENIN, Vladimir I. As classes sociais e o Estado. *In:* LENIN, V. I. **O Estado e a revolução**: o que ensina o marxismo sobre o Estado e o papel do proletariado na revolução. 2. ed. São Paulo: Expressão Popular, 2010.

LINHARES, Maria Yedda Leite; SILVA, Francisco Carlos Teixeira da. **Terra prometida**: uma história da questão agrária no Brasil. Rio de Janeiro: Campus, 1999.

LORD, Lucio. Trabalho, Educação e Cultura: considerações sobre o terceiro movimento de ocupação da Amazônia mato-grossense e formação da sociedade local. **ECS**, Sinop/MT, v. 1, n. 2, p. 175-187, jul./dez. 2011.

LOSURDO, Domenico. **Contra-história do liberalismo**. Tradução de Giovani Semeraro. Aparecida: Ideias e Letras, 2006.

LOTTERMANN, Osmar. **Trabalho e educação**: políticas públicas de educação profissional e as perspectivas dos trabalhadores do campo. Curitiba: Appris, 2020.

LUKÁCS, György. As bases ontológicas do pensamento e da atividade do homem. **Temas de Ciências Humanas**, São Paulo, n. 4, 1978.

LUKÁCS, György. **Para uma ontologia do ser social II**. São Paulo: Boitempo, 2013.

MACIEL, Thiago Barreto. **A Educação Física e os esportes nos Institutos Federais de Educação, Ciência e Tecnologia**: debatendo os rumos da formação dos estudantes. Dissertação (Mestrado em Educação) – Universidade do Estado do Rio de Janeiro, Rio de Janeiro, 2013.

MACHADO, Ilma Ferreira. Um Projeto Político-Pedagógico para a Escola do Campo. **Caderno de Pesquisa**: Pensamento Educacional, [s. l.], v. 4, n. 8, p. 191-219, 2009. Disponível em: http://universidadetuiuti.utp.br/Cadernos_de_Pesquisa/pdfs/cad_pesq8/11_projeto_politico_cp8.pdf. Acesso em: 5 jul. 2017.

MACHADO, Ilma Ferreira. **Organização do trabalho pedagógico em uma escola do MST e a perspectiva de formação omnilateral**. Campinas: Editora RG, 2010.

MACHADO, Lucília Regina de Souza. **Politecnia, escola unitária e trabalho**. São Paulo: Cortez: Autores Associados, 1989.

MANACORDA, Mario A. **Marx e a pedagogia moderna**. São Paulo: Cortez, 2000.

MANACORDA, Mario A. **Marx e a pedagogia moderna**. Tradução de Newton Ramos de Oliveira. 2. ed. Campinas: Editora Alínea, 2010.

MANFREDI, Silvia Maria. **Educação profissional no Brasil**. São Paulo: Cortez, 2002.

MANSUR, Vinicius. Assassinatos no campo subiram 105% desde 2013, aponta CPT. **Movimento dos Trabalhadores Sem Terra (MST)**, [s. l.], 18 abr. 2018. Disponível em: https://mst.org.br/2018/04/18/assassinatos-no-campo-subiram--105-desde-2013-aponta-cpt/. Acesso em: 23 mar. 2018.

MARINI, Ruy Mauro. **América Latina**: dependência e integração. São Paulo: Brasil Urgente, 1992.

MARINI, Ruy Mauro. Crítica à revolução brasileira. *In:* STÉDILE, João Pedro (org.). **Questão agrária no Brasil**: o debate na esquerda – 1960-1980. 2. ed. São Paulo: Atual, 2012. v. 2.

MARTINS, Ana Amélia Lage; MARTELETO. Regina Maria. Cultura, ideologia e hegemonia: Antonio Gramsci e o campo de estudos da informação. **InCID**: Revista de Ciência da Informação e Documentação, Ribeirão Preto, v. 10, n. 1, p.

5-24, mar./ago. 2019. Disponível em: https://www.revistas.usp.br/incid/article/view/148808/153394. Acesso em: 1 jun. 2023.

MARTINS, José de Souza. **O cativeiro da terra**. 9. ed. 1. reimpr. São Paulo: Contexto, 2013.

MARX, Karl. **O capital**: crítica da economia política. Tradução de Regis Barbosa e Flávio R. Kothe. São Paulo: Abril Cultural, 1985a. (Os economistas, livro 1, v. 1, t. 1).

MARX, Karl. **O capital**: crítica da economia política. 23. ed. Rio de Janeiro: Civilização Brasileira, 2006. Livro I, v. 1.

MARX, Karl. Prefácio. *In:* MARX, Karl. **Contribuição à crítica à economia política**. 2. ed. São Paulo: Editora Expressão Popular, 2008.

MARX, Karl **Sobre a questão judaica**. Tradução de Nélio Schneider. São Paulo: Boitempo, 2010.

MARX, Karl. **O capital**: crítica da economia política: Livro I: o processo de produção do capital. Tradução de Rubens Enderle. São Paulo: Boitempo, 2013.

MARX, Karl; ENGELS, Friedrich. **A ideologia alemã**. Tradução de Luis Claudio de Castro e Costa. São Paulo: Martins Fontes, 1998.

MARX, Karl; ENGELS, Friedrich. **Textos sobre educação e ensino**. Tradução de Rubens Eduardo Frias. São Paulo: Centauro, 2004.

MARX, Karl; ENGELS, Friedrich. **Manifesto do Partido Comunista**. São Paulo: Expressão Popular, 2008.

MARX, Karl; ENGELS, Friedrich. **Manifesto Comunista**. Tradução de Álvaro Pina e Ivana Jinkings. São Paulo: Boitempo, 2010.

MÉSZÁROS, István. **A educação para além do capital**. Tradução de Isa Tavares. 2. ed. São Paulo: Boitempo, 2008.

MÉSZÁROS, István. **A teoria da alienação em Marx**. Tradução de Nélio Schneider. São Paulo: Boitempo, 2016.

MINAYO, Maria Cecília de Souza (org.). **Pesquisa social**: teoria, método e criatividade. 19. ed. Rio de Janeiro: Vozes, 2002.

MOLINA, Mônica Castagna; FREITAS, Helana Célia de Abreu. Avanços e desafios na construção da educação do campo. **Em Aberto**, Brasília, v. 24, n. 85, p. 17-31, abr. 2011. Disponível em: https://seminarionacionallecampo2015.files.wordpress.

com/2015/09/avanc3a7os-e-desafios-na-construc3a7c3a3o-da-educac3a7c3a3o--do-campo.pdf. Acesso em: 2 nov. 2020.

MOLINA, Mônica Castagna; SÁ, Lais Mourão. Escola do campo. *In:* CALDART, Roseli Salete; PEREIRA, Isabel Brasil; ALENTEJANO, Paulo; FRIGOTTO, Gaudêncio (org.). **Dicionário da educação do campo**. Rio de Janeiro: Escola Politécnica de Saúde Joaquim Venâncio; São Paulo; Expressão Popular, 2012.

MORENO, Gislaene. O processo histórico de acesso à terra em Mato Grosso. **Geosul**, Florianópolis, v. 14, n. 27, p. 67-90, jan./jul. 1999.

MOURA, Dante Henrique. Ensino médio integrado: subsunção aos interesses do capital ou travessia para a formação humana integral? **Educação e Pesquisa**, São Paulo, v. 39, n. 3, p. 705-720, jul./set. 2013. Disponível em: https://www.scielo.br/j/ep/a/c5JHHJqdxyTnwWvnGfdkztG/?lang=pt&format=pdf. Acesso em: 4 jun. 2019.

MOURA, Dante Henrique. Meta 11: educação profissional. *In:* OLIVEIRA, J. F.; GOUVEIA, A. B.; ARAÚJO, H. (org.) **Caderno de avaliação das metas do Plano Nacional de Educação**: PNE 2014-2024. Brasília: ANPAE, 2018.

MST – Movimento dos Trabalhadores Sem Terra. Princípios da educação no MST. **Caderno de Educação**, São Paulo, n. 8, jan. 1999.

MST – Movimento dos Trabalhadores Sem Terra. Proposta de Reforma Agrária Popular do MST. *In:* STÉDILE, João Pedro (org.). **A questão agrária no Brasil**: debate sobre a situação e perspectivas da reforma agrária na década de 2000. São Paulo: Expressão Popular, 2013.

MST – Movimento dos Trabalhadores Sem Terra. **A história da luta pela terra**. s.d. Disponível em: http://www.mst.org.br/nossa-historia/. Acesso em: 1 jun. 2021.

MST – Movimento dos Trabalhadores Sem Terra. **Educação MST**. s.d. Disponível em: https://mst.org.br/educacao/. Acesso em: 1 jun. 2021

MULLER, Maria Lúcia Rodrigues; SANTOS, Angela Maria dos; MOREIRA, Nilvaci Leite de Magalhães. Quilombos e quilombolas em Mato Grosso. **Revista da Associação Brasileira de Pesquisadores/as Negros/as** (ABPN), [s. l.], v. 8, n. 18, p. 7-24, fev. 2016. Disponível em: http://abpnrevista.org.br/revista/index.php/revistaabpn1/article/view/40. Acesso em: 20 maio 2019.

NOSELLA, Paolo. **A escola de Gramsci**. 4. ed. São Paulo: Cortez, 2010.

NOSELLA, Paolo. Ensino médio unitário ou multiforme? **Revista Brasileira de Educação**, [s. l.], v. 20, n. 60, jan./mar. 2015. Disponível em: https://www.scielo.br/j/rbedu/a/QcVnGf8d3CKnYspwdWMX97H/?lang=pt&format=pdf. Acesso em: 12 jun. 2020.

OLIVEIRA, Franscico. O ornitorrinco. *In:* OLIVEIRA, Franscico. **A crítica à razão dualista**: o ornitorrinco. São Paulo: Boitempo, 2003.

OLIVEIRA, Franscico. **Brasil**: uma biografia não autorizada. São Paulo: Boitempo, 2018.

OTRANTO, Celia Regina. Criação e implantação dos Institutos Federais de Educação, Ciência e Tecnologia – IFETs. **Revista RETTA**, PPGEA/UFRRJ, ano I, n. 1, p. 89-110, jan./jun. 2010.

PISTRAK, Moisey Mikhailovich. **Fundamentos da escola do trabalho**. Tradução de Daniel Aarão Reis Filho. São Paulo: Expressão Popular, 2000.

PISTRAK, Moisey Mikhailovich. **Ensaios sobre a escola politécnica**. São Paulo: Expressão Popular, 2015.

POULANTZAS, Nicos. **O Estado, o poder, o socialismo**. Rio de Janeiro: Graal, 1980.

PNP – Plataforma Nilo Peçanha. Ministério da Educação. **Indicadores de Gestão**. IFMT. 2019. Disponível em: http://plataformanilopecanha.mec.gov.br/2020.html. Acesso em: 9 mar. 2021.

PRADO JR., Caio. **A revolução brasileira**: a questão agrária no Brasil. São Paulo: Companhia das Letras, 2014.

QUIJANO, Aníbal. Colonialidad del poder, eurocentrismo y América Latina. *In:* LANDER, Edgardo (ed.). **La colonialidad del saber**: eurocentrismo y ciências sociales. Perspectivas latinoamaricanas. Buenos Aires: Consejo Latinoamericano de Ciencias Sociales (CLACSO), 2000.

RAMOS, Marise Nogueira. O projeto unitário de ensino médio sob os princípios do trabalho, da ciência e da cultura. *In:* MATO GROSSO. Secretaria de Estado de Educação – SEDUC. **Currículo e avaliação no ensino médio**. Cuiabá: Tanta Tinta, 2004.

RAMOS, Marise Nogueira. Possibilidades e desafios na organização do currículo integrado. *In:* FRIGOTTO, Gaudêncio; CIAVATTA, Maria; RAMOS, Marise

Nogueira (org.). **Ensino médio integrado**: concepções e contradições. São Paulo: Cortez, 2005.

RAMOS, Marise Nogueira. Reforma da educação profissional: contradições na disputa por Hegemonia no regime de acumulação flexível. **Trabalho, Educação e Saúde**, [s. l.], v. 5, n. 3, P. 545-558, 2007.

RAMOS, Marise Nogueira. **Concepção do ensino médio integrado**. Versão ampliada de outro intitulado "Concepção de Ensino Médio Integrado à Educação Profissional". 2008. Disponível em: http://www.iiep.org.br/curriculo_integrado.pdf. Acesso em: 16 abr. 2019.

RAMOS, Marise Nogueira. **A pedagogia das competências**: autonomia ou adaptação? 4. ed. São Paulo: Cortez, 2011.

RAMOS, Marise Nogueira. Escola unitária. *In:* CALDART, Roseli Salete; PEREIRA, Isabel Brasil; ALENTEJANO, Paulo; FRIGOTTO, Gaudêncio (org.). **Dicionário da educação do campo**. Rio de Janeiro: Escola Politécnica de Saúde Joaquim Venâncio; São Paulo: Expressão Popular, 2012.

RAMOS, Marise Nogueira. A política de educação profissional no Brasil contemporâneo: avanços, recuos e contradições frente a projetos de desenvolvimento em disputa. *In:* CENTRO DE GESTÃO E ESTUDOS ESTRATÉGICOS – CGEE. **Mapa da educação profissional e tecnológica**: experiências internacionais e dinâmicas regionais brasileiras. Brasília, DF: CGEE, 2015.

RAMOS, Marise Nogueira. Escola sem Partido: a criminalização do trabalho pedagógico. *In:* FRIGOTTO, Gaudêncio (org.). **Escola "sem" partido**: esfinge que ameaça a educação e a sociedade brasileira. Rio de Janeiro: UERJ: LPP, 2017.

RANGEL, Lúcia Helena (coord.). Relatório: violência contra os povos indígenas no Brasil – dados de 2017. **Conselho Indigenista Missionário – Cimi**, 2018. Disponível em: https://cimi.org.br/wp-content/uploads/2018/09/Relatorio-violencia-contra-povos-indigenas_2017-Cimi.pdf. Acesso em: 12 maio 2019.

RIBEIRO, Maria Luisa Santos. **História da educação brasileira**: a organização escolar. 21. ed. 1. reimpr. Campinas: Autores Associados: HISTEDBR, 2011.

RIBEIRO, Marlene. **Movimento camponês, trabalho e educação**: liberdade, autonomia, emancipação, princípios/fins da formação humana. 2. ed. São Paulo: Expressão Popular, 2013.

RITTER-PIMENTA, Silvia Jacinta. **Percepções sobre a questão agrária entre alunos do ensino médio de uma escola técnica federal do estado de Mato Grosso**. Dissertação (Mestrado em História) – Universidade Federal de Mato Grosso, Cuiabá, 2019.

ROMANELLI, Otaíza de Oliveira. **História da educação no Brasil**. 35. ed. Petrópolis: Vozes, 2010.

ROSSET, Peter. La guerra por la tierra y el território. **NERA**: Núcleo de Estudos, Pesquisas e Projetos de Reforma Agrária – art. do mês: jun. 2009. Disponível em: http://docs.fct.unesp.br/nera/artigodomes/6artigodomes_2009.pdf. Acesso em: 9 abr. 2018.

SADER, Eder. **Quando novos personagens entraram em cena**: experiências, falas e lutas dos trabalhadores da Grande São Paulo, 1970-80. 3. ed. Rio de Janeiro: Paz e Terra, 1995.

SANTOS, Júlio. **Plano de gestão IFMT (2021-2025)**. Cuiabá: [s.n.], 2020.

SAVIANI, Dermeval. **Sobre a concepção de politecnia**. Rio de Janeiro: Fiocruz, 1989.

SAVIANI, Dermeval. Trabalho e educação: fundamentos ontológicos e históricos. **Revista Brasileira de Educação**, [s. l.], v. 12, n. 34, jan./abr. 2007. Disponível em: https://www.scielo.br/j/rbedu/a/wBnPGNkvstzMTLYkmXdrkWP/?lang=pt&format=pdf. Acesso em: 15 jan. 2021.

SAVIANI, Dermeval; DUARTE, Newton (org.). **Pedagogia histórico-crítica e a luta de classes na educação escolar**. Campinas: Autores Associados, 2012.

SAVIANI, Dermeval. **Escola e democracia**. 42. ed. Campinas: Autores Associados, 2012.

SAVIANI, Dermeval. **História das ideias pedagógicas no Brasil**. 4. ed. Campinas: Atores Associados, 2013.

SAVIANI, Dermeval. **Sistema Nacional de Educação e Plano Nacional de Educação**: significado, controvérsias e perspectivas. Campinas: Autores Associados, 2014.

SAVIANI, Dermeval. **Pedagogia histórico-crítica, quadragésimo ano**: novas aproximações. Campinas: Autores Associados, 2019.

SAVIANI, Dermeval. Educação escolar, currículo e sociedade: o problema da Base Nacional Comum Curricular. *In:* MALANCHEN, Julia; DE MATOS, Neide da Silveira Duarte; ORSO, Paulino José (org.). **A pedagogia histórico-crítica, as políticas educacionais e a Base Nacional Comum Curricular**. Campinas: Autores Associados, 2020.

SEVILLA GUZMÁN, Eduardo. Agroecología como estrategia metodológica de transformación social. **Reforma Agrária & Meio Ambiente**, ano 1, n. 71, 2006.

SHULGIN, Viktor N. V. **Rumo ao politecnismo**. Tradução de Alexey Lazarev e Luiz Carlos de Freitas. São Paulo: Expressão Popular, 2013.

SILVA, Liana Deise da; ALBUQUERQUE, Dalete Cristiane Silva Heitor. Companhia de aprendizes marinheiro em Mato Grosso: Educação para o Trabalho. *In*: CONGRESSO INTERNACIONAL DE HISTÓRIA, 4., 2014, Jataí. **Anais Eletrônicos** [...]. Jataí: Universidade Federal de Goiás, 2014. Disponível em: http://www.congressohistoriajatai.org/anais2014/Link%20(290).pdf. Acesso em: 1 jun. 2023.

SILVA, Mônica Ribeiro. **Currículo e competências**: a formação administrada. São Paulo: Cortez, 2008.

SILVA, Regina; SATO, Michèle. Territórios e identidades: mapeamento dos grupos sociais do estado de Mato Grosso – Brasil. **Ambiente & Sociedade**, Campinas, v. XIII, n. 2. jul./dez. 2010.

SILVA, Rose Márcia da. **Currículo Integrado**: avanços e desafios na relação trabalho-educação. Cuiabá-MT: Edufmt, 2020.

SISTEMA FAMATO. Associação Brasileira do Agronegócio – ABAG. 2020. https://sistemafamato.org.br/portal/senar/pp.php?CodPP=30. Acesso em: 20 abr. 2021.

SOBRAL, Francisco José Montório. Retrospectiva histórica do ensino agrícola no Brasil. **Revista Brasileira da Educação Profissional e Tecnológica**, Brasília, DF: MEC: SETEC, v. 2, n. 2, 2009.

SOUZA FILHO, Rodrigo de; GURGEL, Claudio. **Gestão democrática e serviço social**: princípios e propostas para a intervenção prática. São Paulo: Cortez, 2016.

STÉDILE, João Pedro. Introdução. *In*: STÉDILE, João Pedro. **Questão agrária no Brasil**: o debate tradicional – 1500-1960. 11. ed. São Paulo: Atual, 2011.

STÉDILE, João Pedro. **Questão agrária no Brasil**: o debate na esquerda – 1960-1980. 2. ed. São Paulo: Atual, 2012. v. 2.

STÉDILE, João Pedro. Tendências do capital na agricultura. *In:* STÉDILE, João Pedro (org.). **A questão agrária no Brasil:** o debate na década de 2000. São Paulo: Expressão Popular, 2013.

TAFFAREL, Celi Zulke; MOLINA, Mônica Castagna. Política educacional e educação do campo. *In:* CALDART, Roseli Salete; PEREIRA, Isabel Brasil; ALENTEJANO, Paulo; FRIGOTTO, Gaudêncio (org.). **Dicionário da educação do campo.** Rio de Janeiro: Escola Politécnica de Saúde Joaquim Venâncio; São Paulo; Expressão Popular, 2012.

TEIXEIRA, Gerson. Os indícios do agravamento da concentração da terra no Brasil no período recente. *In:* STÉDILE, João Pedro (org.). **A questão agrária no Brasil:** o debate na década de 2000. São Paulo: Expressão Popular, 2013.

THOMPSON, Edward Palmer. **Intervalo:** a lógica histórica. A miséria da teoria. Rio de Janeiro: Zahar, 1981.

THOMPSON, Edward Palmer. **Costumes em comum.** Tradução de Rosaura Eichemberg. São Paulo: Companhia das Letras, 1998.

THOMPSON, Edward Palmer. **A formação da classe operária inglesa, 2:** a maldição de Adão. Tradução de Renato Busatto Netto e Cláudia Rocha de Almeida. 2. ed. São Paulo: Paz e Terra, 2012.

VAKALOULIS, Michel. Antagonismo social e ação coletiva. *In:* LEHER, Robeto; SETÚBAL, Mariana (org.). **Pensamento crítico e movimentos sociais:** diálogos para uma nova práxis. São Paulo: Cortez, 2005.

WELCH, Clifford Andrew. Conflitos no campo. *In:* CALDART, Roseli Salete; PEREIRA, Isabel Brasil; ALENTEJANO, Paulo; FRIGOTTO, Gaudêncio (org.). **Dicionário da educação do campo.** Rio de Janeiro: Escola Politécnica de Saúde Joaquim Venâncio; São Paulo; Expressão Popular, 2012.

WOOD, Ellen M. **Democracia contra capitalismo:** a renovação do materialismo histórico. Tradução de Paulo Cezar Castanheira. São Paulo: Boitempo, 2011.

ZAMBRA, Elisandra Marisa *et al.* A dinâmica do crescimento, distribuição de renda e desenvolvimento regional em Sorriso – MT (2010). **Revista Brasileira de Gestão e Desenvolvimento Regional**, Taubaté, v. 11, n. 3, p. 229-251, set./dez. 2015.